KB242421

불교와 기독교, 상호 이해의 길

이 책은 Nanzan Institute for Religion and Culture가 펴낸 *Interreligious Affinities: Encounters with the Kyoto School and the Religions of Japan*(2014)과『宗教間対話に導かれて: 京都学派・仏教・キリスト教』(2014)에서 발췌하여 우리말로 번역한 것이다.

난잔종교문화연구소 연구총서 7

불교와 기독교, 상호 이해의 길
– 얀 반 브라흐트 논문집

2026년 3월 24일 처음 펴냄

지은이   얀 반 브라흐트
엮은이   제임스 하이직, 테라오 카즈요시, 김승철
옮긴이   김승철
펴낸곳   도서출판 동연
펴낸이   김영호
주주소   서울시 마포구 월드컵로 163-3
등등록   제1-1383호(1992. 6. 12.)
전화/팩스   02-335-2630/ 02-335-2640
이메일   yh4321@gmail.com
인스타그램   instagram.com/dongyeon_press

Copyright ⓒ 도서출판 동연, 2026

이 책은 저작권법에 따라 보호받는 저작물이므로 무단 전재와 복제를 금합니다.
잘못된 책은 바꾸어 드립니다. 책값은 뒤표지에 있습니다.

ISBN 979-11-7611-008-2 93200

난잔종교문화연구소 연구총서 7

불교와 기독교, 상호 이해의 길

얀 반 브라흐트 지음
제임스 W. 하이직 · 테라오 카즈요시 · 김승철 엮음
김승철 옮김

얀 반 브라흐트 논문집

동연

옮긴이의 글

이 책은 난잔종교문화연구소의 제2대 소장을 지내시면서 종교 간 대화를 위해 헌신하신 얀 반 브라흐트(Jan Van Bragt, 1928~2007) 신부님의 글을 한글로 번역한 것이다.

2014년, 난잔종교문화연구소가 창립 40주년을 맞이하는 해에 연구소는 영어와 일본어로 쓰인 브라흐트 신부님의 글들을 두 권의 책으로 묶어서 출판하였다. 영어판 제목은 *Interreligious Affinities: Encounters with the Kyoto School and the Religions of Japan*(종교 간 대화의 친화성: 교토 학파와 일본의 종교와의 만남)으로, 일어판 제목은 『宗教間対話に導かれて: 京都学派・仏教・キリスト教』(종교 간 대화에 이끌리어서: 교토 학파, 불교, 기독교)로 하였다. 영어판의 편집은 제임스 하이직(James W. Heisig) 선생님과 김승철이, 일어판 편집은 테라오 카즈요시(寺尾寿芳) 교수와 김승철이 담당하였다.

본 역서는 위의 두 권에 실린 글에서 역자가 열 편의 논문을 선정하여 번역한 것이다.

반 브라흐트 신부님의 약력이나 종교 간의 대화를 위한 활동과 신학적 견해 등은 이 책의 영어판 편집자의 해설 논문을 통해서 그리고 무엇보다도 브라흐트 신부님 자신의 글을 통해서 충분히 접할 수 있을 것이다. 여기서는 번역에 이르기까지의 역자의 개인적인 일들에 대해서 간략히 말씀드리는 것이 좋겠다.

난잔종교문화연구소와 처음으로 인연을 맺었던 것은 1995년, 도쿄에서 열렸던 아시아 종교철학 연구 모임에서였으며, 그 이듬해 시카고에서 개최되었던 불교와 기독교 연구학회에 출석하면서부터였다. 위의 두 모임에는 제임스 하이직 신부님을 비롯하여 난잔종교문화연구소 소속 연구자들이 다수 참석하셨던 것을 지금도 기억하고 있다.

1998년 8월, 여름 방학을 이용하여 난잔연구소의 객원연구원으로 머물면서 연구소와 보다 직접적인 만남이 이루어졌다. 한 달간의 일정으로 연구소가 제공해 준 연구실에서 나름대로 자료를 찾고 책을 읽을 수 있는 고마운 기회가 주어졌던 것이다. 여름 방학임에도 불구하고 거의 모든 연구자가 밤낮없이 연구 활동에 집중하는 모습을 보면서, 이곳은 마치 연구자들이 연구를 위해 모인 수도 공동체와 같다는 생각을 하였다. 실제로 이 연구소는 신언회神言会에 의해서 1974년에 독립적인 연구 기관으로 창립되었고, 그 후 난잔대학에 소속되었다. 연구소 창립 정신은 제2차 바티칸 공의회가 선언했던 타종교와의 대화를 실천하는 일이었다.

그러던 어느 일요일, 연구실에서 나와 숙소인 파울루스 하임(이곳은 가톨릭 수도인 신언회가 난잔연구소를 방문하는 연구자들을 위해서 설립한 게스트 하우스로, 브라흐트 신부님도 여기에 계셨었고, 지금도 응접실에는 신부님의 사진이 걸려 있다)으로 가는 길에 마침 같은 숙소로 향하시던 하이직 신부님을 만나게 되었고, 신부님은 나를 근처 이탈리아 식당으로 초대해 주셨다. 식사를 하면서 신부님은 언젠가 조금 더 오래 체재할 기회가 있다면 꼭 다시 오라고 말씀해 주셨는데, 정말로 나는 2001년에 연구년을 받아서 일 년간 이 연구소에 머물 수 있었다. 그 후 가족과 함께 일본으로 오게 되었고, 나고야의 한 대학에서 가르치면서 연구소가 개최하는 연구회 모임 등에 자주 참석할 수 있었는데, 하이직 신부님이 퇴임하시게 되자 연구소로부터 함께 연구 활동을 해보지 않겠느냐는 참으로 감사한 초청을 받아 2012년에 제일종연구원第一種研究所員으로 취임하게 되었다. 그해 여름, 하이직 신부님의 말씀이 현실이 된 것인데, 지금 생각해 보아도 신비로운 일이 아닐 수 없다.

이 책의 저자 브라흐트 신부님과 같은 시기에 연구소에서 일할 기회는 역자에게 없었고, 따라서 신부님으로부터 직접적인 훈도를 받을 기회도 없었지만, 학회나 연구소의 모임에서 여러 차례 뵌 적이 있었다. 뵐 때마다 활짝 웃으시면서 어깨를 두드려 주시던 모습을 지금도 기억하고 있다. 지금 근무하는 연구소 곳곳에 그분의 손길이 닿지 않은 곳이 없음을 나는 온몸으로 느끼고 있다.

브라흐트 신부님은 불교와 대화하는 선교사로서, 신학자이자 철학자로서 이 시대가 필요로 하는 종교 간 대화에 헌신하셨다. 난잔연구소는 브라흐트 신부님의 주도로 수많은 종교 간, 문화 간 대화 모임을 개최하였으며, 그중 다수의 결과물이 책으로 출판되었다. 이 책에 실린 그 분의 글을 한국어로 옮기면서, 평생을 이국의 종교와 문화를 사랑하고 이해하려고 애쓰는 가운데 자신의 기독교 신앙의 깊이와 넓이를 더해 가시던 그분의 모습에 절로 머리가 숙여졌다.

브라흐트 신부님의 글을 옮기면서, 사랑이 없는 곳에서는 대화가 불가능하다는 생각이 더욱 강하게 형성되는 것을 느꼈다. 사랑은 우리로 하여금 자신의 좁디좁은 자아의 동굴로부터 나와 다른 이를 향하도록 해주는 힘이고 관심이며, 그 관심은 자신도 모르게 나와 다른 이를 모두 비추는 빛을 향하게 된다. 그리고 대화를 진행해 나가는 가운데 궁극적으로는 자신과 다른 이를 차별 없이 비추는 그 신비의 빛에 이끌려서 진정한 대화가 가능하다는 사실을 자각하게 된다. 또한 그처럼 신비의 빛에 이끌리어 살아가는 것이 신앙일진대, 대화는 결국 신앙이 있는 곳에서 가능하고 또 그 신앙은 우리를 다른 신앙을 가진 이들과의 대화로 인도한다.

부족한 실력으로 옮긴 글이라 독자분들께 송구스러운 마음을 금할 수 없으나, 부디 브라흐트 신부님의 글이 신앙을 가진 사람들에게도 그리고 아직 신앙을 가지고 있지 않은 사람들에게도 대화의 가능성을 열어주는 빛과 사랑의 힘으로서 작용하기를 간절히 빈다.

2025년 12월
나고야 난잔종교문화연구소에서
역자 김승철 씀

영어판 편집자 서문

얀 반 브라흐트 유고 논문 모음집에 "종교 간의 친화성"(Interreligious Affinities)이라는 제목을 붙인 것은 어쩌면 자연스러운 선택이었다. 그는 40년 이상 일본의 불교도 및 철학자들과의 대화에 헌신했으며, 이를 통해서 자신이 교육 받은 유럽의 지적 전통과의 연결점을 항상 모색해 왔다. 그의 저작 목록을 대략 훑어보기만 해도 사고의 폭과 그 탐구에 쏟은 일관된 의지를 알 수 있다. 그러나 그가 남긴 글들은 그의 업적의 표면에 불과하다. 난잔종교문화연구소에서 연구원, 소장 그리고 난잔대학에서 종교철학 및 신학 교수로 활동한 오랜 세월 동안 얀은 대화 정신의 화신이었다.

그와 함께 생활하고 일할 기회를 가졌던 우리는 그가 자신의 개척자적 노력을 바라보는 초연함을 직접 목격했다. 예를 들어 1978년 그는 동서영성교류東西靈性交流 프로그램을 시작하여 불교 승려들을 유럽 수도원에 머물게 하고, 그 후에는 역으로 기독교 수도자들이 일본 사찰에서 생활하도록 주선했다. 교류가 시작되자마자 그는 뒤로 물러나 직접 참여하는 이들이 그들의 모험을 이어가도록 배려하였으며, 뒤에서 할 수 있는 모든 도움을 제공했다.

교토 학파의 철학을 서구에 알리기 위한 그의 노력도 마찬가지였다. 그는 일본 철학계 및 종교계와 쌓아온 친밀한 개인적 관계를 사적인 특권으로 여기지 않았으며, 참여를 원하는 누구에게나 항상 길을 열어 놓았다. 수많은 번역 활동, 학술대회, 공동 작업에서 그의 이름이 항상 전면에 드러나는 것은 아니었으며, 난잔종교문화연구소에서 수년에 걸쳐서 구체화된 이 책의 배경에는 참여자들에게 따뜻한 지도로 항상 버팀목이 되어주었던 그가 있었다. 이와 동일한 맥락에서 이루어진 다른 프로젝트는 여기서 일일이 열거하기가 어려울 정도로 방대하지만, 이 책에 담긴 내용들은 그러한 프로젝트들을 배경으로 하고 있다.

본서는 〈불교와의 대화〉 편과 〈일본 철학과의 대화〉 편으로 나누었으나, 이 구분은 다소 임의적이며 중복되는 부분이 있다는 사실을 독자들은 분명히 알 수 있을 것이다. 자료 선정 자체가 특정한 관점에서 이루어졌다. 일반적으로 이 논문집에서 우리는 그가 씨름했던 대표적인 질문들의 유형을 제시하고자 노력하였다.

동시에 우리는 그의 유고를 거의 있는 그대로 출판하였다. 여기저기 사소하다고 할 수 있는 어색한 부분은 다듬었지만, 대체로 얀 특유의 조심스럽고, 종종 수다스럽고, 그의 고향 플레미쉬의 억양이 묻어나는 문체를 그대로 두었다.

우리 편집자들은 난잔종교문화연구소 연구원들과 또 원본 출처를 대조하는 작업을 도와준 피터 버나드 씨에게 감사를 표한다.

2014년 1월 15일
난잔종교문화연구소
제임스 W. 하이직, 김승철

일어판 편집자 서문

　2014년은 남산종교문화연구소가 창립 40주년을 맞이하는 해이다. 기념행사를 계획함에 있어 우리는 이 유고집의 영어판에서 공동편집자를 맡은 하이직 신부님이 말씀하신 것처럼 '너무나 당연하게' 브라흐트 신부님의 유고집을 출판하기로 의견을 모았다. 이는 난잔종교문화연구소와 브라흐트 신부님의 관계를 고려할 때 '너무나도 당연하게' 그렇게 되어야 마땅하기 때문이다. 즉, 남산종교문화연구소가 설립된 배경 중 하나로 제2차 바티칸 공의회가 『기독교 외의 여러 종교에 대한 교회의 태도에 관한 선언』(Nostra Aetate, 1965)을 통해 밝힌 종교 간 대화 연구와 실천의 추진이 있었으며, 이 점에서 브라흐트 신부는 본 연구소가 시도해 온 종교 간 대화에서 실로 큰 발자취를 남겼기 때문이다. 노스트라 에타테가 일본 땅에 남산종교문화연구소 탄생의 씨앗을 뿌렸다면, 브라흐트 신부의 생애에 걸친 헌신적 활동은 그 씨앗에 물을 주고, 싹트게 하며, 키우기 위한 것이었다.

　신부님이 난잔종교문화연구소의 제2대 소장을 역임하신 1976년부터 1991년까지 동 연구소는 다채로운 활동을 통해 기독교와 여러 종교의 대화를 위한 초석을 다졌다. 난잔종교문화연구소가 일본의 교토 학파 종교철학, 불교(선, 밀교, 천태불교, 정토불교), 신도와의 학문적 대화를 심포지엄 형태로 개최한 것도 브라흐트 신부님의 소장으로서의 공적과 다름없다. 이미 난잔종교문화연구소에 의해 간행된 이 심포지엄 기록들은 브라흐트 신부님의 주목할 만한 활동의 일단을 증명하고 있다.

주지하듯이, "Nostra Aetate"는 기독교 외 종교에 나타나는 종교적 진리에 대해 교회가 공개적으로 인정하고 이를 적극적으로 배움으로써 교회의 '현대화'(aggiornamento)를 지향한 획기적인 문서였다.

가톨릭교회는 여러 종교 안에서 발견되는 진실하고 귀중한 것을 결코 배척하지 않는다. 이 여러 종교의 행동과 생활 방식, 계율과 교리를 진지한 존경의 마음으로 고찰한다. 그것들은 교회가 유지하고 선포하는 것과는 많은 점에서 다르지만, 모든 사람을 비추는 진리의 빛을 보여주는 경우도 드물지 않다. (중략) 그러므로 교회는 자신의 자녀들에게 기독교 신앙과 생활을 증언하면서, 지혜와 사랑으로 다른 종교 신자들과의 대화와 협력을 통해 그들 안에서 발견되는 정신적, 도덕적 풍요와 사회적, 문화적 가치를 인정하고 보존하며 더욱 증진하도록 권고한다.

「선언」은 이러한 기독교와 종교 간 대화의 근거로 "우리의 존재를 감싸고, 우리가 거기서 비롯되어 또한 거기로 향하는 궁극적으로 형언할 수 없는 신비"를 제시한다. 이러한 "궁극적으로 형언할 수 없는 신비"는 우리의 다음과 같은 철학적, 신학적 질문을 통해서야 비로소 그 실마리가 만들어진다. "인간이란 무엇인가, 인생의 의미와 목적은 무엇인가, 선이란 무엇인가, 죄란 무엇인가, 고통의 기원과 목적은 무엇인가, 진정한 행복을 얻기 위한 길은 무엇인가." 이러한 질문들은 기독교뿐만 아니라 인류의 여러 종교적 자각에 의해 제기되고 정제되어 온 것이므로, 교회는 "타종교 신봉자들과의 대화와 협력"을 통해 그 질문들이 함께 향하는 "궁극적으로 형언할 수 없는 신비"에 다가가려 노력해야 한다.

　이 유고집에 수록된 브라흐트 신부님의 여러 논문은 철학과 신학을 전공하고 타종교, 특히 일본 종교와 종교철학과의 대화에 힘을 쏟은 한 사제의 생생한 증언이다. 그 증언에는 바로 "궁극적으로 형언할 수 없는 신비"를 둘러싼 인간의 끊임없는 질문과 욕망이 스며들어 있다. 그러므로 신부님의 문서는 이른바 학문적이고 무미건조한 논고의 종류가 아니다.

　그곳에서는 자신의 기독교 신앙과 타자의 신앙 사이에서 자신의 자리를 두고 함께 찾아내고 함께 짐을 나누려는 한 사제의 모습이 떠오른다. 본서에서 브라흐트 신부의 논문 형식 문서뿐만 아니라 강연록도 가능한 한 많이 게재하려 한 것은 생생한 만남을 통해 타자와 만나려 했던 한 스승의 모습을 더욱 선명히 그려내고자 함이다. 신부의 다음과 같은 일갈은 역사적으로 형성되어 온 기독교 신앙에 대한 통렬한 자기반성인 동시에 종교적, 문화적 배타성이라는 인류 공통의 죄나 한계에 대한 고백이기도 하다. "예수께서 가르치신 진리는 바로 사랑이지만, 사랑이란 타인을 타인으로 인정하는 것이다. 그러므로 타종교에 대한 기독교의 전통적인 배타적 태도는 예수의 사랑 명령이라는 진리에 반하는 것이었다고 말하지 않을 수 없다. 우리는 다른 사람들을 동료로 인식할 수 있었음에도, 그들의 종교적 이질성 때문에 그들을 인정하지 않았다. 달리 말하면, 우리는 타인을 있는 그대로 사랑하지 못했다. 역사 속에서 이러한 태도는 기독교의 '집단 이기주의'를 조장해 왔다. 그리고 종교 전쟁이나 문화 파괴 같은 끔찍한 결과를 초래한 것이다."

　신부님이 이렇게 말한 것은 불교도들을 상대로 한 강연회에서였다. 그 점을 염두에 두고 생각해 보면, 위와 같은 스승의 주장은 살아 있는 타인에게 말을 건네는 형식을 빌리면서, 즉 진정한 의미의 대화를 나누면서 이 시대의 공통 과제를 함께 고민해 보자고 한 사랑이 담긴 초대였을 것이다. 신부님이 "기독교는 불교로부터 무엇을 배워야 하는가"라는 심포지엄을 위한 오리엔테이션에서 말한 것처럼, "종교 간 대화 시대의 한 특징은 '한 종교 내의 문제'나 '오직 하나의 종교에만 관련된 질문'이 더 이상 존재하지 않게 된 데 있다"는 것이다. 그러므로 기독교는 불교로부터 무엇을 배워야 하는가 하는 물음은, 이 물음을 논의하는 자리에 참석한 이들이 스스로에게 던져야 하는 물음으로 되살아날 때 진정한 종교적인 물음이 되는 것이다. "불교는 기독교로부터 무엇을 배워야 하는가?"

　마지막으로 한마디 덧붙이자면, 서두에서 나는 "Nostra Aetate"가 남산종교문화연구소 탄생의 씨앗을 뿌렸다고 말할 수 있다면, 브라흐트 신부는 그 씨앗에 물을 주고, 싹트게 하고, 키웠다고 할 수 있다고 하였다. 브라흐트 신부님은 신이라는 이름의 "궁극적으로 형상화할 수 없는 신비"에 동경을 품고, 그 '신비'를 사랑하며, 그 '신비'로부터 오는 사랑을 형제자매들과 함께 나누려 했던 사제이자 사상가요, 실천가였다. 그러므로 성 바오로가 자신과 협력자 아폴로에 대해 언급한 다음 성경 구절을 스승은 자기 고백으로 삼지 않았을까.

　나는 심었고 아폴로는 물을 주었습니다. 그러나 자라게 하신 분은 하느님이십니다(고린도전서 3장 6절).

이 성 바오로의 고백은 고향인 벨기에서 멀리 떨어진 이국 만리 땅인 일본에서 "궁극적으로 말로 표현할 수 없는 신비"에 헌신한 생애를 보내신 브라흐트 신부님의 고백이기도 하다고 생각하는 것은 나뿐만이 아닐 것이다.

2014년 1월 15일
난잔종교문화연구소
김승철

〈난잔종교문화연구소 연구총서〉를 펴내면서

1974년에 창설된 난잔종교문화연구소(南山宗教文化研究所, Nanzan Institute for Religion and Culture)는 일본 나고야(名古屋)에 있는 난잔대학(南山大學) 내에 설치되어 있다. 난잔대학은 '하느님의 말씀의 수도회'(神言修道會, SVD, Societas Verbi Divini)에 의해서 설립된 대학으로, 난잔종교문화연구소는 가톨릭교회의 제2차 바티칸공의회에서 천명한 기독교와 타종교와의 대화 정신을 실현해 나가고 있다.

동 연구소에서는 연구회, 심포지엄, 워크숍, 출판 활동 등을 통해서 동서의 종교 간의 대화, 문화 간의 대화, 다양한 사상과 철학 사이의 대화 그리고 일본과 아시아의 종교에 관한 연구에 매진하고 있다. 해마다 국내 외의 많은 연구자가 연구소를 방문하여 연구 활동을 하면서 활발히 교류하고 있으며, 연구 성과는 저널이나 서적을 통해서 다양하게 출판되고 있다.

일련의 시리즈로서 계획되어 출판되는 '난잔종교문화연구소 연구총서'는 동 연구소가 종교 간의 대화를 실천하는 가운데 축적해 온 연구 성과들을 한국에 소개함으로써 한국과 일본에서의 종교 간 대화를 더욱 진작·보급하며, 양국의 연구자들 사이의 활발한 교류를 촉진하려는 목적에서 기획되었다. 특히 일본에서 이루어지는 기독교와 불교의 대화는 일본의 불교적 전통을 바탕으로 서구의 종교와 철학을 수용하였던 교토 학파(京都學派)의 사상을 매개로 하면서 이루어져 왔다는 특징이 있으므로 본 '난잔종교문화연구소 연구총서' 시리즈에서는 난잔종교문화연구소의 연구 성과들을 번역·출판함과 동시에 교토 학파의 대표적인 사상가들을 소개하는 일을 겸하게 될 것이다.

이러한 취지하에서 그동안 다음과 같은 책을 번역·출판해 왔다.

⟨난잔종교문화연구소 연구총서 1⟩
니시다 기타로(西田幾多郎), 『장소적 논리와 종교적 세계관』(김승철 역, 정우서적, 2013년)
⟨난잔종교문화연구소 연구총서 2⟩
난잔종교문화연구소편, 『기독와 불교, 서로에게 배우다』(김승철 외 4인 공역, 정우서적, 2015년)
⟨난잔종교문화연구소 연구총서 3⟩
다나베 하지메(田邊 元), 『참회도로서의 철학』(김승철 역, 도서출판 동연, 2016년)
⟨난잔종교문화연구소 연구총서 4⟩
난잔종교문화연구소편, 『정토교와 기독교: 종교에서의 구제와 자각』(김호성·김승철 공역, 도서출판 동연, 2017년)
⟨난잔종교문화연구소 연구총서 5⟩
이야나가 노부미(彌永信美), 『환상의 동양 — 오리엔탈리즘의 계보』(김승철 역, 도서출판 동연, 2018년)
⟨난잔종교문화연구소 연구총서 6⟩

스즈키 다이세츠(鈴木大拙), 『일본적 영성』(日本的 靈性, 김승철 역, 도서출판 동연, 2023년)

그리고 이제 〈난잔종교문화연구소 연구총서〉 제7권으로서 얀 반 브라흐트의 『불교와 기독교, 상호 이해의 길 — 얀 반 브라흐트 논문집』 (제임스 하이직, 테라오 카즈요시, 김승철 편/김승철 역, 도서출판 동연, 2026년)을 번역 · 출판하는 바이다.

〈난잔종교문화연구소 연구총서〉의 발행을 통해서 아시아와 서구의 만남, 한국과 일본, 나아가서는 아시아에서 종교 간의 대화가 보다 활발히 진행되는 계기가 되기를 간절히 바라면서, 연구자들과 독자 여러분의 성원을 부탁드리는 바다.

2026년 2월
난잔종교문화연구소
김승철

차례

머리글 — 영어판 편집자 해설

1장 | 기독교에 대한 불교의 기여

5장 | 종교 신학으로 나아가는 길

6장 | 종교 간 대화와 철학

7장 | 동서 영성의 교류

8장 | 불교, 기독교, 정토진종에서의 욕망

9장 | 정토불교의 해방적 요소들

10장 ㅣ 선(禪)과 윤리에 관한 성찰

머리글
영어판 편집자 해설*

지난 몇 주간 얀 반 브라흐트(Jan Van Bragt, 1928~2007)의 에세이를
다시 읽는 특별한 즐거움으로 보냈다. 글을 통해서나마 그에 대한 거
의 30년에 이르는 추억을 되새길 기회를 얻었을 뿐만 아니라 그의 사
고 전반의 방향성을 더 잘 이해할 수 있었기 때문이었다. 철학자로서
얀은 매우 체계적인 사상가였으나, 결코 자신만의 포괄적인 체계를
구축하려고 하지 않았다. 그는 오히려 자신의 두 발을 내디디기에 적
합한 장소를 찾아내서는 삶과 사물들을 바라본 뒤, 자신이 본 것을 정
리하는 데 더 관심을 두었다. 그의 글에서 그리고 그의 인격에서 특별
한 균형감을 느낄 수 있는 것은 그가 논쟁적이지 않기 때문이다. 그
는 타인의 사상에 대한 반작용으로 자신의 사상을 정의하고자 하지
않았다. 비판할 때도 자신의 입장을 강화하기 위한 비판을 하는 경우

---

* 제임스 하이직(James W. Heisig)이 2007년 9월 10일 얀 반 브라흐트 사상을 주제로
한 '동서종교교류학회' 모임에서 발표한 강연으로, 이후 학회지 「동서종교연구」에 게재
되었다. 본문에 수록된 영문 번역본은 *Bulletin of the Nanzan Institute for Religion
and Culture* 32 (2009): 9-27에 최초 게재되었다.

는 드물었다. 오히려 굳어지고 막히고 얽히고 자만해져 버린 사고를 풀어내는 것이 그의 목표였다.

그의 종교철학을 정리하려는 이 글은 실제 저작과 강연만큼이나 수년간의 토론을 통해 얻은 감성적 이해를 바탕으로 재구성한 것이다. 그런 의미에서 객관적 기록이라기보다 개인적 해석에 가깝다. 동시에 세밀한 논증의 세부 사항을 생략하고 결론에 집중함으로써, 그가 '종교적 현실'이라 명명한 대상에 접근했던 방식을 조금이나마 전달하고자 한다.

얀 반 브라흐트의 사상을 한 단어로 특징지어야 한다면, 그것은 '교황적'(pontifical)이라는 말이 될 것이다. 로마 교황청과의 연관성으로 인해 이 단어에 붙은 독단주의나 가부장주의적 함의를 잠시 제쳐 두고, 나는 이 단어가 지니고 있는 '다리 놓기'라는 본래의 의미로 돌아가고자 한다. 이하에서는 그가 '종교적 사고'라 부른 것에 대한 이해에서 이 측면을 가능한 한 그의 직접적인 표현과 문구를 사용해 부각해 보려 한다.

종교들 사이의 다리

난잔종교문화연구소 초대 소장으로서 반 브라흐트는 이 기관의 역할 그리고 대화를 목표로 하는 모든 기독교 연구 센터의 역할을 분명히 인식하고 있었다. 그것은 단순히 서로 다른 종교들이 차이점을 '논의'할 수 있는 장을 마련하는 데 그치지 않고, 서양 기독교의 영적 과거와 매우 다른 맥락을 지닌 동양 사이를 오가는 '양방향 통행이 가능한 다리'를 건설하는 일이었다. 특히 전후(戰後) 일본의 경우, 그는 대화의 역할이 국가와 정치 경제 영역으로부터 종교 전통 간 관계와 협력이라는 책임을 받아들였고, 이를 통해서 종교들의 근본적 영감에 더 부합하도록 재정의하는 데 있다고 보았다.[1]

그가 염두에 둔 대화는 무엇보다도 사상 간의 대화였으며, 서로 다른 종교의 공적 대표자들 사이가 아니라 특정 종교 전통에 근거한 세계관을 지닌 개인들 사이에서 이루어지는 대화였다. 이러한 의미에서 그는 이를 특정 텍스트, 교리, 실천의 집합체를 제도적으로 지키려는 시도와 구별했다. 그의 비유는 명확하다.

> 강철로 둘러싸인 두 성의 주민이 강을 사이에 두고 산 위에서 마주하고 있다고 하자. 이들이 서로 접촉하고자 한다면, 최소한 다리나 사다리 몇 개를 내려야 한다. 또는 더 나은 방법은 양측이 요새를 떠나 강가의 중립 지대에서 서로 목소리가 닿는 거리까지 나와 만나는 것이다.[2]

이는 대화가 자신의 종교에 가져올 이익을 우선시하기보다 오히려 인류의 미래적 종교적 차원에 도움이 될 것을 우선시하려는 시도를 의미한다(반 브라흐트는 초기 논문에서 종교적 차원이 단순한 인본주의에 흡수될 수 없다고 강력히 주장한다).[3]

---

1 "New Dialogue with Buddhism in Japan," *Concilium* 161 (1983): 70, 73.

2 "The Interfaith Dialogue and Philosophy," *Japanese Religions* 10/4 (1979), 35 [317]. 반 브라흐트는 또한 시몬느 베이유가 가톨릭 신자 친구인 J.-M. 페랭에게 한 불평을 즐겨 인용했는데, 그의 '세속적 고향으로서의 교회에 대한 집착'이 기독교에 '심각한 결함'을 만들어 낸다고 지적한 내용이다(31[313]).

3 "Faith and Human Development," *The Japan Missionary Bulletin* 31 (1977): 404-414.

이와 관련해 반 브라흐트는 일찍이 1971년 니시타니 게이지(西谷啓治)의 발언에 공감한 바 있다. 니시타니는 틸리히가 교토에서 불교도들과 대화할 당시, 어느 종교 편도 들지 않음으로써 일종의 '제삼자'로서 참여하고 있다고 느꼈다고 언급했다.[4]

같은 이유로 반 브라흐트는 종교 현상에 대한 추상적이고 냉담한 비교 역시 진정한 대화에 위험하다고 보았다. 종교적 성향을 가진 개인들의 만남이 순수한 학문적 추구와 현행 학계의 존엄성 규칙에 흡수될 때, 그것은 규율 없는 낭만적인 새로움이나 개인적 향상을 추구하려는 함정에 빠진다. 이 둘 모두 그 나름의 가치는 있으나, 종교 간 대화의 중심은 거기에 있지 않다. 기독교적이고 유럽적인 배경에서 그는 이렇게 고백한다.

> 나는 솔직히 믿는다. (잠시 가장 넓은 문화적 의미에서 대화를 바라보면서) 동양 문화에 대한 서양의 관심이 서양이 존재하기 위해서는 동양이 필요하다고 느껴질 때만 그 대화는 진지하고 보편적이며 미래를 위한 희망이 될 수 있다고. … 그것이 단지 경박하고, 이국적 스릴을 즐기려는 태도를 벗어나 고상하고 편견 없는 선의에서 진리를 탐구하려는 자세가 될 때만 참된 대화가 될 수 있다.[5]

이러한 주장 뒤에는 종교가 특정 문화와 불가분하게 얽히고 그 문

---

4 Joseph J. Spae, "Nishitani on Japanese Religiosity," *Japanese Religiosity* (Tokyo: Oriens Institute, 1971), 279. 니시타니의 원문은 久山康 편, 『現代日本のキリスト教』(도쿄: 소분샤, 1961), 208에 실렸다.

5 "The Interfaith Dialogue and Philosophy," 30[312].

화와 혼동될 때 우리는 '편협함'에 굴복하고 만다는 확신이 깔려 있다.[6] 그러나 문화로부터의 해방이 더 깊고 다원적인 문화와의 조화를 추구하는 성찰적 노력으로 이어지지 않는다면 아무 의미가 없다는 신념도 자리 잡고 있다. 또한 그의 주장에서 반 브라흐트가 왜 대화를 '신성한 모험'(sacred adventure)이라고 강조하였는지, 그 이유를 설명해 준다. 구체적 목표를 부여받거나 특정 문제 해결에 이용되거나 참여자들의 성과로 평가될 때, 그 모험은 훼손된다는 것이다.

그는 반복해서 말한다. 대화의 목적은 '목표 없는 상태'[7]를 유지하는 것이다. 아이러니하게도 학문적 노력이 대화로부터 멀어지게 되는 이유는 학문이 자신들의 지식에 대한 소유권에 집착하기 때문이다. 반대로 우리가 대화의 목적의식을 잃어버리는 것은 일련의 규칙이나 관례에 대해서 충성하기 때문이 아니라, 대화가 수행하는 역할이 특정 전통이나 새로운 전통의 혼합체 창조와는 관계없이 교리와 실천은 다만 서로를 고려해야 한다는 신념 때문이다. 얀의 표현을 빌리자면, "순수하게 종교 내적 문제들, 단일 종교에만 관련된 주제들은 더 이상 존재하지 않는다."[8]

모험은 모든 인류에게 설득력 있는 비전을 창조하는 일이다. 각 종교 전통은 스스로 이 비전을 만들어 내야 하며, 이는 대화를 떠나 역사

---

6 "Religion and Culture," *Inter-Religio* 2 (Autumn 1982), 30.

7 諸宗教話の諸問題, 『宗教と文化 — 諸宗教の対話』(Kyoto: Jinbun Shoin, 1994), 45.

8 "Christian Theology Learning from Buddhism," *Bulletin of the Nanzan Institute for Religion and Culture* 21 (1997), 8.

속 자신만의 고유한 위치를 차지했을 때만 가능하다.[9]

　그는 이것이 종교가 선택하는 것이 아니라고 주장한다. 이는 "우리
는 할 수 없다"(*non possumus non*)[10]의 사례이다. 이를 실현하기 위해
그는 1983년 초기에 이미 "특정 종교에 대한 충성만으로는 우리의 최
종적 정체성을 구성할 수 없으며, 우리의 종교적 소속은 동시에 그 소
속을 버리는 것이기도 하다"[11]라는 '새로운 의식'에 기반한 '새로운 영
성, 즉 종교 간 영성'의 탄생 시기가 왔다고 확신했다.[12] 동시에 종교
신학이 대화를 이끄는 것이 아님을 분명히 밝히기도 하였다. 그는 이
를 다음과 같이 단호히 비판한다.

　이는 말 앞에 수레를 놓는 격이다. … 즉, 다른 종교에 대한 긍정적
　태도와 정직한 대화를 가능하게 하기 위해, 그들은 신학적 문제들을
　먼저 해결해야 한다고 주장하지만 대화의 경험은 그러한 사고를 반

---

9 Van Bragt's booklet, "Toward a Theology of Religions," *Oriens Studies* 17
　(Tokyo: Oriens Institute for Religious Research, 1984), 19-20[167-168]. 이 입
　장은 주목할 점으로, 그가 이전 논문에서 기독교 선교 위기를 설명할 때 다른 종교의
　존재를 완전히 생략했던 태도에서 급격히 벗어난 것이다. "Our Missionary Ideal: Some
　Perspectives," *The Japan Missionary Journal* 26 (1972): 133-139. 이는 그의 성숙한
　견해를 간결히 제시한 후기 에세이와 대비될 수 있다. "Interreligious Dialogue and
　Evangelization," *Japanese Religions* 25/1-2 (2000): 121-133.
10 "The Buddhist Challenge to Christian Theology," *Asian Religions and Christianity*
　(Manila: University of Santo Tomas, 1983), 26.
11 "New York Conference on World Spirituality," *Bulletin of the Nanzan Institute
　for Religion and Culture* 7 (1983), 29.
12 "Religion and Violence," *The Japan Mission Journal* 56 (2002), 15.

박한다.13

반 브라흐트는 종교 신학의 필요성을 인정했지만, 그것은 어떤 전문 분야로서의 종교 신학이 아니라 '신학 전반에 스며드는 것'이 되어야 한다고 보았다. 그는 엄밀한 의미에서 종교 신학의 문제점은 다른 모든 종교를 기독교와 동등한 존재가 아니라 오직 하나의 참된 신앙을 받아들이기 위한 예비적 '교육적 도구'로 보는 제2차 바티칸 공의회 신학에서 벗어나지 못했다는 점이라고 주장한다.14

이러한 모든 이유로 그는 대화의 핵심에 신학적 의제를 삽입하는 것을 분명히 거부하며, 목적이 없어야 한다는 급진적인 주장을 고수한다. 그에게 있어—이는 니시타니에게서 비롯된 것으로 보인다—"종교 간 대화는 종교 세계 내부의 문제가 아니라 무엇보다도 사회 전체의 문제이다."15

철학과 신학 사이의 다리

종교들 사이에 놓인 다리라는 공간을 정의하려는 시도에서, 반 브라흐트는 이 공간을 제삼의 어떤 것(*tertium quid*), 즉 참여자들의 전통을 초월하면서도 그 전통들을 온전히 포용하는 위치로 설명했다. 이 대화의 장은 합리성과 체계적 사고를 포기하는 것이 아니라 특정

---

13 "諸宗教神学の諸問題,"「出会い」13 (1999): 24-25.

14 諸宗教の神学の一考察, "日本カトリック神学会誌," *Inaugural issue* (1990): 37-41.

15 "西谷先生と私,"『西谷啓治著作集 月報五』第六巻 (1987), 4.

종교의 정체성에 필수적인 요소로서 그 종교의 자기 이해를 명확하게 개념적으로 표현할 것을 요청한다. 그것은 '신학적'이면서도 '철학적'이어야 한다. 1979년에 이르러 그는 교토 학파의 철학이 그러한 장, 즉 서양 기독교에 결여된 '아르키메데스의 지점'을 제공한다고 보면서, 이는 서구 기독교에는 결여된 것이라고 주장하였다.16

서구 종교 사상이 동양 종교 사상과의 대화를 이어 나가지 못하는 것은 무엇보다 기독교 사상사의 내재적 문제, 즉 신앙과 이성, 신학과 철학이 전통적으로 종교적 진리를 논하는 배타적 중심으로서 존재해 왔기 때문이다. 즉, 철학은 신학적 사상을 남김없이 자신의 영역으로 흡수하려 했고, 신학 역시 자신을 중심으로 삼아 철학적 사상을 포용하려 했으나, 둘 다 동일한 원의 중심에 서거나 다른 중심을 둘러싼 원에 포용되는 것을 진정성 있게 받아들일 수 없었다. 반 브라흐트는 이러한 대립의 조건이 서양 특유의 문제이며, 특정 유형의 철학에 의해서 야기되었다고 주장한다.

기독교는 그 역사 대부분을 통해 그리스 철학과 동일시해 왔다. 간단히 말해, 기독교는 자체 철학을 정립하지 못하고 그리스 철학을 차용하는 데 만족해 왔다. 따라서 그리스 문명에 깊이 뿌리내린 서양 철학

---

16 オリエンテーション, 『絶対無と神 ― 西田・田辺哲学の伝統とキリスト教』(Tokyo: Shunjūsha, 1981), 11; "The Interfaith Dialogue and Philosophy," 35[317]; "Absolute Nothingness and God: The Nishida-Tanabe Tradition and Christianity," *Bulletin of the Nanzan Institute for Religion and Culture* 5 (1981), 30. See also his earlier essay, "世界的思想家としての西田先生,"「西田幾多郎全集付録十三」第十三巻 (1979): 5-10.

은 기독교적 종교 체험을 설명하기보다는 일상적 의식의 '자연 현상'을 설명하는 데 맞추어져 있다.

그리하여 그리스 철학은 기독교 교리를 명확히 하고 지지하는 일종의 동반자 역할을 해 왔으나, 많은 경우 결국 "기독교 사상의 번역자라기보다 배신자에 가까울 정도로"[17] 기독교 신학의 '결함과 오류'의 근원이 되었다.[18] 이와 같은 맥락에서 반 브라흐트가 니시타니의 사상을 옹호하고 있었음에도 불구하고, 그는 처음부터 니시타니가 "현대 서양 철학 저작들을 통해서 기독교를 판단하려는"[19] '잘못된 관점'

---

17 "The Interfaith Dialogue and Philosophy," 41-43. 같은 입장은 다른 논문에서도 표명되었다. "Translator's Introduction," Nishitani Keiji, *Religion and Nothingness* (Berkeley: University of California Press, 1982), xxvii; "Christian Theology Learning from Buddhism," 10-11[40]; "The Challenge to Christian Theology from Kyoto-School Buddhist Philosophy," *Studies in Interreligious Dialogue* 1 (1991), 48[262]; "Contributions of Buddhism to Christianity," *Bulletin of the Nanzan Institute for Religion and Culture* 23 (1999): 16-17[34]. 어떤 곳에서 그는 그리스 철학으로부터 탈피하는 것은 기독교가 불교의 도움을 받음으로써 가능하다고 쓴다. "真宗に期待するもの — 諸宗教との対話を通して,"「伝統と創造」 10 (1989): 174-175; "Begegnung von Ost und West: Buddhismus und Christentum," Hans Waldenfels and Thomas Immoos eds., *Fernöstliche Weisheit und christlicher Glaube: Festgabe for Heinrich Dumoulin SJ zur Vollendung des 80, Lebensjahres* (Mainz: Matthiar Grünewald Verlag, 1985), 277-278. 같은 논문에서 그는 헤겔 철학이 기독교 사상의 기초가 될 수 있다는 생각을 고려하지만 즉시 배제한다(276). 잘 알려진 바와 같이 반 브라흐트는 헤겔에 관한 박사 학위 논문을 썼으며, 교토대학 연구생 시절 헤겔의 '투쟁' 개념과 자의식의 충만함에서 그 역할에 관한 장문의 연구 논문을 발표했다. "ヘーゲルの精神現象学, 及びそれ以前の諸書に於ける《生と死の戦い》の思想について,"「哲学研究」 43 (1966-1967): 19-43, 1171-1189.
18 "神への欲望と大乗の論理と欲生,"「親鸞教学」 72 (1998), 77; "私の見た仏教と京都学派,"「駒澤大学佛教学部論集」 32 (2001): 3-6.
19 "Notulae on Emptiness: Reading Professor Nishitani's What is Religion?,"

을 지니고 있다고 지적했음을 주목해야 한다. 더구나 여기서 우리는 종교를 형식화하고 현대 생활의 구체성으로부터 분리하려는 오류 역시 분명히 해야만 하는데, 이는 니시다로부터 비롯된 잘못된 경향이다.

물론 니시다는 동시대 대부분의 사상가들보다 기독교를 더 잘 이해하고 있었다. … 그러나 니시다의 사상이 점차 논리적이고 체계적으로 발전하면서 기독교에 대한 이해가 깊어짐에 따라, 어쩐지 그것이 더 형식화되고 좁아졌다는 느낌이 든다.[20]

분명히 그는 철학 자체를 탓하거나 철학에게 이성에 대한 헌신을 포기하라고 요구하는 것이 아니다. 오히려 다나베 하지메에 대한 추도 강연에서 읽을 수 있듯이,

궁극적으로 다나베의 가장 인상 깊은 점은 '인간 존엄성'에 대한 믿음을 가질 수 있는 용기였다고 말하고 싶다. 이 믿음은 근본적으로 종교적 감정의 산물이지만, 다나베의 경우 주로 인간 이성의 무한한 가능성에 대한 절대적 신뢰의 형태를 취했다. 직접적이든 또는 타자의 힘을 통해서 매개되든, 그의 목표는 절대적 지식이었다.[21]

Japanese Religions 4/4 (1966), 54; "Nishitani the Prophet," *The Eastern Buddhism* 25 (1992): 38-39[298].

20 "西田哲学とキリスト教," 大峯顯 ed., 『西田哲学を学ぶ人のために』 (Kyoto: Sekaishisōsha, 1996), 207.
21 "田辺と宗教と哲 学,"「宗教哲学研究」18 (1991), 4.

반 브라흐트에게 있어 대화의 진정한 철학적 측면은 이론적 비교에 그치지 않고 종교적 차원을 포함한다. 대화의 맥락에서 철학은

끊임없이 종교적 교리로, 궁극적으로는 종교적 의식과 실천으로 되돌아갈 수밖에 없다. 따라서… 비교철학은 무(無) 개념의 논리적 가능성을 그 존재의 개념에 대비하여 고찰하는데 데 만족할 수 있을 뿐이다. 그러나 우리는 동양 영성 전통에 내재된 '무아'(無我)라는 윤리적, 종교적 요소를 결코 잊어서는 안 된다.[22]

이와 관련해 그는 주저 없이 기독교 신학과 스콜라 철학의 결합에 반대하였으며, 그것이 우리 시대와 무관하다고 주장하는 이들의 생각에 동의하였다. 비록 중세 사상을 존중하고 있었고, 심지어 거기에서 일본적 사고방식과 많은 유사점을 찾을 수 있다고 말하기까지 했지만,[23] 그는 "종교가 오늘날 사람들의 삶에 스며들지 못할 때 그 존재 이유를 상실한다"는 점을 끊임없이 재차 강조했다.[24] 더 나아가 그는 1969년 일본을 배경으로 쓴 글에서 반 브라흐트 자신의 필치로 쓰였다고 상상하기 어려울 만큼 대담한 주장을 펼쳤다.

---

22 "The Interfaith Dialogue and Philosophy," 40[322].

23 Doi Masatoshi, "Search for Meaning Through Interfaith Dialogue," *Japanese Journal of Religious Studies* 3/2-3 (1976), 252에 대한 그의 견해를 보라. 또한 반 브라흐트가 교토 학파 철학자들이 '무'(無) 개념과 대비시키기 위해 사용하는 '존재'(有) 개념이 그들이 인정하는 것보다 훨씬 풍부하다는 자신의 견해를 옹호하기 위해 토마스 아퀴나스를 인용한다는 점도 주목해야 한다. "Tanabe, Religion, and Philosophy," 12-14.

24 "科学と宗教 — 我われは何を考えるべきか," 「願海」 9/7-8 (1982), 33.

저는 우리가 전통적 교리를 매우 신중히 검토하여 그 일부를 버려야 할지 여부를 살펴봐야 한다고 진심으로 생각합니다. … 청중인 일본인들에게 엄정한 정의를 실천하기 위해서입니다. 아무리 '전통적'이라 할지라도, 그리스도의 복음을 일본인에게 전하는 대신 그들에게 숨기는 교리가 있다면, 그것을 버리는 것은 우리의 엄정한 의무입니다.[25]

반 브라흐트의 글에서 이 사상을 적용한 구체적 사례 세 가지가 떠오른다. 첫째, 그가 만년에 쓴 어떤 에세이에서 그는 기독교의 '인격적 삼위일체 개념'이 불교의 무아無我 사상을 포용하도록 재고될 수 있다고 제안했다.[26] 둘째, 불교의 해체적 개념인 '공空'(또는 기독교 자체의 부정 신학)을 기독교의 사후 삶을 구체화하는 데 적용하자는 대담한 제안을 하기도 하였다. 이는 지옥에 대한 두려움, 현생에서 쌓은 공덕에 기반한 내세에서의 보상, 사후의 개인적 성격의 생존, 세속적 욕망의 투사 등의 형태로 나타나는 내세에 대한 우리의 '실체화'에 적용되는 것이다.[27] 그리고 셋째, 우리의 하느님 형상에서 폭력적 측면을 정화하

---

25 "The Future of Belief Revisited," *The Japan Missionary Bulletin* 23 (1969): 529-530. 두말할 필요도 없이 반 브라흐트는 서양의 선불교에도 역시 동일한 진리가 적용된다고 느꼈다. 즉, 서양의 선불교는 "인간적으로 건전한 운동으로 남고 서양 개인과 서양 사회 전체에 유익한 영향을 미치기 위해서는 상당히 깊은 변형을 겪어야 할 것"이라고 보았다. "Reflections on Zen and Ethics," *Studies in Interreligious Dialogue* 12 (2002), 145[230].

26 "Contributions of Buddhism to Christianity," 15[31-32].

27 「死と空と神,」「大乗禅」848 (1995): 74-75. 기독교에서 '개인적' 차원의 중요성에 관해 반 브라흐트는 정토불교와 대비하여 자신의 입장을 "イエスのみ名と人格,"「宗教学研究」 15 (1991): 22-24에서 설명한다. 그러나 그의 학술 논문과는 극명한 대조

는 것이다. 그중에서 마지막 부분에 대해서만 인용해 보겠다.

> 우리는 예수 그리스도의 전지전능한 사랑의 하느님이 우리 마음을 차
> 지하도록 허락하고, 초기 성경 텍스트에 등장하는 질투심 많고 복수
> 심에 불타는 신, 즉 경쟁자와 적을 말살함으로써 자신의 권능을 과시
> 하려는 신의 모든 흔적을 우리 마음에서 추방해야 한다. … 따라서
> 우리는 이러한 초기 본문들을 우리의 묵상과 예배에서 배제해야 할
> 것 같다.[28]

그러나 대체로 그는 "교리를 배제한다"는 초기 표현을 완화하였으
며, 일본 기독교에서 중심에 두어야 할 신앙을 설명하는 대안적이면
서도 주변적인 방법들을 기독교 전통 속에서 찾아내야 한다고 제안했
다.[29] 그는 기독교가 "일본인의 독특한 감수성을 필요로 하는"만큼 일
본도 기독교를 필요로 한다고 확신했다. 즉, "불교와 대립하는 것이

를 이루는 한 강연에서 그는 불교 신자들을 대상으로 기독교적 죽음 관점에 대해 논할
때면 이러한 비판들은 모두 제쳐둔 채로 진행했다. "キリスト教における終末観," 「真
宗教学研究」 13 (1989): 1-17. 정토교 신자들을 대상으로 한 유사한 강연에서 그는
자신의 아버지의 죽음에 대해 이야기하며 자신이 어떻게 죽고 싶은지에 대해 상당히
상세히 설명한다. "キリスト教における終末観』(『真宗教学研究』(Kyoto: Dōbōsha,
1994), 39-47. 여기서 우리는 그가 1979년 한 정토종 승려와의 논의에서 주목했던
비판적 관심사들을 배제한 채 대중적으로 기독교 교리를 설명하는 동일한 입장을 취하
는 것을 목격한다. Saeki Kesshō, 『親と子について ― 釈尊とキリストの対話』
(Tokyo: Ryūdō Shuppansha, 1979).

28 "Religion and Violence," 81.

29 "Christ and Japanese Buddhism," *The Japan Missionary Bulletin* 34 (1979):
181-182; "My views on Buddhism and the Kyoto School," 6.

아니라…상호 변형적 공생 관계에 있는 일본식 기독교"를 필요로 한다는 말이다.30

그럼에도 또는 오히려 그 때문에 그는 자신의 기독교 신앙이 서양 철학과의 정략적 결합에서 해방되어야 한다는 주장에서 결코 물러서지 않았다. 실제로 천태 불교도와 기독교인을 대화의 장으로 모은 제6회 난잔 심포지엄에서 그는 다음과 같은 논제를 제안했다.

1) 종교적 요구나 탐구는 순수 이성이 의도하는 바와 다르다. 종교적 진리는 이성의 과정이 인간 삶의 체험과 종교적 실천에 의해 지속적으로 검증될 것을 요구한다.

2) 어떤 종교 교리 체계도 완전히 전제 없이 존재할 수 없다. 종교는 사전에 수용된 틀과 문제의식을 바탕으로만 합리적으로 체계화될 수 있다.31

이 두 진술의 중요한 점은 그가 이를 현실화하고 실질적 결과를 보장하는 것이 대화의 기능 중 하나라고 보았다는 것이다. 인식론적 이론을 제시하는 것과 이를 교리 전통에 적용하는 것은 별개의 문제다.

---

30 "Inculturation of the Gospel Values in Buddhist Countries," *The Japan Mission Journal* 52 (1998): 239, 241; "The Buddhist Challenge to Christian Theology," 28.

31 "Tendai Buddhism and Christianity: Theory and Practice in Religion," Imelda Abbt and Alfred Jäger eds., *Weltoffenheit des christlichen Glaubens: Fritz Buri zu ehren* (Bern: Verlag Paul Haupt), 174.

교리와 종교적 현실 사이의 가교

반 브라흐트가 종교적 교리를 "종교적 의식과 실천"—혹은 그가 즐겨 사용한 표현인 "종교적 현실"—보다 부차적으로 여겼다는 점은 위에서 인용한 문헌들로부터 의심의 여지가 없다. 교리는 종교적 경험의 틀을 제공하고, 이를 논하는 언어를 제시하며, 더 넓은 역사적 맥락에서 이를 위치시키는 도구들을 제공할 수 있지만, 이는 여전히 2차적이며 자기반성적인 차원에 머문다. 이는 20세기 후반에 글을 쓴 대다수 신학자에게는 당연한 사실일 수 있으며, 실제로 그가 이 점을 논증하기 위해 시간을 할애한 흔적을 그의 저작 어디에서도 찾아볼 수 없다. 그는 불교-기독교 대화에서 마주한 문제들에 이를 구체적으로 적용하는 데 더 관심을 가졌다. 교리를 종교적 경험보다 우선시하는 문제에서 기독교를 쉬운 표적으로 삼아온 동료들과 달리, 얀은 살아 있는 일본 불교에서 전통적 가르침이 현재의 종교적 현실을 지배하게 내버려두는 경향을 지적하는 더 위험한 과업을 떠맡았다.

이것은 두 가지 구체적인 비판에서 드러나는데, 각각은 특정 사상이나 경전이 불교가 '살아 숨 쉬는' 것이 되었을 때 일어나는 현상을 보지 못하게 하는 데에 기성의 종교 체제(학자 포함)가 책임이 있다고 지적한다.[32] 이 두 비판의 배경에는 모든 세계 종교와 마찬가지로 불교 역시 그것을 탄생시킨 종교적 마음의 '기본적이고 원초적인 욕구'에 대한 충성이 우선하는 '이차적 실체'라는 동일한 신념이 깔려 있다.[33]

---

32 *Toward a Theology of Religions*, 10-16[155-163].

33 "World Religion: Its Conditions and Tasks," *Bulletin of the Nanzan Institute for*

1994년 반 브라흐트는 욕망 문제에 관한 장문의 논문을 발표하며 불교 입장에서 본 내재적 역설을 명확히 했다. 한편으로는 욕망이 모든 고통의 근원인 반면, 다른 한편으로는 진지한 노력에 수반되는 욕망 없이는 욕망을 뿌리 뽑을 수 없다는 것이다. 그의 논증을 반복하지 않고 결론의 개요만 추출하면 다음과 같다.

불교는 욕망의 역설을 욕망이 절대 금기시되는 '공(空)에 관한 이론' 과 욕망이 절대적으로 필요한 '수행의 실천' 사이에 위치시키는 경향이 있다. 불교의 욕망 이론 자체로는 불교적 종교 실재를 온전히 설명하지 못한다. … 공(空)의 논리는 우리에게 정상에 대한 시각을 제공하지만, 그곳으로 이르는 사다리(수행의 길)나 그 사다리가 놓인 바닥(본래의 세속적 상황)에 대해서는 충분히 설명하지 못한다. … 불교 자체로도, 불교와 기독교 사이 대화에서도, 불교에서 인식적 우월성, 즉 지혜가 가져오는 결정적 '결과'는 불교 이론이 자비나 사랑을 적절한 위치에 두는 데 어려움을 겪는다는 점이다. … 우리는 두 가지 상반된 것을 한 몸에 결합할 줄 아는 존재인 보살을 만난다는 점을 상기하면 된다. 타자의 실존을 인정하지 않는 '지혜와 타자를 인정하고 실제로 돌보는 '자비'를 동시에 갖춘 존재이다. 그럼에도 불구하고, 공(空)의 논리 속에서 자비는 지혜로 환원되어, 자타불이(自他不二)에 대한 통찰이 되려는 경향이 있다.[34]

Religion and Culture 18 (1994), 20. 다른 곳에서는 이를 구체적으로 정토불교의 사례에 적용하여 그 '본질'을 추구하는 것은 오류라고 주장하며, 기독교에서와 마찬가지로 '평범한 사람'의 종교성이 신학적 교리보다 우선한다고 논한다. "浄土眞宗とは何か — 私の眞宗観," 「同朋佛教」 23 (1988): 9-10, 17.

이는 모호한 개념에 대한 학문적 질문 이상의 문제이다. 또한 충분히 함양되지 않은 도덕적 양심에 대한 단순한 비판 이상의 의미를 지닌다. 교리 이론이 '종교적 실재'의 충만함을 고려하지 못한다면, 이는 모든 종교 기관에 내재된 문제를 가리킨다. 기독교식으로 표현하자면, 이는 문자 그대로의 '올바른 행위'가 아닌 교리에 대한 실천적 비판이라는 의미에서 '정통 실천'(orthopraxis)의 실패를 시사한다. 권위 있는 텍스트나 권위 있는 전문가 집단의 성직 임명만으로는 가르침의 정확성을 입증하기에 충분하지 않다. 교리의 실질적 결과 역시 그 진실성을 가늠하는 중요한 척도다. 특정 교리가 추상적으로 고귀하고 오랜 전통을 지녔더라도, 그것이 전통의 근본적 영감으로부터의 이탈을 조장하거나 심지어 위장한다면 이단으로 간주된다. 따라서 교리는 신자들의 살아있는 종교성으로부터 떨어져 임계점을 넘어서면 더 이상 권위를 갖지 못한다. 반 브라흐트의 요지는 바로 이 점이다. 일본 선종과 정토 철학이 자비 명령을 지혜의 이상 속에 흡수하는 경향에서 그 단서가 드러난다.[35]

사회적 행동을 위해 더 노력한다고 해서 반 브라흐트가 지적하는 문제를 해결할 수는 없다. 오히려 문제를 악화시킬 뿐이다. 그의 말은 신념을 실천으로 옮길 인내심이 부족한 이들을 향한 것이 아니라 신념 자체에 내재된 근본적인 결핍, 즉 신념의 실현을 실제로 방해하는

---

34 "Some Comparative Reflections on the Uses of Desire in Buddhism, Christianity, and Jōdo Shinshū," *The Pure Land* 10-11 (1994): 86-88[126-128].

35 물론 이는 철학적 견해에만 국한되지 않으며, '공'(空)이나 '무'(無) 같은 개념들을 밀어내고 자비가 불교 세계관의 중심적 위치로 회복되길 바라는 그의 표현된 열망을 반영한다. "Expectations from Pure Land Buddhism," 176, 179, 182-184.

요소를 겨냥한 것이다. 그가 요구하는 것은 이론적 차원에서 일치하지 않더라도, 이를 실천하는 이들의 현실을 수용하기 위해 이상 그 자체의 의미를 재정립하는 것이다. 이는 교리를 해석하는 방식의 전환을 요구하는 것과 다름없다. 기독교와 대화하는 것은 단지 촉매제 역할을 할 뿐이다. 그의 결론적 발언이 명확하고 대담한 어조로 밝히듯 말이다.

> 욕망을 이해함에서 드러나는 차이는 분명히 절대자에 대한 개념의 차이에서 비롯된다. 한편으로는 인간 본질의 핵심에 자리한 바로 그 욕망을 통해 인간을 적극적으로 끌어당기는, 행동하고 욕망하며 사랑하는 인격체로서의 존재가 있다. 다른 한편으로는 모든 욕망과 행위와 사랑이 완전히 투명한 지혜 속에서 중화되어, 어떤 대상이나 계획이나 목적에도 제한받지 않는 순수한 의식, 즉 모든 행위와 욕망으로부터의 완전한 분리를 통해서만 '실현'될 수 있는, 유혹할 수 없는 순수한 의식으로서의 존재가 있다.36

루돌프 오토는 스승 프리드리히 하일러의 말을 즐겨 인용했는데, 종교 전통의 만남에서 한 종교의 이론을 다른 종교의 실천과 비교하는 것보다 더 큰 오류는 없다는 것이었다.37

---

36 "Reflections on the Uses of Desire," 92[128]. 이 입장은 앞서 인용한 후기 강연에서 기독교의 하느님과의 일체화 열망과 대비되는 정토의 '정토에 환생하고자 하는 열망'을 특별히 언급하며 더욱 상세히 설명된다. "The Desire for God," *Mahāyāna Logic, and the Desire for Birth*, 76-87; "空の思想と東西の対話,"「禅文化」55 (1970): 59-70.

37 R. Otto, *India's Religion of Grace and Christianity Compared and Contrasted* (London: SCM Press, 1930).

반 브라흐트는 기독교적 '욕망' 개념을 가지고 불교적 실천과 이론 사이의 관계를 비교하고 있다. 그는 우리처럼 제도화된 종교를 비판하는 일에 크게 집착하지 않았다. 글이나 대화에서 종교 기관들이 자신의 통찰을 충분히 참조하지 않거나 자신의 설교에서 영감을 받아 실천을 개혁하지 않는다고 손가락질하는 경우는 거의 없었다.[38] 그러나 가장 추상적이고 초월적인 개념을 비교할 때조차도 그는 이러한 사상들의 일상적 토대와 그곳에서 맺는 열매에 대한 고찰을 무시하지 않았다.[39] 그의 표현을 빌리자면, 종교적 현실에서 종교적 이상으로 이어지는 사다리를 염두에 두지 않는다면 어떤 이론이나 교리도 진정성을 가질 수 없다.

두 번째 사례는 윌프레드 캔트웰 스미스를 따라 그가 주장한 바, 결국 종교는 일종의 삶이라는 점과 관련된다. 종교는 넘쳐흐르며, 번성하고 병들기도 하며, 그 과정에서 모든 삶을 특징짓는 것과 동일한

---

[38] 교황 요한 바오로 2세의 '독재적' 방식에 대한 간략한 비판("정토 불교에 대한 기대," 170)을 제외하면, 가장 뚜렷한 예외 중 하나는 창가학회와 일련종 간의 갈등에 관한 에세이다. 이 글에서 그는 제도화된 불교에 대한 '성직자 중심주의' 비판을 명백한 동정심을 담아 제시한다. "An Uneven Battle: Sōka Gakkai vs. Nichiren Shōshū," *Bulletin of the Nanzan Institute for Religion and Culture* 17 (1993): 24-26. 다음 해 그는 성직자의 역할에 대한 자신의 견해를 명확히 했다. "World Religion," 24-27. 그러나 일반적으로 정통성에 대한 집착을 완화하고 '지속적인' 개혁의 필요성을 강화해야 한다고 주장하는 모습을 더 흔히 볼 수 있다. 이하의 논문을 참조. "キリスト教における教会論,"「真宗教学研究」14 (1990): 31-32; "既成宗教は現代人に貢献できるのか,"「壊乱 — 現代宗教の危機」(Tokyo: Suzusawa Shobō, 1996), 25-26; "ローマ・カトリック教会," Mutō Kazuo, 武藤一雄, 平石善司 ed., 『キリスト教を学ぶ人のために』(Kyoto: Sekaishisōsha, 1985), 154.

[39] 이것은 그가 일본에서 만난 선생 다케우치 요시노리에게서 가장 존경스러운 점으로 꼽은 특성이었다. "In Memoriam Takeuchi Yoshinori (1913~2002)," *Bulletin of the Nanzan Institute for Religion and Culture* 26 (2002), 62.

역설과 모순으로 가득 차 있다. 특정 종교의 논리가 역설을 해결하고 재구성하려고 시도하는 한, 논리는 모순을 피하지 않으면서도 종교 생활의 일부인 이성의 요구에 부응한다. 논리가 단순히 종교적 현실을 기술하는 데 그친다면, 그것은 불완전하다. 규범적이고 비판적이라면, 그 기초에서 벗어나 종교적 현실의 생명을 질식시킬 위험마저 있다. 반 브라흐트는 이를 정토종과 그 종파가 '미신'에 대한 접근 방식에 적용한다. 그는 기독교 전통에서 매우 현실적인 신앙과 이성의 이분법이 불교 논리에는 존재하지 않음을 인정하면서도, 정토종과 기독교가 공인된 교리와 실제 실천 사이의 관계에서 매우 유사하다고 본다.

진종(真宗)에 존재하는 긴장은 대승불교 세계에서 인정되는 합리성의 원칙들과 논리적 일관성을 추구하는 정당한 욕구(그리고 모든 미신적인 형태의 '아미타 신앙'을 제거하려는 욕구)와 반면 교리 안에서도 인정되는 마음의 종교적 충동 사이의 줄다리기로 묘사될 수 있다. 이러한 충동은 '소인'(小人)들 사이에서 가장 원초적인 상태로 나타나며, 그것들 자체의 권리와 타당성을 지닌 것으로 인정하는 것 사이의 줄다리기라고 할 수 있다.[40]

---

40 "Buddhismus, Jōdo Shinshū, Christentum: Schlägt Jōdo Shinshū eine Brüche zwischen Buddhismus und Christentum?," E. Grössman and G. Zobel eds., *Das Gold im Wachs* (München: Iudicium 1988), 460. 이는 후에 영어로도 번역되었다. "Buddhism—Jōdo Shinshū— Christianity: Does Jōdo Shinshū form a Bridge between Buddhism and Christianity?," *Japanese Religions* 18 (1993), 57[96]. 이와 유사한 주장들은 일본어로 쓴 논문에서도 볼 수 있다. "真宗は仏教とキリスト教との橋わたしとなりうるか,"「親鸞教学」52 (1988): 49-52. 반 브라흐트

그는 이를 부정적인 판단이 아니라 살아있는 종교의 구성 요소로 보며, 따라서 정토불교가 삶과 논리 사이의 문제와 씨름하는 한, "불교와 기독교 사이의 다리를 형성할 수 있다"고 제안한다. 정토학자들 사이의 반론에도 흔들리지 않고, 그들의 교리가 기독교인과 외국인에게 낯설다는 점에 대해 반 브라흐트는 바로 그 점을 보여주려 수십 년을 보냈다.[41]

생애 마지막까지 번역하던 소가 료진(曾我量深, 1875~1971)의 저작에서 영감을 얻어, 얀은 불교의 공空 개념이 전제하는 비이원론과 정토 신심이 요구하는 "아미타와의 일체성이 (아미타의 자비로운 활동에 의한) 실제적 이원성 또는 심연의 극복을 의미하는" '이원론' 사이의 대립을 제시한다. 다시 말해 그 이원론 없이는 종교적 실재가 존재하지 않으며, 이원론이 존재할 경우 종교적 삶은 종교적 논리와 모순된다. 이 비이원론은 신앙과 모순된다는 이유로 단순히 배제되어서는 안 되며, 오히려 "새롭고 긍정적이며 보완적인 차원을 더하기" 때문에 수용되어야 한다.[42]

가 제도적 종교의 '엘리트주의'를 대중 신자들에 대해 극복하려는 관심은 제2회 난잔 심포지엄 요약문에서 드러난다. "Mass and Elite in Religion," *Bulletin of the Nanzan Institute for Religion and Culture* 2 (1978): 4-14. 비록 당시 그의 사상은 여기서 인용된 논문에서 다루어진 근본적인 교리적 문제들과 제대로 맞서지 못했지만, 이후 열린 "역사적 종교와 민속 종교"(1985) 및 "이론과 실천"(1987) 심포지엄 역시 마찬가지였으며, 이 두 행사 모두 그가 자신의 사상을 명확히 하는 계기가 되었다.

41 호넨에 관한 그의 유명한 글에 담긴 전체적인 정서가 바로 이것이다. "現代世界における法然の意義,"『法然の原風景 ─ その歴史と思想を考える』(Kyoto: Shionsha, 1993), 138-149.

42 "The Way of Devotion: Pure Land Buddhism," *The Japan Mission Journal* 47 (1993), 283. 그는 기독교의 경우에서도 거의 동일한 주장을 펼치며, 성경의 역설적

그는 의문을 더 심화시켜서 섬세한 질문을 던진다. 아미타불은 존재하는가? 성경적 하느님과 인간 사이의 '나-너' 관계 개념이 신심적 정토 경전에 명백한 유사점을 보인다는 점을 지적하면서도, 불교 논리에 일관성을 유지하려면 아미타불은 미신으로 해체되며, 그 결과 신심이 붕괴된다고 말한다. 소가 역시 동일한 질문을 제기하며 "이성의 비판에 맞서 우리의 정서적 요구는 여래(如來)의 실재를 요구한다"고 결론지었다. 반 브라흐트는 이에 동의하며,

> 공(空)이라는 불교 논리를 '통과하는 것'—즉, 이를 최종 진리로 고수하는 것과는 대조적으로—은 매우 유익하며, 이는 아미타불이든 하느님이든, 우리가 '초월적 존재'에 대해 생각하는 데 있어 반드시 필요한 것이다.[43]

소가의 주장을 근거로 한 그의 계속되는 논의는 여기서 다루지 않겠다. 의심의 여지가 없도록 한 가지 분명히 해야 할 점이 있다. 반 브라흐트는 믿고 실천하는 이들의 생명력인 종교적 실재보다 공空의 논리가 우선시되는 생각을 거부한다. 그는 공 사상이 "종교로서의 불교에 충분한 토대를 제공하지 못한다"고 주장하며, "사회적 실천에 대한

이원론과 그리스 철학으로부터 기독교 교리가 계승한 철학적 이원론을 구분한다. "この時代に我われは如何に生くべきか,"「願海」6/1 (1979): 22-24. 거의 같은 시기에 그는 이러한 이원론이 기독교가 선(禪)과 같이 단순히 '신비주의적' 종교가 아니라 '예언적' 종교이기 때문이라고 주장한다. "禅とキリスト教,"「禅文化」108 (1970): 26-27.

43 "Buddhism-Jōdo Shinshū-Christianity," 63, 69[100, 106].

뒷받침과 동기를 부여하지 못한다"라고도 말한다.[44] 그리고 이는 그가 교토학파의 절대적 무無의 철학 전반[45]과 특히 니시타니의 철학[46]을 비판하는 근거이기도 하다. 이는 또한 교토학파 철학자들의 전시 협력에 관한 그의 신중한 결론의 토대가 된다. 즉, 공 또는 절대 무가 모든 다원성과 타자성을 비본래적이거나 궁극적으로 논쟁의 여지가 있는 것으로 치부하며 거부하는 한, "우리가 도달하는 것은 존재론적 일원론 또는 전체주의이며, 이는 다시 국가 절대주의를 옹호하는 길로 너무 쉽게 열리게 된다"[47]는 것이다.

동일한 논리를 따라 반 브라흐트는 다른 글을 통해 기독교를 필두로 어떤 실체나 교리에 '절대성'이라는 속성을 부여하려는 시도 자체를 완전히 포기해야 한다고 주장한다. 헤겔 시대보다 그리 오래되지 않은 이 절대성이라는 관념은 종교의 살아 있는 실재에 비추어 볼 때

---

44 "空の思想と浄土教,"「大乗禅」815 (1992): 8-12. 더욱 상세한 논의에 대해서는 "My views on Buddhism and the Kyoto school," 8-11 참조.

45 예를 들어 다케우치 요시노리가 제기한 의문, 즉 교토 학파와 같은 무(無)의 철학에서 "종교적 삶의 실존적 생생함이 증발하지 않는가"라는 점을 받아들여, 그는 '공'(空)이 기독교적 사랑과 사회적 헌신의 이상이 지닌 충만함을 포착할 수 있는지 의문을 제기한다. "Absolute Nothingness and God," 40-44.

46 "Nishitani the Prophet," 32-33[292-293]. 니시타니 사상에 대한 그의 탁월한 비판도 참조. "Nishitani Revisited," *Zen Buddhism Today* 15 (1998): 77-95. 이 글에는 반 브라흐트가 대승불교에 제기하는 많은 비판이 요약되어 있다.

47 "Kyoto Philosophy — Intrinsically Nationalistic?," James W. Heisig and John C. Maraldo, *Rude Awakenings: Zen, the Kyoto School, and the Question of Nationalism* (Honolulu: University of Hawaii Press, 1994), 252. 반 브라흐트의 전쟁 시기 불교 종파들의 입장에 대한 견해는 전반적으로 훨씬 더 가혹하다는 점을 유의해야 한다. "戦中経験 — 日本とヨーロッパ,"『社会問題としての宗教』(南山大学社会倫理研究所, 1997), 28-29.

정당화될 수 없기 때문이다.[48]

　이러한 사상들은 다음과 같은 주장으로 발전한다. 이는 광범위한 일반화로 쉽게 간과될 수 있으나, 사실 불교와 기독교의 대화가 양자의 종교적 현실을 염두에 둘 때 가장 진정성을 유지한다는 반 브라흐트의 핵심적 신념이기도 하다. 불교가 '종교'라기보다 '영적 철학'이라는 견해에 대해 그는 이렇게 쓴다.

　불교에 대해 서양이 가지고 있는 이미지에 대해 두 가지를 말할 수 있다. 첫째, 원초적 불교가 이상으로 삼고 있는 하나의 (중요한) 측면과는 부합하지만, 역사 속에서 살아온 불교의 현실을 놓치고 있다. 둘째, 불교를 전형적인 '수출품' 형태로 제시한다. 꽃을 꺾어 잘 포장한 것처럼, 이미 죽어 있고 원래 생명을 주던 흙을 모두 잃어버린 상태이다. 어떤 의미에서 불교가 유럽으로 전파되는 과정에서 겪은 왜곡은 피할 수 없는 운명이었다. 기독교 역시 동양으로 전파되는 과정에서 같은 운명을 겪었다. 평범한 일본인이 기독교에 대해 갖는 이미지는 매우 지적이며 도덕적으로 엄격한 종교로서, 자신의 종교에서 그토록 높이 평가하는 서민적인 특성과 약점, 따뜻한 인물들, 즐거운 축제들은 다 사라지고 만다. 순례, 특정 성인에 대한 신심, 마을 수호성인의 축일에 열리는 행렬과 축제, 살아있는 가톨릭의 다른 민속적 요소들에 대해 들으면 오히려 믿지 못하겠다는 반응을 보일 것이다.[49]

---

48 *Toward a Theology of Religions*, 34-35[187]. 1991년까지 반 브라흐트 자신은 나중에 단순히 '초월적 존재'라고 부르게 될 것을 가리켜 '절대자'라는 용어를 자유롭게 사용했다는 점을 유의해야 한다. "The Challenge to Christian Theology from Kyoto-School Buddhist Philosophy," 49-50.

신비주의에서 일상으로의 다리

잘 알려진 바와 같이 반 브라흐트는 1979년에 이루어진 최초의 동서 수도원 교류에서 핵심 인물이었으며, 이에 대해 장문의 보고서를 작성했다. 비록 그는 서양 수도사들이 일본 수도사들에게 깊은 인상을 받았다는 사실에 안도감을 느꼈지만, 나는 그가 다음과 같은 반응을 들었을 때 더 깊은 감명을 받았을 것 같다는 느낌을 받았다. "이 열흘간의 생활이 접심과 같은 집중과 평온을 가져다주었다."[50]

그의 열정은 4년 후 유럽 수도자들을 일본으로 초청한 두 번째 교류에서 식어버렸다. 이 경험을 되돌아보며 그는 일본의 선불교 참가자들이 유럽 동료들에게 보답하는 것 외에는 다른 기대가 없었다고 결론지었다. "가장 깊은 의미에서의 기대―무언가를 받거나 배우려

---

49 "What Jizō is Trying to Tell Us," Clemens Schlüter ed., *Volksbuddhistische Impressionen aus Japan* (Sankt Augustin, 1995), 8; "New Dialogue with Buddhism in Japan," *Concilium* 161 (1983), 69. 기독교에서 대중 종교의 중요성을 강조하는 이러한 주장은 1985년 난잔 심포지엄 서두에 실린 그의 "개요"에서도 드러난다. "オリエンテーション,"『密教とキリスト教 ― 歴史宗教と民俗宗教』(Tokyo: Shunjūsha, 1986), 11, 16-21. 일본을 위한 기독교 윤리 문제에 관해 그는 "일본의 기독교 윤리"에서 자신의 입장을 신중하게 전개한다. "Christian Ethics in Japan," *The Japan Missionary Bulletin* 36 (1982): 360-372.

50 "East-West Spiritual Exchange," *The Japan Missionary Bulletin* 35 (1980), 173. 이 논문은 독일어로도 발표되었다. "Eine Begegnung zwischen östlicher und westlicher Spiritualität," Hans Waldenfels ed., *Begegnung mit dem Zen-Buddhismus* (Düsseldorf: Patmos Verlag, 1980), 86-100. 반 브라흐트는 서양의 수도자들이 자신처럼 "일본과 불교에 대해 더 많이 알고 있을 거라 여겨지는 사람들"보다 불교도들에게 더 열렬히 경청된다는 점을 자조적인 유머를 섞어 주저 없이 지적했다. "Inter-Faith Dialogue in Japan," *The Japan Missionary Bulletin* 30 (1976), 591.

는 희망—는 소수 개인을 제외하고는 존재하지 않았던 것 같다."[51]

이 시선은 당시 작성된 한 에세이의 이례적으로 가혹한 표현에 반영되어 있다.

> 나는 선불교가 기독교를 자신들의 가치 확인이나 현대(서양)적 흐름
> 에 적응하는 수단으로 삼는 듯한 인상을 받았지만, 자신들의 종교 체
> 계 안에서 도달한 자기 폐쇄를 극복할 다른 길을 추구하지는 않는다
> 고 생각한다. 간단히 말해 선불교는 그 주역들의 대표적 스펙트럼을
> 가로질러 완전하고 정적인 체계, 닫힌 원처럼 보인다.[52]

비록 얀이 가끔 선 명상을 실천했지만, 그가 선 스승을 모셨거나 직접 접심에 참여한 적은 없는 것으로 알고 있다. 이 경험이 위의 사실과 관련이 있었는지는 확실하지 않지만, 그의 마음을 바꾸지는 못했던 것 같다. 그는 우리 숙소에 마련된 작은 명상실에 좌복을 두고 있었고, 나는 가끔 그가 그곳에 침묵 속에 앉아 있는 모습을 보곤 했다. 그의 개인적 영적 수행에 관한 세부 사항은 우리가 결코 논의하지 않았지만, 미사 집전 시 단순함을 선호했으며 예식에 자신의 말이나 제스처를 끼워 넣지 않으려 애썼다는 것은 알고 있다. 서양 수도원에서의 짧은 경험을 통해 선승이 직감한 바를 얀 자신도 믿었다고 생각한다. 실제로 그의 삶과 사상을 통틀어, 나는 그가 일시적인 유행과 이국적

---

51 "East-West Spiritual Exchange II," *Bulletin of the Nanzan Institute for Religion and Culture* 8 (1984), 16.

52 "Tangenten an einen vollkommenen Kreis?," Günther Stachel, *Munen musō: Ungegenständliche Meditation* (Mainz: Grünewald, 1978), 379.

인 것 모두를 피했다고 말하고 싶다. 나는 이제 그가 진정한 영성과 일상의 사이에서 자신만의 다리를 찾았다고 믿는다.

얀의 장례식에서 난잔 연구소의 오랜 동료이자 동료 수도사인 얀 스윈게도우(Jan Swyngedouw)는 반 브라흐트의 신비주의 문헌 사본 여백에 적힌 메모를 발견했다고 발표하면서, 그가 자신의 영성 속에서 신비주의 사상에 깊이 공감했음을 시사했다. "점차 깨달은 것은, 그에게 신비주의 사상은 단순히 학문적 문제가 아니라 삶을 지탱해 주는 위대한 힘의 원천이었다는 점이다."[53] 이는 그가 불교 사상과 대화를 이어간 관점을 이해하는 데 중요하다. 정립된 교리로부터의 동일한 초연함과 교리 뒤에 숨은 진리를 찾아 논리적 담론의 경계를 넘어서려는 의지와 동시에, 통찰을 지성으로 환원하려는 시도에 대한 불만이 거기 있다. 그의 마음은 농부의 마음이었으며 혹은 그의 아버지 같은 시골 의사의 마음이었다고 해야 할 것이다. 그는 평범한 사람들의 지혜와 진정한 지혜의 평범함에 대해 어느 정도 알고 있었다. 동시에 그의 글에는 신비주의 용어나 사상에 대한 직접적인 암시가 거의 없다.

유일한 예외는 1995년 플랑드르 신비주의자 얀 반 루스브뢰크에 관한 그의 저서 『불교와 기독교의 신비주의』(폴 모마르스와 공저)이다. 그러나 '예외'라는 표현은 적절하지 않다. 반 브라흐트는 루스브뢰크의 신비주의적 길을 불교 사상과 실천의 세계에 위치시키려는 시도에서 자신의 종교 사상을 다른 어떤 저작보다도 더 명확하고 체계적인

---

53 "ヤン・ヴァン・ブラフト元所長を偲んで（一九二八年〜二〇〇七年)," 「南山宗教
　文化研究所研究所報」 17 (2007): 64-65.

방식으로 제시한다. 앞서 언급한 모든 사상은 여기서 상호 참조될 수 있다. 그것들은 모두 '신비주의적' 종교의 틀 안에서 제자리를 찾으며, 다른 모든 저작은 이 책에 대한 주석으로 읽힐 수 있다는 인상을 준다. 무엇보다도 비교신비주의에 초점을 맞춤으로써 얀은 기독교적이지도 불교적이지도 않은 자신만의 종교적 세계관을 제시하고자 한 것으로 보인다. 그것은 양 전통의 본질에 이르기 위한 회의의 명암으로 그려졌으며, 이를 통해서 그는 교리와 실천 사이에서 발견한 균열 사이로 빛이 스며들게 하였다.

불교의 렌즈를 통해 기독교를, 기독교의 렌즈를 통해 불교를 비판적으로 바라봄으로써, 그는 일본 초기 시절 스스로에게 던진 공안을 풀고자 한다. 어떻게 종교성이라는 자연스러운 친화성이 교리에서는 극복할 수 없는 불일치로 이어질 수 있는가?[54] 그의 답은, "만일 내가 행간을 읽어내도 좋다면 불교와 기독교 사이의 불일치가 아니라 모든 종교성과 그 표현 사이의 불일치"라는 것이다. 불교와 기독교의 대화는 특정 전통 내부의 교리 발전과 제도적 갈등 속에서 일반적으로 가려져 있는 것을 드러낸다. 즉, 결국 우리는 경험과 표현의 이원성을 받아들이고, 이를 초월하려는 모든 시도를 의심하는 법을 배워야 한다는 점이다.[55]

---

54 *Mysticism Buddhist and Christian: Encounters with Jan van Ruusbroec* (New York: Crossroad, 1995), 3.

55 반 브라흐트가 루스브뢰크의 유사 신비주의 비판을 불교에 적용하려는 시도는 여기서 특히 유익하다. 특히 그는 고요주의, 자기중심성, 도덕적 마비에 대한 비판을 다루고 있다. *Mysticism Buddhist and Christian*, 268-286. 그는 이러한 비판들이 정토 신앙의 '사회적 차원'에 대해서도 여전히 답이 없다고 주장했다. "Liberative Elements in Pure Land Buddhism," *Inter-Religio* 18 (Fall 1990): 61-62[78].

이러한 이유로 반 브라흐트는 기독교와 불교의 비교를 위해 에크하르트에게 주목하는 것을 대화라는 도전에 직면하기 위한 첫걸음으로 본다. 평범한 종교 신자들에게는 지나치게 추상적인 수준에 안주하지 않는다는 의미에서 이보다 더 큰 도전은 루스브뢰크 같은 작가에게서 찾아볼 수 있다. 여기서 종교성의 유사성은 교리 수준에서 극적으로 충돌한다.56 반 브라흐트는 자신이 이러한 충돌을 반긴다는 사실을 주저 없이 밝히면서, 때로는 기독교 편에, 때로는 불교 편에 서기도 한다. 그의 목표는 양 전통의 장점을 새롭게 융합하는 것이 아니라 각 전통의 핵심적인 부분에 있는 피할 수 없는 역설을 정직하게 대면하고, 각 전통 내부에 혼합된 기록을 지니고 있음을 보여주는 데 있다. 예를 들어 기독교가 신을 '존재', '사랑', '신성'과 연관 짓는 것에 대해 그는 불교가 이를 이분법(존재/무, 사랑/증오, 신성/속성)이라고 낙인찍으면서 진정한 초월의 개념에 부적합하다고 비판하는 점을 지적한다. 이 문제에 대한 그의 판단으로 논평을 마무리한다.

형이상학적으로 말해, 나는 불교가 이 점에 있어 더 강력한 입장을 가진다고 보지만, 바로 이 지점에서 나는 종교와 이성이 아무리 함께 걸어가더라도 결국 종교는 형이상학과 이성의 영역(논리와 그 모든 것)을 초월한다는 점을 그 어느 때보다 확신하게 된다. 실제로 신성한 무관심으로 싸움 위에 초연히 군립하지 않고 선과 악의 투쟁에 직접 관여하는 신이라는 관념은, 비록 형이상학적으로는 눈살을 찌푸리게 할지라도, 인간적으로나 종교적으로 엄청난 가치를 지닌다.57

---

56 *Mysticism Buddhist and Christian*, 30.

반 브라흐트의 저술이 지닌 '교황적' 측면을 설명하며 그가 "일본 기독교가 공존하는 불교와의 가교를 구축하려는 열망"을 깊이 공유했음에도 불구하고,58 그는 자신을 건축가가 아니라 단지 석공 중 한 명으로 여겼다. 20세기 후반의 가톨릭 사상가로서 그는 경직된 스콜라주의로부터의 해방을 경험했으며, 마리-도미니크 슈뉘, 이브 콩가르, 에드워드 실레벡스 그리고 무엇보다도 로마노 과르디니와 앙리 드 뤼바크과 같은 선구적 해방자들에게 강한 공감을 느꼈다. 그는 자신의 저술에서 이들을 빈번히 인용한다.59 조주 선사의 유명한 돌다리처럼,60 반 브라흐트의 다리들은 그 자체로 감탄을 자아내는 독창적이고 웅장한 기념물이 아니라 "당나귀도 건너고 말도 건너게 하는" 일련의 디딤돌이었다. 오가며 건너는 과정에서야 비로소 다리는 다리로서의 의미를 갖는다.

종교 간의 진지한 지적 대화가 이루어지는 곳이라면 전 세계 어디에나 얀 반 브라흐트의 이름은 알려져 있다. 그는 기독교 내부에서 일어난 중대한 변화의 역사에서 이정표와 같은 존재다. 그의 중요성에도 불구하고, 그의 저술과 인품은 대화에 임하는 겸손함이 무엇인지를 보여준다. 그 겸손함은 대화를 전문으로 삼은 이들 사이에서 흔히 흉내 내기보다는 그저 우러러보게 되는 것이었다. 독자들은 왜 내가

---

57 *Mysticism Buddhist and Christian*, 79; "Christian Theology Learning from Buddhism," 15[45].

58 "Christian Theology Learning from Buddhism," 10[40].

59 이 이야기에 대한 일류의 기록은 반 브라흐트 자신의 삶과 맞물려 있었는데, 이에 관해서는 Fergus Kerr, *Twentieth-Century Catholic Theologians: From Chenu to Ratzinger* (Oxford University Press, 2006) 참조.

60 이 암시는 『벽암록』, 제52칙을 의미한다.

이렇게 말하는지 이해할 것이다. 우리 난잔연구소에 생명의 숨결을 불어 넣어 주셨던 그분이 마지막 숨을 거두셨다는 소식이 전해졌을 때, 모두가 숨이 턱 막히는 듯한 충격을 받았기 때문이다.

1장

기독교에 대한
불교의 기여

불교가 기독교에 기여한다는 생각은 불과 50년 전까지만 해도 대부분의 기독교인에게는 말도 안 되는 소리처럼 들렸을 것이다. 이는 상상조차 할 수 없는, 심지어 신성모독에 가까운 생각이었다. 실제로 제2차 바티칸 공의회가 기독교뿐만 아니라 다른 종교들에도 진리와 은총이 존재함을 인정하기 전까지는 불교의 '기여'라는 주제가 의미 있게 다가오지 않았다. 기독교가 아직 완전한 진리를 소유하지 못한 상태이며, 하느님(그리스도)께서 다른 종교들 안에서도 은혜롭게 활동하신다는 관점에서만 우리는 불교가 기독교에 기여할 수 있는 가능성에 대해 말할 수 있다.

'불교로부터의 기여'를 논한다는 것은, 물론 불교를 긍정적인 시각으로 바라보고 그로부터 좋은 것들을 기대할 수 있는 대상으로 보는 것을 의미한다. 이러한 관점은 확고한 근거를 지니고 있지만, 여전히 의도적인 선택을 의미한다. 불교의 존재(그리고 최근 서양에서의 선교 활동)를 기독교에 대한 위협으로 경험할 수도 있다. 유럽과 미국의 일부

---

* 이 글의 원문은 *Bulletin of the Nanzan Institute for Religion and Culture* 23 (1999): 6-17에 게재됨.

기독교 환경에서는 불교가 그러한 위협으로 인식될 수 있는데, 현재 불교는 매우 긍정적인 이미지를 제시하면서 많은 신도를 얻고 있다. 이 현상은 미국과 캐나다에서 가장 뚜렷하지만, 유럽도 크게 다르지 않다. 예를 들어 최근 여론 조사에 따르면 프랑스 국민 중 200만 명 이상이 불교를 "우리 시대에 가장 적합한 종교"로 여기는 것으로 나타났다.

좀 더 중립적인 관점에서 말하자면, 지난 30년간 불교는 기독교에 대한 중대한 도전으로 부상해 왔다고 할 수 있다. 도전이란 부정적인 방식으로 그것을 짓밟으려 하거나 긍정적인 방식으로 자신 내면의 최고를 이끌어 낼 수 있는 무엇인가와 씨름하며 맞서야 한다는 뜻이다. 불교를 도전으로 인식한 최초의 가톨릭 신학자는 아마도 로마노 과르디니(Romano Guardini)였을 것이다. 그는 저서 『주님』에서 불교를 기독교가 직면한 가장 큰 도전일 수 있다고 언급한다.

아마도 부처는 기독교가 이해하지 않으면 안 될 마지막 종교적 천재일 것이다. 아직 그 누구도 그가 기독교에 지닌 의미를 제대로 도출해 내지 못했다.[1]

반세기가 지난 오늘날에도 우리는 여전히 "불교가 기독교에 지닌 의미를 진정으로 도출해냈다"고 할 수 없다. 이는 오직 인내심 있는, 끊임없이 깊어지는 대화를 통해서만 가능하며, 이 대화는 이제 막 시작되었다. 당연히 여기서 제시할 수 있는 것은 단지 잠정적이고, 임시

---

1 Romano Guardini, *The Lord* (London: Longmans Green & Co., 1956).

적이며, 개인적인 '평가'에 불과하다는 결론이 도출된다.

불교가 기여하는 바를 기독교에 수용한다는 것은 그 과정에서 기독교가 '변형'되는 것임을 우리는 알아야 한다. '불교와 기독교의 상호 변형'을 주장하는 미국의 과정신학자 존 콥은 예를 들어 이렇게 썼다.

> 불교적 현실 이해에 대한 통찰을 통합함으로써 변형된 기독교는 우리가 지금 알고 있는 어떤 기독교와도 매우 다른 기독교가 될 것이다. 예수 그리스도를 통합한 불교는 우리가 지금 알고 있는 어떤 불교와도 매우 다른 불교가 될 것이다.[2]

물론 이러한 변형은 우리가 기독교를 불변의 것이 아니라 항상 발전하는 역동적인 역사적 현실로 보아야 함을 전제로 한다. 이는 새로운 사상처럼 들릴 수 있지만, 사실 역사적 현실에 대한 명료한 인식에 다름없다. 예를 들어 교회 역사학자들은 19세기 기독교가 중세 기독교와는 상당히 다르지만, 양자를 동일한 기독교로 인식할 수 있을 만큼 충분한 연속성이 존재한다고 말한다.

불교가 기독교에 기여할 수 있는 것이 있다면, 그것은 불교 고유의 '강점', 즉 특히 심오한 종교적 통찰일 것이다. 기독교와 비교할 때 불교는 또한 자신의 약점을 드러내며, 바로 그 점에서 기독교의 기여를 통해 많은 것을 얻을 수 있다. 불교와 기독교는 오히려 상호 보완적이라는 점이 종종 언급되어 왔다. 불교의 강점은 대체로 기독교의 약점

---

2 John Cobb, Jr., *Beyond Dialogue: Toward a Mutual Transformation of Christianity and Buddhism* (Philadelphia: Fortress Press, 1982), 52.

과 일치하고, 그 반대도 마찬가지라는 것이다. 어떤 경우든 여기서 나는 불교의 강점에 대해 말하고자 한다. 이는 기독교가 예수 그리스도와 하느님 나라 복음에 충실한 '더 나은 종교'가 되는 데 도움이 될 수 있다. 여기서 우리의 관점은 유명한 프랑스 인류학자 클로드 레비스트로스의 견해와 다소 유사할 수 있다. 그는 『슬픈 열대』에서 "불교와의 느린 삼투 작용이 우리를 더 완전한 기독교인으로 만들 수 있다"고 썼다.[3]

기독교의 어두운 모습

주제에 다소 충격적으로 접근하기 위해 먼저 '불교의 장점이라는 거울'에 비친 현대 기독교의 모습을 그려보겠다. 이는 매우 일방적인 그림이며, 다행히도 완전히 사실은 아니다. 그러나 우리를 깨우쳐 주의를 기울이게 할 만큼의 진실은 담고 있다. 일반적으로 불교가 기독교에 제공하는 큰 혜택은 우리 자신의 거울상을 제시한다는 점이다. 결코 의식하지 못했던 우리 자신의 특징들을 비추어 보여준다는 말이다. 그러한 의미에서 불교는 우리가 지금까지 가능했던 그 어떤 것보다도 더 근본적인 자기 인식이나 양심의 고찰을 가능하게 해준다. 중요한 한 가지 점을 언급하자면, 신이 부재하고 어떠한 역할도 하지 않는 종교인 불교의 거울 속에서 우리는 우리 종교에서 신이 무엇을 의미하는지 혹은 신이 그 안에서 정확히 어떤 '역할'을 하는지에 대해 더

---

3 Claude Lévi-Strauss, *Tristes tropiques* (Paris: Union Generale des Editeurs, 1962), 369.

명확한 인식을 얻을 기회를 얻는다.

이제 불교도의 눈에 기독교가 어떻게 비칠 수 있는지 개략적으로 제시해 보자면, 다음과 같이 경험될 수 있다.

— 보편적인 인간 상황에 대한 경험과 분석보다는 특정 서사(유대 민족과 예수 그리스도의 이야기)에 기반한 종교. 따라서 직접적인 인간 경험보다는 신앙이 중심이 되는 종교.
— 아마도 그 이유로 신성한 신비를(언어로) 정확히 표현하는 데 엄청난 중요성을 부여하고, 명확히 정의된 교리의 지적 수용을 강력히 주장하는 종교. 한마디로 교리가 자기 변혁의 종교적 길보다 훨씬 더 중요해 보이는 매우 독단적인 종교.
— 그리고 아마도, 다시 그 이유로 개인적 체험보다 교회 권위에 대한 복종을 더 중시하는, 매우 제도화되고 중앙집권적이며 권위주의적인 종교.
— 죄와 속죄, 선과 악의 투쟁을 중심으로 하는 종교, 따라서 종교의 본질과 목적이 도덕성인 것처럼 보이는 도덕주의적 종교이며, 더욱이 사람들을 죄책감에 사로잡히게 하는 경향이 있는 종교.
— 개인을 고고한 고립 속에 가두고 인격적인 신과 대립시키는 종교 그리고 개인의 실재와 가치를 일방적으로 강조하는 종교이며, 이로 인해 자아의 이기심을 극복하지 못하는 종교.

여기서 내가 '무신론'이라는 용어를 쓰지 않는다는 점에 유의해 주면 좋겠다. 이 서양적 범주는 동양 종교에 맞지 않는다(어떤 불교도가 이를 즐겨 사용하더라도).

— 외부 세계에 지나친 중요성을 부여하고 사람들이 그 세계에서 구체적인 행동을 하도록 부추기면서, 해방이나 내적 자유로 이끄는 유일한 길인 주체의 내적 변혁이라는 근본적 중요성을 경시하는 종교.

물론 이는 기독교에 대한 매우 일방적인 묘사임을 다시 강조하고 싶다. 그럼에도 이를 무조건 거부하기보다는 다음과 같은 태도를 취하는 것이 더 낫다.

— 그 안에 상당한 진실이 있음을 전제하거나 인정하고
— 그 진실이 맞는 한, 우리가 예수의 복음정신과 사도 바울이 기록한 '하느님의 자녀들의 자유'로부터 여러 측면에서 멀어졌음을 고백하며
— 불교 교리와 태도가 우리의 잘못된 경향을 바로잡고 더 균형 잡힌 기독교에 이르는 데 도움이 될 수 있는지 살펴보기 위해 불교를 깊이 들여다보는 것.

불교의 균형 요소들

이제 불교의 강점 중 기독교에 기여할 수 있는 부분들을 간략히, 물론 불완전하게나마 살펴볼 차례다. 이 모든 요소가 어떻게든 서로 연결되어 있다고 믿지만, 그 통일점을 명확히 파악하기는 쉽지 않다. 급진적인 선禪의 한 구절이 힌트를 줄지도 모른다. "부처를 만나면 죽이고, 경전을 만나면 태워버려라." 부처는 물론 불교에서 숭배의 대상

이며, 경전은 부처의 가르침이 글로 기록된 경전이다. 그러나 그들을 '만난다'는 것은 우리 자신과 분리된, 우리 외부의 대상으로 보는 것을 의미한다. 그러므로 선불교 격언의 의미는 이렇게 해석될 수 있다. 당신 자신 외부의 대상으로서 그들은 진정한 것이 아니며, 만약 당신이 이러한 대상들에 집착한다면 당신은 길을 잃게 된다. 그들은 오직 당신 자신 안에서 경험하는 현실로서만 진실하고 구원적이다.

이것은 미국인 수도사 슈타인들러-라스트의 글을 떠올리게 하는데, 그의 글을 처음 접했을 때 나는 충격에 빠졌다. 정확한 표현은 기억나지 않지만 대략 이러했다. "그리스도 사건 전체(성육신과 부활 신비를 포함하여)는 오직 그리스도가 지금 내 안에서 태어나 살고 계심을 의미한다. 그 순간에 비로소 진리와 생명이 된다." 그리고 성 아우구스티누스도 비슷한 시각을 가졌던 것 같다. 그가 하느님께 이렇게 기도했을 때 말이다. "*Noverim me, noverim te*"(나를 알게 하소서, 당신을 알게 하소서). 그는 이 두 가지를 함께 보았던 것 같다. 마치 하나를 아는 것이 다른 하나를 알지 못하면 의미가 없는 것처럼, 자신과 연결되지 않은 하느님이라는 개념은 그에게 매력적이지 않았다.

불교와 달리 기독교 신앙에서는 성경에 기록된 계시의 객관적 내용이 마땅히 핵심적인 역할을 한다. 이 계시는 우리가 스스로가 내면에서 찾을 수 없었던 하느님이 거저 주신 선물이며, 우리는 이에 대해 아무리 감사해도 모자랄 것이다. 그러나 오늘날의 기독교를 바라볼 때, 수 세기에 걸쳐 기독교가 이 계시를 점점 더 순수하게 객관적이고 주어진 것으로 보게 되고, 종교를 그 대상에 대한 신앙적 인식, 예배, 선포로 간주하게 된 것처럼 보인다. 그러나 해방신학자들의 경우는 그렇지 않다. 그들에게 그리스도의 실재는 억압받는 이들의 체험 속에서 생생히 살아난다. 신비주의 기독교인들에게도 마찬가지다. 그들은 마음 깊은 곳에서 믿음의 대상(그리스도)을 체험하고 그에 의해 변화되기를 욕망한다.

그러나 안타깝게도 이들은 예외에 불과하다. 기독교 전체는 그 객관화 경향에 크게 굴복하여 신앙과 영적 체험의 관계를 잃어버린 듯하다. 반면 불교는 대체로 그 유혹에서 자유로웠다. 왜냐하면 불교는 원래 객관적으로 주어진 것에서 출발한 것이 아니라 인간의 곤경에 대한 분석, 즉 인간 병폐에 대한 진단에서 출발했기 때문이다. 부처는 인간의 상황을 고통(또는 일반적인 불만족)으로 정의하고, 사람들의 고통의 원인이 외부 세계에 있는 것이 아니라 그들 자신, 그들의 욕망과 정욕 그리고 근본적으로는 그들이 '자아'에 갇혀 사물을 있는 그대로 보지 못하고 오직 자기중심성에 의해 왜곡된 모습으로만 보게 된다는 점에 있다고 가르쳤다.

훌륭한 의사처럼, 부처는 치료법을 처방했다. 즉, 사람들이 자신을 이타적인 존재로 변화시킴으로써 고통에서 벗어날 수 있는 길이었다. 그 길은 근본적으로 불교 그 자체이며, 그 길은 외부 대상이 아닌 자아와 그 경험에 중심을 둔다. 역사 속에서 불교는 방대한 교의 체계, 의식, 숭배 대상, 종교 조직 등을 발전시켜 왔기에 분명히 종교라 불릴 만하다. 그럼에도 근본적으로 그것은 여전히 자기 변혁의 영적 길, 즉 '영성'으로 남아 있다. 수 세기 동안 불교의 주된 관심은 바로 이 영성에 집중되어 왔기에, 그 영적 길은 매우 풍부하고 깊어졌다. 그리고 바로 이 보물 창고에서 불교는 오랜 세월 동안 자신과 자신의 영적 보물들에 대한 영성적 측면을 잊고 소홀히 해 온 기독교에 기여할 수 있다. 나는 주로 그 불교적 영성의 몇 가지 관련 특성에 대해 조금 더 말하고자 한다.

앞서 암시한 바와 같이 불교는 인간의 본성이 근본적으로 결함투성이라고 믿는다. 적어도 우리 기독교인들이 원죄 개념을 통해 생각하는 결함의 깊이와 맞먹을 정도로 결함이 있으며, 따라서 근본적인 변화나 변화가 필요하다고 본다. 그러나 불교는 인간의 처지를 '병'이라 부르며 개인의 책임이나 죄책감을 그다지 강조하지 않는다. 중요한 것은 병이 어디에 있는지, 그 원인이 무엇인지 올바르게 인식하고 치유 과정을 시작하는 것이다. 과거의 죄에 집착하는 것은 여기서 별로 도움이 되지 않는다고 여겨진다.

불교는 오로지 그 내적 변혁의 길에 집중하기 때문에, 불교 문화는 외부 세계(서양 과학이 가장 중시하는 것)에 대한 지식을 크게 발전시키지 않았지만, 인간 정신이나 영혼의 작용에 대한 깊은 통찰에 이르렀고 훌륭한 '영적 심리학'을 발전시켰다. 이 심리학이 도달한 기본 통찰 중 하나는 우리의 인간적 병은 도덕성(죄의 회피)으로 진정으로 치유되는 것이 아니라 오직 영혼의 더 깊은 차원에 도달하는 것, 즉 '영성'이라 부를 수 있는 무엇에 의해서만 치유된다는 점이다.

불교는 아주 초창기부터 변혁의 길(다른 표현으로는 '팔정도'라 불림)에 기본적으로 세 가지 요소가 포함된다고 가르쳤다. śīla(도덕 또는 승려 계율 준수), dhyāna(집중 명상 — 중국어로는 Chan으로 음역되었고, 일본에서는 Zen이 됨) 그리고 prajñā(초월적 지혜)로 구성된다. 계율 준수(계명 이행, 선한 삶 영위, 죄악의 과도함 회피)는 반드시 필요한 조건이며, 이를 갖추지 않으면 나머지 길은 제대로 성공할 수 없다.

그러나 이는 시작에 불과하며, 그 자체만으로는 진정한 치유나 해방을 가져다 주지 못한다. 우기 동안 여행을 떠난 두 승려의 유명한 이야기가 이를 잘 보여준다. 두 사람은 얼마 안 가서 며칠 동안 내린 폭우로 거센 급류가 된 강에 이르렀는데, 거기 강둑에 앉아 울고 있는 한 젊은 여인을 발견한다. 그녀는 병든 어머니를 만나기 위해 강을 건너야 했지만 혼자서는 할 수 없었다. 그중 한 승려가 여인을 등에 업고 강을 건너 반대편에 내려주었다. 두 사람은 여정을 계속했지만, 여인을 도운 승려는 곧 동료가 불쾌해하며 비판을 쏟아낼 준비를 하고 있음을 느꼈다. 그는 침묵을 깨며 공격을 막았다. "나는 여인을 강둑에 내려주었지만, 당신은 여전히 그녀를 등에 지고 있군요." 이 이야기의 핵심을 이해하려면 수도 규칙상 승려가 여성에게 손끝조차 닿는 것을 금지한다는 점을 기억해야 한다. 따라서 이야기의 주인공은 매우 중대한 죄를 지은 셈이다. 그럼에도 불구하고 문제가 된 것은 법을 어긴 그가 아니라 법을 어기지 않은 동료 승려였다.

마태복음 5장 27-28절을 보면 예수는 간음 행위 자체와 여자를 음욕을 품고 바라보는 것을 동등한 수준으로 다루었다. 여기서 예수가 전하고자 하는 메시지가 동일함을 알 수 있다. 예수는 여기서 도덕성을 논하는 것이 아니다(그렇다면 그것은 참으로 가혹한 도덕성이 될 것이다). 물론 예수는 도덕적으로 볼 때 간음(또는 살인)을 저지르는 것과 유혹을 받는(또는 화를 내는) 것 사이에 큰 차이가 있음을 인정하였다. 예수는 여기서 영성에 대해 말씀하시며, 제자들이 도달해야 할 영적 완전함이나 자유에 있어서는 이 두 가지가 여전히 동등한 수준에 있고, 진정한 과업은 아직 수행되어야 한다고 말씀하고 있다.

목표가 '죄를 짓지 않는 것'이라고 말할 수 있겠지만, 그럴 경우 '죄를 짓지 않음'이 이중적 의미를 지닌다는 점을 알아야 한다. 이를 설명하기 위해 잠정적으로 흡연이 죄나 질병이라고 가정해 보자. 그러면 목표는 '비흡연'이 되지만, 우리 모두는 두 종류의 비흡연자가 존재한다는 사실을 알고 있다. 실제 흡연을 포기했지만 여전히 온몸의 세포 하나하나에서 담배에 대한 욕망을 느끼는 사람들이 있는가 하면, 내면적으로 흡연으로부터 자유로워져 흡연이 더 이상 존재하지 않으며 따라서 흡연과 비흡연의 대립을 초월한 비흡연자들이 있다. 분명히 후자의 비흡연만이 진정한 목표로 간주될 수 있다.

불교는 진정한 무아(無我) 혹은 영적 자유를 향한 더 깊은 단계가 명상과 지혜의 결합에 있다고 가르친다. 명상이 불교의 핵심이라는 것은 잘 알려진 사실이다. 결국 불교를 상징하는 이미지는 명상에 잠긴 부처(혹은 승려)가 가부좌를 하고 앉아 있는 모습이다. 불교에서 '명상'은 집중(마음을 가라앉히고 모든 산란을 없애는 止)과 날카로운 통찰(觀)의 결합으로 여겨진다. 이는 내면으로 돌아가 우리를 움직이는 욕망이나 악마가 활동하는 마음의 깊은 층과 접촉하고 통찰하기 위함이다. 바로 그 통찰이나 지혜를 통해 우리는 악마로부터 자유로워질 수 있다.

정욕을 극복하는 올바른 방법은 우리 자신에게 화를 내거나 의지의 격렬한 노력—대부분의 수련자가 배운 유명한 '거슬러 행동하기'(*agere contra*)—으로 우리 자신에게 폭력을 행사하며 악마를 정면으로 공격하는 것이 아니라 오히려 악마에 대해서 우리 각자가 고요한 통찰을 얻는 것이다. 흥미롭게도 서양에서 이 통찰에 도달한 최초의 인물은 아마도 20세기 전반의 프랑스 유대인 철학자 시몬느 베이유일 것이다. 그녀는 우리가 의지의 노력으로가 아니라 그녀가 '주의력'(attention)이라고 부르는 것으로 죄와 정욕을 극복한다고 주장했다.

그렇다면 기독교는 이 점에서 불교로부터 어떤 교훈을 얻을 수 있을까? 방금 언급한 심리학적 교훈은 매우 중요하다고 본다. 안토니 드 멜로가 후기 수련회에서, 예를 들어 그의 저서 『자각』(Awareness)에서 강조한 교훈 중 하나가 바로 불교의 가르침이다.

또한 외부 세계에서의 구체적 행동은 불교보다 기독교에서 당연히 더 큰 비중을 차지하지만, 기독교가 내적 인간(영적 길)에 대한 작업을 소홀히 할 경우 표면적인 것으로 전락해서 많은 사람들에게 무관심해지고 그리스도가 원하시는 모습이 되지 못한다는 점도 사실이다.

반면 명상—그리고 종종 그 전제 조건으로 여겨져 온 수도 생활—은 기독교에서 불교만큼 중심적 위치를 차지할 수 없다. 그러나 기독교의 목적이 하느님의 자녀로서의 자유를 얻는 것 혹은 그리스도 안으로 변화되는 것이라고 한다면, 상당한 양의 고요한 명상은 필수적인 요소가 되어야 한다. 사실 전통적인 가톨릭 영성은 이를 잘 인지하고 있으며, 특히 사제들과 수도자들에게 오랫동안 명상을 권장해 왔다. 비교적 최근의 한 예만 인용하자면, 교황 비오 12세는 사제들에게 보낸 권고문 「사제생활의 성덕촉진」(Menti nostrae)에서 다음과 같이 썼다.

사제적 완성에 대한 열망이 매일 매일의 명상으로 길러지고 강화되는 것처럼, 그를 소홀히 하면 영적 사물에 대한 혐오의 근원이 된다. 따라서 명상만큼 독특한 효력을 지닌 다른 수단은 없으며, 그 결과로 매일의 명상 실천은 결코 대체될 수 없다는 점을 단호히 선언해야 한다.

앞서 설명한 바와 같이 불교의 명상은 자아와 그 내적 작용에 초점을 맞춘다. 반면 기독교의 명상은 일반적으로 복음서의 사건들과 같은 신앙의 대상들에 대한 성찰로 정의된다. 그러나 불교적 통찰에 비추어 볼 때 이러한 대상들이 자아와 분리된 상태로 유지되는 한, 그러한 명상은 내적 변혁을 가져오지 못할 것임이 분명하다. 동양적 명상은 정확히 종교를 전인(신체 포함)으로 내면화하거나 종교가 교리의 지적 수용과 규정된 실천의 준수 수준에 머무르지 않도록 하는 데 목적을 둔다고도 할 수 있다. 그것은 '경험'되거나 '맛보는' 것이어야 한다. 그러나 기독교 신비가들의 명상도 이와 동일한 것이었다.

명상에 집중하면서 불교가 정교한 수행 방법을 발전시킨 것은 분명한 사실이다. 그러면 문제는 기독교가 이러한 방법들(일부)을 도입함으로써 무엇을 얼마나 얻을 수 있는지 그리고 전통적인 대상 중심 명상—이는 간단히 버릴 수 없는 것이다—과 이 방법들이 어느 정도 조화되고 결합될 수 있는지가 문제가 된다. 이 질문에 대한 진정한 답을 얻기 위해서는 오직 인내심을 가지고 불교적 방법을 기독교적으로 수용하려는 실험을 하는 수밖에 없다. 따라서 이러한 실험들은 함부로 단죄되어서는 안 된다고 나는 생각한다.[4]

불교 명상 방법의 강점은 의심할 여지 없이 신체의 깊은 참여와 심신 연결의 활용이라는 사실이다. 이는 불교 자체가 대부분 인도 요가에서 배운 것이다.

불교에서 유일하게 중요한 것은 내적 변혁의 영적 길이기 때문에,

---

4 앤서니 드 멜로의 저서 『자각』(Awareness)에 실망한 이유는 불교적 방법과 전통적 기독교적 방법의 결합 가능성에 대한 어떠한 암시도 제공하지 않는다는 점이다. 따라서 이 책은 기독교 영성에 대한 완전한 과정을 제시한다고 말할 수 없다. 여기서 자아의 변형이 기독교적 수행의 목표로 제시되지만, 기독교 영성의 목표는 하느님이 우리를 너무나 사랑하셔서 우리와 완전히 하나 되시기 전에는 쉬지 않으신다는 '믿기 어려운' 기독교 메시지의 내면화라고도 말해야 한다. 그러나 드 멜로가 이 한 권의 책으로 완전한 기독교 영성을 제시하고자 했다(또는 그렇게 가장했다)고 결론지을 근거는 전혀 없다.

종교의 다른 요소들(종교적 법칙, 의식 등)에 대해 관대할 수 있다. 후자는 단지 수단에 불과하며, 중심적인 것에 도움이 되는 한에서 존중받아야 하지만 그 자체로 신성하지 않으며 결코 그 자체로 목적이 되어서는 안 된다. 이는 예수께서 안식일법에 대해 보여주신 자유와 다르지 않다.

불교에서 이러한 '이차적 요소'의 한 영역은 종교 교리이며, 여기에는 교리의 정확한 정립도 분명히 포함된다. 불교는 궁극적 진리에 관해 이성과 언어에 대해서 동양 세계에 널리 퍼져 있는 회의론을 공유한다. 이는 인간의 개념으로는 결코 이 진리를 포착할 수 없다는 확신이다. 우리의 가장 정교한 범주조차 궁극적 진리의 방향을 가리키는 데 그칠 뿐이다 — 마치 "달을 가리키는 손가락" 같다. 그리고 가장 어리석은 일은 그 손가락만 계속 쳐다보는 것이다.

그러면 우리가 깨달아야 할 것은, 우리에게 계시하시는 하느님께서 만일 우리가 이해하기를 원하신다면 인간의 범주를 사용하지 않을 수 없으셨다는 점이다. 그리고 계시 종교로서의 기독교의 경우도 반드시 크게 다르지 않다는 점을 깨달을 수 있을 것이다. 또한 우리 가톨릭교회도 건전한 불교적 회의주의를 상당 부분 받아들임으로써 도움이 될 수 있다는 결론에 도달할 수 있을 것이다.

불교는 모든 인간 고통의 근본적 원인과 적을 우리의 자아에 대한 맹목적 집착, 즉 자기중심성과 자기 확증이라는 인간의 본능적 경향으로 규정한다. 따라서 불교는 그 경향을 근절하는 데 집중한다. 반면 '현대 서양인'은 종종 이중 구속 상태에 놓인 인간으로 묘사된다. 한편으로는 자기실현과 공격적인 자기 확증에 완전히 치우친 '끝없는 자아'를 지니고 있다. 다른 한편으로는 자기 안에 갇힌 존재로서 깊은 고독을 겪고 있다.

서양 문화에 막대한 영향을 미친 기독교가 이러한 인간 유형의 발전에 책임이 있지 않을까 묻는 것은 당연하다. 물론 그 답이 단순한 "예"일 수는 없다. 예를 들어 중세의 기독교인들은 완전히 다른 유형의 인간이었다는 것은 명백하다. 그럼에도 일부 불교 사상가들은 기독교적 '인격체' 개념이 적어도 부분적으로 이러한 발전에 기여했다고 보는 경향이 있다.5 신의 눈에는 개인이 대체 불가능한 가치를 지닌다는 사상—다른 측면에서 아무리 가치 있더라도—은 자아를 사물이나 궁극적 실재, 그 자체로 견고한 기반(실체)을 가진 것으로 보는 자연적 관념을 확증하고 신성시할 것이다.

이러한 해석에 직면하여 우리는 분노하며 반박할 수 있다. "그건 말도 안 되는 소리다!" 기독교의 핵심 계명이 바로 타인을 위한 사랑 속에서 자기 자신을 잃는(losing the self) 무아無我의 실천, 바로 이 명령은 자기 안에 갇히지 않고 오히려 하느님과 이웃에게 열린 인격을 전제로 하지 않는가? 그러나 불교 측 파트너는 이렇게 반박할 수 있다. "그 훌륭한 계명에 대한 당신의 생각은 옳을 수도 있습니다만, 그것이 인간 인격에 대한 당신의 (철학적, 신학적) 이론에 반영되지 않았습니다. 그리고 그것이 현대가 기독교적 인격 개념을 폐쇄적이고 자족적인 개인의 개념으로 왜곡할 수 있었던 이유일 것입니다."

여기서 우리는 이 '왜곡'의 궁극적 아이러니를 생각해 볼 수 있다. 잘 알려진 바와 같이 인격체(persona) 개념은 삼위일체에 관한 논의에

---

5 니시다니는 그의 저서에서 바로 이러한 생각을 개진하였다. Nishitani Keiji, *Religion and Nothingness* (Berkeley: California University Press, 1982), 202-204.

서 기독교 사상에 도입되었는데, 이는 유일하신 하느님의 일치를 파괴하지 않으면서도 다수의 실재들을 생각할 필요가 있었기 때문이다. '인격'(person)이라는 개념은 그 자체로 아무것도 지니지 않으나, 상호 관계나 완전한 상호 내재(페리코레시스)를 통해 모든 것을 지니는 '존재들'을 지칭하기 위해 만들어졌다. 먼저 존재한 뒤 관계에 들어가는 존재들이 아니라 관계 그 자체인 존재들, 실체적 관계(relationes subsistentes)를 가리킨다. 이보다 더 현대적 인격 개념, 즉 자족적 개인이라는 관념과 정반대되는 개념을 상상하기란 어렵다. 또한 이보다 더 불교의 연기緣起 개념에 더 가까운 서양 사상을 상상하기도 어렵다.

간단히 말해 우리는 두 가지를 인정해야 한다. 첫째, 현대적 인격 개념에 심각한 문제가 있다는 점이다. 둘째, 우리의 철학과 신학적 사고방식이 삼위일체 교리와 이타적 사랑 계명에 담긴 훌륭한 인격 개념을 지지하지 못한다는 점이다. 결론적으로 우리는 기독교적 인격 개념과 불교적 무아無我 개념의 새로운 통합이 필요하다.

불교가 주장하는바, 즉 우리의 자아는 부수기 어려운 결과물과 같아서 우리가 가진 모든 힘을 동원해야 하며, 여기에는 전략적으로 적합한 사고방식도 포함된다는 점을 진지하게 받아들여야 한다. 그러므로 불교는 자아 개념에 대해 '무아無我'(anātman) 개념을 대립시킨다. 이는 이중적 의미를 지닌다. 한편으로는 도덕적, 영적 무아를 의미하며(이 의미는 기독교와 공유됨), 다른 한편으로는 이론적 차원에서 자아의 부재를 가리킨다. 이 어려운 교리에 대해 불교 역사 속에서 제시된 다양한 해석을 여기서 일일이 논할 수는 없다. 두 가지 지적만으로 제한하겠다.

첫째, 불교는 이 교리를 절대적 존재론적 진리로 제시하지 않는다

(제시해서도 안 된다). 오히려 자아를 극복하기 위한 '실용적 진리' 혹은 '방편'으로서 제시한다. 즉, "당신이 당연하다고 여기는 자아란 존재하지 않으며, 존재하지 않는 것에 집착하는 것은 완전히 어리석은 일이라는 점을 확신하지 않는 한, 당신은 결코 무아에 이를 수 없다"고 말하는 것이다.

둘째, 불교의 무아 교리가 핵심적으로 부정하는 것은 자아가 자족적 실체로서 존재한다는 생각이다. 불교는 아나트만(anātman) 교리를 연기라는 일반적 세계관으로 뒷받침한다. 이는 세상에 자립적 존재는 단 하나도 없으며, 존재하는 모든 것은 우주 내 다른 모든 것의 영향이 일시적으로 연결되거나 교차하는 지점에 불과하며, 어떤 것도 따로 (자기 안에) 존재하지 않고 모든 것이 서로 안에 '내재한다'고 말한다. 구체적인 예를 들어보자. 예를 들어 얀 반 브라흐트라는 자아의 실체는 무엇인가? 그것은 당신이 눈앞에서 보는 피부로 감싸인 그 형체 안에 존재하는가? 그것은 오히려 내가 숨 쉬는 공기 속에, 나를 교육시킨 부모와 스승들 속에, 내 고향 플란더스의 기독교적 분위기 속에, 나의 종교 동료들과 난잔(南山)의 동료들 속에, 나의 불교 대화 상대들 속에 분명히 존재한다. 가장 구체적으로 말하자면 지금 이 순간 나의 실체는 연설자로서 여러분이 나에게 품은 기대들로 이루어져 있다.

물론 여러분은 이렇게 반박할 수도 있다. 얀 반 브라흐트의 실체는 분명히 우리 눈앞에 그의 피부 속에 들어 있다. 그러나 그 피부 속에 무엇이 있느냐고 묻는다면 이렇게 답할 수밖에 없다. 그가 숨 쉬는 공기, 그의 부모 그리고 우리 자신. 그러면 더 나아가 묻게 될 것이다. 그 모든 것 속에서 자아는 어디에 있는가?

이 모든 것은 확실히 진실이며, 우리가 이를 습관적으로 인식하고

(명상을 통해) 내면화할 수 있다면 스스로가 자랑할 만한 것은 거의 남지 않을 것이며, 우리는 이타심에 한 걸음 더 가까워질 것이다.

여기서 마지막으로 언급하고 싶은 불교의 기독교에 대한 위대한 기여는 '종교철학'이라는 것이다. 이는 기독교 신학에 지대한 중요성을 가질 수 있다. 나는 이를 매우 거칠게, 충분한 뉘앙스와 설명 없이 제시할 수 있지만, 내가 보는 그림은 대략 다음과 같다.

기독교는 '기독교 철학'을 발전시키지 못했으며, 신학(교리 정립)에 있어 그리스식 사고방식(그리스 철학)을 계속 사용해 왔다. 다만 이 사고방식에 약간의 '화장 같은 변화'를 가했을 뿐이다. 그러나 그리스 철학은 종교적 실재 그 자체를 설명하려 하지 않았다. 그것은 이 세상의 사물들을 설명하고 '근거'를 제시하는 데 초점을 맞추었으며, 기본적으로 우리 주변의 물질적 '사물들'(움직이지 않는 형상들)을 '존재'의 원형으로 삼았다. 이것이 종교적, 특히 기독교적 사고방식에 어떤 문제를 야기하는지 간단히 살펴보자. 예를 들어 이 책상 같은 물질적 사물을 '존재하는 것'의 모델로 삼는다면, 우리는 신이 '존재한다'고 진정으로 말할 수 없다. 그럼에도 그렇게 한다면, 우리는 신을 우리와 세계에 대립하는 실체로 설정하게 되는데, 이는 서양에서 '신의 존재'를 논할 때 온갖 난제를 야기한 주범이며 무신론의 탄생에 주요한 책임이 거기에 있을지도 모른다.

신학교 시절의 또 다른 예를 들어보겠다. 지금은 상황이 달라졌으리라 믿지만, 내가 신학을 공부할 당시에는 *De Deo uno*(하나의 하느님에 관하여)라는 주제에서 시작하여 *De Deo trino*(삼위일체 하느님에 관하여)라는 다른 주제로 넘어갔다. 즉, 우선 기본적으로 우리는 완전히 그리스식 사고방식에 따라 이 세상의 것들로부터 신의 이미지를 구축한

다음, 두 번째 단계인 계시로 넘어갔고, 그리스 신의 틀, 즉 자신은 움직이지 않으면서 다른 존재들을 움직이는 실체(불변의 운동하는 실체) 안에 기독교 신을 끼워 맞추라는 불가능한 과제에 직면했던 것이다.

그러나 우리는 더 일반적인 문제를 지적할 수 있다. 그리스 철학은 근본적으로 현실을 '긍정적 존재'로 보는 관점이었으며, '부정적'으로 나타나는 모든 것은 파생적일 뿐 궁극적으로 실재하지 않는 것으로만 인식될 수 있었다. 따라서 예를 들어 부정성을 분명히 내포하는 변화는 궁극적으로 실재하지 않는 것으로 간주되는 경향이 있었고, 절대적 실재여야 하는 신은 움직이지 않아야 했다. 심지어 성 아우구스티누스도 이에 유혹되어 악(분명히 부정적인 것)을 '부재'(*privatio*)라고 부르게 되었다.

그러나 그리스 세계관과 비교할 때, '부정성'이 기독교에서 훨씬 더 중심적임을 분명히 알 수 있다. 우리는 단지 하느님 앞에서 모든 피조물의 '무無'됨, 악과 죄에 대한 강조, 그리스도의 '비움', 죽음으로만 참 생명을 얻는 부활 신비, 영혼을 잃음으로 얻는다는 예수의 말씀, 이미 왔으나 아직 오지 않은 하느님의 나라 등을 생각해 보면 된다. 그러므로 그리스 철학의 틀 안에서 신학은 이러한 '부정적 요소들'이 기독교 메시지에서 차지하는 중심적 위치를 결코 부여하지 못했다고 말할 수 있을 것이다.

반면 불교는 진정한 의미의 종교철학, 즉 '불교 철학'을 보유하고 있다. 부처의 종교적 통찰을 출발점으로 발전한 철학으로, 이러한 통찰을 합리적으로 정교하게 설명하는 것이다. 부처의 종교적 통찰에서는 부정적 요소가 절대적으로 중심적이다. 따라서 이어지는 철학은 '존재'가 아닌 공과 무의 철학이 되었다. 이 철학은 이 세상의 실재를 근거 짓기보다 오히려 그 근거를 제거하고, 그 밑바닥을 빼앗는 것을 목표로 한다. 우리는 이 철학이 일방적으로 부정적 측면에 집중되어 있다고 말할 수 있으며, 따라서 이 세상은 하느님의 창조물로서 현실성을 강력히 주장하고 이 세상에서의 활동에 진정한 동기를 부여하는 기독교가 이러한 불교의 생각을 그대로 채택할 수는 없다고 믿는다. 그럼에도 불구하고 이 (내면적으로 종교적인) 철학과의 대결을 통해 기독교 신학이 기독교 메시지의 부정적 요소들에 마땅한 자리를 부여할 수 있기를 바랄 수 있다. 즉, 하느님이 존재이시면서도 무無이신 신학을 말이다.

2장

불교로부터 배우는
기독교 신학

이 심포지엄의 오리엔테이션을 의뢰받아 여러분께 인사드린다. 긴 시간이 주어지지 않았으므로, 간략히 "우리가 이 3일 동안에 무엇을 하려고 하는가"에 대해 잠시 고찰해 보고자 한다.

이번의 모임으로 난잔심포지움은 제10회를 맞이하게 되지만, 아시는 바와 같이 '난잔심포지엄'은 원래 기독교와 타종교의 대화 모임으로서 시작되었다. 그렇지만 이번의 모임은 조금 성격이 다르다고 하지 않을 수 없다. 그렇게 말씀드리는 이유는, 제목을 가지고 본다면 이번 모임은 분명히 기독교 안의 문제가 심포지엄의 테마가 되어 있다. 하지만 그렇다고 해서 종교 간의 대화의 영역으로부터 벗어난다고는 결코 말할 수 없을 것이다.

그것 자체가 종교 간 대화의 중대한 계기라는 사실은 아무도 부정할 수 없을 것이다. 자신의 종교나 영성을 위해서 타종교로부터 배우고, 타종교가 지닌 뛰어난 점을 자신의 종교에서도 살리려고 하는 정

---

* 이 글은 1997년 3월 24일 "기독교는 불교로부터 무엇을 배워야 하는가?" 심포지엄 개회 강연으로 발표되었으며, 이후 「난잔종교문화연구소 회보」 21 (1997): 7-15에 게재하기 위해 영어로 번역되었다.

신을 가지고 있을 때에야 비로소 깊은 차원에서 타종교를 이해할 수 있다고 말할 수 있을 것이다. 그리고 이번 테마는 두말할 필요도 없이 종교 간 대화—구체적으로 말하면 소수 기독교도의 불교와의 만남—에 그 기원을 지니고 있고 또 거기로부터 생겨난 것이다. 게다가 종교 간 대화의 시대가 지닌 하나의 특징은 '하나의 종교 내 문제'—단지 하나의 종교에만 관련되는 물음—란 이미 존재하지 않게 되었다는 사실에 있다고도 할 수 있다. 하나의 종교에 있어서 문제가 되어 있는 것의 대부분은 다른 몇몇(또는 모든) 종교에 있어서도 문제인 것이다. 예를 들어 비신화화라는 것이 좋은 실례가 될지도 모르겠다. 이 심포지엄에서도 그러한 현상의 표시로서 제3 세션의 테마는 반대로, "불교는 기독교로부터 무엇을 배워야 할 것인가"라고 되어 있다. "사람들 앞에서 더러운 것을 씻지 않는다"는 말은 예부터 전해져 온 상식이겠지만, 성공회의 어떤 신학자는 다음과 같은 취지의 발언을 했던 적이 있다. "대화의 정신의 한 면은 타종교의 눈과 귀 앞에서 자신의 종교가 직면하고 있는 문제와 씨름하는 것이다." 그 말에 덧붙이고 싶다. '타종교 사람들 앞에서뿐만 아니라 그 문제의 해결에 있어서도 타종교 사람들로부터 도움을 기대하라.'

그와 같은 정신에 입각해서 이 심포지엄에는 네 명의 불교학자가 패널리스트로서 초대되어 참가해 주고 계신다.

그러면 "불교에게 배우면서 신학한다"는 것의 의의나 동기 등에 대해서 조금 생각해 보고 싶다.

심포지엄의 의의에 대해서

우선 오해의 여지가 없게 하기 위해 이 심포지엄의 주최자인 난잔 종교문화연구소가 이 모임을 통해서 무엇을 목표로 하는지에 주목하고 싶다. 심포지엄의 표제는 일단 "기독교는 불교로부터 무엇을 배울 수 있을까"라고 폭넓게 설정되어 있지만, 주최자는 종교의 많은 분야에서 특별히 '행'이라든지, '길'과 같은 것, 즉 예를 들면 선불교로부터 배우는 기독교의 명상이라든지, 정토교의 '염불'로부터 배우는 기독교의 '예수의 기도'와 같은 것이 아니라 오히려 '교敎'(가르침)의 분야를 염두에 두고 있음이 분명하다. 그러므로 심포지엄의 표제를 "기독교 신학은 불교의 가르침과 논리로부터 무엇을 배울 수 있을까"라는 식으로 고쳐서 읽어도 괜찮을 것이다.

다시 말해서, 여러분도 그러시리라고 생각하지만, 난잔종교문화 연구소의 연구소원들은 독서를 통해서, 그러나 그것보다도 불교와의 대화의 장에서 불교의 영향을 분명하게 받고 있다. 더욱이 불교의 근본 개념을 도입해서 형성된 신학의 여러 단편과 만나고 있으며, 그것이 '재미있을' 뿐만 아니라 매우 중대한 시도라고 생각하고 있다. 그렇지만 이런 시도는 일본의 신학계에서 그다지 주목받지 못하고 있으며, 일본의 기독교 신학의 주류에 대해서는 거의 영향을 미치지 못한다고 본다. 게다가 이러한 시도가 일견 제각각 이루어지고 있어서, 거의 통일된 모습을 보여주지 못하는 듯한 인상을 남긴다는 사실도 부정하기 어려울 것이다.

그러므로 일본에 존재하는 그러한 기존의 시도를 한번 모아서 정리해 볼 필요가 있지 않을까 생각하게 되었다. 그것은 물론 모든 것을 종합한다는 의미가 아니라(그러한 시기는 아직 도래하지 않았다고 생각됩니다) 오히려 한번 재고在庫 조사를 해서 재산 목록을 만들어 보면 어떨까 하는 정도의 생각이다. 그렇게 함으로써 알 수 있는 것은 우선 그러한 방향의 시도로서 어떤 것이 어느 정도 있는지, 그리고 그것들을 조금 정리해 봄으로써 그중에 공통된 주장이나 이론을 구별해 볼 가능성이 어느 정도 있는가 하는 사실이겠다.

그러한 검토를 통해서 주로 다음과 같은 점들에 관해서 균형 잡힌 판단을 내릴 수 있으리라 기대된다. 즉, (1) 지금까지 형성된 이론 중에 이미 '소득'(확실한 결과)이라고 할 만한 것이 포함되어 있는가? (2) 그러한 이론이 불교 이론에 많이 의존하면서도 기독교 메시지에 정말로 충실한가? (3) 이러한 신학적 경향에 어느 정도 장래성이 있는가? 이와 같은 물음에 답함으로써 불교의 근본 개념을 도입해서 형성된 신학에 대한 우리의 태도를 정할 수 있음에 틀림없을 것이다. 만약 그 대답이 긍정적이라면, 우리—또는 일본의 신학계 그 자체—는 지금까지의 부정적이거나 무관심의 태도를 지양해서 그 신학의 개척자들의 유산을 소중히 하고 그들의 발자국을 따라서 나아가도록 노력해야 한다는 결론이 될 것이다.

기왕 말이 나온 김에 덧붙여서 말씀드리자면 난잔종교문화연구소는 그러한 판단과, 경우에 따라서는 '불교로부터 배운 신학의 방법'에 참가할 기회를 외국인 신학자에게도 드릴 생각이다. 이 심포지엄의 기록을 영문으로 번역해서 미국의 출판사에서 발행할 계획을 세우고 있다는 말씀을 덧붙여 드리는 바이다.

이러한 신학의 동기 부여

심포지엄 주최자의 목적을 확인했으므로, 다음으로는 불교의 이론과 논리를 도입해서 신학하는 일 그 자체에 주목하고 싶다. 이러한 신학의 방법은 그 주창자에게 있어서 어떤 의의를 지니고 있는지 그리고 그러한 방식으로 신학하는 동기는 어디에 있을까? 그러한 일은 흥미로운 지적 모험이라고는 생각되지만, 그들이 쓴 텍스트를 읽어 보면, 이 사상가들이 주로 자기 자신이나 일본 기독교인의 실존적 필요성에 자극받았으며 기독교적 신앙에 근거한 동기에 의해서 움직여 왔다는 사실이 분명한 것 같다.

하나의 증언을 예로 들어 본다면 혼다 마사아키 씨는 다음과 같이 쓰고 있다.

> 기독교적 진리를 불교적 논리에 의해서 재표현하려는 신학적 노력은 오늘날 (중략) 일본의 기독교 학도에게 있어서 피하기 어려운 하나의 섭리적 과제가 아닐까?[1]

이 신학자의 동기 부여를 좀 더 분석적으로 주시해 보면, 주로 다음과 같은 세 가지 동기를 구별할 수 있는 것 같다. 첫 번째는 일본 기독교인에게 있어서 가장 실존적인 동기인데, 이는 엔도 슈사쿠(遠藤周作), 이노우에 요오지(井上洋治) 등의 문학으로부터도 생생하게 드러난다. 즉, 기독교가 몸에 익혀 온 서양의 지적 의복衣服이 동양인,

---

1 本多正昭, "仏教の〈即〉の論理とキリスト教," 『宗教哲学論集』(私家版, 1974), 2頁.

일본인으로서의 자신에게는 맞지 않는다고 느낀 나머지, 자신의 신앙에 대하여 보다 일본적인 지반을 찾으려는 동기이다. 그것을 토착의 동기라고 이름 붙여 보자. 이 경우에 불교국인 일본의 기독교인의 눈에는 불교의 종교적 논리가 가장 좋은 가능성으로서 비친다고 해도 무리는 아니라고 여겨진다. 다음에는 대화적 동기라고도 할 수 있는 동기가 있다. 즉, 자신이 기독교인으로서 거기에 둘러싸여서 살고 있으면서 불교에 이르는 신학적 통로와 중개를 만들려는 소망이다.

하지만 그 사상가들의 논문에서는 또 하나의 더 소중한 동기를 발견할 수 있다. 그것은 동양인의 경우 특별히 민감하다고도 여겨지지만, 그 자체만으로 보면 세계 여러 나라의 기독교계에서 찾아볼 수 있는 충동이다. 그것을 조금 구호처럼 불러본다면, 기독교를 그리스적 포수捕囚로부터 해방시키려는 소망이다. 그것은 지상의 세속적 존재의 기초를 설명하고자 하였던 그리스 철학의 논리가 종교적 사실, 특히 셈족의 사고방식에 뿌리를 지닌 기독교를 표현하는 데 적합하지 않다는 자각과 함께, 저 그리스적 범주나 논리를 가지고 표현된 신학(과 그에 따라서 만들어진 '신앙과 이성'의 대립)에 대한 불만에 근거한 동기라고 할 수 있다.

이것은 어찌 보면 일본만의 현상은 아니고 전 세계의 기독교에서 찾아볼 수 있는 현상이겠지만, 일본 기독교 사상가들이 지니는 특징이라면, 그들이 그리스적인 것 대신에 보다 종교적인 불교의 범주나 논리를 가지고 기독교의 가르침을 재고하려 한다는 점에 있다고 할 수 있다. 모처럼 불교와의 접촉을 풍부하게 누린 사람으로서 그러한 일을 하는 것이 자신의 기독교인으로서의 섭리적 과제와 사명이라는 자각이 그들의 논문에서 강하게 드러난다. 이러한 노력에 의해서 언고자 하는 것은 두 가지 측면으로 구분할 수 있을 것이다. 하나는 기독교의 가르침을 보다 밀접하게 그 본질에 맞는 형태로 표현하는 것이고, 다른 하나는 기독교의 보편성―즉, 기독교가 단지 서양적인 것뿐만이 아니라 동시에 동양에도 어울린다고 하는 것―을 드러내려는 소망이다. 전자는 아리가 테츠타로(有賀鉄太郎) 선생의 저서에 특히 분명하게 드러난다. 후자는 무토 카즈오(武藤一雄) 선생에 의해서 예를 들면 다음과 같이 표현되었다.

> 종래의 기독교가 세계 종교라고 하는 성격을 가진다고 하더라도, 너무 서양적인 세계 종교라는 성격을 지니고 있었다고 생각되기 때문에 (중략) 실로 에큐메니칼인 종교가 되기 (위해서는) 동양적(혹은 일본적)인 세계 종교가 될 수 있는 길을 찾지 않으면 안 된다고 생각한다.[2]

그런데 해외, 특히 서양에서 전통적인 그리스적 신학에 대한 불만이나 비판이 가장 강하게 들려오는 영역은 다음의 네 영역이 아닐까 사료된다.

(1) 조직신학이 성서적 사유로부터 너무나 거리가 있다는 사실을 종종 지적해 온 성서 신학.
(2) 좀 더 직접적으로 세계의 현상으로부터 신학하려는 해방신학.
(3) 하이데거나 데리다 등 전통적인 형이상학을 탈구축(de-con-

---

2 武藤一雄, "信仰の神と哲学の神,"『神学的・宗教哲学的論集 I』(東京: 創文社, 1980), 45頁.

struction)하려는 철학적 운동에 영향을 받은 신학적 경향(포스트
모던 신학).

(4) 전통적 신학의 범구를 가지고서는 기독교와 타종교의 관계를 생
각할 수 없다고 비판하는 제종교의 신학.

이런 영역에서 들려오는 비판이 전통적 신학의 어떤 점에 해당되
는가를 여기서 조사할 수 있다면, 일본에 있어서의 '불교적' 신학이라
는 경향이 지닌 세계적 위치를 생각하는 데 몹시 유익하다고 여겨집
니다만, 그렇게 할 시간도 자격도 제게는 없으므로 생략하기로 하겠
다.

'불교적' 신학에 관한 두세 관점

다음으로 가능한 한 토론을 위한 자료가 될 수 있도록 하기 위해서
불교로부터 배워서 신학하는 일을 조금 다른 관점에서 보기로 하자.

우선 일본에 있어서의 이 신학적 운동의 콘텍스트라고 할 수 있겠
다. 국제적 환경 속에서의 위치에 관해서 조금 묻고 싶다. 조금 전 탈
구축 신학에 대해서 잠시 언급했지만, 그것과 일본에 있어서의 이 신
학과의 관계는 무엇일까? 양자 사이에는 공통되는 점이 많이 있고 사
상의 방향성도 비슷한 느낌이 들기도 하지만, 이 두 운동 사이에 이미
무언가 연락이라든지 상호영향도 있을 것이다. 그리고 전통적 신학에
대한 비판으로서 불교적 비판에는 포스트모던적인 비판보다 더 철저
한 바가 있다고 할 수 있을까? 또 다른 불교국(한국, 대만 등)에서도 유
사한 움직임을 볼 수 있을까? 게다가 아시는 바대로 인도에서는 루

소(Le Saux), 몬차닌(Monchanin), 비드 그리피스(Bede Griffiths) 등을 대표로 하는 인도의 아드바이타(不二元論) 사상에 영향을 받은 기독교적 운동을 찾아볼 수 있겠지만, 이것과의 관계와 연결점은 무엇이라고 할 수 있을까?

다음에, 이 신학에 미친 불교(무엇보다 공空의 논리)의 영향은 어떤 것일까? 그것을 자세하게 '정의'할 수 있을까? 예를 들면 그 역할은 단지 부정적 · 비판적 · 탈구축적인 것(말하자면 우상을 부수는 기능)이라고 할 수 있을까? 그렇지 않으면 그 역할은 동시에 적극적이고 구축적이라고도 할 수 있을까? 잘 아시는 바와 같이 부파불교의 아비다르마에 대해서 용수龍樹의 공이 지닌 기능은 순수하게 부정적인 것이었다고 곧잘 말하곤 한다.

또 한 가지, 이번 우리의 모임은 '불교의 영향 아래에서 신학하는 것'이라고 해도 좋겠지만, 그때 '불교'라고 해도 특정한 불교임을 분명히 하는 것이 좋다고 생각된다. 즉, 거칠게 말해서 그것은 "대승불교 중에서도 불성(佛性)에 중점을 두는 불교 또는 공을 근본 원리로 하는 대승불교"라고 할 수 있지 않겠는가? 그것은 다양한 불교 현상 중에서 볼 수 있는 매우 훌륭하게 발전된 형태의 불교라고 하겠지만, 결코 불교 전체라고는 할 수 없을 것이다.

더욱이 불교의 영향이 기독교 신학자들에게 직접 미쳤다고 하기보다는 간접적으로, 즉 교토 학파의 철학이 매개가 되어서 영향을 미쳤다고 하는 일도 간과해서는 안 될 것이다. 교토 철학의 사상적 방향은 앞에서 거론하였던 불교에 매우 충실하고 가까운 것이라는 생각이 든다. 그러나 그 충실함이란 양자가 안고 있는 문제에까지 미치고 있다고 말할 수 있을지도 모른다. 즉, 교토 학파의 사상도 앞의 불교와 같이 일상생활, 무엇보다도 사회적 실천에의 전환이 곤란하다고 하는 문제를 떠안고 있는 것처럼 생각이 된다. 그러나 한편은 종교이고 다른 한편은 철학이라고 하는 차이는 여전히 남아 있다. 철학은 철학일 뿐으로 종교적 '길'을 진정으로 고려할 수 없으며, 종교적 진리에 포함되어 있는 신비를 존경할 수 없고, 그 신비를 세속화한다. 즉, 끝없이 보편화하고 논리화하는 것이다. 저는 주로 헤겔을 예로서 생각하고 있지만, 지금 문제가 되어 있는 것에 입각해서 말한다면, 그리스 철학의 신을 탈구축하는 것을 많이 칭찬하는 바이다. 반대로 동양 철학적인 신에 도달하고 싶다고는 생각되지 않는다. 이 점에 대해서 무토 선생님의 경고의 말에 귀를 기울여야 한다고 생각한다.

> 니시다 선생의 철학과 그의 기독교관은 (중략) 전통적인 신학적 지평을 넘어 새롭게 눈을 뜨게 해줄 수 있는 것이 있음과 동시에, 잃어서는 안 될 것을 잃어버리고 마는 위험성도 잠복하고 있다.[3]

마지막으로 한 가지만 더 거론하고 싶다. 불교적 사상이 주로 어떤 신학의 항목이나 영역에 공헌할 수 있는가 하는 물음을 던져보고 싶다. 지금까지 말씀드린 신학의 성과로부터 보자면, 신의 존재와 본질(아마도 삼위일체의 문제도 포함해서), 신과 인간의 관계—기독교적 교리의 중심임과 동시에 가장 형이상학적인 부분—에 관해서는 불교의 공헌 가능성이 매우 크다는 느낌이 든다. 한편, 교회론이라든지, 성육신의 연장선상에서 이해되는 비적(秘跡)의 문제에 대해서는 불교의 사상에

---

3 武藤一雄, 『キェルケゴール』(西宮: 国際日本研究所, 1967), 346頁.

그다지 기대할 것이 없다는 생각이 든다. 그러나 예를 들면 윤리 신학에 관해서는 어떨까요? 불교처럼 선, 악의 이원론을 넘는 입장은 기독교의 윤리 사상의 유익한 일면이 될 수 있겠는가? 이 물음은 차치하고서라도 지금까지 말씀드린 신학에 있어서는 윤리적 측면이 충분히 고찰되고 있지 못한 것은 아니겠는가?

벌써 수확이 있는가

끝으로 한가지 질문을 더 던지고 싶다. 이 심포지엄에서 우리는 불교로부터 배운 신학(의 성과)을 정리하고 반성해 보려고 하지만, 현재라고 하는 시점에서 그러한 시도가 이루어진 여러 문헌 속에 '수확'이라고 부를 만한 것들이 포함되어 있을까? 즉, 앞서 말씀드렸던 사상가들이 이구동성으로 주장하고 있으며, 우리도 모두 동의해야 할 명제를 찾아낼 수 있을까?

만약 그런 것이 있다고 하면, 그것은 이 심포지엄의 논의에 의해서 판명될 것이다. 그러나 앞으로의 논의를 위한 발판이 되었으면 하는 심정으로, 저 나름대로 '그렇지 않은가'라고 생각한 것을 몇 가지만, 그것도 비판하기 쉬운 공식화의 형태로서 거론하고 싶다.

1. 영적 사실 (니시다 기타로가 '심령상의 사실'이라고 부른 것)을 이해·표현·정리하는 데 있어서 그리스적 논리보다 불교적 논리가 적절하다.
2. 종교적 사상이나 실천에서 있어서는 불교의 연기설(pratitya- samuptpada)이 극히 중요한 사고방식이다. 다만 공과 동일시된

연기, 즉 만물의 자성(self-being)을 완전히 무화無化하는 상호 관계성이라는 발상은 '타'(他性, alterity)가 큰 역할을 담당하는 기독교에는 그대로는 받아들여지지 않는다(따라서 '무즉애無卽愛'라는 공식은 오해를 부르는 것이다).

3. 불교 사상이 기독교 신학에 대해서 가장 유익한 기능을 가질 수 있는 것은 종래의 신학에서 지나치게 이원론적으로 생각되어 온 항목의 상호 의존을 분명히 드러내는 데 있다. 예를 들면 믿음(신앙)과 깨달음(지혜), 신을 아는 것과 자기를 아는 것, 그리고 종교에 있어서 객관과 주관이라는 것을 생각하는 경우이다.

이와 관련해서 무토 선생님의 또 하나의 말이 생각난다.

우리가 신학적 사유에 있어서 해결하기 어려운 아포리아에 봉착할 때, 그 문제의 해결을 위해서 니시다 철학으로부터 귀중한 시사가 주어지는 것이 적지 않음을 고백해 두고 싶다.[4]

4. 기독교의 '교'와 '행'은 그 구조나 내용에 있어서 그리스적 '유'의 철학에 의해서 이론화되고 설명될 수 있는 이상의 깊은 부정성을 포함하고 있다.

시카고 대학의 신학부 교수였던 랭돈 길키(Langdon Gilkey)는 이러한 사실을 다음과 같이 표현하였다.

---

4 同書, 37頁.

한편으로 오로지 신의 유를 주장하면서, 한편으로 신의 아들의 죽음에 중심성을 놓는 (기독교의) 교리는, 다소 모순된 것이 아닌가?5

5. 신의 본질을 생각할 때 '유'라는 범주만으로는 불충분하며 동시에 '무'라는 범주에도 적극적인 역할을 주지 않으면 안 된다. 다만 마찬가지 논리로 신은 '무'만으로 생각할 수는 없다(그것을 '절대무'라고 부른다 하더라도).

이상으로, 이 짧은 발제가 앞으로의 논의를 위해서 조금이라도 힌트가 될 수 있다면 다행이겠다.

---

5 Langdon Gilkey, *Buddhist-Christian Studies* 5 (1985), 77.

3장

그리스도와 일본 불교

우리가 그리스도를 사랑한다면, 우리는 그분이 어떤 배경과 문화를 가진 모든 사람에게 이해받고 사랑받기를 원한다 — 특히 우리가 알고 있듯이 이것이 바로 그리스도의 소망이기 때문이다.

우리가 사람들을 사랑한다면, 그들이 그리스도를 만나기를 원한다. 왜냐하면 우리는 확신하기 때문이다. 모든 사람에게 보다 더 행복한 만남은 바로 하느님의 은혜 그 자체이신 예수 그리스도를 만나는 것보다 더 나은 것이 없다는 것을 믿기 때문이다.

이 말씀은 분명히 모든 시대의 모든 기독교 선교사의 근본적인 동기를 대변한다. 그렇다면 그리스도와의 만남에 관한 모든 질문은 이미 제기되었고 어느 정도 만족스러운 답변을 얻은 것처럼 보일 수 있다. 그러나 '영원한 질문'은 결코 '영원한 답'을 찾지 못하고 새로운 세대마다 고뇌하는 인류가 다시금 제기해야 한다는 사실과는 별개로, 오늘날 우리는 '그리스도와 다른 종교들'이라는 우리의 질문이 (예언적인 소수 개인을 제외하고는) 현재 우리가 묻는 의미로 결코 제기된 적이

* 이 글의 원문은 *The Japan Missionary Bulletin* 34 (1979): 173-182에 게재됨.

없다는 인상을 받는다.

이 질문을 여기서 다루지는 못하겠지만, 존 B. 콥의 최근 저서 제목인 『다원주의 시대의 그리스』[1]는 우리가 직면한 문제를 잘 보여준다. 다른 문화들이 각자의 종교와 구원의 인물들을 지니고 존재한다는 사실을 실존적으로 인식하지 않고서는, 우리는 더 이상 진정한 방식으로 우리의 기독교적 삶, 즉 그리스도와의 관계를 살아갈 수 없다.

이는 그리스도가 다른 종교들 속에서 어떻게 존재하는가 하는 문제가 더 이상 단순히 제삼자적인 문제, 즉 '(비기독교인) 일본인'에게 영향을 미치는 사안으로만 다뤄질 수 없으며, 오직 우리 기독교인 자신의 선교 방법론적 차원에서 고려되어야 할 문제임을 상기시켜 준다. 이 문제는 당연히 우리 자신의 문제로 전환되어야 하며, 그리스도께서 우리에게 "너희는 나를 누구라 하느냐?"고 물으실 때 우리의 답변에 영향을 미치는 핵심적 질문이 되어야 한다.

본고에서는 일본에서 그리스도의 형상에 관한 선교적 성찰을 제시하고자 하며, 완전성이나 철저함을 주장하지는 않겠다. 일본 선교사로서 이 주제의 중요성은 굳이 강조할 필요도 없으므로, 나는 곧바로 이 글의 범위를 설명하고자 한다.

일본인의 눈에 실제로 예수가 어떻게 비치는지 직접 물어본 적은 없다. 이는 사회학적 연구나 문학 비평 등에 맡기는 것이 더 낫기 때문이다. 대신 그리스도의 형상에 영향을 미치는 일본적 상황, 특히 일본적 종교성의 몇 가지 요소를 살펴보는 간접적인 길을 택하겠다. 여기

---

1 John B. Cobb, *Christ in a Pluralistic Age* (Philadelphia: Westminster Press, 1975.

서 '일본적 종교성'이라 함은 다른 분야에 대한 나의 무지함을 고려하여 불교적 요소를 특별히 강조하고자 한다. 물론 일본인의 종교적 구성에서 불교적 요소의 상대적 중요성 문제는 차치하더라도, 그리스도라는 인물 전체를 바라볼 때 일본인의 종교성에서 부처와 보살의 형상보다 더 강력한 참조점이 있을 리 없다.

물론 우리 선교사들이 일본에서 그리스도의 형상이라는 문제를 고찰할 때, 순수하게 과학적 태도만을 취할 수는 없으며 규범적 질문들도 염두에 두어야 한다. 그리스도는 일본인에게 어떻게 나타나길 원하시는가? 우리가 일본에서 제시하는 그리스도 형상이 오히려 그리스도 자신이 원하시는 방식으로 나타나시는 것을 방해하는 것은 아닐까?

그리스도, '이방인'

첫 번째 성찰은 드러나지 않는 그리스도에 집중할 수 있다. 프랑스 가톨릭 사상가 장 기통에 의하면, 예수 그리스도가 자신을 중심으로 시간을 두 부분으로 갈라놓는 분이시니 자신의 뒤에는 절대적인 과거를, 자신의 앞에는 무한한 미래를 창조하시며, 그로 인해 인간의 시간을 그토록 강력한 힘으로 점유하시기에 새로운 예수나 초월적 예수를 기대하거나 상상하는 것 자체가 어리석은 일이다.[2]

이 문장의 후반부에 대해서는 나중에 다루기로 하고, 우선 전반부를 살펴보자. 안타깝게도, 적어도 인간적으로 말하자면, 예수(또는 오

---

2 Jean Guitton, *Jésus. La Livre de Poche Chretien* (Paris: B. Grasset, 1957), 381-382.

히려 기독교의 역사)는 인간들의 공간 역시 이른바 '기독교 세계'와 그 외의 세계라는 두 부분으로 나누어버렸다.

현재 그 기독교 세계는 사라져 가고 있을지 모르나, 여전히 "서양인이 기독교를 숨 쉬게 하고 있다"는 사실은 변함이 없으며, 진리를 찾는 이들은 예수에 대한 학문적 답변을 당연하다고 여긴다. "주님, 우리가 다른 어디로 가겠습니까?"(요 6:68) 그러므로 기통이 이렇게 쓴 것은 자연스러운 일이다.

> 인생의 신비에 대한 진지한 체험의 흔적이 어디선가 이루어졌다는 것을 알게 된다면, 우리는 그에 대해 알기 위해 모든 노력을 기울여야 한다. 예수의 경우를 제외하면, 나는 과거에 존재의 이면, 내 뒤에 숨겨진 신비를 체험한 사례를 단 하나도 보지 못했다.[3]

적어도 아주 최근까지 삶의 신비나 일반적인 영성에 관해 논할 때 그리스도는 서양에서 심각한 경쟁자 없이 지배적인 존재였다. 동양은 그렇지 않다. 여기서는 부처라는 존재가 있을 뿐만 아니라 훨씬 더 널리 퍼져 있고, 명백하며, 친숙한 존재이다.

실제로 일본에서 그리스도는 뚜렷하지 않을 뿐만 아니라 상당 부

---

3 *Ibid.*, 68. 기통은 또한 이렇게 썼다. 나는 예수만이 역사상 성인을 낳는 특권을 가진 유일한 존재로 '보인다'고 말할 수 있다고 믿는다(407). 나는 이 '보임'이 오직 기독교적 배경 속에서만 나타난다고 주장한다. 다른 문화권 사람들에게는 그리스도 역시 성인을 낳았으며, 아마도 매우 특별한 특성을 지닌 성인들을 낳았다고 보일 수도 있다. 여기서 주목할 점은 일본에서는 서양 최고의 신학자들의 언어조차도 단순히 사용하기 어려운 경우가 많다는 것이다. 이는 그들 중 상당수가 여전히 상당히 폐쇄적인 기독교 세계에 살고 있음을 시사한다고 할 수 있다.

분 외국인으로 남아 있다. 그리스인과 로마인들에게 예수는 아마도 주로 유대인으로 여겨졌을 것이다. 서양의 의식에서는 더 이상 그렇지 않다. 예수는 오래전부터 '우리 중 한 사람'이 되었다. 이상하지만 부분적으로 일본인에게 예수는 진정한 유대인이 아니라 '서양인', 서양 문화 속에서 나타난 존재다. 서양은 일종의 스크린이 되어 '벌거벗은' 그리스도를 가리고 일본인이 그에게 친숙함을 느끼지 못하게 막고 있을지도 모른다. 이와 관련해 조셉 스페이의 지적은 적절하다.

> 기독교 창시자가 아시아에서 혹은 적어도 동서양의 경계선에서 태어났다고 지적하는 것은 거의 도움이 되지 않는다. … 일본이 그리스도를 향해서 외국인이라고 여기는 태도 속에는 외국인에 대한 낯섦이 자리 잡고 있다.[4]

부처상의 매력

이제 일본 종교성 속에 있는 불교적 요소에 대해 살펴보자. 이 문제를 제기하는 방법은 다양하다. "그리스도의 종교적 차원이 어느 정도 반영되어 있는가? 그 전통 속에 그리스도를 위한 '길'을 닦는 요소들이 있는가? 사람들이 그리스도상을 거부하거나 오해하게 만드는 요소들은 없는가? 그리스도에 대해 말할 때 우리는 이러한 요소들을 어떻게 활용할 수 있는가? 또 그들이 지닌 위험을 피할 수 있을까?"

---

4 Joseph J. Spae, *Christianity Encounters Japan* (Tokyo: Oriens Institute, 1968), 177, 182.

등등 수없이 많다. 여기서는 수많은 실타래 중 일부를 집어 들고서 매우 잠정적이고 임시적인 방식으로 엮어보려는 희망만 품을 수 있다.

> 대략적으로 말해 부처의 역할은 기독교에서 예수 그리스도의 역할과 비교될 수 있다. … 부처는 진리의 최고 스승일 뿐만 아니라… 완벽한 인간성의 최고 모범이기도 하다. … 또한 부처의 지상 생애와 그의 형상은 '부처'에게 종교적 헌신, 심지어 거의 숭배에 가까운 개인화된 중심의 특질을 부여한다.[5]

수 세기 동안 부처는 일본인의 삶 속에서 확실히 친숙한 존재였으며, 경외감보다는 친근감이 더 강했다. 아버지 같은 존재감이라기보다는 어머니 같은 존재감이었다. 일본인이 그리스도에 대해 듣는다면 그들은 아주 자연스럽게 그를 부처와 비교할 것이라고 나는 추측한다. 여기서 말하는 비교는 두 '비교 가능한 대상'을 의식적 · 체계적으로 대조하는 것이 아니다. 그런 차원에서는 각 종교를 고유의 '영역'에 가두려는 경향이 있기 때문이다. 오히려 오랜 익숙함 속에서 형성된 패턴과 기준에 비추어 '새로운' 이미지를 비교적 무의식적으로 측정하는 것을 의미한다. 만약 이것이 사실이라면, '평범한 일본인'이 부처에 대해서 지니는 형상과 그들에게 부처의 모습이 매력적으로 다가오는 특성에 대해 아는 것이 우리에게 중요하다.

아직 확실히 입증할 수는 없지만, 일본(그리고 아마도 다른 '불교 국가

---

5 Winston L. King, *Buddhism and Christianity* (London: Allen & Unwin, 1963), 51-52.

들'에서도 비율은 다르겠지만)에서 부처의 매력은 두 가지 상당히 대조적인 요소가 결합해 있기 때문이라고 생각한다. 이 두 요소를 전통적인 명칭에 따라서 지혜와 자비라고 부르자. '도^道의 부처', 즉 끊임없는 용맹정진으로 자기 자신을 정복한 이상적인 인간은 영적 방법을 개발하여 흔들림 없는 평정과 삶의 모든(물질적 및 기타) 변화에 대한 의심의 여지 없는 통제력 혹은 최소한의 독립성을 얻은 존재는 분명히 일본인의 성격 중 하나인 '영웅적 기질'에 호소한다. 여기서 잠깐 언급하자면, 자신을 '길'이라 칭하는 그리스도는 영적 방법의 의미에서 길을 제시하지 않으며, 심지어 자기와의 훈련된 투쟁을 위한 모델조차 제공하지 않는다. 그리스도는 구루^{guru}적 인물이 아니며, 일부 일본인들은 그에게서 그 특성을 찾지 못할 수도 있다.

부처의 이러한 측면은 일본인 중 극히 일부에게만 효과적인 영향을 미칠 수 있다. 그럼에도 불구하고 이는 야마토다마시이(大和魂)라는 기존의 자아상과 너무나 잘 맞기에 무심코 무시해 버릴 수 없다.

그러나 두 번째로 더 여성적인 특징인 '무한히 자비로운 부처'가 일본 사회를 지배하는 듯하며, 이는 부처의 매력에서 가장 큰 비중을 차지하는 것으로 보인다. 나는 이 점에서 부처상이 일본 종교계의 공백을 메웠다고 생각하고 싶다. 생명을 찬미하고 공동체를 지향하는 신토는 개인적인 고민, '신들의 땅의 온화한 기후' 속에서도 사람들에게 닥치는 일들에 압도된 이들에게 큰 피난처를 제공하지 못하는 듯하다.

부처에게 '무한한'이라는 형용사가 적용될 때, 이는 단순한 수사적 표현이 아니라 "극단적이며 어떤 경계도 없다"라는 문자 그대로의 의미로 이해되어야 한다.

그 앞에서 선악의 경계는 완전히 사라진다. 외로운 영혼을 위로하

기 위해 여인의 모습을 취한 부처(또는 보살)의 이야기는 허구일 수 있으나, 분명히 실제 심리를 잘 드러낸다. 이 자비로운 부처 앞에서는 자신의 행위에 대한 개인적 책임이 사라지는 경향이 있다. 이것이 일본인의 아마에(甘え) 의식과 얼마나 밀접하게 연결되는지에 대해서는 다른 이들의 연구를 참고하라.

이에 비해 서양의 자비로움의 상징인 예수는 오히려 엄격한 훈육자로 보인다. 우리의 죄를 용서하고 구원을 간절히 바라더라도, 영원한 저주의 가능성을 제시함으로써 구원에 대한 최종 책임은 우리 자신에게 맡긴다. 게다가 그는 타협 없는 높은 도덕적 이상을 대표한다. 시인 오오키 아츠오는 자신이 한때 세례를 받고 신앙에 입문했으나 이후 기독교와 멀어지게 된 과정을 이렇게 전한다.

세례를 받는 순간까지는 모든 게 괜찮았지만, 보시다시피 나는 담배도 피우고 술도 마시며, 시인들에게 흔히 그렇듯 내 정욕과 다른 욕구들도 매우 강하다. … 그러므로 교회 중심의 기독교 규칙이 너무 엄격해서 견딜 수 없었다. 예수 그리스도는 지극히 고귀하고 아름다우시며, 물론 지금도 나는 그분을 숭배하고 욕망하지만, 그 고귀함과 아름다움을 따를 수가 없다. … 그리스도는 인간 본성, 인간의 조건을 부정한다.[6]

이 도발적이면서도 확실히 예외적인 텍스트에 대해 말할 수 있는 것은 많을 것이다. 오오키가 여러 기독교 교회[7](가톨릭교회도 예외는 아니

---

6 大木惇夫, 『親鸞』(Tokyo, 1958), 53-54.

지만, 이 경우 흡연과 음주에 대한 강조는 독특한 개신교적 색채를 띤다)의 율법주의적 도덕주의가 투사한 그리스도에 대한 허상적 이미지의 희생자임은 쉽게 지적할 수 있다. 그러나 그리스도는 인간의 연약함에 대한 무한한 이해를 지니면서도 우리를 '고귀함과 아름다움'으로 부르신다는 사실은 여전히 진실이다.

부처상과 관련하여 기독교 교리 교육에 대한 몇 가지 결론을 도출할 수 있으나, 그 작업은 독자에게 맡기겠다. 다만 이 한마디를 덧붙이고자 한다. 신약성경이 제시하는 개인적 책임과 하느님의 자녀로서의 자유가 결합된 교리는 그 자체로 독특할 뿐만 아니라, 올바르게 제시된다면 일본인에게 매력적이며 일본 종교 현장에 매우 긍정적인 기여를 할 수 있다고 믿는다.

그리스도상의 매력적인 특성

이제 반대 측면에서 우리의 질문에 접근해 보자. 일본 불교도들이 불교적 배경 때문에 오히려 즉시 받아들일 준비가 되어 있는 그리스도상의 특성(나사렛 예수의 말씀과 행적)은 무엇이며 또 반대로 어떤 특성들에 충격을 받고 단번에 거부할 준비가 되어 있는지를 알고자 한다. 우리 각자가 이에 관한 경험과 감정을 어느 정도 지니고 있지만, 예를 들어 불교 문헌에서 예수가 어떻게 언급되는지에 대한 보다 체계적인 연구는 큰 도움이 될 것이다. 이에 관한 몇 가지 단서만 제시한다.

지난해 한 도시의 가톨릭교회가 인도 보도 게시판에 일본 서예로

---

7 엔도 슈사쿠가 바로 이 이미지에 맞서 혼자 십자군을 벌이고 있다고 말할 수 있을 것이다.

마태복음 6장 20절의 번역문을 게시했다. "너 자신을 위하여 하늘에 보물을 쌓아 두라." 이 문장을 일본어로 가장 잘 번역하는 방법은 내가 판단할 수 없으나, 문맥에서 벗어나 '너 자신을 위하여'라는 표현에 지나치게 무게를 두고 부당하게 강조하는 느낌을 지울 수 없다(어떤 번역보다도 훨씬 더). 내가 아는 서양 번역본보다 훨씬 더 너 자신을 강조하고 있으며, 불교 신자라면 자기 자신에 대한 이런 집중에 쉽게 충격을 받을 것이며 그건 당연한 일이다.[8] 우리는 얼마나 자주 우리가 무엇을 하고 있는지 깨닫지 못한 채 비슷한 실수를 저지르는가?

일본인들이 그리스도의 자연 친화성, 마음의 진실성 강조, 죄인과 약자에 대한 자비 그리고 "구약성경에 드러난 정의와 심판과 복수의 신과 대비되는" 사랑의 신을 제시한 점을 얼마나 높이 평가하는지 우리 모두 잘 알고 있다.[9] 불교적 영감을 받은 문헌을 접해본 이들 중에는 그리스도의 말씀, 특히 역설적인 말씀과 자기 부정을 강조하는 말씀이 얼마나 자주 인용되는지 눈치챘을 것이다.[10] 또 다른 자주 인용되는 구절은 예수의 경고다.

---

8 이후에 새 공동번역본이 다음과 같이 표기된 것을 보고 기뻤다. "부(富)는 하늘에 쌓아 두라"(富は、天に積みなさい). 이는 개인적 주체에 대한 강조를 배제한다.

9 V. H. 보네트는 이 점이 일본 교과서에서 강조된다고 알려준다. "일본 교과서 속의 그리스도와 기독교," *Japan Missionary Bulletin* 1-2월호 (1979), 30.

10 예로 "자기 목숨을 잃는 자가 그것을 보존하리라"(루카 17:33)가 있다(여기서는 기독교적 죽음-부활 상징 전체가 종종 언급된다). 여기서 복된 말씀들을 잊어서는 안 되지만, 복된 말씀들은 높은 영적 차원에서 해석될 때만 호감을 받는다는 점을 지적해야 한다. 사회적 현실이 함축되어 있다는 암시가 있을 경우(물질적으로 가난한 자와 대비되는 '영적으로 가난한 자' 참조) 호감도는 훨씬 더 낮아진다.

너희는 하늘에 계신 너희 아버지의 자녀가 돼라. 그는 악인과 선인에게도 해를 떠오르게 하시며, 의인과 불의한 자에게도 비를 내리신다 (마 5:45).

여기서 하느님의 '무차별'이 찬양받으며 절대적 영적 차원에서는 모든 이분법—특히 선과 악의 이분법—이 초월됨을 깨닫게 한다.

불교도들이 예수라는 인물에게 이러한 친화감을 느낀다면, 이케다 다이사쿠가 예수를 보살이라 부르는 것을 듣는 것도 놀랍지 않다.[11] 스즈키 다이치(鈴木大拙)는 과감히 선언한다.

모든 영적 지도자에게서 국적과 고백한 신조를 막론하고 법신(法身)의 화신을 인식하는 대승불교도들은 소크라테스, 무함마드, 예수, 아시시의 프란치스코, 공자, 노자 등 수많은 인물 속에서 부처를 인식한다.[12]

따라서 어떤 의미에서 예수는 일본 불교에 '흡수'된다. 그러나 이는 양쪽 모두에 축복이 될 수 있다. 왜냐하면 그렇게 흡수된 예수는 당연

---

11 얀 스윈게도우(Jan Swyngedouw)는 "일본인의 눈에 비친 그리스도의 형상," *Japan Missionary Bulletin* 1-2월호 (1979), 28에서 이를 언급했다.

12 D. T. Suzuki, *Outlines of Mahāyāna Buddhism* (New York: Schocken Books, 1963), 63 note. Coomaraswamy는 "대승불교는 원칙적으로 힌두교만큼 절충적이며, 어떤 외래 종교 체계도 새로운 종파로 쉽게 흡수할 수 있다"고 언급한다. A. K. Coomaraswamy, *Buddha and the Gospel of Buddhism* (New York: Harper Torchbooks, 1964), 159. 이는 과장일 수 있다. 힌두교가 일원론에서 일신론에 이르는 전 범위를 허용하는 반면, 일신론은 대승불교와 양립하기 어려워 보인다.

히 '수용 가능한' 예수상으로, 주로 앞서 스케치한 '호감 가는 특징'들로 가득 차 있어 '사람들에게 껄끄럽게 느껴질 만한 특성'들은 제거되었기 때문이다.

그리스도의 덜 매력적인 특징들

이제 일본 불교도들이 수용하기 쉽지 않은 그리스도상의 특성들로 눈을 돌려보자. 앞서 그리스도가 개인적 책임을 강조한 점을 언급했는데, 십자가에 못 박힌 피투성이 예수의 모습이 평온한 부처상과 정반대라는 점에서 충격적이라는 지적이 자주 제기된다. 장 기통은 그리스도가 직접 자신을 신이라 칭하지는 않았지만, 유대교에서 명백히 신적 특권으로 여겨졌던 권리와 능력을 주장했다고 설명한 뒤 이렇게 쓴다.

> 믿음이 없는 독자에게 복음서에서 일정한 불편함과 불쾌감을 주는 것은 기적 이야기들 외에도, 정신적 균형과 조화시키기 어려운 이러한 극단적인 주장이나 권리 주장들일 것이다.[13]

물론 기통은 여기서 서양의 비신자를 염두에 두고 있지만, 상황에 맞게 적용해 본다면 동일한 논리가 일본 불교도에게도 적용될 수 있다. 어떤 의미에서인가? 잠정적으로 말하자면 일본 불교도를 충격에 빠뜨리는 것은 절대자와의 광범위한 동일성 주장—"나와 아버지는 하

---

13 Jean Guitton, *op. cit.*, 332.

나이니라"(요 10:30)—이 그다지 크지 않다고 할 수 있다. 유사한 동일성의 주장은 대승불교의 부처상에서 발견된다.[14] 오히려 그 동일성이 오직 한 사람 안에서만 실현된다는 주장이다. 이를 좀 더 명확히 하기 위해 간략한 분석이 도움이 될 것이다.

첫째, 예수는 자신이 선포하는 구속의 경륜 중심에 자신을 위치시키며, 이는 결코 부처가 하지 않는 방식이다. 로마노 과르디니는 그의 저서 『기독교의 본질』[15]에서 이 측면에서 예수와 부처의 차이를 명시적으로 다루고 있다(그는 기독교의 본질과 독특한 특성이 예수의 인격 그 자체 외에는 어디에서도 찾을 수 없다는 주장을 강력히 옹호한다). "부처의 인격은 종교적으로 본질적인 것에 위치하지 않으며" 단지 그것을 운반하고 대표할 뿐인 반면, "기독교 종교성의 생명적 동기는 예수 자신이다."[16]

이제 결정적인 구원의 순간은 그리스도 자신이다. 그의 교리도, 그의 본보기도, 그를 통해 역사하는 하느님의 능력도 아닌, 그 자체로서의 그의 인격이다.[17]

---

14 여기서 이를 설명하거나 입증할 수는 없지만, 대승 경전을 읽는 기독교인도 부처의 주장의 엄청난 규모에 똑같이 충격을 받을 수 있다는 것은 분명한 사실이다. 이미 인용한 W. L. 킹은 소승불교에서도—비록 대승과 달리 부처가 단지 인간일 뿐이라는 주장이 매우 강하지만— 부처의 형상이 이미 매우 거대하게 다가온다고 설명한다. 이론상 부처는 단지 인간일 뿐이지만, 그 규모가 너무나 거대하여 진정 신과 같으며, 모든 면에서 평범한 인간과는 헤아릴 수 없을 만큼 거리가 먼 존재이다. … 구원의 진리를 발견한 부처의 전지전능함은 불교 신앙의 가장 근본적인 현실이다. op. cit., 52.

15 Romano Guardini, Das Wesen des Christentums (Würzburg: Werkbund, 1949). The Christ-Buddha comparison can be found on pages 14-20.

16 Ibid., 17, 24.

17 Ibid., 29.

또는 기통이 표현하듯, 그리스도는

그의 존재에 대한 충실함, 즉 그의 '나'에 대한 사랑의 움직임을 인간
의 영원한 구원을 위한 필수 조건으로 제시한다.[18]

그리고 과르디니는 바로 여기에 스캔들이 있다고 지적한다.

종교적 삶의 전 영역, 나아가 자신의 존재 자체에 대한 최고 법칙으로
서 '타자'를 인정하라는 요구에 인간은 즉각적인 방어적 거부를 보인
다고 한다.[19]

부처가 중생들에게 나타나는 한 '복수적 실재'로서 본질적으로 반
복 가능하다고 여겨지는 반면, 그리스도는 아버지와의 동일성에 대한
절대적 유일성을 강조한다.

예수는 '하느님의 아들'(유대적 사고방식에 따르면 선택받은 백성의
모든 구성원에게 수용 가능할 수 있는 개념)로서가 아니라 그 아들로
서 자신을 위치시킨다. 그의 교리, 신비주의, 고독, 길, 진리는 바로
전달 불가능한 차원에서 그 아들이 되는 것이다. … 예수는 자신을
완전히 분리시킨다. … 예수가 자신의 아버지나 인간의 아버지(그 역
시 그들의 아버지임에도 불구하고)에 대해 말하는 수많은 구절에서,

18 J. Guitton, *op. cit.*, 337-338.
19 R. Guardini, *op, cit.*, 13.

그는 이 두 관계—자신과 아버지 사이의 관계와 인간과 그들의 아버지(그분은 그럼에도 그들의 아버지이기도 하다) 사이의 관계—를 동등한 수준에 두지 않는다.[20]

그리스도의 유일성과 독특성을 성육신 신학의 후대 발전으로 돌리려는 이들도 있지만,[21] 이러한 특성들에 대한 강한 강조를 인정하는 것이 역사적으로 더 타당해 보인다. 반대로 누군가는 일본에서는 대승불교적 사고방식에 적어도 한 가지 예외가 존재한다는 점을 지적할 수 있다. 바로 아미타불의 인격이다. 그는 도달할 수 없는 절대자와 무력한 죄인 사이의 가교 역할을 하는 유일무이한 존재이다. 기능적으로 말하자면, 즉 대부분의 정토교 신자들의 신앙 생활에서 아미타의 형상이 실제로 매우 그리스도적인 모습을 취한다는 점에는 의심의 여지가 없다. 그러나 부처의 본질적 다수성과 신자와의 근접성에 대한 대승불교의 일반적 생각 또한 작용하고 있으며, 특히—하지만 나에게 보기에 그뿐만은 아닌— 신학에서 그러하다. 어쨌든, 잠시 개인적인 이야기를 하자면, 특히 선불교에서 두드러지게 나타나는 일본 불교도들이 느끼는 그 '알레르기'는 바로 그 '분리된' 그리스도에 대한 것이다.

그리스도 형상에 대한 '거부감'은 아미타 신자들 사이에서 마주했을 때 그 어느 때보다 강렬하게 다가왔다. 한 가지 예를 들자면,

---

20 J. Guitton, *op. cit.*, 334-335.

21 이러한 경향을 보이는 최근의 예로는 다음을 들 수 있다. John Hick ed., *The Myth of God Incarnate* (London: SCM Press, 1977).

그러므로 우리는 그의 뜻에 따라 아미타불과 동등한 부처가 될 것이며, 그보다 열등한 존재가 아니다. 여기에 불교의 가장 진실하고 가치 있는 점이 있다. 어떤 종교가 믿음으로 인해 우리가 믿음의 대상보다 열등한 존재가 될 수 있다고 가르친다면, 그 교리는 진실할 수 없다. 진리 앞에서는 사람과 사람 사이에 차이가 없다.[22]

인도에서 비롯되어 중국에서 더욱 발전한 이 신학은 '수직적 관계'에 어떠한 종교적 가치도 인정하지 않는 것으로 보인다. 일본에서는 주군에 대한 충성스러운 봉사의 인간적 가치와 아름다움에 대한 사회적 강조가 이 신학의 근본 원리에 영향을 미치지 못했다. 종교 영역에서도 수직적 관계는 '인간적 유대'—사제 관계와 국가 및 지도자에 대한 봉사— 내에 머무르는 경향이 있었다.

이 '그리스도에 대한 덜 수용 가능한 묘사'의 마지막 특징은 그리스도의 역사적 특수성이다. 과르디니가 말하듯이,

기독교는 근본적으로 진리의 교리나 삶의 해석이 아니다. 그것도 포함하지만, 그 안에 그 본질과 핵심이 있는 것은 아니다. 그 본질은 나사렛 예수, 그의 구체적 존재, 그의 사역과 운명, 요컨대 역사적 인물로 이루어져 있다.[23]

---

22 佐々木月樵, 『眞宗槪論』(Kyoto: Chōshiya Shoten, 192i), 59. 진종에서는 아미타와 신자의 동일성이라는 사상이 여러 방식으로 표현되는데, 예를 들어 기법일체(機法一体) 교리에서 그러하다. 또 다른 예는 난잔종교문화연구소 편, 『종교체험과 언어 — 불교와 기독교의 대화』(도쿄: 기노쿠니야 서점, 1978), 114-115.

23 R. Guardini, op. cit., 12. 장 기통 역시 동일하게 강조한다. 기독교 메시지는 여러

인도에서 활동한 예수회 선교사 자크 듀퓌(Jacques Dupuis)는 예수의 역사적 유일성과 그리스도 사건의 보편적 의미를 조화시키는 일이 기독교 신학에 있어 항상 어려운 과제였다고 지적한다.[24] 그러나 이 어려움은 그가 '인도적 맥락'이라 부르고 우리가 불교적 영감을 받은 종교적 사고의 맥락이라 부를 수 있는 것 때문에 더욱 심화된다. 왜냐하면 바로 여기에서 종교는 본질적으로 보편적 진리의 교리이자 경험에 기반하며 언제 어디서나 접근 가능한 삶의 방식으로 이해되며, 여기서 "역사는 종종 상대적이고 현상적인 가치만을 지닌 것으로 이해된다; 절대자는 본질적으로 초역사적이다."

실제로 이 점에서, 우리 기독교인들이 그리스도에 대한 이념(신성한 신화나 논리적 구조)으로 만족하지 못하고 예수라는 역사적 실재에 그토록 큰 중요성을 부여해야 하는 이유를 설명하는 것은, 순수한 존재론적 관점에서 보면, 우리가 아미타불의 실존을 의심하지 않으면서도 전 생명을 그에게 맡기는 정토불교 신자들의 태도를 이해하는 것만큼이나 어려운 일이다.

방식으로 정의될 수 있다. 그러나 그 본질, 구조, 구성적 관계는 다양한 방식으로 정의될 수 없다. 기독교를 신화나 철학, 심지어 순수한 신학으로 만들지 않는 이 본질적 관계는 역사와 증언을 통해서만 도달할 수 있는 실제적이고 역사적인 한 인격체 안에서 사실과 사상이 결합된 것이다. op. cit., 27.

24 자크 듀퓌는 "시간과 공간에 본질적으로 조건 지어진 현상인 '나사렛 예수'가 어떻게 신-인간 관계의 질서 안에서 보편적 타당성을 가질 수 있는가?"라고 언급한다. Jacques Dupuis, *Jesus Christ and His Spirit: Theological Approaches* (Bangalora: Theological Publications in India, 1977), 230.

우리에게 주는 교훈은

예수라는 인물과 일본 불교도들에게 친숙한 종교적 인물들 사이의 표면적 차이에 대한 우리의 짧은 분석을 요약하자면, 그리스도라는 독특하고 환원 불가능하며 물질적으로 실재하는 역사적 인격 안에서 신과 인간의 결합은 '국소화'된다(이로써 신성과 인간성의 타자성을 보존한다). 반면 복수적이고 잠재적으로 보편적인 대승불교의 부처에서는 인간과 절대자의 결합이 보편화되고, 그로 인해 절대자와 인류의 본래적 비이원성을 표현한다.

시간과 공간의 제약으로 앞서 언급한 불상의 모든 특징을 전개할 수 없다. 따라서 대승불교의 삼불신(三佛身) 교의와 모든 중생이 불성을 지닌다는 사상에 대한 더 깊은 고찰이 필요할 것이다. 또한 보살상도 고려해야 할 것이다. 이 모든 것을 다른 기회에 맡기더라도, 이 모든 것이 우리의 케리그마(kerygma)와 교리 교육(catechesis)에 시사하는 바에 대해 적어도 나 자신과 독자에게 질문을 던지지 않고는 펜을 내려놓을 수 없다. 나는 이 질문에 제대로 답할 준비가 되어 있지 않으며, 몇 가지 암시를 제시하는 데 그쳐야 할 것이다.

1. 우선 가장 중요한 것은 이 글이 독자로 하여금 문제에 대한 더 큰 인식과 해결책을 모색하려는 결의를 불러일으킨다면, 나의 수고가 크게 보상받는다고 느낄 것이다.
2. 비록 현재 논의에 있어 불교적 사변이 중요하긴 하나, 일본 종교성의 유일한 구성 요소는 결코 아니다. 그 종교성 내 다른 흐름들이 특정 지점에서 그리스도상과 더 큰 친화성을 보이며, 따라서

더 나은 준비와 기준점이 될 가능성도 충분히 있다.

3. "어떤 결과가 나오든" 기독교 선교사로서 온전한 그리스도를 전파하고 증언하는 것이 우리의 의무이다. 오직 그때에야 비로소 그리스도의 말씀이 우리에게 적용되리라 기대할 수 있다. "사람이 나를 사람 앞에서 시인하면 나도 하늘에 계신 내 아버지 앞에서 그를 시인하리라"(마 10:32). 대화의 필요성을 인정하는 것이 우리의 의무를 조금도 바꾸지 않는다. 한쪽이 미리 자신의 메시지를 상대방의 차원으로 축소하기로 결정한다면 대화는 그 의미와 가능성을 완전히 상실할 것이다. 더욱이 나는 신적 창조 교리 외에도 하느님이 자연과 인간의 세계에 역사적으로 개입하셨다는 교리가 기독교가 일본 종교성에 기여하거나 보완할 수 있는 가장 풍성한 요소 중 하나라고 확신한다. 실제로 대승불교는 우주에 절대자의 영원하고 필연적인 '화신'이 존재한다고 믿으며 수많은 부처상을 통해 이를 보편화하려 하지만, 그 결과는 종종 절대자가 세계와 역사에 현존하여 그 존재로 실재성을 부여하는 것이 아니라 오히려 역사적, 특수적, 물질적 요소를 그 현존 앞에서 사라지게 만드는 것처럼 보인다. 반면 그리스도의 성육신은 세계와 역사에 현존함으로써 실재성을 부여하는 것이 아니라 오히려 역사적, 특수적, 물질적 요소를 그 현존 앞에서 사라지게 만든다는 인상을 주곤 한다. 반면 그리스도의 성육신은 하느님이 다른 '실체적' 현실 속으로 실제로 강림하신 것으로 이해된다. 따라서 우리는 하느님을 만나기 위해 반드시 이 역사적 세계를 (물질적으로든 황홀경으로든) 버리고 다른 의식 차원으로 이동할 필요가 없다. 이러한 의미에서 종교 역시 역사와 인간 현실의 한가

운데 단단히 자리 잡고 있으며, 세상 안에서 그리고 세상을 위해 일하는 것은 역사의 주인과의 (종교적) 협력으로 볼 수 있다.

4. 동시에 교회 교부들은 그리스도의 점진적 자기 계시 속에 그들이 신적 '경륜'(神經)이라고 부른 것, 우리가 오히려 '교육학'이라 부를 만한 것을 인식했다. 이러한 종류의 '경륜'은 또한 허용되며, 특히 복음 전파 이전의 접근과 대화에서 그리스도의 보다 '수용 가능한' 특징들로부터 시작함으로써 충분한 조정 여지를 남긴다. 더 나아가 우리는 일본인들에게 낯선 범주로 구성된 인위적인 신학으로 그들이 그리스도와 만나는 일을 더욱 어렵게 만들어서는 안 된다. 이는 어려운 과제이며 우리 중 누구도 그 함정을 완전히 피할 수 없다는 점을 잘 알고 있다. 그러나 적어도 시작은 할 수 있으며, 이를 위해 두 가지 방법의 결합을 여기에서 제안할 수 있다.

첫째, 일본인의 종교성 속에 작용하는 동기, 사상, 감정에 진정으로 주목하는 것이다. 이는 그리스도의 신비를 새롭고 더 적합한 방식으로 제시할 다른 범주를 발견하게 하지는 않더라도, 적어도 우리의 전통적 범주를 더 이해하기 쉽게 설명하는 방법을 찾아내게 할 것이다.

둘째, 비교적 최근 신학이 우리에게 익숙하게 만든 것들보다 일본인에게 더 친근할 수 있는 그리스도를 제시하는 범주와 방식을 기독교 전통 속에서 탐구하는 것이다. 이 두 번째 점이 교토의 토마스 학원의 설립자이자 오랜 기간 원장직을 맡았던 고故 빈센트 폴리오 신부(OP)의 삶의 지침 원칙이라 불릴 수 있음을 기쁘게 언급한다. 다시 한번 이 아이디어는 아직 초기 단계에 머물러 있으며 몇 가지 지침으로 만족해야 함을 주지한다.

현대, 특히 개신교 신학은 르네상스 이후 서양 의식에서 부각되기 시작하여 현대 철학에서 표현을 찾은 자율적인 개인적 자아라는 개념의 강한 영향을 받았다. 어떤 의미에서 이 의식은 기독교적 영향의 결과로도 볼 수 있으나, 점차 분명해지는 바와 같이 이는 (다른) 기독교적 가치를 위협하는 일방적인 산물이며 동시에 기독교를 동양적 가치로부터 부당하게 소외시키고 있다. 이러한 자아 개념은 인간을 자연 세계로부터 단절시키고 기독교적 '인격' 개념의 근간을 이루는 구성적 상대성과 개방성을 흐리게 하는 경향이 있다. 비록 현대적 관점에서 중세 기독교 사상은 여러 측면(예를 들어 역사의 역동성)에서 '부족'해 보이지만, 우주 속 인간에 대한 그림은 동양적 사고방식에 더 균형 잡히고 더 친근하게 다가온다.

앞서 그리스도의 독특하고 역사적이며 구원적인 인격에 대한 그림을 그리고, 그것을 부처의 형상과 대비시켰다. 나는 이 그림이 그 범위 내에서 정확하다고 믿으며, 그 제시가 우리가 그리스도를 전파할 때 마주칠 수 있는 어려움들에 대한 경각심을 일깨울 수 있다고 생각한다. 그러나 이것이 전부는 아니다. 교회 교부들의 사상은 그리스도 형상에 대한 관점을 제시함으로써, 한편으로는 절대자와 부처 사이의 관계, 다른 한편으로는 부처와 신자 사이의 관계에 관한 불교적 사고방식과의 간극을 놀라울 정도로 크게 좁혀줄 수 있다. 이를 보여주는 작은 예로 성 바울의 발자취를 따라 여러 교회 교부가 예수의 역사적 실재와 로고스의 보편적, 우주적 실재를 결합하려 노력했음을 떠올려볼 수 있다. 그들은 여기서 한 걸음 더 나아가 기독교인이 그리스도 안에, 즉 그리스도의 영적 실재 안에 존재하며, 거기서 아버지의 아들 됨이라는 예수님 자신의 지위에 참된 몫을 갖는 방식을 고찰했다. 그들은 우리를 아버지의 아들로서의 지위를 가진 경건한 비유로 보거나 '입양된 아들'이라는 법적 관점에 머무르려 하지 않았다. 그들은 하느님의 말씀을 현실적·존재론적으로 받아들였다. '기독교 철학'의 주류는 아마도 그 그리스 철학의 전제가 허용하지 않았기 때문에, 그 길을 거의 추구하지 못한 것으로 보인다.

그럼에도 불구하고 역사적 예수의 '스캔들'은 여전히 남아 있다.

바로 이 그리스도, 보편적이면서 인류와 동시대인인 그리스도, 겸손 속에서 자라나는 이 신비로운 그리스도는, 예수가 가장 평범한 의미에서 존재하지 않았다면 진리도 뿌리도 없었을 것이다. 즉, 한 여인의 태에서부터 모든 인간 형태가 안식을 찾는 대지의 태에 이르기까지.[25]

---

25 Jean Guitton, *op. cit.*, 442.

4장

종교 간 대화와 복음화

"우리의 선교적 임무는 정확히 무엇인가?" 매우 실용적인 이 질문은 우리를 더 일반적이고, 어떤 의미에서는 더 추상적인 질문들로 되돌아가게 한다. 신도神道와 불교가 고도로 발달한 이 나라 일본에서 기독교의 의미와 역할은 무엇인가? 다른 주요 종교들 사이에서 세계 속 기독교의 존재 이유와 사명은 무엇인가? 더 나아가서 세계에서 종교의 역할은 무엇인가?

현대 세계의 종교

마지막 질문부터 시작하자면, 종교는 기술적·경제적으로 선진화된 국가들, 이른바 '제1세계'에서 심각한 위기에 처해 있는 것처럼 보인다. 우리 대부분은 유럽에서 기독교의 위기를 목격한 충격적인 경험담을 이야기할 수 있을 것이다. 성직자 지망생은 사라지고, 일요일에 모이는 소수의 신자에게는 교회 건물은 지나치게 커졌으며, 우리 조카들을 포함한 젊은이들은 교회의 언어를 마치 낯선 나라의 언어처

---

* 이 글의 원문은 *Japanese Religions* 25/1-2 (2000): 121-133에 게재됨.

럼 느낀다. 때로는 우리가 우주선 안에서 높이 떠다니는 동안 지상의 근거지가 파괴되고 있다는 인상을 받을 수도 있다.

그러나 이는 기독교만의 문제가 아니다. 예를 들어 일본의 불교 역시 분명히 같은 처지에 있으며, 훨씬 더 오래전부터 그러했음이 명백하다. 그렇다면 더 적절한 표현은 다음과 같을 것이다. 기독교는 서유럽인들에게 불교가 일본인들에게 오랫동안 그러했듯이, 문화적 유산이자 특히 장례식을 포함한 '통과의례'를 제공하는 존재로 빠르게 변모하고 있다.

일본 불교도들, 특히 승려들 사이의 위기감이 서구 기독교인들만큼 강하고 보편적이라고 생각하지는 않는다. 그 이유 중 하나는 일본의 경우 쇠퇴의 징후가 그리 뚜렷하지 않기 때문일 수 있다. 대부분의 불교 사찰에서는 주로 장례식과 제사를 치르는 '평소와 다름없는 일상'이 계속되고 있다. 그럼에도 불구하고 적어도 일부 불교계에서는 위기감이 확산되고 심화되고 있다는 인상을 받는다.

이러한 우려의 증상으로, 나는 지난 한 해 동안 두 차례 강연을 요청받았다. 1996년 11월 니시혼간지(西本願寺) 진종교리연구소 회원들을 대상으로 전도에 대해 강연해 달라는 요청을 받았는데, 그들의 반응을 통해 알게 된 것은 아무리 열성적으로 설교하거나 어떤 방법을 동원해도 사람들에게 다가가지 못한다는 인식이 커지고 있다는 것이 요청의 이유였다는 사실이다.

1년 후에는 하나조노대학 선문화연구소의 초청을 받아, 일본에서 선불교의 쇠퇴 상태를 연구하고 각 선종 본부에 제안할 수 있는 해결책을 모색하기 위해 특별히 소집된 열두 명의 선 수행자(대부분 승려)로 구성된 패널 앞에서 연설했다. 이 선 수행자 그룹의 경우, 분명히 옴진리교 사건이 자기 성찰의 계기가 되었다. 왜 젊은이들은 종교적 욕망 속에서 구원을 위해 선당禪堂이 아닌 그런 기이한 종교로 달려갔는가? 그들 중 상당수가 과거 사람들이 선당으로 이끌렸던(혹은 오래전 로마인들을 이집트 사막으로 내몰았던) 것과 동일한 종교적 동기를 지녔다는 점이 오히려 명백하지 않은가? 어쨌든 매우 고통스러운 질문들이었다.

두 차례에 걸쳐 말한 내용을 간략히 요약해 보겠다. 대체로 나는 청중들이 기독교의 위기에 대해 이야기하면서 이를 거울삼을 수 있으면 하고 여겼다. 여러분의 위기는 혼자가 아니다. 서양 기독교와 함께 공유하는 것이다. 종교 사회학과 같은 사회과학은 이 현상의 진정한 본질을 정의하거나 그 원인을 파악하는 데 무력해 보인다. 어떤 이들은 영적인 것에 알레르기 반응을 보이는 현대의 경제적 동물 탓으로 돌린다.

그러나 우리가 객관적으로 말할 수 있는 유일한 사실은, 기존 종교들이 전통적으로 전달해 온 종교적 메시지가 오늘날 사람들에게 더 이상 공명을 일으키지 않는다는 점이다. 즉, 기존 종교들이 제공하는 종교적 내용과 현대 남녀의 종교적 수요(또는 필요) 사이에 (일시적으로 극복 불가능한) 간극이 발생했다는 것이다.

기독교 역시 본래의 정신이나 '불꽃'을 잃어버렸거나, 적어도 사회의 억압적 구조와의 온갖 유대 관계로 이를 너무나 효과적으로 가려 버린 나머지, 오늘날 젊은이들은 이를 대안적 길, 자유로 가는 길로 인식하지 못하게 되었다. 서구에서 기독교의 급속한 쇠퇴를 목격하며 나는 이렇게 생각하지 않을 수 없다. 그렇게 빨리 무너지는 것은 살아 있는 유기체가 아니었을 것이다. 그것은 이미 생명이 빠져나간 마른 껍질이나 껍데기였을 테고, 그 생명이 언제부터 빠져나갔는지는 오직 신만이 알겠지만, 사회적 힘에 의해 존재가 유지되어 왔을 것이다. 그렇다면 기독교(그리고 아마도 일본 불교도)에 대한 유일한 희망은 두꺼운 덮개 아래 원초적 불꽃의 잔재가 여전히 타오르고 있으며, 언젠가 젊은이들이 이 불씨를 발견하고 완전히 새롭고 흥미진진하며 해방감을 주는 것으로 체험함으로써 새로운 형태의 기독교를 시작할 것이라는 점이다. 기독교 역사 속에서도 몇 차례 그러한 '사건들'이 있었으며, 대개 새로운 수도회 설립으로 이어졌다. 그동안 우리 종교인들은 무엇을 할 수 있을까? 이 점에 대해 나는 잠정적으로 두 가지 경험적 원칙을 제시해 왔다.

첫째, 우리가 현재 우리 종교의 진정한 불꽃이 무엇인지 명확히 파악하지 못하고 현대인들이 이해할 수 있는 언어로 그것을 표현하는 방법을 확실히 알지 못하는 한, 대규모 수단을 동원하거나 거대한 캠페인을 시작하거나 위대한 개혁을 추진하려고 해서는 안 된다. 우리의 현재 관점에서 볼 때 제2차 바티칸 공의회가 가르쳐 줄 수 있는 가장 큰 교훈은 그 영웅적인 노력에도 불구하고 공의회가 서구 기독교의 쇠퇴를 막지 못했다는 점일 것이다. 오늘날 우리의 진정한 과제는 훨씬 더 간접적이고 '부정적'인 것일 수 있다.

우리가 진정으로 알고 있는 유일한 형태의 종교를 고수하면서도 점차 불꽃을 가리고 있음을 깨달은 요소들을 인내심 있게 제거하여 미래에 그 불꽃이 발견될 기회를 더 잘 마련해야 한다. 이것이 그리 영광스럽게 들리지 않는다는 점은 인정한다. 스콜라 철학에서 이러한 활동은 *removens probibens*, 즉 매우 이차적인 인과관계로 불렸다. 이는 우리의 희망을 올바른 곳에 두어 너무 빨리 또는 너무 자주 환멸에 빠지지 않도록 하는 문제다. 근본적인 메시지는 낙관적이다. 성령은 그분의 때에 그분의 일을 하실 것이다.

둘째, 우리 종교나 교회의 생존과 성장에 관한 모든 염려를 적어도 당분간은 섭리(혹은 부처님)께 맡기는 것이다. 우리 신앙에 특유한 교리의 전파조차도 부차적인 것으로 여겨야 한다. 그래야만 우리의 모든 노력을 동시대인들의 진정한 필요를 인식하고 (그 필요를 종교적이라 부를 수 있는지 여부에 지나치게 신경 쓰지 않으면서) 최선을 다해 충족시키는 데 집중할 수 있다. 오직 이러한 자기 잊음(沒我)의 봉사를 통해야만 우리는 기존 종교와 현대인의 실존적 필요 사이의 간극을 메우는 다리를 놓을 희망을 가질 수 있다.

세상 속 기독교의 사명

이제 세상 속 기독교의 존재 이유와 사명에 관한 두 번째 질문으로 넘어가고자 한다. 이 질문은 전통적으로 교회론(De ecclesia)의 일부로 다루어져 왔으나, 우리가 다른 종교들의 존재를 지속적인 현실로 인식하게 되면서, 이제 이 질문은 바티칸 제2공의회가 권고한 종교 간 대화에 대한 신학적 성찰인 종교 신학의 중심에 자리 잡고 있다.

세상 속 교회의 사명에 대한 다양한 가능성 중 나는 이를 예수께서 가져오신 그리고 예수 그분 자신이신 복음, 곧 '좋은 소식'을 전파하는 것으로 본다. 전통적으로 해석된 바와 같이, 즉 "모든 사람을 구원의 유일한 방주인 교회 안으로 데려오는 것"이라는 메시지는 그 대상자들에게 결코 좋은 소식으로 경험될 수 없었다.

오히려 이 메시지는 우리가 너희에게 전하러 왔다는 뜻으로만 보일 수 있다. 즉, 적어도 지금부터는 구원에 이르는 길이 (지리적·문화적으로) 매우 특정한 집단인 기독교 교회와의 접촉으로만 제한된다는 것이다. 따라서 우리는 너희에게 새로운 의무를 부과한다. 너희 자신의 종교를 버리고 우리와 합류하여 우리의 법을 따르라는 것이다.

나는 예수의 메시지가 오직 다음의 두 가지 뚜렷한 요소를 포괄할 때만 복음의 선포라고 생각한다. 1) 예수의 아버지이신 하느님께서 우리를 위해 독생자를 내어주실 만큼 사랑이심을 드러내셨기에, 모든 사람에게 구원이 열려 있음을 영광스럽게 선포하고 증언하는 것 그리고 2) 교회에 가입함으로써 예수와 그 제자들이 하느님 나라를 위해 행하는 일에 동참하라는 고귀한 초대(혹은 소명)이다.

다행히 최근 로마 문서들에서 교회의 사명에 대한 설명은 더욱 넓고 풍요로워졌다. 이러한 확장된 시각은 제2차 바티칸 공의회 이후 종교 간 대화를 교회의 사명 일부로 받아들인 데서 적지 않은 영향을 받았다. 예를 들어 1991년 오순절에 교황청 종교 간 대화위원회(이전 명칭: '비기독교인 사무국')와 교황청 복음화 성성(聖省)이 공동으로 공포한 대화와 선포에 관한 문서는 다음과 같이 밝히고 있다.

> 1984년 총회 이후 비서국은 "다른 종교 신자들에 대한 교회의 태도: 대화와 선교에 관한 성찰과 지침"이라는 제목의 문서를 발표했다. 이 문서는 교회의 복음화 사명이 "단일하지만 복합적이고 다각적인 현실"이라고 명시한다. 이 사명의 주요 요소로 다음과 같은 것들을 제시한다. 현존과 증언; 사회 발전과 인간 해방에 대한 헌신; 전례 생활, 기도 및 관상; 종교 간 대화; 그리고 마지막으로 선포와 교리 교육. 선포와 대화는 따라서 각각 그 자체로 구성 요소이자 교회의 단일 복음화 사명의 진정한 형태로 간주된다.[1]

이처럼 새롭게 제시된 교회 사명의 개념이 신선하게 들리지만, 몇 가지 점에 대해 더 명확한 설명이 필요하다고 생각한다.

1. 첫 번째 바람은 그다지 핵심적이지 않을 수 있으나, 전통적인 '자선 사업'(개인 차원에서 인간 발전을 위한 활동)과 마더 테레사 수녀와 사회 차원에서 정의와 평화를 증진하는 일(교회가 비교적 최근에 인식하게 된 종교적 과제)을 더 명확히 구분하는 것이 바람직해 보인다. 예를 들어 불교도들은 전자를 종교적 성격이 있다고 쉽게 이해한다. 그들은 이를 보살의 자비 실천으로 분류하며, 테레사 수녀를 보살이라 부르길 마다하지 않지만, 후자를 종교적 행위로 보기는 어렵다고 여긴다.

2. 문서들은 교리 교육과 세례를 통해 새로운 사람들을 교회로 이끄는 일(개종)을 '선포'라는 용어로 지칭하는 경향이 있다. 나는 이 용어가 훨씬 더 넓은 의미로 이해되기를 바란다. 즉, 복음에 대해서 듣는 사람들을 직접 교회로 이끌려는 의도가 없더라도 복음을 전파하는 모든 활동을 포괄하는 의미로 말이다. 그러면 이를 예수와 그분의 메시지를 선포하여 사람들의 삶에 영향을 미치고 더 넓은 의미에서 그들을 '예수의 제자'로 만드는 것으로 정의할 수 있을 것이다. 주지하다시피 일본에는 우리 교회 등록부에 기록되지 않은 수많은 그리스도의 제자들이 존재한다. 이러한 넓은 의미의 '선포'가 받아들여진다면, 세례를 통해 사람들을

---

1 Pontifical Council on Interreligious Dialogue and Congregation for the Evangelization of Peoples, *Dialogue and Proclamation* (1991), §2.

교회로 이끄는 보다 구체적인 활동을 지칭할 다른 용어를 찾아야 한다. 일반적으로 통용되는 용어가 없는 듯하니, 잠정적으로 '교회의 수적 성장을 위한 활동'으로 표현해 보겠다. 내 생각에는 이 넓은 의미의 '선포'와 '교회 성장 활동'을 명확히 구분하지 않고서는 교회 사명의 다양한 요소 간의 관계를 제대로 논의할 수 없다.

3. 앞서 인용한 대화와 선포의 해당 구절은 선교 사명의 다양한 구성 요소들을 "교회의 단일 복음화 사명의 진정한 형태들"로 규정한다. 일본 내 타종교와의 대화를 위해서 일하는 선교사로서 그리고 그 오랜 세월 동안 거의 아무도 교회로 인도하지 못한 한 사람으로서 나는 이 점이 매우 위로가 된다. 이는 내가 여전히 선교사라고 자칭할 수 있음을 확인시켜 준다. 그러나 진정으로 '해방적인' 메시지는 선교의 다양한 구성 요소가 사람들을 교회로 인도하는 방향으로 지향될 필요 없이 그 자체로 선교의 필수적 요소로 명확히 인정받는 것이다. 로마 문서들에는 이 점에 대해 여전히 많은 모호함이 존재하는 듯하다. 그 문서들은 다양한 구성 요소들의 일치를 결국 '교회 성장 활동'으로 귀결되는 방향에서 찾으려는 경향이 있다.

물론 이는 자선 선교 활동에 있어 가장 중요한 사항이다. 선교사가 수혜자들이 신앙이라는 최종 선물을 받아들이길 아무리 원하더라도, 그 선물이 세례를 위한 미끼로 사용된다면 순수한 자선은 존재할 수 없다. 이는 대화에 있어서도 매우 중요하다. 상대방을 우리 진영으로 끌어들이기 위한 수단으로 대화를 활용한다면 진정한 대화는 존재할 수 없다. 일부 사람들은 현재 기독교가 다른 종교들과 대화하려는 의지가 결국 그 신자들을 기독교로 개종시키려는 동일한 목표를 향한 전략의 변화에 불과하다고 의심한다. 그러나 나는 여기서 매우 분명히 밝히고자 한다. 예수에 대한 선포(위에서 정의한 더 넓은 의미에서)가 없다면 기독교적 대화는 존재하지 않으며, 마찬가지로 불교적 파트너들이 자신들의 불교적 신념을 증언하고 기독교적 파트너들에게 그 안에 담긴 종교적 가치를 설득하려 하지 않는다면 불교적 대화도 존재하지 않는다는 점을 말이다.

종교 간 대화

왜 종교 간 대화가 필요한가? 무엇보다도 그 자체를 위한 이유 말고 다른 이유는 없다. 이는 기독교적 보편적 사랑의 한 측면이며, 사랑에는 왜가 있을 수 없다. 이는 유대인과 그리스인 구분 없이 "모든 사람이 하나가 되게 하라"는 그리스도의 메시지의 한 구성 요소일 뿐이다. 우리에게 이는 기독교인과 비기독교인 사이의 장벽이 없음을 의미한다. 대화는 우리 기독교인들이 과거에 세워 온 장벽들을 허물고자 하며, 이로써 그리스도의 위대한 계명의 핵심을 제한하고 배반하도록 만들었던 요소들을 극복하는 것이다. 대화의 정신은 우리로 하여금 비기독교인을 그들이 있는 그대로, 그들의 종교적 신앙을 포함한 모든 구체성 속에서 처음으로 사랑할 수 있게 한다.

이는 대화가 하위 차원에서 하느님 나라에 유익할 수 없다는 뜻이 아니다. 분명히 그럴 수 있다. 예를 들어 이는 선교 활동 전체를 다른 시각으로 바라보게 한다. 우리가 파트너들(우리가 살아가는 가운데 있는 종교들)로부터 배우고 받아들일 준비가 되어 있을 때, 그들은 자존심을 잃지 않고 우리로부터 받아들일 수 있다. 따라서 대화는 지상의 평화에도 기여할 수 있다. 이 점에 관해 한스 큉의 슬로건이 모든 것을 말해준다. "종교 간 평화 없이는 지상에 평화가 없다. 종교 간 대화 없이는 종교 간 평화도 없다."

더 나아가 국제적 차원, 특히 기독교가 소수인 지역에서는 하느님의 나라를 위한 일이 기독교인들만의 힘으로는 효율적으로 이루어질 수 없다. 우리는 선의를 가진 모든 사람, 특히 자신의 신앙에 의해 동기를 부여받은 다른 종교인들을 동원하기 위해 노력해야 한다. 예를 들어 일본에서 차별받는 소수자들을 위해 더 많은 사회적 정의를 얻기 위해 우리 기독교인들은 혼자서 무엇을 할 수 있을까? 마지막으로 대화의 유용성에 관해 덧붙이자면, 우리는 문화적 적응과 토착 신학을 향한 노력에서 다른 종교들로부터 배울 수 있다.

종교 간 대화의 현재 상태는 어떠한가? 분명 초기 단계에 있으며 많은 문제에 직면해 있다. 두 가지만 꼽는다면, 신학적 명확성이 대체로 여전히 부족하며 대부분의 다른 종교들은 아직 참여에 그다지 적극적이지 않다는 점이다. 우리로서는 제2차 바티칸 공의회가 권고한 대화의 정신이 실제로 가톨릭교회 내 모든 수준에 얼마나 스며들었는지 자문해야 한다. 솔직한 답변은 이렇다. 그리 깊이 스며들지 못했으며 오래된 사고방식과 관행은 여전히 강력하다. 로마 최고위층에서 종교 간 대화 교황청평의회(Pontifical Council for Interreligious Dialogue)의 태도와 활동은 이 점에서 훌륭했다고 생각하지만, 그것이 교황청 전체 분위기를 어느 정도 대표하는지 묻지 않을 수 없다. 고위 인사들의 실언—예를 들어 라칭거 추기경이 불교를 영적 자위행위라고 언급한 것—은 이 점에서 좋은 징조가 아니다. 아시아에서는 균형이 더 긍정적으로 보인다.

아시아주교회의연합회(FABC)는 창립 초기부터 아시아의 소수 교회에 대화의 필요성을 강조해 왔다. 여러 국가의 주교회의들은 다가오는 아시아 시노드 준비 문서에서 종교 간 대화가 명백히 주변화되고 있다고 항의했다. 일본 교회는 어떨까? 일반화하기는 어렵지만, 공식 차원에서는 거의 진행되고 있지 않은 것으로 보인다. 종교 간 대화 중앙위원회는 단기간만 활동했고, 교구 차원의 위원회는 아직 존재하지 않는 듯하다. 따라서 아시아 주교회의가 주최하는 종교 간 대화 회의에서 일본은 뒤처진 모습으로 비칠 가능성이 크다. 그러나 다른 측면도 존재한다. 몇몇 주교는 대화에 적극적 역할을 해 왔다. 교토의 다나카 주교는 일본 종교 지도자들과 교황의 만남을 주선하느라 분주했으며, 도쿄의 시라야나기 추기경은 오랫동안 세계종교평화회의(WCRP)에 참여해 왔고 최근 회장으로 선출되었다. 나고야의 고故 소마 주교는 정의와 평화를 위한 활동 속에서 다른 종교들과 지속적으로 교류해 왔다.

불교와의 대화 측면에서 일본은 대체로 선도적 위치에 있다고 평가받는다. 그 이유는 여기서 자세히 설명하기 어렵지만, 주로 소수의 성직자와 평신도들의 노력 덕분이라고 할 수 있다.

물론 풀뿌리 차원이나 교구 차원에서 어떤 일이 벌어지고 있으며 미래에 어떤 가능성이 있는지 묻는 것이 중요하다. 새롭게 개종한 기독교인이 너무 많다면 이 수준에서는 천천히 진행하는 것이 합리적으로 보이지만, 나는 이 분야 경험이 부족하기에 이 질문은 다른 이들이 고민하도록 남겨두겠다.

대화에 대한 주요 반대 의견은 교회를 확장하고 세례를 통해 새로운 신자들을 포용하려는 열의를 약화시킨다는 점이다. 먼저 분명히 밝히건대 나는 이 노력이 교회에 절대적으로 필수적이라고 생각한다. 살아있는 신앙이 퍼져 나가는 것은 당연한 일이며, 이는 수 세기 동안 자신들의 영역 밖으로 뻗어 나가지 않고 모두가 기독교인이라고 여겨졌던 유럽 교회의 재앙 중 하나였을지도 모른다. 더욱이 이는 일본의 작은 교회에도 똑같이 적용된다. 비록 우리의 목표가 빵 전체가 되는 것이 아니라 반죽 속 누룩이 되는 것뿐이라 해도, 우리 숫자가 아직 일본 사회의 모든 계층에 스며들 수 있는 누룩이 되기에는 너무 적다는 것은 명백해 보인다. 이 '전도' 활동은 우리가 다른 종교의 진정한 신자들을 끌어오려는 것을 의미하지 않는다. 잘 알려진 바와 같이 많은 일본인은 기존 종교와 실질적인 유대 관계가 없거나 영적 지지를 위해 그 종교들을 찾지 않는다.

대화에 대한 강조가 개종에 대한 열의를 약화시킬 수 있다는 우려는 허상이 아니다. 항상 새로움에 끌리고 상황을 오해하는 사람들이 있다. 그들은 마치 대화가 앞으로 교회의 사명에서 유일한 요소이자 전부가 된 것처럼 "선교는 대화다"라는 구호를 재빨리 내세운다. 이 구호의 유일한 진정한 의미는 교회의 선교 활동이 일방적인 일이 아니라 다양한 개인과 문화의 종교적 필요에 응답하며 그곳에서 하느님께서 이미 행하신 일에 적절한 주의를 기울여 이루어져야 한다는 것이다. 기술적 의미에서 종교 간 대화는 교회 선교의 한 측면일 뿐이며, 동등히 필요한 개종 또는 신자 모집 활동과 구분되어야 한다. 교회의 모든 선교 활동은 대화의 정신 안에서 이루어져야 한다고 말할 수 있다. 실제로 당시 비기독교인 사무국 사무총장이었던 피에트로 로사노는 이렇게 이해했다.

> 대화… 그리스도인들에게는 기본적으로 예수께서 모든 사람에게 보여주신 존중, 사랑, 관심, 이해를 가지고 타인에게 다가가는 것을 의미한다.[2]

선교 영성

개종 사역에 종사하는 이들과 종교 간 대화에 종사하는 이들 모두 양쪽 활동 영역에 열려 있는 새로운 선교 영성이 필요하다. 이는 표면상 상반된 양극 사이의 섬세한 균형을 요구하는 역설이다. 한쪽 끝에는 우리 신앙의 진리에 대한 확신이, 다른 쪽 끝에는 타인의 매우 다른 신앙에 대한 개방성이 있다. 오늘날 우리에게 요구되는 영성은 후자의 극이 과거에는 의식 속에 존재하지 않았다는 점에서 새로운 것이다. 과거 우리는 모든 인간에게 필요한 진리를 소유했다는 확신으로 인해 다른 모든 신앙을 거짓, 사탄의 일, 적으로 보았다. 인간적으로 말해 이는 상당히 단순한 정신적 태도였으나, 우리는 이제 그것이 진정한 기독교적 태도가 아니었음을 깨닫고 있다. 우리가 소유한 진리의 필요성과 권리를 강조함으로써, 그것을 예수의 보편적 사랑 계명에 한계를 설정해 버렸던 것이다. 이러한 사고방식으로는 다른 종교 신자들을 그들이 있는 그대로, 그들의 종교를 포함한 완전한 구체성 속에서 사랑하는 것이 불가능했다.

---

2 Pietro Rossano, *Bulletin Secretariatus* 17 (1981), 275.

이런 관점에서 위대한 선교사 프란치스코 사베리오의 삶은 비극적으로 느껴진다. 그는 분명히 자신이 파견된 사람들, 특히 일본인들을 사랑했지만, 이교도로서 그들을 하느님의 적이라 불러야 했다. 그의 경우, 당시 신학적 교리가 그의 마음이 분명히 가리키는 곳으로 이성을 나아가게 하지 못했음이 명백하다. 예를 들어 말라카에서 가고시마로 그를 데려온 배의 중국인 선장 아반에 관한 편지에서 그는 이렇게 썼다.

해적(선장의 별명)은 여기 가고시마에서 죽었다. 그는 항해 내내 우리에게 친절했으나, 우리는 그에게 친절할 수 없었다. 그가 믿지 않은 채 죽었기 때문이다. 또한 그가 죽은 후에도 우리는 그를 하느님께 추천함으로써 그에게 친절할 수 없다. 그의 영혼이 지옥에 있기 때문이다.[3]

현재의 선교 영성이 새롭다고 여겨질지라도, 그것은 결국 그리스도인이 된다는 것이 항상 의미해 온 바를 올바르게 인식하는 것에 지나지 않는다. 한편으로 그것은 하느님께 선택받고 부르심을 받았으며, 그분으로부터 진리요 길이며 생명이신 그리스도라는 무한한 선물을 받았음을 의식하는 것이다. "하느님께서 우리 곁에 계신다"는 인식은 우리 안에 새롭게 감사함을 불러일으키고, 그 선물을 증언하며 다른 이들과 나누고자 하는 열망을 불러일으켜야 한다. 반면 그리스도

---

3 "Don Pedro da Silva에게 보낸 편지," Georg Schurhammer, *Francis Xavier* (Rome: Jesuit Historical Institute, 1982), 4, 99.

인은 이 선물을 흙으로 만든 그릇, 즉 자신(과 교회)의 인간적, 문화적 한계와 죄성 속에서 받는다는 점을 깊이 인식하는 존재로 항상 이해되어 왔다. 이는 깊은 겸손과 여전히 우리를 하느님과 갈라놓는 거리 그리고 우리의 지속적인 하느님 찾기에 대한 예리한 자각을 불러일으켜야 한다. 개인으로서 또한 교회로서 우리는 하느님의 나라로 가는 길 위의 순례자이며, 이 순례에서 우리는 하느님의 선물을 우리에게 가져다 주기 위해 다른 종교를 포함한 모든 하느님의 피조물(모든 피조물 안에 계신 하느님의 현존)의 도움이 필요하다.

가톨릭 전통은 항상 하느님을 찾는 데 '자연의 책'의 도움이 필요하다고 가르쳐 왔다. 오늘날의 유일한 차이는 다른 종교들도 어떤 의미에서 하느님의 피조물이며, 그리스도의 선물을 더 잘 이해하고 감사하기 위해 그들의 도움이 필요할 수 있다는 인식이다.

후기에 앙리 반 스트라엘렌 신부(SVD)는 종교 간 대화에 반대하며, 우리는 이미 예수 그리스도 안에서 하느님 계시의 충만함을 지니고 있기에 다른 종교로부터 배울 것이 없다고 주장했다. 이러한 사고 방식은 기독교 역사 대부분에 걸쳐 다른 종교에 대한 기독교의 오만을 낳았다. 양측 모두 불완전하고 일방적인 기독교 의식을 드러낸다. 이러한 토대 위에서 형성된 영성으로는 그리스도를 왕으로 섬길 수는 있겠지만, 겸손한 종이신 그리스도, 즉 케노시스적 그리스도를 섬기는 것은 분명히 불가능하다.

그리스도론

종교 간 대화와 우리 선교 영성의 관계에 대해 마지막으로 한 가지 덧붙이자면, 제2차 바티칸 공의회는 대화를 권장했지만, 이러한 새로운 태도의 신학적 토대를 마련하는 과제는 종교 신학에 맡겼다.

이 신학은 새로운 시도이며 아직 만족스러운 결론에 이르지 못했다. 그러나 한 가지는 이미 분명하다. 문제의 핵심은 그리스도론, 즉 우리가 그리스도를 이해하는 방식에 있다. 실존적으로 말하자면 그 중심 문제는 예수 그리스도와 그분의 주권에 대한 충실함과 기독교적 사랑이 요구하는 다른 종교들에 대한 개방성을 어떻게 조화시킬 것인가 하는 문제이다.

이는 내가 지금까지 감히 건드리지 못했던 극히 섬세한 문제이지만, 잠시 비신학적으로 제안해 본다면, 그리스도에 대한 우리의 태도는 그리스도라는 인물 자체가 지닌 역설적 성격만큼이나 역설적이어야 한다. 오늘날 많은 신학자들은 전통적인 위로부터의 그리스도론과 대비되는 아래로부터의 그리스도론을 주장하고 있다.

대략적으로 말해 위로부터의 그리스도론은 삼위일체 교리에서 비롯된 '위로부터의' 관점으로 그리스도를 아버지의 독생자로 간주한다. 이러한 관점에서 예수 그리스도는 당연히 유일무이하다. 아버지의 계시로서 그와 동등한 존재를 상상하는 것조차 불가능하다. 반면 아래로부터의 그리스도론은 2천 년 전 성지를 걸었던 역사적 인간 존재로서의 예수 그리스도를 바라본다. 이 관점에서 예수 그리스도의 유일성을 주장하는 것은 터무니없어 보이며, 따라서 아버지의 다른 계시들을 인정할 여지를 열어준다. 물론 성육신 교리가 우리에게 함께 붙들도록 요구하는 이 두 관점 사이의 적절한 균형을 유지하는 것은 쉽지 않다. 결과적으로 현재 종교 신학 내 논쟁에서 이상한 일이 벌어지고 있다. 그 논쟁에서 매우 영향력 있는 목소리이자 다른 종교에 매우 개방적임을 원하는 영국의 신학자 존 힉은 우리가 전통적인 성육신 교리를 거부해야 한다고 주장한다. 왜냐하면 기본적으로 이 교리가 다른 종교와 종교적 인물들을 인정하지 못하게 하기 때문이다. 이에 대해 나는 이렇게 반박하고 싶다. 그가 이런 주장을 할 수 있는 것은 성육신 교리에서 출발점, 즉 초월적 아버지 안에서 태어난 단일한 아들의 탄생만을 고려하고 있기 때문이다. 그러나 성육신 교리는 바로 그 출발점(*terminus a quo*)과 도착점(*terminus ad quem*), 즉 역사적 인물인 예수의 역설적 일체성에 관한 것이 아닌가? 그것은 예수 그리스도께서 오직 자신을 종의 형상으로 비움으로써만 인간인 우리에게 아버지가 누구신지를 드러내실 수 있다는 믿음을 표현한다.

바울은 위로부터의 그리스도론(골 1장; 엡 1장 참조) 외에도, 성육신의 신비가 그 종착점(도착점)에 대한 동등한 고려를 필요로 한다고 가르친다. 그리스도의 케노시스(kenosis)에 관한 그의 구절에서 읽을 수 있듯이,

> 하느님의 형상으로 계셨으나, 하느님과 동등함을 차지하려는 것으로 여기지 아니하시고 오히려 자신을 비우사 종의 형상을 취하시고 우리 인간과 같이 되셨으니…(빌 2:5-8).

특정 국가와 역사적 시점에 속한 한 개인으로 성육신하신 그리스도는 자신을 '상대화'하시고 다른 인간들과 종교적 인물들 곁에 자리하셨다. 예수 그리스도와 다른 종교적 인물들의 관계를 이해하려면 우리는 이 예수 그리스도의 형상에 담긴 신비를 붙잡고 역설의 양극을 모두 놓치지 말아야 한다고 제안하고 싶다. 이 역설을 마치 선禪의

공안公案처럼 마음속에 품고 있을 때만 언젠가 신학적 명료함에 도달할 희망을 가질 수 있다.

일본의 기독교

이제 세 번째(또는 오히려 첫 번째) 질문으로 넘어가고자 한다. 신도와 불교가 고도로 발달한 선진국인 일본에서 기독교의 역할이나 사명은 무엇인가? 여기서는 두 가지 점만 언급하겠다.

첫째, 일본 선교사로서 우리는 이중 확신이 필요하다고 믿는다. 기독교 교회가 보편성을 실현하기 위해 일본과 그 독특한 천재성이 필요하다는 것 그리고 일본이 이미 수많은 종교를 보유하고 있음에도 불구하고 기독교―나는 오히려 '상당한 양의' 기독교라고 말하고 싶다―가 필요하다는 것이다. 후자의 확신을 가장 강하게 하는 것은 불교도들과 신종교 신자들의 그러한 고백들이다. 내 가장 소중한 기억 중 하나는 고故 불교 철학자 니시타니 케이지(西谷啓治)에게 한때 꾸지람을 들었던 일이다. 다른 주제에 대한 논의 도중 그는 갑자기 나를 향해 강렬한 어조로 말했다. "너희 기독교인들은 일본에서 뭘 하고 있는가? 왜 더 열성적으로 전도하지 않는가?" 당시 나는 다소 당황하며 답을 찾지 못했지만, 곧 그 말 뒤에 니시타니 자신도 일본에 기독교가 필요하다는 강한 신념이 깔려 있음을 깨달았다.

둘째, 앞서 기존 종교들이 오직 국민의 실질적 필요를 충족시키는 데만 관심을 가져야 한다고 말했으니, 이제 기독교가 일본 사회에 기여할 수 있는 가능성은 일본 국민의 실질적 필요에서 추론되어야 한다는 점을 덧붙이는 것이 당연하다. 물론 우리는 아직 이러한 필요에 대한 충분한 통찰력이 부족하지만, 그럼에도 다음과 같은 점에는 동의할 수 있을 것이다.

1. 경제와 소비에 완전히 치우친 이 사회에서 대부분의 일본인이 결핍한 것은 '영적 길', 즉 개인이 진정한 자아와 인간의 더 깊은 차원을 발견할 기회이다. 일부 일본인은 주로 선당禪堂에서 이 기회를 찾지만, 이제 교회가 다른 종교들과 협력하여 이러한 기회를 확대해 나갈 때가 왔다고 믿는다. 교회 자체는 비가톨릭 신자들에게도 영성 수련소와 영성 센터를 개방하여 예수 그리스도와 개인적으로 만날 기회를 제공하는 작은 시작을 할 수 있다. 모든 불교 종파는 각자의 명상 및 영성 수행법을 가지고 있지만, 안타깝게도 현재 일반인들이 접근하기는 쉽지 않다.

2. 기독교의 핵심 사명은 예수 그리스도의 정신을 구현하여 사회에 그 영향력을 확장하는 데 있음은 의심의 여지가 없다. 일본 사회는 분명히 정의에 대한 예수의 관심과 적극적이며 보편적인 사랑의 정신이 절실히 필요하다. 일본인들은 사랑을 자신의 집단 구성원, 나아가 동포 일본인들에게만 제한하는 경향이 있다. 일본 언론은 꽤 오랫동안 국제화('섬의 사고방식'을 더 글로벌한 시각으로 바꾸기 위한)의 필요성을 강조해 왔다. 그러나 약 20년 전 일본에서 진정한 국제화의 주체는 공산주의와 기독교, 단 두 가지뿐이라는 말을 들은 적이 있다. 비록 공산주의는 이제 그 매력을 상당 부분 잃었고, 일본 불교는 불교의 본래 국제적 특성을 되찾기 위해 소박한 수준이지만 노력 중이다. 베트남 난민들의 배가 일본 해안으로 표류하기 시작했을 때 가톨릭교회가 가장 먼저 효과적

으로 그들을 도왔던 순간만큼 우리 작은 일본 교회가 자랑스러 웠던 적은 없었다. 조금 뒤에 비기독교 종교 단체들도 그 모범을 따랐다. 바로 그때 반죽 속에 누룩이 작용하는 모습을 볼 수 있었 다.

사회 정의를 향한 관심에서 기독교는 일본 종교들이 자신들의 종 교성 안에서 사회·생태적 행동의 동기를 발견하도록 또는 최소한 그 들의 종교성을 이러한 관심에 열도록 도전할 수 있고 또 반드시 도전 해야 한다. 사회적 관심이 종교적 태도의 필수 요소라는 인식은 일본 전통 종교에는 결여되어 있다. 지구 환경의 현 상황이 선한 세력의 총 동원을 요구한다면, 이는 일본 내 기독교의 섭리적 역할을 입증할 수 있을 것이다.

3. 일본 내 기독교는 또한 개인과 집단(타종교 포함)에게 국가나 권력 을 쥔 정치·산업 세력에 비판적 입장을 취할 수 있는 관점을 제 시하는 역할을 한다. "국가의 안녕을 위한 종교"라는 슬로건 아 래 일본 종교들은 전통적으로 법과 질서(조화)를 섬기는 존재로 자처해 왔다. 불교는 종종 종교적 원리의 초월성을 포기하며, 예 를 들어 불법佛法과 천황법天皇法을 동일시하거나 새의 두 날개에 비유해 왔다. 바로 이 지점에서 국가와 천황을 포함한 세상의 모 든 것 위에 계신 하느님의 초월성을 강조하는 우리 기독교(셈족 적)의 관점이 필수적이다.

4. 기독교가 노력해야 할 일본 사회의 마지막 필요는 죽음의 순간에 대한 영적 지원이다. 일본 민족은 기후, 인적 자원, 질서 정연한

사회, 경제적 성공 등 여러 측면에서 확실히 특권을 누리고 있다. 그러나 일본인이 세계에서 가장 불쌍한 민족이라 불릴 수 있는 한 가지 점이 있는데, 그것은 거의 모든 일본인이 가장 절실히 필요로 하는 순간에 영적 지지는 전혀 없이 단지 육체만 돌보는 의사들의 손에서 죽음을 맞이한다는 것이다. 물론 우리 작은 기독교 공동체만으로는 이 상황을 해결할 수 없지만, 기독교가 다른 종교의 '성직자'들에게 임종 시의 돌봄을 최우선 과제로 삼도록 설득할 수 있다면 일본인들에게 큰 도움을 줄 수 있을 것이다. 불교 승려들과 대화할 때면 나는 항상 그들에게 평소보다 조금 더 빨리 신자들의 임종 곁으로 달려가라고 당부한다. 그들이 죽은 후에야 장례 준비를 시작하지 말고, 아직 살아서 평화롭게 죽을 수 있도록 도움이 필요한 바로 그 순간에 곁에 있으라고 말이다.

우리 작은 일본 교회가 응답하려 노력해야 할 필요 사항 목록은 결코 완전하지 않지만, 이 글이 생각할 거리를 제공한다면 기쁘겠다.

5장

종교 신학으로
나아가는 길

1983년 9월 9일자 「내셔널 카톨릭 리포터」(*National Catholic Reporter*)에 실린 "선교 국가들: 한 운동의 죽음"이라는 글에서 나는 다음과 같은 주목할 만한 문장을 발견했다.

> 신앙의 문화적 정착 작업이 본래 토착 그리스도인들의 몫이라면, 억압받는 이들의 해방이 외부 주체보다 그들 스스로에 의해 더 잘 이루어진다면, 하느님께서 불교도와 힌두교도들을 바로 그들의 종교를 통해 구원하신다면, 그렇다면 미래 선교사들의 임무는 무엇인가?[1]

이 문장은 다소 단순하다고 보일 수 있으나, 그것이 지적하는 문제는 우리 선교사들이 수년간 직면해 왔으며, 때로는 우리의 존재 이유와 개인적 동기를 위협할 뻔했던 문제이다. 그러나 나는 확실히 느끼고 있다. 공포의 시기는 지나갔고, 터널 끝에서 빛이 보이기 시작했다

---

* 이 글의 원문은 *Oriens Studies* 17 (1984)에 게재됨.
1 Simon Smith's book review of Mary Motte and Joseph Lang eds., *Mission in Dialogue* (Maryknoll, New York: Orbis Books, 1982).

는 것을. 다시 말해 우리는 과거에 대한 후회와 그리움 없이 미래를 바라볼 자신감을 되찾았다는 것이다. 지금이 바로 우리가 스스로 위의 질문에 답하고, 참여적이면서도 객관적인 방식으로 그 전제들 혹은 다음과 같은 관련 선언의 진실성을 탐구해 볼 때일 것이다.

> 지금 일어나고 있는 것은 하나의 운동과 그것을 동반하고 정당화했던 신학의 죽음이다. 그리고 동시에 새로운 신학이 탄생하려는 고통….[2]

이어서 나는 첫 인용문이 열어 놓은 우리 선교 생활에 대한 세 가지 관점 중 마지막 관점, 즉 우리가 활동하는 그들의 영역인 종교들의 현실과 제2차 바티칸 공의회 이후 교회가 그들에게 보여준 새로운 평가의 의미에 대해 성찰하고자 한다. 지금까지는 선교사, 특히 대화를 위해서 일하는 선교사에게 무해하고 완전히 정당한 주장으로 들린다. 그럼에도 고백하건대 나는 상당한 두려움을 안고 이 글을 쓰기 시작했으며, 아마도 「일본 선교 소식지」(*Japan Mission Bulletin*) 편집자의 온화하면서도 강력한 권유가 없었다면 펜을 들지 않았을 것이다. 나의 우려는 다음과 같다.

첫째, 이러한 문제들에 대해 소리 내어 생각하는 것은—제목에서 인정했듯이 충분히 정당하게— '신학'이라 불리기 마련이다. 그러나 나는 공인된 신학자가 아니다. 더욱 심각한 것은, 이 글이 종교의 신학이라 불리게 되었다는 점이다. 이는 우리 신학교 과정에서도 다루지 않았고, 아마도 오늘날에도 대부분의 선교 양성 기관에서 다루지 않

---

2 *Ibid.*

는 논제에 해당한다. 이는 아마추어에게 전문적인 도움이 부족하고 구하기 어렵다는 것을 의미한다. 이는 놀라운 일이 아니다. 상황의 새로움 혹은 적어도 우리가 상황을 인식하는 방식의 새로움은 신학자들이 필요한 기초 작업을 수행하고 전달 가능한 답변을 마련할 시간이 거의 없었음을 의미한다. 나는 새로움이라는 주제에 대해 여러 번 되돌아와야 할 것 같지만, 우선 신학자 랭던 길키의 인용문을 빌려 잠정적으로 소개하고자 한다.

> 우리가 역사적 시대(계몽주의 시대)의 종착점에 다다른 듯한 느낌을 받는다는 사실에 만족하자. … 분수령의 마지막 요소는… 현재 종교들 간의 긴밀한 만남이다. … 이 만남의 새로운 점은 종교들 사이의 평등성, 즉 진리와 은총, 계시적 힘과 치유적 힘의 평등성이라 할 수 있다. 계몽주의 사회 이론 속 개인들처럼, 각 종교는 이제 고유하고 동등한 힘, 특권, 권리를 지닌 실체적 개체로 나타난다. 기독교를 정점에 둔 종교들의 발전적 위계질서는 완전히 사라졌다. 따라서 이 상황은 완전히 새로운 것이다. 이는 신학에 있어 진정한 미지의 바다를 의미하며, 위협적인 암초도 맑은 수로도 알려지지 않은 바다이다.3

그러므로 정교한 종교 신학의 시기가 아직 무르익지 않았으며, 본고에서 그러한 시도를 의도하지 않았다는 점은 분명하다. 그러나 문제는 현장에서 활동하는 우리에게 이러한 질문들이 학문적인 차원이

---

3 Langdon Gilkey, *Society and the Sacred: Toward a Theology of Culture in Decline* (New York: Crossroad, 1981), 12-13.

아니라 실존적, 영적 차원의 문제라는 점이다. 당시 세계교회협의회 (WCC) 소속이었던 S. J. 사마르타의 말처럼 "많은 기독교인이 명확한 대화 신학의 지지를 절실히 원한다"고 말하는 것은 과장일 수 있다.[4] 그러나 나는 적어도 주요 종교에서 사역하는 대부분의 선교사가 마음속으로 이러한 욕망을 품고 있다고 믿는다. 명확한 종교 신학(우리의 모든 문제를 깔끔하게 해결해 줄 신학)은 현재 우리가 받을 자격이 있거나 바랄 수 있는 것 이상이지만, 선교사로서 우리의 영적 안녕과 올바른 실천을 위해 우리의 사고에 어느 정도 질서를 부여하려는 시도는 불합리하거나 불필요해 보이지 않는다. 본고의 이 잡다한 글들은 그와 같은 방향으로 공동의 성찰을 시작하는 작은 촉매제에 불과하다.

이 시점에서 두 번째 우려가 떠오른다. 나는 이 성찰을 바티칸 제2공의회에서 비롯되거나 (적어도 결정화된) 새로운 종교 간 상황과 교회의 새로운 태도로 인해 필요해진 새로운 시도라고 말해 왔다. 그러나 지금은 매우 솔직하게 말해도 된다면 권위 있는 일부 수준에서도 바티칸 제2공의회의 새로움을 저지하려는 강력한 힘이 작용하고 있다는 뚜렷한 인상을 받는다.

이것이 실제로 우리가 살고 있는 시대의 모습이다. 그러한 전제 아래 우리의 미약한 노력은 죽은 말을 채찍질하는 것에 불과할 것이며, 승인된 교과서에 실리지 않은 우리의 어떤 주장도 그 자체로 의심의 대상이 될 것이다. 그럼에도 불구하고 감히 말해 본다면, 이는 단순히 새로움을 사랑해서가 아니라 내가 보고 느끼는 진정한 필요에 대한

---

4 S. J. Samartha, *Living Faiths and the Ecumenical Movement* (Geneva: World Council of Churches, 1971), 5.

응답임을 처음부터 밝히고자 한다.

현안 문제

이 첫 번째 글은 우리 문제에 대한 초보적인 검토에 불과하다. 젊은 시절 우리는 올바른 질문을 던지는 것만으로도 문제가 반쯤 해결된 것이라고 배웠다. 이 격언을 명심하는 것은 좋으나, 탐구의 시작 단계—즉, 설명의 법칙이 명확한 문제 현황을 제시할 것을 요구하는 시점—에서는 별 도움이 되지 않는다. 문제를 반쯤 해결하기 전(아직 해결하지 못한 상태)에는 올바른 질문을 제시할 수 없기 때문이다. 따라서 나는 문제를 우회하여 접근하고, 여러 가능한 각도 중 일부를 통해 먼저 문제의 감을 잡자고 제안한다.

종교들의 신학(the theology of religions)은 계시와 신앙의 관점에서 종교에 관한 교리나 로고스를 의미하는 것이 분명하다. 여기서 종교들이라는 복수형이 문제로 보인다. 기독교 신학은 오래전부터 "종교란 무엇인가?"라는 질문에 (다소 만족스럽게) 답해 왔다. 그러나 이제 우리 논문의 제목 자체가 종교적 다원주의뿐만 아니라 그 신학적 관련성, 즉 개념적·영적으로 이를 받아들일 필요성을 전제로 함을 시사한다.[5] 기독교 신학 전통에서 이 질문이 단독으로 그리고 어느 정도 길게 다루어진 적이 없다는 사실은 우리 세대가 종교적 다원주의라는 사실을 인정할 수 있는 최초의 위치에 있는 것은 아닌지 의문을 품게

---

5 W. Cantwell Smith, *Towards a World Theology: Faith and the Comparative History of Religion* (Philadelphia: The Westminster Press, 1981), 23.

할 수 있다. 그러나 지금은 우리가 문제에 대한 초기 정립을 제시할 수 있는 위치에 있다는 점을 지적하는 것으로 충분하다. 하느님의 눈(과 계획)에는 종교 공동체와 전통의 다원성이라는 축소 불가능한 역사적 사실의 의미는 무엇일까?

우리의 제목을 타종교의 신학으로 바꿔 해석할 수 있다면, 적어도 이 문제를 학문적 호기심의 수준에서 거리를 두고 바라볼 수 있을 것이다. 그러나 이는 불가능하다. 종교의 다원성이라는 사실을 진지하게 받아들인다면 필연적으로 기독교 자체에 영향을 미치고 관여하게 된다. 무엇보다도 아무리 간절히 기독교를 종교의 범주에서 분리시키고자 해도, 그렇게 할 객관적 근거는 존재하지 않는다. 더욱이 종교의 비일원적 성격은 기독교가 전통적으로 주장해 온 법적으로(de jure) 전 인류에게 유일하게 보편적으로 유효한 종교라는 주장에 반하는 것처럼 보인다. 즉, 기독교는 필연적으로 세계 종교들 가운데 (비록 매우 특별한 위치이긴 하지만) 우리의 연구 대상으로 자리 잡게 되며, 이제 우리는 이를 "기독교의 자기 이해를 위한 다른 종교 전통과 방식들의 의미"에 대한 연구라고 말할 수 있다.[6]

분석을 더 진행하기 전에 종교의 존재 자체가 문제로 다가오는 그 종교가 기독교만이 아니라는 점을 상기할 필요가 있다. 고대 또는 부족 종교(시야를 자신의 부족으로만 제한하는)와 달리, 모든 세계 종교는 본질적으로 보편타당성을 주장한다는 점에서 문제가 된다고 할 수 있다. 이 진술은 현재 우리가 다룰 수 있는 것보다 더 미묘한 접근을 요

---

6 John Cobb, *Beyond Dialogue: Toward a mutual Transformation of Christianity and Buddhism* (Philadelphia: Fortress Press, 1982), 1.

구한다. 나는 단지 다른 종교들이 이 문제를 어느 정도 인식해 왔는지 그리고 각자의 신학에서 이를 어떻게 다루어 왔는지 아는 것이 우리에게 흥미로울 수 있음을 지적하고자 한다. 예를 들어 이슬람은 그 시작부터 종교적 다원성을 매우 의식해 온 것으로 보인다.

> 이슬람은 유대교와 기독교로부터 특정 중요한 사상들을 수용하고 다른 것들을 비판함으로써 그 기원에서 부분적으로 형태를 갖추었다. 실제로 이슬람의 자기 정의는 부분적으로 이 두 종교와 그 공동체에 대한 태도의 결과이다.[7]

따라서 이슬람의 가장 신성한 경전인 꾸란조차도 종교적 다원주의라는 신학적 문제를 고찰한다.

> 너희 각각의 공동체에 우리는 율법과 규범을 정해 주었노라. … 하느님께서 원하셨더라면 너희를 한 공동체로 만드시려 했으리라. 그러나 (그분은 그러지 않으셨으니) 이는 그분께서 너희에게 주신 것으로 너희를 시험하시려는 것이니라. 그러므로 선을 다하여 경쟁하라. 너희는 하느님께로 돌아갈 것이요, 그분께서 너희가 다투던 일에 대하여 (진실을) 알려주시리라(5:48).[8]

---

7 Fazlur Rahman, "A Muslim Response: Christian Particularity and the Faith of Islam," D. G. Dawe and J. B. Carmen, *Christian Faith in a Religiously Plural World* (Maryknoll, New York: Orbis Books, 1978), 69. 불교와 베다 종교의 관계, 심지어 기독교 자체와 유대교의 관계에 대해서도 여기서 어느 정도 고려해 볼 필요가 있다.

이 주제에 대한 유대교의 근본적 입장은 다음과 같이 설명되어 왔음을 덧붙여 언급할 수 있다.

인류가 유대인이 될 필요는 없으나, 하느님께서는 인류와의 신성한 목적을 이루기 위해 유대인과 유대교가 필요하다.[9]

우리 논의를 다시 이어가자면, 기독교는 보편성을 주장함에도 불구하고 세계 무대에서 수많은 종교 중 하나로서 사실상 특정화되어 있다. 이 사실은 뉴스 미디어의 영향력으로 인해 우리에게 강력히 각인되었다. 미디어는 더 이상 세계 각 지역이 서로를 외면하는 것을 허용하지 않으며, 새로운 세계 권력 균형은 우월한 서구 문화가 세계를 지배한다는 꿈을 종식시켰다. 따라서 종교적 다원주의를 급속히 사라질 일시적 현상으로 보는 것은 더 이상 현실적이지 않다. 겉보기에 좋든 나쁘든, 이 특별한 손님은 우리와 영원히 함께 정착한 듯하다.

세계 종교의 새로운 지도가 우리 앞에 펼쳐졌으나, 우리는 아직 그것을 있는 그대로 보기에 시선이 제대로 맞춰졌는지 아니면 옛 지도의 기억이 여전히 시야에 겹쳐 있는지 확신하지 못한다. 어쨌든 그 새로운 비전과 그로부터 도출될 결과들이 빠르게 나타날 것이라고 기대해서는 안 된다는 점은 분명하다. 그동안 구축된 지적 틀들은, 그 안에 담긴 노력이 아무리 대단하더라도, 모두 아직 미흡하다는 의혹을 피

---

8 *Ibid.*

9 Eugene B. Borrowitz, "A Jewish Response: The Lure and Limits of Universalizing Our Faith," Dawe and Carmen, *op. cit.*, 61.

할 수 없다. 랭던 길키의 말을 다시 인용하자면,

> 우리를 구원해 줄 책임 있는 성찰의 전통은 인정받지 못했으며, 우리
> 시대에 미지의 영역으로 항해한 소수의 용감한 예비 항해사들은…
> 그들의 결과물보다는 그들이 보여준 용기에 대해 더 큰 찬사를 받아
> 마땅하다.10

이 말은 물론 무엇보다도 이 글을 쓰는 예비 항해사들에게 해당되
지만, 그럼에도 불구하고 지금까지 우리 문제에 제시된 모든 해결책
에 대해 극도로 비판적일 것을 그들에게 권한다. 실제로 여기서 근거
없는 결론으로 비약하고 싶은 유혹은 매우 크다. 내가 볼 때 그 이유는
우리의 문제가 결국 '기독교의 보편성과 특수성 사이의 딜레마(또는 모
순)'라는 가장 추상적인 철학적 형태로 귀결되기 때문이다. 인간 정신
은 이러한 딜레마를 견디기 힘들어하며, 단순히 딜레마의 한쪽을 부
정함으로써 자신의 살에서 가시를 뽑아내고 싶은 강한 유혹에 빠진
다. 동일한 심리학이 여기에도 적용된다. 과거에는 신학자들이 기독
교 종교의 특수성을 단순히 외면하게 만들었고, 오늘날에는 많은 이
들을 기독교의 보편성을 무턱대고 부정하도록 유혹한다. 앵글리칸교
회의 존 V. 테일러 주교는 "상반된 것들이 양립할 수 있다고 가장하지
않으면서도 공존하도록 내버려두는 데는 높은 수준의 성숙함이 필요
하다"고 지적하며, 문제를 억지로 해결하려 하지 말라고 경고한다.11

---

10 L. Gilkey, *op. cit.*, 14.
11 John V. Taylor, *The Theological Basis of Inter-faith Dialogue*; G. H. Anderson

실제로 보편성과 특수성의 딜레마로 규정된 우리의 문제가 보편적인 용어로 해결될 수 있을지 여부는 결코 확실하지 않다. 그런 의미에서 이 문제는 '기독교인의 공안公案'이라 불리기도 한다. 알려진 바와 같이 공안은 일반적으로 해결될 수 없지만, 그럼에도 깨달음에 도달하고자 하는 자는 어떻게든 개인적으로 이를 돌파해야 한다. 우리의 질문 역시 결국 각 기독교인에게 '겸손을 이끌어 내고 궁극적으로⋯ 지혜를 생성하기 위한 수수께끼 같고 괴롭히는 질문'[12]으로 남을 수 있다. 그렇다 하더라도 이는 기독교 신학자들이 자신들의 차원에서 이 문제를 회피하도록 해주지는 않을 것이다. 이 철학적 표현이 정말로 우리 질문의 결정적인 형태인지 의심할 수 있지만, 전통적인 배타주의 주장이 기독교 메시지의 핵심에 속하는지 그리고 "기독교가 지금까지 일반적으로 선포되어 온 것처럼 다른 종교들과 본질적으로 양립할 수 없는지"[13] 여부는 반드시 질문되어야 한다.

추가 고찰

다시 한번 우리는 이 문제가 수학적 논리의 문제가 아니라 삶과 인간 가치의 문제임을 되새긴다. 길키는 이 생명적인 특질을 아름답게

---

and T. F. Stransky eds., *Mission Trends No. 5: Faith meets Faith* (New York: Paulist Press, 1981), 94.

12 W. C. Smith, *An Historian of Faith Reflects on What We Are Doing*; Dawe and Carmen, *op. cit.*, 143.

13 Metropolitan George Khodr, "Christianity in a Pluralistic World. The Economy of the Holy Spirit," *Living Faiths and the Ecumenical Movement*, 131.

표현한다.

> 우리가 모두 이제 마주해야 하는 다른 신앙(예를 들어 불교)의 진리
> 와 은총, 영적 힘을 억지로 하지 않고 기꺼이 인정할 때 무슨 일이 일
> 어나는가? 이러한 인식은 자신의 정직성과 대화를 위해 필수적인데,
> 그것이 우리 신앙에 대한 신학적 이해에 어떻게 영향을 미칠까?[14]

우리는 이 점에 대해 충분히 다시 돌아볼 기회가 있을 것이나, 지
금은 우리 질문의 세 가지 실존적 측면을 요약해 보자.

> 제2차 세계대전 이후 우리는 지구적 통합의 과정을 살아가고 있으며,
> 다양한 종교들은 그 다양성으로 인해 주요 장애물이 되고 있다.[15]

조지 코드르 대주교는 이 말로 종교 신학이 인류의 생존과 관련이
있음을 시사한다. 기술이 거리와 경계를 지워가는 세상에서 세계 공
동체가 필수적이라는 점은 굳이 강조할 필요도 없다. 다시 말해 이는
인간 결속의 강력한 기반을 찾기 위해 한 집단이 다른 집단에 대해 가
지는 부정적 태도를 없애야 함을 의미한다. 이러한 관점에서 종교 신
학은 다른 신앙을 가진 사람들과의 긍정적 관계를 가능케 하라는 임
무를 부여받는다. 즉, 우리가 "기독교인들이 타인에 대한 태도를 반드
시 전환해야 하는 지적 조건과 그에 수반되는 것"이라 부를 수 있는

---

14 L. Gilkey, *op. cit.*, 13.
15 Metropolitan George Khodr, *loc. cit.*

것이다. 이처럼 종교 신학은 W. C. 스미스가 종교에 부여한 과업에 크게 이바지할 것으로 기대된다.

> 인류가 생존하려면 반드시 요구되는 최소한의 세계적 연대조차 구축하는 과업은 종교적 기반 외에는 달성하기에 너무나 막중한 것이다.16

두 번째 관점은 이미 앞서 소개한 바 있다. 우리 선교사들은 사역의 동기와 지침으로서 건전한 종교 신학이 필요하다. 전통적으로 교회의 비기독교인에 대한 태도는 선교라는 단어로 규정되었다. 최근에는 새로운 단어인 대화가 이를 동반하게 되었다.

이 둘 사이의 매우 섬세한 관계를 고려할 때, 우리는 종교 신학을 대화의 신학적 함의를 연구하는 것(선교 개념을 명확히 하는 데서 시작하기 위해)으로 정의할 수 있을 것이다. 향후 성찰이 이 관계를 밝히기를 바랄 뿐이다. 그동안 추기경 고故 장 다니엘루가 1946년에 쓴 글을 소개하고자 한다.

> 어떤 사람들에게는 불교가, 다른 사람들에게는 이슬람이 하느님을 찾는 길이 될 수 있다면, 그들을 오류에서 끌어내어 복음을 전할 필요가 있을까? … 이는 선교 사도직의 시급성을 약화시키지 않을까? 사실 이 질문은 처음부터 잘못 제기된 것이다. 사도직의 근원은 필요성

---

16 W. C. Smith, *The Faith of Other Men* (New York: Harper Torchbooks, 1972), 127.

이 아니라 사랑의 요구에서 비롯된다. 우리 안에서 선교적 소명을 불러일으키는 것은 무엇보다도 우리가 구원하고자 하는 영혼들의 필요성이 아니라, 하느님께서 알려지고 사랑받기를 욕망하게 하는 하느님의 사랑이다.17

이 글에서 다니엘로는 (선교 활동을 통한) 비기독교인들의 구원에 대한 필요성으로부터 선교 동기를 분리해 낸다. 이는 중대한 중요성을 지닐 수 있는 분리이다.

세 번째 고려 사항은 문제의 핵심으로 우리를 이끈다. 교리가 아니라 예수 그리스도의 인격이다. 마이너 로저스는 우리의 문제를 "종교적으로 다원적인 세계에서 예수 그리스도와 그분의 주권에 대한 충성을 어떻게 이해해야 하는가"라는 질문으로 정교하게 표현한다.18 실제로 다른 종교들에 대한 긍정적 평가가 때로 우리에게 문제적으로 보인다면, 이는 근본적으로 그것이 첫눈에 예수 그리스도의 인격을 축소하고 상대화하며 그의 주권을 훼손하는 것처럼 보이기 때문이 아닐까? 여기에 종교 신학의 시금석이 놓여 있으며, 우리는 더 깊이 들여다봄으로써 우리의 초기 우려가 근거 없는 것이었음을 깨닫게 되기를 바랄 뿐이다.

이 서론 부분을 두 가지 무작위적인 생각으로 마무리하고자 한다. 얼마 전 일본의 대표적인 근대 지식인 중 한 명인 와쓰지 데츠로(1889~

---

17 Jean Daniélou, *Le mystère du salut des nations* (Paris: Editions du Seuil, 1946), 138.

18 Minor Rogers, "Introduction," Dawe and Carmen, *op. cit.*, 7.

1960)의 글을 접했는데, 그 글은 매우 깊은 인상을 주었고 종교 신학에 대한 일종의 시험 사례처럼 보였다. 긴 글이지만 여기에 그 글 전문을 인용하여 질문을 제기하고자 한다. 우리는 그에게 과연 무어라고 답할 수 있을까?

바울의 근본적 직관의 대상이었던 현실들을 순수 상징적으로 해석할 때조차 우리는 그 안에 무한한 깊이를 감지한다. 나 자신은 구름 사이로 내려오는 물리적 신의 목소리를 믿을 수 없지만, 기도의 대상인 '알 수 없는 존재'가 개인적 존재, 즉 개별적이면서도 동시에 절대적인 존재, 나를 감싸면서도 내 앞에 서 있는 존재임을 이해할 수 있다고 생각한다. 따라서 나는 이 존재가 성령 안에서 인간을 신성으로 높이고 그리고 이 높임 받은 인간이 우리의 지혜, 우리의 정의, 우리의 거룩함, 우리의 속죄가 되었다고 믿을 수 있다.

그러나 이 모든 것 속에서, 그리스도를 유일한 구세주로 믿는 신앙은 분명히 사라진다. 그리스도는 인간으로 낮아진다. 그리스도 외에도 우리는 그리스도와 유사한 의미를 지닌 수많은 다른 신성한 인물들을 인식해 왔다. 예를 들어 신란(親鸞)에게서도 우리는 성령에 의해 높이 들어 올려진 중재자를 인정하고 싶은 마음이 든다. 구름 속에서 목소리를 내시는 하느님의 형상과 정토에 보좌를 두신 아미타불의 형상은 직관적으로 느끼는 모양새에서 엄청난 차이를 보이지만, 하느님은 사랑이라는 공통된 직관에서는 극히 가깝다. 우리는 그리스도를 믿기 때문에 신란을 거부할 수 없다.

우리는 여러 종교를 진리로 인정하지 않을 수 없다. 이 모든 종교는 동일한 근원을 지닌다는 점에서 철저히 신성하다. 즉, 함께 절대자를 드러낸다는 뜻이다. 그러나 우리가 이 모든 신앙을 동등하게 인정하기 때문에, 우리는 그 어느 종교에도 속할 수 없다. 우리는 신에 대한 새로운 탐구에 나선 것이다. 그리스도의 신, 신란의 부처 등을 상징적 표현으로 바라보며, 우리는 각 상징 속에서 표현되지만 결코 완전히 표현될 수 없는 신을 찾는다(나에게 이는 알 수 없는 존재다). 그리스도에게 그의 신은 신란에게 부처가 그러했듯, 우리가 여기서 생각하는 의미의 '상징'이 아니었다. 그들이 직관한 형태 속에서 그들은 신과 부처의 실재를 보았다고 믿었으나, 우리는 그들의 '특정한 형태'만을 느낄 수 있을 뿐이다.

이러한 고찰에서 도출되는 교훈은 종교적 진리는 특정한 형태를 통해서만 드러날 수 있다는 점이다. 모든 종교는 절대적 진리를 직관한 특정 인물을 중심으로 결정화된 현실로서, 그 진리를 욕망하는 무수한 마음을 끌어들이면서 시대의 특정한 색채로 그 진리를 그려낸다. 직관되고 욕망되는 진리가 절대적이라고 가정하더라도, 인간 마음이 그 자체로 완전체가 아니라 시대의 특성과 그 인물의 개성에 의해 개별화되는 한, 그 결정화는 필연적으로 개별적일 수밖에 없다.[19]

와츠지의 텍스트가 함축하는 모든 의미를 다 담지 못할지라도, 잠시 잠정적이나마 그에 답해보고자 한다.

와츠지, 당신의 삶의 환경은 어떤 전통에도 동일시하지 않으면서도 여러 전통의 상속자가 되게 했다. 이는 아마도 미래에 점점 더 많은

---

19 和辻哲郎, "沙門道元,"『和辻哲郎全集』4 (東京: 岩波書店, 1961-1963), 156-246.

사람들이 처하게 될 상황을 미리 보여주는 것일 것이다. 그런 점에서 당신의 입장은 절대적으로 옳으며, 예수 그리스도와의 개인적인 만남과 부르심이 없다면 그 입장에서 물러설 것을 기대할 수 없다. 오직 이것만이 그리스도의 상대적이고 특별한 위치를 당신에게 절대적인 것으로 바꿀 수 있다.

그러나 최근에야 우리가 깨달았듯이—당신의 동시대 기독교인들은 결코 인정하지 않았겠지만— 그조차도 신란 안에서 절대자의 특별한 계시를 인식할 가능성을 당신에게서 빼앗아서는 안 된다. 나는 당신과 마찬가지로 "종교적 진리는 오직 특별한 형태로만 드러날 수 있다"고 믿으며, 따라서 하느님께서 인류에게 계시하신 것은 다양한 형태를 취했고, 각 형태에서 하느님은 다른 모습으로 나타나셨다고 생각한다. 그러나 나는 더 나아가 하느님께서 이러한 한계를 극복하고 스스로를 계시하는 방법을 찾으셨다고 믿는다. 즉, 자신을 완전히 구체화하시고 스스로가 자기 계시의 형태가 되신 것이다. 그것은 바로 예수 그리스도라는 인간이었다.

마지막으로 종교 신학이 추구해야 할 정신에 관해 말해 보고자 한다. 계몽주의 이후 기독교는 종종 후퇴하는 군대의 전투처럼 보일 만큼 계몽주의 정신 자체와 과학, 진화론, 사회주의 등의 주장에 맞서 싸워 왔다. 이 모든 것이 기독교 세계의 양도할 수 없는 천부적 권리를 침해한다고 여겼기 때문이다. 종교 신학 역시 침투하는 종교들에 맞선 전투 정신으로 일부 영역에서 행해질 수 있을 것처럼 보인다. 다행히 대화의 정신은 많은 곳에서 종교 신학의 무대를 마련해 주었는데, 이는 오히려 우리 기독교 신앙의 근본적 경향이 자유롭게 흐르는 것을 방해하던 족쇄로부터의 해방으로 그리고 우리 신앙의 지평을 기독교 세계의 편협한 경계 너머로, 사회·문화적으로 정의된 기독교 형태를 넘어 확장하는 것으로 경험되었다. 즉, 그것은 사회적으로나 문화적으로 정의된 기독교의 형태를 넘어선 것이다.

우리가 문제를 회피해 온 지금까지의 태도를 버리고 이제 본격적으로 문제를 직면할 때다. 종교 신학의 다양한 측면에 대해 보다 명확한 통찰과 입장을 모색해야 한다. 충분한 명확성을 보장하기 위해 나는 내 생각을 명제 형태로 표현하려 한다. 이는 결국 좋은 학문적 관행이며, 비록 저자를 비판에 완전히 노출시키지만, 더 나아가 논의에 도움이 되기를 바란다. 그러나 모든 목동과 유도 선수들이 잘 알고 있듯이, 대상을 잡기 위해서 그저 아무 방법이나 다 통하는 것은 아니다. 따라서 본 논의를 올바른 접근법, 관점, 방법론을 제시하는 예비적 명제와 내용을 제공하는 핵심 명제로 나누기로 결정했다.

예비적 명제 1

종교 신학의 연구 대상은 이론적이면서도 도덕적·영적인 것이다. 따라서 그 문제는 지적 노력과 영적 변화 또는 회심의 결합을 통해서만 해결될 수 있다. 이 문제에 있어 조직신학과 영성신학은 결코 분리되어서는 안 된다.

이 부분의 성찰에 가장 적합한 모토는 베네딕트회 수도사 데이비드 슈타인들-라스트의 다음 구절일 것이다.

기독교 신앙을 다른 전통의 종교적 경험과 연결하는 문제는 가장 깊은 차원에서 우리 자신의 마음(지성과 의지, 감정이 아직 하나이고 분열되지 않은 우리 존재의 뿌리)에 던져진 질문이다.[20]

　우리의 문제는 기독교 역사의 상당 부분을 뒤덮은 어두운 그림자, 즉 오만한 불관용과 깊이 연관되어 있다. 다른 종교에 대한 태도는 사랑의 교리라는 이름으로 자행된 문화적 파괴와 유혈 사태를 보여준다. 우리 역사의 그 부분을 묻어버리기는 어렵고, 우리가 잊으려 할 때마다 다른 이들이 항상 그것을 상기시킬 것이다. 실제로 기독교는 종교사 전반에 걸쳐 인간의 신앙과 헌신의 위대한 힘[21]과 동반된 파괴적인 증오와 상호 적대감의 치명적 후유증에서 자신이 바라는 이상을 추구해 왔다. 이는 우리로 하여금 기독교 영혼 속에 깊이 뿌리내린 분열의 역사적 존재를 인정하게 하며, 그러한 분열을 극복하는 것이 바로 종교 신학의 핵심 과제임을 제안할 근거를 제공한다. 비교 종교학의 캐나다 전문가이자 신학자인 윌프레드 캔트웰 스미스는 이러한 연관성을 다음과 같이 명료히 설명한다.

　본질적으로 이 주장은 다음과 같다. 새로운 세계 정세의 출현은 기독교적 인식의 한 영역, 즉 우리 동료 인간들과의 관계에서 도덕적 측면과 지적 측면 사이의 통합 부족을 드러냈다.

　나는 계시된 진리가 도덕적 함의와 개념적 함의를 모두 지닌다는 확

---

20 David F. K. Steindl-Rast, "Defining Religion from Within," Dawe and Carmen, *op. cit.*, 131-132.

21 Donald G. Dawe, "Christian Faith in a Religiously Plural World," *Ibid.*, 13.

언으로 시작한다. 우리가 그리스도 안에서 계시된 하느님을 진지하게 받아들인다면… 두 종류의 결론, 두 계층의 추론이 따른다. 도덕적 차원에서는 화해, 일치, 조화, 형제애를 향한 명령이 따른다. 이 차원에서는 모든 사람이 포함된다. 우리는 장벽을 허물고, 간극을 메우려 노력한다; 우리는 모든 사람을 이웃으로, 동료로, 보편적 아버지의 아들들로 인정한다….

반면 또 다른 차원, 즉 지적 차원, 사상의 질서가 존재한다. … 이 차원에서 기독교인들이 전통적으로 도출해 온 교리들은 기독교적 배타주의, 즉 믿는 자와 믿지 않는 자 사이의 분리, 인류를 '우리'와 '그들'로 가르는 구분, 기독교 세계와 나머지 세계 사이의 심연—깊고 궁극적이며 우주적인 심연—을 확인하는 경향이 있었다.[22]

길게 인용한 것을 양해해 주시길 바란다. 그러나 이 글은 내가 표현할 수 있는 것보다 훨씬 더 탁월하게 그 내용을 전하고 있다. 처음 이 글을 읽었을 때, 어린 시절 네덜란드(완전히 가톨릭적인 환경과 달리 개신교도와 가톨릭 신자들이 함께 살던 곳)에서 가톨릭 아이들이 이웃이 개신교도라는 이유로 그들과 놀지 못하게 금지당했다는 이야기를 듣고 얼마나 충격을 받았는지 떠올랐다. 우리 모두 선교 경험을 통해 스미스 교수가 말하는 바를 잘 알고 있을 것이며, 교회 밖에는 구원이 없다는 원칙이 훨씬 더 엄격하게 해석되고, 지옥이 훨씬 더 현실적으로 여겨지던 시대에 살았던 선배들이 종종 직면했던 고통스러운 딜레마를 상

---

22 Wilfred C. Smith, *The Faith of Other Men* (New York: Harper Torchbooks, 1972), 128-129.

상하는 데 그리 큰 노력은 필요하지 않을 것이다. 위대한 프란치스코 사베리오는 대표적인 사례다. 일본 작가들은 그가 세례 없이 죽은 조상들의 지옥 구원을 일본 개종자들에게 위로해 주지 않았다고 무정하다고 비난하기도 한다. 물론 이 비난이 완전히 부적절하며, 성 프란치스코가 영혼에 대한 불타는 사랑과 하느님의 영광을 위해 선교 활동에 영웅적인 노력을 기울였다는 증거는 충분하다.

> 우리의 모든 마음과 의도 그리고 그분께 드러난 우리의 미약한 소망
> 은 오직 1,500년 넘게 루시퍼에게 사로잡혀 있던 영혼들을 해방시키
> 기 위함이다.23

당시의 신학적 관념이 그의 지성과 가르침이 마음속으로 분명히 가리키는 곳까지 나아가도록 허락하지 않았다는 것은 사실이다. 말라카에서 가고시마로 그를 데려온 중국 범선의 선장 아반에 대해 프란치스코는 이렇게 기록해야 했다.

> 해적(선장의 별명)은 여기 가고시마에서 죽었다. 그는 항해 내내 우
> 리에게 친절했으나, 우리는 그에게 친절할 수 없었다. 그가 불신앙 속
> 에서 죽었기 때문이다. 또한 우리는 그가 죽은 후에도 그를 하느님께
> 추천함으로써 그에게 친절할 수 없다. 그의 영혼이 지옥에 있기 때문

---

23 Francis Xavier, "Letter of 5 November 5, 1549 to the confreres in Goa," Georg Schurhammer, *Francis Xavier*, vol. 4 (Rome: The Jesuit Historical Institute, 1982), 94.

이다.24

우리에게 가장 중요한 점은 프란치스코가 비기독교인들의 영적 구원에 깊은 관심을 가졌음에도 불구하고 일본인들의 자연스러운 미덕을 매우 높이 평가했다는 사실이다.

> 지금까지 우리가 대화한 사람들은 우리가 지금까지 발견한 사람들 중 가장 훌륭한 이들입니다. … 그들은 매우 고상한 예의를 지닌 민족이며 대체로 선하고 악의가 없으며, 놀라울 정도로 강한 명예심을 가진 민족입니다….25

프란체스코는 구원 문제에 있어서조차 그들에게 큰 희망을 품었으며, "이 일본 섬은 우리 거룩한 신앙이 크게 번성하기에 매우 적합하다"라고 기록했다.26 동시에 그는 신학 교육으로 인해 비기독교인들의 구체적인 종교성을 존중하지 못했으며, 그들과 자신을 분리하는 벽을 세울 수밖에 없었다. "이 땅은 우상 숭배와 천지를 창조하신 분의 원수들로 가득 차 있다."27

인간에 대한 그의 시각이 아무리 객관적이고 동정적이었더라도, 다른 모든 종교는 오류이며 원수 사탄의 일이라는 선입견은 그가 일본인들의 종교적 표현을 사랑으로 포용하는 것을 허락하지 않았다.

---

24 Francis Xavier, "Letter of 5 November 5, 1549 to Don Pedro da Silva," *Ibid.*, 99.
25 *Ibid.*, 82.
26 *Ibid.*, 86.
27 *Ibid.*, 91.

그 점에서 기독교 역사 전반에 스며든 동일한 정서, 즉 "거의 증오에 가까운 오류에 대한 적대감", 다시 말해 "사랑과 분리된 진리라는 기이한 개념"만이 자리할 수 있었다.[28]

이 마지막 인용문을 바탕으로 스미스의 주장을 재구성해 보면, 우리 기독교 전통의 상당 부분이 진리와 사랑의 불길한 분리를 보여준다는 사실을 무시할 수 없다는 결론에 이른다. 그러나 이 재구성은 즉시 다음과 같은 질문들을 제기한다. 이 분리는 언제, 어떻게, 왜 발생했는가? 이웃 사랑으로 이어지지 않는다면 진리에 대한 사랑이 진정할 수 있는가? 그리고 사랑 없이 진리(특히 기독교적 진리)가 완전한 진리일 수 있는가?

교황 바오로 6세는 회칙 「그분의 교회」(Ecclesiam Suam)에서 "대화에서… 진리는 자비와 결합되고 이해는 사랑과 결합된다"고 언급한다. 피에트로 로사노는 기독교인에게 대화란 "기본적으로 예수께서 모든 사람에게 보여주신 존중, 사랑, 관심, 이해를 가지고 타인에게 다가가는 것"이라고 썼다.[29]

그렇다. 사실 매우 단순하다. 대화란 이것이며, 오직 이것뿐이다. 그러나 그렇다면 왜 기독교인들은 수 세기 동안 이런 방식으로 보지 못하고 느끼지 못했을까? 왜 그들은 '진리와 종교 문제에 있어서는 예외'라는 조항을 덧붙일 권리가 있다고 여겼을까? 이 질문은 나중에 별도로 다룰 만큼 중요하다. 결국 교회가 타종교에 대한 태도를 진정으로 바꾸려면 기회주의적 이유 이상의 것이 필요하기 때문이다. 그러

---

28 Khodr, loc. cit., 38.
29 Pietro Rossano, Bulletin Secretariatus pro non-Christians 17 (1981), 275.

므로 여기서 이 문제는 잠시 제쳐두고 진리와 사랑의 관계라는 흥미로운 문제에 대해 몇 줄 더 쓰고자 한다. 우리는 타종교에 대한 기독교인의 태도 문제에서 진리의 본질과 기독교적 사랑의 본질이 걸려 있다는 점을 줄곧 느끼고 있었다고 믿는다.

이 문제를 그 폭과 깊이 모두에서 파악하는 한 가지 방법은 데이비드 슈타인들-라스트가 종교 간 대화의 비전을 제시하며 다음과 같은 말을 통해 무엇을 의미하고자 했는지 깊이 생각해 보는 것이다. "우리를 하나로 묶는 유일한 진리에 대한 신뢰하는 믿음은 우리를 갈라놓는 부분적 진리들에 대해 죽을 용기를 줄 것이다."[30] 분명히 이러한 진술은 영성 신학에 의존하며, 여기서 제시하는 진리의 개념은 오직 종교적 영역에서만 살아내고 완전히 적용될 수 있는 것이다. 이는 우리가 주제를 성찰할 때 종교적 진리가 *sui generis*(고유한 본질)임을 결코 잊어서는 안 되며, 모순의 법칙이 추상적 위엄으로 군림하는 수학적 공식의 진리나 (보다 일반적으로) 객관적 비교가 가능한 명제 언어의 진리와 단순히 동일시될 수 없음을 시사한다. 종교적 진리는 아무리 객관적이라 해도 항상 실존적 진리이다. 그것은 항상 누군가에게 속해 있으며, 따라서 누가 그것을 말하고 누구에게 전달되는지 아는 것이 항상 중요하다. 종교적 진리의 영역에서 우리는 "진리와 거짓이 현대에 종종 진술이나 명제의 속성이나 기능으로 여겨져 왔지만 오히려 그것들을 또는 어쨌든 그것들을 또한 그리고 무엇보다도, 사람의 속성이나 기능으로 보는 데서 많은 것을 얻을 수 있다."[31]

---

30 Steindl-Rast, *op. cit.*, 135.
31 Arvind Sharma, "The Meaning and Goals of Interreligious Dialogue," *Journal*

모든 미래 종교 신학의 주요 과제 중 하나는 의심할 여지없이, 여기서는 공간과 역량이 허락하지 않는 이 문제들에 대한 보다 철저한 분석이 될 것이다. 당분간 우리는 다소 부정적이고 아직 완전히 입증되지 않은 몇 가지 결론에 만족해야 한다.

1. 기독교적 진리는 사랑의 가능성으로부터 분리되어 생각되거나 판단될 수 없다.

W. C. 스미스의 다음 문장은 오해의 소지가 있을 수 있으나, 단순히 무시할 수는 없다.

> 그러나 무감각이나 범죄를 감수하지 않는 한, 실제로 세상으로 나가 경건하고 지적인 동료 인간들에게 이렇게 말하는 것은 도덕적으로 불가능하다. "우리는 하느님을 안다고 믿으며, 우리가 옳다. 너희는 하느님을 안다고 믿지만, 너희는 완전히 틀렸다." 이는 단순히 인간적 기준으로도 참을 수 없는 일이다. 기독교적 기준으로는 더욱 그러하다. 화해하기보다 적대시하고 소외시키는 입장, 겸손하기보다 오만한 입장, 형제애보다 분리를 조장하는 입장, 사랑스럽지 않은 입장은 그 자체로 비기독교적이다.[32]

of Dharma 8 (1983), 234; citing W. C. Smith, "A Human View of Truth," *Studies in Religion* 1 (1971): 8-10.

32 Smith, *The Faith of Other Men*, 130.

이 문제는 토마스 아퀴나스가 진리에 대한 확신, 특히 믿음으로의 결정에서 의지의 기여를 다루는 방식과 무관하지 않다.

이 문제에 대처하기 위해 이성과 영성이 힘을 합쳐야 할 필요성은, 이 문제들에서 이성이 자기중심성의 도구가 될 위험을 지적함으로써 보다 실용적으로 명확해질 수 있다. 우리 자신의 신앙이 다른 신앙들과 마주할 때, 우리의 정체성 감각과 따라서 우리의 안전감, 심지어 우리의 자부심마저도 위협받는다고 느끼게 하고, 진리에 대한 사랑이라는 고귀한 명분 아래 우리의 자기방어 메커니즘을 작동시키게 한다.

2. 우리의 질문에서, 단순히 어떤 명제가 종이 위에서 보기 좋게(합리적으로) 보이거나 반대로 절망적으로(모순적으로) 보인다는 이유만으로 성급히 결론을 내리지 않도록 주의해야 한다. 이는 우리의 문제가 그 대상이 단순히 객관적이지 않다는 이유만으로 일상적 또는 과학적 논리와는 다른 논리를 요구할 수 있다는 또 다른 표현이다. 라이몬 파니카는 두 가지 서로 다른 절대성 주장에 직면했을 때, 당신은 두 주장을 동시에 믿을 수 없지만, 당신과 우리는 각각의 주장을 모순 없이 믿을 수 있다—믿음이 신자와 무관한 완전히 객관화 가능한 명제인 경우를 제외하고는—고 말한다.[33]

주의할 점은 우리는 과학이 우리에게 익숙하게 만든 추론 방식에

---

33 Raimon Panikkar, "Toward an Ecumenical Ecumenism," *Journal of Ecumenical Studies* 19 (1982).

속아서는 안 된다는 점이다. 주제의 차이를 고려할 때, 그러한 방식이 우리 사례에 그대로 적용된다면 오히려 기적에 가깝다. 이는 기독교 철학자 찰스 하트숀이 "종교적 사상을 표현하는 것조차 허용하지 않는 (서양의) 추론 기법"을 비판한 것을 떠올리게 한다.[34]

이러한 난해한 고찰을 조금이라도 구체화하기 위해 논란의 여지가 있는 한 가지 예를 제시한다. "코란은 하느님의 말씀인가?"라는 질문에 무슬림들의 "예"와 기독교인들의 전통적인 "아니오" 외에 다른 답이 존재할 수 있을까?

3. 종교 신학이 최소한 기대할 수 있는 것은 다른 종교와의 관계에서 실제 실천에 대한 비판적 평가와 올바른 실천을 위한 동반적 지침이다. 그러면 문제는 이 평가와 지침이 어느 정도까지 이론적 지식을 전제로 하는가이다. 다시 말해 우리는 다른 종교가 무엇인지, 그들에 대한 우리의 기독교적 태도가 어떠해야 하는지 알기 위해 나는 기독교(특히 가톨릭) 도덕 및 영성 신학의 일반적 경향이 긍정적 답변을 가리킨다고 주장한다. 이 분야의 일반적 요구사항은 우리의 태도가 지식에 의해 형성되어야 하며 결코 단순히 실용적 고려에 의해 흔들려서는 안 된다는 것이다. 그러나 우리는 타자가 누구인지, 그들의 신적 계획 내 지위가 무엇인지 그리고 이 지위가 우리의 지위와 어떻게 연관되는지에 대한

---

34 Charles Hartshorne, *A Natural Theology of our Time* (LaSalle, il: Open Court, 1973), X. 동양적 사고방식, 예를 들어 부일부이(不一不異, 하나도 아니고 다르지도 않음) 유형에 우리의 희망을 걸 수 있을지는 아직 내게 분명하지 않다.

긍정적이고 직접적인 지식을 가지고 있는가? 여기서는 오히려 부정적인 답이 나올 것으로 추정할 수 있다. 성경이나 전통(실질적으로 구약과 신약의 이스라엘과의 특별한 언약으로 제한되는 듯하다)에는 이러한 타자에 대한 직접적인 계시가 없는 것으로 보인다. 따라서 종교 신학에 통합될 지식은 부정적이고 간접적인 종류일 수밖에 없다. 부정적인 유형—이는 역사 속에서 근거 없는 판단들을 피하게 해주기 때문에 매우 실용적이다—에 대해 아우구스티누스는 좋은 예를 제시한다.

> 그러나 모든 신자와 경건한 이들에게 공통된 유일한 구원과 관련된 어떤 것이 이루어지는 방식과 시기에 관해서는, 우리는 하느님께 지혜를 돌리고 우리로서는 그분의 뜻에 순종하자.[35]

간접적 지식은 하느님의 본성, 그리스도인의 사랑, 믿음의 필요성 같은 계시된 교리로부터의 추론으로 이루어질 것이다. 다만 이 간접적 지식이 매우 가치 있고 중요하지만, 이론적 문제에 대해 명확하고 확신 있는 입장을 취하는 것을 종종 허용하지 않을 수 있다는 점을 지적하고 싶다.

비기독교인 동료들에 대한 기독교적 태도 안에서, 이제 우리는 희망적인 진리와 사랑의 재결합을 탐색하는 예비 작업에서 사랑의 극점으로 눈을 돌릴 수 있다. 이는 우리로 하여금 추상의 올림포스 고지에서 내려와 일상적 현실의 평야로 내려올 기회를 준다. 선교, 즉 교회가

---

35 Augustine, In Ps. xxxvi, *Sermon III*, 4.

다른 종교들과 교류하는 선봉대 말이다. 사랑이 기독교의 보편적 규범임을 이론적으로 입증하기 위해 마태복음 25장이나 고린도전서 13장을 인용할 필요는 없다. 그러나 중요한 것은 이 사랑이 실천에서 어떻게 구현되는지 그리고 우리 선교 활동을 평가하는 잣대는 그 사업의 성공이 아니라 그 안에 구현되고 드러나는 사랑의 질과 순수성이어야 한다는 점이다. 여기서 내가 정말 강조하고 싶은 것은 오늘날 선교 맥락에서 대화에 부여되는 중요성을 이해하고 판단하는 확실한 방법이 있다는 것이다. 그것은 바로 그 결과로 우리의 선교 활동이 진정한 사랑의 일에 더 가까워지는지 혹은 적어도 그 복음적 이상에 더 근접할 기회를 얻는지 살펴보는 것이다.

사랑의 이상을 완전히 이해한다고 주장하지 않더라도 우리는 사랑의 역설에 잠시 주목할 수 있다.

1. 사랑은 대상을 있는 그대로 받아들이고 그 본연의 모습으로 소중히 여긴다. 상대방에 대해 모든 것을 알고자 하며, 상대방의 약점과 자신을 뛰어넘는 점을 인정하는 데 있어 현실적일 수 있다. 앞서 언급했듯이 프란치스코 사베리오의 경우, 오래된 신학적 관점은 비기독교인을 비기독교인으로서 현실적으로 인정하는 것을 불가능하게 했다. 인도에서 유럽으로 돌아온 여행자들이 그곳에서 만난 참으로 거룩한 사람들에 대한 이야기를 전했다는 이야기가 전해진다. 그들은 기독교인 청중들이 이 보고에 기뻐하며 이방 민족들 가운데서 활동하시는 주님께 감사할 것이라고 생각했다. 그러나 실제 반응은 전혀 달랐다. "그건 속임수일 거야, 너희가 속은 거야." 그리스도인 청중들은 이 좋은 소식에 귀

기울일 수 없었다.

토마스 아퀴나스의 아름다운 이론, 즉 (그리스도인) 개인이 창조된 모든 것에 대해 하느님께 대리 찬양을 드리는 것이 의무이자 특권이라는 점을 진지하게 받아들인다면, 우리는 그 찬양에 자연과 인간 문화의 아름다움뿐 아니라 다른 종교의 선함과 아름다움까지 포함시키는 최초의 세대라는 사실에서 용기를 얻을 수 있다.

그러나 사랑은 깊은 이상주의와 현실주의를 결합한다. 사랑은 상대방이 완전함으로 성장(개종)하기를 원한다. 이러한 욕망은 분명 우리 선교 사상 속에 풍부히 존재했다. 그러나 다시 말해 사랑은 그 성장이 타인을 지금과 다른 존재로 만들 것이라고 상상할 수 없다. 사랑은 단지 타인이 더 진정 자신다운 존재가 되기를 바랄 뿐이다. 바로 이 관점을 우리에게 열어준 것은 대화라는 새로운 요소이다.

2. 자신을 추구하지 않고 숨은 동기가 없이 타인을 위해 이타적으로 일하는 사랑은 본질적으로 상호성을 의도한다. 객관적인 관찰자는 기독교 선교의 역사가 자신을 낮추는 관대함의 훌륭한 사례들로 가득 차 있음을 인정해야 한다. 그러나 그럼에도 불구하고 우리는 여전히 모호한 느낌이 남는다. 우리의 신학적 사상이 가장 이타적인 봉사에조차 은밀한 동기, 즉 집단적 이기심인 우리의 '사명'을 주입하려는 경향이 있지 않았는가?

상호성에 관해 말하자면, 사랑은 평등을 전제할 뿐만 아니라 그것을 실현시킨다. 여기에 진정으로 사랑하는 방식으로 가난한 이에게 베풀거나 그들을 위해 일하는 행위의 섬세함이 있다. 이러한 행위들은 매우 실질적인 의미에서 가난한 이들과 함께하며 그들로부터 받는 것을 의식하지 않는 한 이루어질 수 없다. 역설적으로 들릴지 모르나, 진정한 사랑은 양측 모두에게 주는 것보다 더 많이 받는다는 의식을 전제로 한다. 과거 비기독교인과의 관계에서는 이런 식의 의식을 가지기는 거의 불가능했으며, 때로는 대화라는 개념 자체가 본질적으로 그러한 상호성의 달성을 지향하는 것처럼 보인다. 그리고 바로 이 점에서 대화적 태도가 진정한 복음화에 가장 뚜렷하게 기여할 수 있다. 타인에게서 받은 많은 것들에 감사하는 사람이라면 자존심을 잃지 않고도 그리스도의 메시지를 받아들일 수 있다.

3. 마지막으로 하느님의 사랑에 대한 역설이 있다. 보편적인 사랑이면서 동시에 특별한 사랑을 베푸시는 사랑이라는 역설이다.

성경은 보편적인 하느님을 알지 못한다. 그분은 동시에 특정 언약 파트너들의 선택과 택함을 근본적으로 함께 나누지 않으시는 분이시다.[36]

이 역설은 보편주의적 사고방식을 가진 동방인들에게는 받아들이기 매우 어렵다. 그들은 마태복음 5장 45절을 일방적으로 강조하기를 선호한다. "그는 악한 자와 선한 자에게도 해를 떠오르게 하시고 의로운 자와 불의한 자에게도 비를 내리시느니라." 이는 나아가 심지어 종교 신학과의 연결 고리를 확립하는 궁극적인 근거가 될 수도 있다. 그

---

36 Borowitz, *loc. cit.*, 64.

러나 우리는 결코 잊어서는 안 된다. 만약 무엇이 하느님을 추상적 존재가 아닌 살아계신 하느님으로, 철학자들의 하느님이 아닌 예수의 하느님으로 만든다고 한다면, 그것은 바로 이 특수성이다. 그러나 이는 우리가 "하느님의 은혜와 성령의 역사는 오직 교회 안에서만 이루어진다"는 옛 교리—비록 몇 가지 예외가 고려되긴 했지만—, 종종 편애의 사랑을 지나치게 일방적으로 강조하여, 결과적으로 하느님이 자의적인 전제자로 보이게 하고 그분의 사랑의 보편성이 전혀 구체화되지 못하게 했다고 결론 내릴 권리는 우리에게 없다.

다음으로 종교 신학이 실행 가능하기 위해 가져야 할 몇 가지 특성들을 신중히 살펴봐야 한다고 생각한다. 더 깊이 생각해 보면 이곳에서 부정적 표현을 사용하는 것이 더 나을지도 모른다. 종교 신학이 이 영역에 만연한 막다른 골목과 함정을 피하려면 보여서는 안 될 특성을 잠시 살펴보기 위함이다. 이 주제를 완전히 다루겠다는 희망은 없으며 지금까지 내게 명백해진 것만을 제시할 뿐이다. 그리고 우리가 아직 성소의 바깥 경계에 머물러 있으며 단지 더 외적이고 방법론적인 문제들을 다루고 있을 뿐임을 기억하자.

예비적 명제 2

종교 신학은 단순히 기독교 신학일 수 없다. 그것은 타자와 함께, 타자의 현존 속에서 이루어지는 신학이어야 한다. 그것은 기독교인(주체)이 타자(객체)에 대해 하는 신학이 아니라 이상적으로는 우리 모두가 우리 모두에 대해 하는 신학이어야 한다.

아래 인용문들을 통해 곧 드러나겠지만, 나의 첫 번째 논문보다도 여기서 나는 윌프레드 캔트웰 스미스에게 많은 영감과 함께 심지어 일부 표현까지 빚지고 있다. 그러나 내가 이 방향으로 처음 생각하게 된 계기는 카를 라너의 잘 알려진 '익명의 그리스도인 이론'이었다. 라너는 20세기 최고의 신학자 중 한 명이므로 그의 이론은 충분한 고려를 받을 만하지만, 여기서는 그에 대한 논의가 적절하지 않다. 다만 불교도들과의 대화에서 이 아이디어를 꺼내지 못했다는 점을 언급하고 싶다. 그들이 모욕감을 느낄까 두려웠기 때문이다. 이것이 바로 문제의 핵심을 한마디로 요약한 것이라고 생각한다. 나는 과연 겁쟁이인가? 옛날에 다른 이들에게 그들의 길이 곧 지옥으로 통한다고 당당히 말했던 그 훌륭한 선배들에 비해 겁쟁이인가? 아니면 '익명의 그리스도인'이라는 개념 자체가, 그것이 지칭하는 대상에게 직접 말할 수 없기 때문에 잘못된 것인가? 물론 다른 설명도 있을 수 있지만, 내게 가장 먼저 떠오른 것은 '그리스도인'이라는 용어에 모호성이 존재한다는 점이다. 신자에게 이 용어는 법적으로 모든 분열을 초월하는 가장 높은 속성을 지칭한다. 비기독교인에게는 특정 경쟁 종교의 이름을 의미한다. 이 질문에 대한 적절한 답변은 아마도 성숙한 종교 신학을 전제할 것이나, 나는 순환 논증에 빠지길 원치 않으므로 이 예비 논문에서는 문제의 경계를 탐구하는 데 그치겠다. 이제 W. C. 스미스의 말을 들어 보자:

> 종교에 대해서 기독교 신학이란 본질적으로 불충분한 개념이다. …
> 경계가 정해지고 자족적인 기독교 입장에서 세계의 다른 신앙 공동체를 대상으로 혹은 심지어 관대하게 선언을 내릴 대상으로 바라보는 '우리-그들' 해석의 의미에서, 다른 종교에 대한 기독교 신학은 정당

화될 수 없다.[37]

기독교적이어서는 안 된다는 신학에 대한 요구는 확실히 새롭고 첫눈에 충격적이다. 적어도 나는 다른 어떤 맥락에서도 이런 주장을 들어 본 적이 없다. 신학의 본질적 의미 자체가 바로 기독교적이어야 하는 것이 아닌가? 스미스는 서둘러 신학이 기독교적이지 않은 어떤 것이 되길 바라지 않는다고 지적한다. 이를 통해 그는 모든 신학에서와 마찬가지로 여기서도 무엇보다 기준이 복음의 빛이어야 한다고 이해한다고 나는 추측한다. "기독교 신학이 아니라면, 기독교적일 뿐만 아니라 그 이상이어야만 유효할 것이다." 그는 여기에 덧붙인다. "이슬람적이지 않으면서 이슬람적을 더하지 않는다면 역시 무효할 것이다…."[38]

스미스가 왜 이런 요구를 하는가? 그의 논리를 다음과 같이 요약해도 그의 뜻에 어긋나지는 않을 것이다. 다른 신학이 우리 기독교인과 하느님과의 관계를 대상으로 삼는 반면, 종교 신학의 대상은 기독교인과 다른 종교인들이다.

신앙은 모든 인류를 위한 단일한 하느님의 계획 안에서 서로 연계시킨다. 그러나 건전한 신학에서는 대상이 동시에 주체가 되어야 한다. 다시 말해 대상 안에 내재된 빛을 빌리지 않고서는 어떤 것에 대한 만족스러운 신학을 결코 달성할 수 없다. 이 무거운 문장을 쓰던 중 나는 갑자기 안락의자에 앉아 여성 신학을 쓰는 통통한 성직자(혹은

---

37 Smith, *Towards a World Theology*, 110, 152.
38 *Ibid.*, 125.

그것은 나일 수도?)의 모습이 떠올랐다. 이 이미지는 더 잘 알려진 것을 통해 낯선 것에 접근하는 데 도움이 될 수 있다.

우리는 모두 평신도 신학이 평신도 자신의 참여 없이는, 가난한 이들의 신학이 가난한 이들의 가난 경험에 기반한 참여 없이는 결코 건전한 신학을 이룰 수 없다는 점을 확신하게 되었다. 현재 목적에 부합하도록 더 강한 비유를 든다면, 에큐메니컬 운동의 경험을 언급할 수 있다. 이 경험의 결과 중 하나는 과거 가톨릭 신학자들이 루터교도들을 (매우 어두운 구석에) 제자리에 둘 수 있었던 반면, 이제는 루터교도에 대한 신학적 선언이 (어떤 실질적인 의미에서) 오직 "루터교도들과 함께" 이루어질 수 있다는 점이 이해된다는 것이다. 이는 오직 루터교인만이 진정한 루터교인의 본질을 말할 수 있으며(어떤 면에서는 동일하면서도 여전히 다른), 성령이 루터교인들 가운데서도 역사하시므로 이러한 자기 고백이 신학적 타당성을 지닌다는 것을 의미한다. 여기서 스미스의 주장, "종교들에 대한 기독교 신학은 본질적으로 불충분한 개념이다"는 "루터교에 대한 가톨릭 신학은 본질적으로 불충분한 개념이다"라는 기독교적 에큐메니칼 주장의 확장일 뿐이라고 제안할 수 있다.

이러한 선언들 속에서 우리는 벽이 무너지고 지평이 열리는 것을 목도한다. 가톨릭적 존재 의식은 같은 그리스도인으로서의 존재 의식으로 확장되고, 그리스도인으로서의 존재 의식은 종교적 인류의 일원으로서의 존재 의식으로 확장된다. 이러한 의식의 확장은 분명히 스미스가 지향한 것이며 인류 생존에 필수적이다. 궁극적으로 존재하는 유일한 공동체, 내가 진정으로 속한다고 아는 공동체는 전 세계적이며 역사적으로 이어져 온 인류의 공동체이다.[39]

이렇게 확장되면서 원래 공동체는 그 유효성과 대체 불가능한 역할을 유지하지만, 동시에 더 넓은 공동체나 예수가 "모든 사람이 하나가 되게 하소서"라는 기도로부터 우리를 차단한다는 점에서 *privatio* (상실)로 인식된다. "기독교인이 된다는 것은 동시에 상실이다"라는 주장은 충격적으로 보일 수 있다. 그러나 수도 생활이라는 숭고한 소명에 수반되는 강렬한 개인적 사랑의 상실을 언급한다면, 이 주장은 관련성을 가지며 그 충격을 누그러뜨릴 수 있지 않을까?

타자와의 신학에 대한 필요성도 부정적인 방식으로 제시될 수 있다. 타자에 관한 일방적인 기독교 신학은 그 자체 목적에 어긋난다. 종교 신학은 타자의 현실과 현존에 대한 새로운 인식에서 태동하였으며 교파적 경계를 초월하는 우리 의식의 첫 움직임이다. 그러한 의미에서 기독교적 사랑에 부합하는 이 신학은 우리와 그들 간의 장벽을 허무는 데 기여할 것으로 기대된다. 그러나 우리에 의한 신학이 그들에 관한 것이라면, 이 장벽을 강화하는 것 외에 무엇을 할 수 있겠는가?

이제 우리는 다소 모호한 표현인 '타자와 함께 신학하기'가 구체적으로 무엇을 의미하는지 물어야 할 때이다. 적어도 우리가 단순히 허공에 거품을 내뿜고 있지 않다는 것을 스스로 확신하기 위해서라도 말이다. 한 가지 분명한 것은 이 용어의 진정한 내용은 선험적으로 결정될 수 없으며 실천 속에서 형태를 갖추어야 한다는 점이다. 만약 내가 '타자와 함께하는 신학'이 무엇을 의미하는지 한 문장으로 표현하라고 한다면 이렇게 답할 것이다. "하느님께서 타자를 통해 타자(그리고 결국 우리 자신)에 대한 빛을 우리에게 주시려는 희망에 의해 지탱되는 이론이다." 보다 분석적인 관점에서, 다음과 같은 요소들이 잠정적

---

39 *Ibid.*, 44.

인 출발점을 제공한다.

1. 그 자체로 새로운 불완전성을 지닌 신학, 따라서 진정한 타자에 대한 절실한 필요성을 느끼는 신학.[40] 이 불완전성의 감각은 우리의 기독교적 조건, 우리는 모두 도상적 존재(*in statu viae*)라는 자각과 관련된다. 우리가 이 땅 위를 걸어가는 한, 우리는 완전한 진리를 소유하지 못하며 영원히 하느님을 찾아 헤매게 된다. 이 사상은 종교 신학에 있어 매우 중요하므로, 이에 대한 별도의 논문이 필요하다. 지금은 단지 우리 시대에 다른 종교들과의 분리 의식이 순례자로서 우리의 처지를 상기시키는 고통스러운 목록에 추가되었다는 점만 언급하자. 우리 자신의 신학적 불완전성에 대한 이러한 인식은 종교적으로 타자적인 존재 너머에서도 하느님을 찾게 할 것이며, "신학적 존재의 일부로서 타자를 대립시키고 포용하려는 충동"을 억제할 수 있다.[41]

2. 자신의 선언이 타인에게 미칠 영향을 지속적으로 의식하는 신학. 첫 번째 수준에서 이는 예의의 문제로 해석될 수 있으며, 따라서 가볍게 여겨서는 안 된다. 결국 예의는 사랑의 꽃다발(la fine fleur de la charité)이라 불려 왔기 때문이다. 그러나 앞서 논한 바와 같이 이는 진리와 무관하지 않을 수도 있다. 그러나 이 요구가 우리를 소심하거나 은밀하게 만들지 않아야 한다는 점은 성공회 주교 존 V. 테일러가 아름답게 지적한다.

---

40 Samartha, *op. cit.*, 18.
41 *Ibid.*

우리는 각자의 신앙 공동체 안에서 다른 종교들이 우리에게 던지는 질문들과 어떻게 씨름하는지 서로에게 숨기지 말고 드러내야 한다. 이러한 당혹스러운 질문들에 직면하는 우리의 모습이 들키게 되면 우리는 서로에게 매우 취약해질 것이다.[42]

이 점에 관해 선교사들은 특권적인 위치에 있다고 덧붙일 수 있다. 조금이라도 예민하다면 우리가 살아가는 가운데 항상 존재하는 다른 이들을 의식하지 않을 수 없다. 그러나 서구의 신학자들에게 이 규칙은 가장 지키기 어려운 것으로 드러난다.

3. 타종교 신자들을 유효성 검증 기준으로 삼는 신학. 나는 이전에 평신도 신학과의 비교를 비롯한 여러 논거로 이를 주장한 바 있다. 평신도들이 신학 저작에 직접 관여하지 않더라도, 그들이 그 신학 안에서 자신을 인식할 수 있느냐 없느냐에 따라 적어도 그러한 신학의 타당성을 가늠하는 중요한 기준이 된다. 약간 다른 각도에서 W. C. 스미스도 동일한 주장을 펼친다.

이슬람 신학은 그 자체의 용어 안에서 실질적으로 진실할 수 있으며, 이슬람 신앙은 우주적으로 타당할 수 있다. 그러나 그럼에도 불구하고 기독교나 힌두교 신앙을 엄격히 이슬람적 용어로 해석하는 것은 여전히 오해이다.[43]

---

42 Taylor, *loc. cit.*, 107-108.
43 Smith, *Towards a World Theology*, 109.

그는 종교 신학의 역할에 관한 추가 고려 사항을 덧붙인다.

우리 문제의 새로운 측면은 제안된 해결책의 의미가 공유 가능한 비
전에 기여하는 정도에 달려 있다는 점이다.[44]

여기서 다른 종교들 안에서 활동하는 성령을 추가적인 신학적 장
소(*locus theologicus*)라고 할 수 있을까?

4. 타자의 신학을 고려하는 신학. 여기서 타자의 신학이란 그들의
   종교가 신을 중심으로 하지 않더라도 그 종교의 성찰적 교리를
   의미한다. 이 요구는 우리 신학자들에게 불가능한 부담을 주는
   것처럼 보일 수 있으나, 반드시 혼자서 해야 한다는 법은 없으며
   실제로 다른 종교 신학자들과의 협력을 통해 이 과제를 인간적
   으로 가능한 범위로 끌어올릴 수 있다.
5. 이상적으로는, 모든 인류에게 수용 가능할 뿐만 아니라 설득력
   까지 갖춰야 하는 신학.[45] 이는 W. C. 스미스의 저서 『세계 신학
   을 향하여』의 제목에 표현된 이상이며, 모든 이상이 그러하듯
   그리스도의 재림 이전에는 결코 실현되지 않을 것임이 예측된
   다. 그러나 그렇다고 해서 그것이 이상으로서의 가치를 상실하
   지는 않는다. 우리는 방향을 설정하는 북극성처럼 이를 필요로
   한다. 스미스 교수의 마지막 말을 인용한다.

---

44 *Ibid.*, 191.
45 *Ibid.*, 126.

역사는 우리를 이제… 주관적 소유격에 더 가까운 의미로 종교의 신학을 가질 수 있는 지점에 이르렀음을 보게 한다. 즉, "종교들이 주체"인 신학이다. 종교가 대상이 아닌 주체가 되는 신학, 즉 세계 모든 종교에서 탄생하는 신학이다.46

요약하자면, 지금까지 제시된 두 가지 예비 명제 중 첫 번째는 종교 신학이 불가분하게 사랑과 진리의 문제임을 주장한다. 폴 로플러(Paul Löffler)의 표현을 빌리자면,

모든 신학적 성찰의 초점은 타종교인들에 대한 우리의 개념이 아니라 그들과의 관계의 윤리(ethos)에 있다.47

두 번째 명제는 종교 신학이 반드시 타자와의 신학이자 타자에 대한 신학이어야 한다고 주장한다.

한 종교가 다른 종교와 대화적 관계를 맺을 때, 그것은 상대방에 대해 자신의 위치를 정의한다. 만약 새로운 동사를 만들어 낼 수 있다면, 절대적 기준이 아닌 대화 상대방과의 관계적, 상대적 기준에서 자신의 위치를 규정하는 것을 의미한다.48

---

46 *Ibid.*, 124.
47 Paul Löffler, quoted in W. Strolz and H. Waldenfels eds., *Christliche Grundlagen des Dialogs mit den Weltreligionen* (Freiburg: Herder, 1983), 166.
48 Arvind Sharma, "The Meaning and Goals of Interreligious Dialogue," *Journal of Dharma* 8 (1983), 241.

두 명제는 모두 종교 신학이 실천되어야 할 정신과 직접적으로 관련되나, 두 번째 명제가 첫 번째보다 방법론적 지침에 더 기여할 수 있다. 추가 연구를 통해 종교 신학이 실행 가능하기 위해 필요한 몇 가지 더 많은 자질을 종합하는 데 도움이 될 것이다.

예비적 명제 3

종교 신학은 가능한 한 가장 긴밀한 관계 속에서 종교 간 대화의 실천과 함께 진행되어야 한다. 이 둘 사이의 관계는 상호 조건화와 규범 확립의 관계여야 하지만, 만약 우선순위를 부여해야 한다면 기독교적 대화 실천에 주어져야 한다.

종교 간 대화라는 생각은 이미 종교 신학에 관한 우리의 예비 노트 전반에 걸쳐 붉은 실처럼 흐르고 있다. 그러나 이 관계를 보다 명시적으로 주제화하는 것이 바람직해 보인다. 다른 의미에서 세 번째 명제는 앞선 두 명제에서 자연스럽게 도출된다. 이는 올바른 기독교적 태도가 기독교 진리의 필수 요소임을 전제할 뿐만 아니라 타종교와의 신학이 오직 그들과의 대화 태도 속에서만 가능해짐이 분명하기 때문이다. 우선성의 문제에 관해, 물론 대화는 지속적인 프로젝트로서 종교 신학을 필요로 한다는 점은 사실이다. 실제로 종교 간 대화에 참여하는 기독교인들은 자신의 실천(그 전제와 자신 및 타인에게 미치는 영향)에 대해 신학적으로 성찰할 의무가 있다. (그 전제와 자신 및 타인에게 미치는 영향)에 대해 신학적으로 성찰하는 것은 의무이다. 이는 모든 참여자가 대화에 참여하는 순간부터 상대방에 대한 어떤 가정이나 가설을 지니고 있기 때문이다. 비록 그것이 모호하고 대부분 표현되지 않은

것일지라도 말이다. 동시에 상대방에 대한 미리 정해진 확고한 판단
은 대화에서 가장 치명적일 수 있다.

> 우리는 다양하고 유연한 가설들을 가지고 대화에 임하는 것이 더 낫
> 다. 우리의 대화 참여가 이러한 가설들의 정확성에 달려 있지 않으며,
> 오히려 새롭고 더 나은 가설들을 발전시키기 위해 대화에 임한다는
> 점을 분명히 해야 한다.[49]

따라서 우리의 주장은, 종교 신학이 대화에 의존하는 관계가 그 반
대 관계보다 더 강력하고 구속력이 있다는 것이다. 앞서 언급했듯이
특정 관점에서 종교 신학은 단순히 "대화의 신학적 함의를 연구하는
것"에 불과하다.

우리 주장에서 기독교 신학에 대한 첫 번째 실질적 결론은 신학이
오랜 관행인 타종교에 대한 순수하게 선험적이며 타종교의 현실에 대
한 충분한 사전 지식 없이 내리는 판단을 중단해야 한다는 점이다. 칼
바르트가 모든 종교를 성경적 계시에 대한 인간의 오만함의 산물이며
단일 성경적 계시 앞에서 신의 주도권을 부정하는 것이라고 단죄했던
것처럼 말이다. 그가 스스로 인정하듯 순수한 선험적인 이 주장은 대
표적인 사례이며 일부로부터 가혹한 비판을 받아 왔다.

바르트-크라이머 접근법의 전체주의적 주장은 죄악인 오만일 뿐만

---

49 John B. Cobb, *Beyond Dialogue: Toward a Mutual Transformation of Christianity and Buddhism* (Philadelphia: Fortress Press, 1982), 44.

아니라 불성실하며, 따라서 기독교적이지 않다는 것이 나의 주장이
다.50

바르트나 다른 이의 개인적 진실성을 의심하려는 것은 아니지만,
우리는 이제 '보지도 않고' 타인을 판단함으로써 그들에게 가해 온 객
관적 불의와 이로 인해 신성모독에 이를 수 있음을 깨달아야 할 때이
다. 우리는 지나치게 인간적인 추론으로 신의 역사에 한계를 설정해
버렸고, 신의 세계라는 객관적 사실에 의해 바로잡힐 기회를 전혀 남
겨두지 않았기 때문이다.

다음의 세계시민주의적인 G. 코드르의 말에서는 완전히 다른 정
신이 드러난다.

많은 비기독교인의 놀라울 정도로 복음적인 특성들은 우리로 하여금
성령께 우선권을 부여하는 교회론과 선교학을 정립하도록 강요한다.51

후에 우리는 그가 말하는 성령의 자리가 무엇을 의미하는지 보게
될 것이나, 그의 결론을 지지하지 않더라도 타자에 대한 경험이 그의
판단에 선행함을 보는 데는 문제가 없다.

장자도 주교는 비기독교인들과 전혀 접촉하지 않은 유럽 신학자
들이 일상적으로 교회 밖에 구원은 없다를 되뇌고 있을 때, 17세기

---

50 Paul Verghese, "Christ and All Men: A Personal Statement on the Relationship
   between Christians and Adherents of Other Religions," *Living Faiths and the
   Ecumenical Movement*, 161.

51 Khodr, *loc. cit.*, 132.

프란치스코회 수사 페드로 데 아누아가는 남미에서 무슬림 노예들과의 접촉을 통해 이슬람이 무슬림들에게 구원의 통로가 될 수 있다는 입장을 정립했다.[52]

　이러한 만남 속에서 비기독교인과 그들의 종교는 종종 그 자체를 우리의 선입견과는 다른 것으로 드러내며, 바로 그러한 경험들이 우리의 전통적 정립 방식에 도전하고 우리를 신앙의 근원으로 되돌아가 새로운 빛을 찾게 한다.

　이로부터 종교 신학의 정립에 대한 책임은 무엇보다도 선교 현지의 신학적으로 훈련된 이들에게 있으며, 서구의 신학자들에게는 그다지 기회가 없다는 결론도 따라 나온다. 스테인들-라스트 형제의 다소 놀라운 발언은 이 문제에서 경험의 중대한 역할을 극적으로 보여준다.

　　종교 간 대화의 열쇠는 다른 전통의 수도사들과의 깊은 일체감 체험에서 얻었다. 양측 모두 불교나 힌두 수도사들과는 비수도사인 동종교도보다 훨씬 더 많은 공통점을 지닌다는 데 의문의 여지가 없었다.[53]

　따라서 종교 간 대화의 함의에 대한 짧은 성찰을 여기서 소개하는 것이 무리가 아닐 것이다. 이를 통해 우리 문제의 경계를 정의하는 데 몇 가지 잠정적 지침을 얻을 수 있기를 바란다. 우리는 기독교, 특히 가장 명확하고 권위 있게 가톨릭교회가 최근 오랜 부정적 태도를 긍

---

52 Jean Jadot, "The Growth in Roman Catholic Commitment to Interreligious Dialogue since Vatican ii," *Journal of Ecumenical Studies* 20 (1982), 368.

53 Steindl-Rast, *loc. cit.*, 124.

정적으로 전환했다는 사실에서 출발한다. 이것의 상징적 표현은 물론 제2차 바티칸 공의회(Vatican II)의 교회와 비기독교 종교에 대한 선언에서 찾아볼 수 있다. 그 내용은 다음과 같다.

> 그러므로 교회는 그 자녀들에게 다음과 같은 권고를 한다. 다른 종교의 신자들과의 대화와 협력을 통해 그리고 그리스도교 신앙과 삶의 증언을 통해, 신중하고 사랑으로, 이들 가운데서 발견되는 영적, 도덕적 선과 그들의 사회 · 문화 속의 가치들을 인정하고 보존하며 증진하도록 권한다.

그러나 다음과 같은 지적도 있다.

> 공의회 선언은 의도적으로 교회의 관례(habitus)를 다루고 있으며, 이는 체계적 신학의 문제들을 대부분 생략했음을 의미한다.[54]

다시 말해 제2차 바티칸 공의회는 주로 실천적 태도를 권고하는 데 그쳤을 뿐, 그 이론적 토대를 직접 정의하지는 않았다. 따라서 우리는 대화를 바람직한 기독교적 실천으로 만들기 위한 최소한의 이론적 조건이 무엇인지에 대한 질문을 남겨두게 된다. 이제 몇 가지 조건이나 함의를 열거해 보려 한다. 단, 언급된 많은 점은 향후 논문에서 더

---

54 H. R. Schlette, "Theology of Religions: A Plurality of Religions," Karl Rahner ed., *Encyclopedia of Theology: The Concise Sacramentum Mundi* (New York: Seabury Press, 1975), 1396.

깊이 다루어야 할 사항임을 전제로 한다.

1. 다른 종교에 대한 긍정적 태도는 다른 종교에 대한 긍정적 평가를 전제로 한다. 그 반대는 순수한 위선과 기회주의일 뿐이며 기독교적이라 부르기 어렵다. 이전의 적대적 태도는 사랑의 결핍을 보여준 점에서 진정한 기독교적이지 않았지만, 적어도 당시 사상과 일치하는 정직한 태도였다. 여기서 우리의 추가 질문은 다른 종교에 대한 긍정적 기독교적 평가의 기초가 될 수 있는 신학적 원칙이 무엇인가 하는 것이다.

2. 종종 바티칸 공의회 2차가 종교 개혁 이후 가톨릭교회가 취해온 '게토 정신' 또는 방어적 태도를 종식시키고, 교회의 문호를 외부 세계로 열어 그곳에서도 성령의 역사가 이루어지고 있음을 보기 위해 준비했다고 평가된다. 따라서 바티칸 공의회 2차가 촉진하고자 했던 대화가 다른 종교뿐만 아니라 무신론, 세속적 이념, 과학 등과도 이루어졌다는 것은 완전히 사실이다. 그러나 그 광범위한 만남의 열망 안에서도 특히 다른 종교들—노스트라 아에타테에서만은 아니지만—에게 특별한 자리가 부여되었다는 점 또한 사실이다. 이는 성령의 무한한 활동 영역 안에서 종교들이 어떻게든 특권적 위치를 차지한다는 것을 암시하는 듯하다. 혹은 W. C. 스미스가 지적하듯, "하느님은 가능한 모든 방법으로 우리를 구원하시지만, 지금까지는 주로 우리의 종교 체계를 통해 그렇게 하셨다"고 할 수 있다.[55]

---

55 Smith, *Towards a World Theology*, 170.

이 점은 더 깊은 탐구가 필요하지만, 인류 역사 속 종교들에 대한 객관적 연구는 다음과 같은 잠정적 판단을 정당화할 수 있다. 종교들(기독교 포함)이 악마적 특징을 보인다는 점을 인정하더라도, 인간의 온전함과 더 나은 삶을 향한 진정한 탐구 대부분은 역사적으로 종교의 형태를 취해 왔다. 다른 차원의 관찰도 여기에 적절할 수 있다. 급속히 세속화되고 분열된 우리 세계가 다양한 차원의 대화를 필요로 한다는 점을 인정하더라도, 종교는 여전히 초문화적 대화의 장으로 보인다. 적어도 우리의 차이점을 표면적으로 훑는 것 이상의 것을 의도한다면 말이다.

3. 다른 종교들을 특권적 대화 상대로 지목하는 것의 또 다른 함의는 교회가 지상의 그 어떤 다른 운동보다 그들과 더 큰 친화력을 느낀다는 점으로 보인다. 즉, 기독교와 다른 종교들 사이에는 우리의 공통된 인간성을 넘어선 어딘가에 공통의 토대가 존재한다는 가정이 깔려 있다. 로마 비기독교인 사무국(Secretariat pro Non-Christianis)의 한 간행물은 이를 뒷받침하는 듯한 내용을 담고 있다.

인간의 종교적 본성에 내재된 깊은 연대감은 역사 속에서 드러나고 있다. … 다른 종교들에 대한 지식은… 기독교와 세계의 다른 종교들 사이에 부인할 수 없는 연결고리가 있음을 밝혀냈다.[56]

---

56 Secretariatus pro Non-Christianis, *Religions: Fundamental Themes for a Dialogistic Understanding* (Roma: Editrice Ancora, 1970), 10, 14.

위의 두 진술(2와 3)은 가톨릭 신자들에게는 무해하고 다소 평범하게 들릴 수 있으나, 후술하겠지만 이 진술들은 지난 50년간 주류 개신교 사고의 상당 부분과 이미 근본적인 분수령을 이룬다. 여기서 우리의 추가 질문은 기독교와 다른 종교들 사이의 그 공통 기반을 어디에 위치시켜야 하는가여야 한다.

4. 어떤 차원의 대화도 대화 참여자들 간의 더 큰 일치를 이끌어 내지 못한다면 그 가치가 없다. 따라서 교회 측의 대화 요구는 종교 간의 일정한 일치가 인류의 생존과 미래를 위해 기능적으로 필요할 뿐만 아니라 하느님께서 현재 시점에서 일정한 실현을 이루도록 의도하신 것임을 전제로 한다.

이 진술은 온갖 반론을 불러일으킬 수 있는데, 그 첫 번째는 이 진술이 동어반복을 포함한다는 점이다. 즉, 인류에게 필요한 것이 당연히 하느님의 뜻이라는 것이다. 나는 이를 기꺼이 인정하지만, 여전히 내 진술은 점차 범위를 확대해 나가기 위한 과정으로 간주한다는 점을 강조하고 싶다. 성경에는 하느님께서 그 일치를 원하신다는 것을 보여주는 구절이 충분히 존재한다. 단지 오늘날 그것이 인간의 필요성이 되었기 때문이 아니라, 훨씬 더 나아가 그것이 인간 피조물에 대한 창세부터의 신적 계획이기 때문이다. J. 하이스블레츠는 "창세기 3-11장은 죄를 사람들 사이의 원수됨(창 4장)과 민족들의 적대적 다수성(창 11장)과 연관시킨다"고 지적한다.[57] 이는 오리게네스의 격언

---

57 Josef Heisbletz, *Theologische Gründe der Nichtchristlichen Religionen* (Freiburg:

과 일맥상통한다. 죄가 있는 곳에는 다양성, 분열과 이단과 다툼이 있다(*Ubi peccata sunt, ibi est multitudo, ibi schismata, ibi haereses, ibi dissensiones*).58 장 다니엘루가 제시한 관점이 옳다고 믿는다.

오순절은 (바벨탑에서) 파괴된 것을 회복한다. 다시 모든 민족의 사람들이 성령의 일치 안에서 소통하며, 이를 통해 새로운 공통 언어와 같은 것이 되돌려진다.59

그럼에도 우리는 두 유형의 일치 사이에 방법론적 구분을 채택할 수 있다: 즉각적인 실천적 필요로서의 일치. 여기서 일치는 매우 광범위한 의미로, 실제적 필요성에 의해 규정된다: 충분한 상호 이해, 관용, 함께 살려는 의지 그리고 필요시 협력하려는 의지…. 우리는 이를 대화의 즉각적인 목표로 부를 수 있으며, 아마도 그 정당성을 논쟁하려는 사람은 거의 없을 것이다.

신학적 비전으로서의 일치, 이는 대화의 맥락에서 최종 목표로 불릴 수 있다. 여기서는 훨씬 더 논쟁의 여지가 많다. 일치는 (기독교 교파들 사이의) 좁은 의미의 에큐메니컬 운동의 목표로 보아야 하지만, (종교들 사이의) 넓은 의미의 에큐메니즘의 목표로 보아서는 안 된다는 것이 사실 아닌가? 솔직히 그리스도의 관점에서 일부 신학자들이 주장하는 것처럼 여기에 그렇게 날카롭고 본질적인 차이가 존재하는지는 의

Herder, 1967), 164.

58 Origen, *Hom. in Ez.*, ix, 1.

59 Jean Daniélou, *Le mystère du salut des nations* (Paris: Seuil, 1945), 117.

문이지만, 일치라는 용어의 의미와 마찬가지로 그 비전의 시기(후에 다룰 문제)가 후자의 경우 전자의 경우보다 훨씬 더 미묘한 문제를 제기한다는 점은 인정해야 한다.

이 일치라는 용어의 두 가지 의미 사이의 깔끔한 구분, 즉 전자를 실천적이라 부르고 후자를 비전(환상적, 유토피아적)이라 부르는데, 두 가지는 완전히 무관한 것이며, 후자는 적어도 다른 종교들에 적용될 때 특정 에큐메니컬 성향의 영혼들이 꾸며낸 새내기 같은 발상이지만 우리 같은 현실적인 선교사들과는 전혀 무관한 것이다. 이러한 주장에 대해 우선 지적해야 할 것은 인류 생존을 위한 필수적 통합은 사상과 희망, 꿈의 충분한 통합을 전제로 한다는 점이다. 이는 우리 기술 시대가 그 나름의 방식으로 나아가고 있는 방향이기도 하다. 또한 심리학적 관점에서, 우리는 요구되는 직접적 행동을 위한 동기를 부여할 비전이 필요하다. 그러나 더 중요한 점이 있다. 우리는 모든 종교의 일치라는 사상, 즉 인류 전체의 일치를 위한 토대가 될 이 사상이 전혀 새로운 것이 아니라, 모든 사람이 하나가 되게 하소서(*ut omnes unum sint*)라는 그리스도의 기도에 부합하여 항상 기독교 선교 노력의 배경이 되어 온 비전임을 주장할 수 있다. 유일한 새로운 요소는 대화가 그 일치 비전의 양태를 변화시키는 경향이 있다는 점이다.

A. 샤르마는 여기서 자신의 질문에 답하며 우리를 돕는다. "대화의 향방은? 대화적 과정이 어떤 종교적 세계를 열 것인가?" 그는 종교의 미래를 세 가지 방식으로 상상할 수 있다고 지적한다: (1) 세계 종교로서의 단일 종교, (2) 여러 종교로 가득 찬 세계 그리고 (3) 세계 종교로서의 보편적 종교.[60] 두 번째 비전은 현재의 종교 다원성이 기본적으로 무기한 지속될 것이라고 본다. 이러한 사고방식의 대표적 인물은

독일 신학자 위르겐 몰트만으로, 그에 대해서는 다음과 같이 언급된 적이 있다.

> 몰트만은 종교의 다원성이 유지되는 것을 수용한다. 목표는 모든 종교를 기독교로 포섭하는 것이 아니라, 모든 사람이 해방되는 보편적 공동체의 창설이다.[61]

첫 번째와 세 번째 비전은 모두 종교적으로 통일된 세계를 상정하지만 근본적인 차이가 있다.

> 세계에 단일 종교가 출현하는 방식은 모든 종교를 하나의 종교(예: 기독교)로 대체하거나 모든 종교를 보편적 종교로 대체하는 것으로 시각화된다.[62]

세 번째 비전은 계몽주의학자들의 견해로, 종교의 모든 특수하거나 긍정적인 요소들을 비이성적이라 보고 이성의 보편적 빛 앞에서 사라질 운명이라 보았다. 첫 번째는 아놀드 토인비가 표현한 바와 같다. "평화로운 경쟁 속에서 경쟁 종교들 중 가장 우수한 종교가 결국 전 인류의 충성을 얻게 될 것이다."[63] 이는 (기독교로 범위를 좁히면서) 다음과 같이 세분화될 수 있다. (a) 오늘날의 기독교가 다른 모든 종교를

---

60 Sharma, *loc. cit.*, 242.

61 Cobb, *op. cit.*, 35.

62 Sharma, *loc. cit.*, 242.

63 Arnold Toynbee, *Christianity among the Religions of the World* (New York: Charles Scribner's Sons, 1957), 99-100.

정복할 것이며, (b) "다가올 세계 종교는 다른 종교들이 받아들이도록 수정되고 확장된 기독교 종교이다."[64]

따라서 우리는 비전 1-(a)가 전통적인 교회 선교 사상의 핵심이었다는 점을 인정해야 한다. 그러나 우리 대부분(전부는 아니더라도)은 이제 그 비전을 현실적으로 더 이상 품을 수 없다는 깨달음에 이르렀다고 말할 수 있다. 런던교회선교회(CMS)의 전 사무총장인 맥스 워렌 신부는 이 인식을 고전적으로 표현했다.

> 우리는 이방의 여리고 성을 규정된 횟수만큼 돌았다. 나팔을 불었다.
> 그러나 성벽은 무너지지 않았다.[65]

현실적인 현상 평가로부터 신학적 결론을 도출할 수 있을지는 모르겠지만, 종교 신학에서 마주해야 할 문제 중 하나는 이것이다. 종교 간 대화는 종교의 미래에 대한 어떤 비전을 가리키는가?

5. 진정한 의미의 대화는 참여자 간의 완벽한 평등과 상호성을 전제로 한다. 나는 종교 신학에 제기되는 이 어려운 문제가 그 모든 함의를 드러내도록 의도적으로 이 대화의 함의를 가능한 한 포괄적으로 표현했다. 한편 두 명 이상의 참여자 간 모든 언어적 교류가 대화라 불릴 자격이 있는 것은 분명하지 않으며, 오직 양측이 동등한 위치에서 진정한 평등 속에서 대화할 때만 그러하

---

64 Sharma, *loc. cit.*, 243.
65 Smith, *The Faith of Other Men*, 120에서 재인용.

다. 이에 대해 A. 푸슈파라잔은 다음과 같이 말한다.

> 기독교가 대화를 나누는 세계의 모든 주요 종교들에게 지위적 평등을
> 부여할 수 있는가? 이것이 정면으로 다루어져야 할 진정한 문제이다.[66]

반면 카를 라너는 그 가능성을 부정하는데, 결코 덜 직설적이지
않다.

> 기독교는 자신을 모든 인간을 위한 절대적 종교로 이해하며, 자신 외
> 의 다른 종교를 동등한 권리를 가진 것으로 인정할 수 없다.[67]

이는 우리를 완벽한 딜레마에 빠뜨리는 듯하며, 유일한 가능한 결
론은 기독교인들이 타종교와 진정한 대화를 나눌 수 없다는 것이다.
다행히도 나는 경험상 진정한 대화가 실제로 이루어진다는 것을 알고
있다. 이는 삼단논법에 오류가 있음을 시사한다. 어딘가에 교묘한 오
류가 숨어 있을 것이다. 그 실수를 찾아내기 위해 결국 범인을 밝혀낼
수 있을 만한 몇 가지 고려 사항과 구분을 시도해 보자.

5a. 우리는 대화 참여자 간의 완전한 상호성의 원칙을 반드시 엄격
히 준수해야 한다. 이 원칙에서 벗어나는 것은 대화의 본질을 본

---

66 A. Pushparajan, "Harijans and the Prospects of Their Human Rights," *Journal of Dharma* 8 (1983), 260.

67 Karl Rahner, *Theological Investigations v* (London: Darton, Longman and Todd, 1966), 118.

래의 모습이 아닌 것으로 변질시킨다. 즉, 세뇌 세션, 질문과 답변 시간 등으로 말이다. 이것이 플라톤의 소크라테스적 대화에서 내가 때때로 느끼는 불편함의 원인일 것이다. 소크라테스가 압도적인 분만술의 대가로, 상대방을 그의 기술 대상으로 전락시킬 때 대화적 특성을 상실하는 경향이 있기 때문이다. 대화 파트너로서의 질적 조건은 파트너들이 전반적으로 동등함을 전제하고 서로를 그렇게 인정해야 하는가? 그렇지 않은 것 같다. 만약 그렇다면 총리가 시종과 진정한 대화를 나눌 수 없으며, 어머니가 10대 딸과 대화를 나눌 수도 없을 것이다. 이는 어려울지라도 불가능한 것은 아니다. 불평등한 사이에서도, 심지어 그 불평등을 상호 인정하는 상황에서도 대화는 가능해 보인다. 나는 심지어 구약성경에서 아브라함이 소돔과 고모라의 운명을 두고 흥정하며 하느님과 진정한 대화를 나누는 장면을 떠올리게 된다 (창 18:22-23). 욥 역시 (적어도 부분적으로는) 그러했다. 비록 그가 더 나은 처지에서 자신을 훈계하러 온 친구들과는 진정한 대화를 이루지 못했지만 말이다.

어쨌든 대화의 순간에는 모든 실제적 혹은 상상된 불평등이 괄호 안에 넣어져 완전히 제거되어야 한다. 대화와 무관한 상태로 말이다. 한쪽에서는 우월한 자는 그 순간 명령적 태도를 버려야 하며, 교사는 가르치려는 자세를 내려놓아야 한다. 반면 다른 쪽에서는—종종 더 어려운 일이지만— 제자는 자신이 교사에게 말을 걸고 있다는 사실을 잊어야 하며 평소 우월한 자 앞에서 느끼던 경외심을 극복해야 한다. 올해 초 하와이에서 열린 불교-기독교 대화 모임에서 만난 한 젊은 일본인이 떠오른다. 전임 교수 나카무라 하지메가 주장한 논문을 솔직하게 비판한 그는 그 대화가 영어로 진행되었기 때문에 그렇게 할 수 있었다고 고백했다. 모국어와의 거리가 스승-제자 관계를 깰 수 있게 해주었는데, 일본어와 그에 따른 경어 사용은 이를 쉽게 허용하지 않는다.

우리는 아마도 그 요건을 다음과 같이 정립할 수 있을 것이다. 대화에서는 실제적이든 상상이든 어느 한쪽의 말에 추가적인 우월적 권위를 부여할 수 없다. 대화 상대방의 유일한 자격은 로고스가 작용하는 이성적 존재라는 점이다. 그리하여 로고스와 로고스의 만남에서 새로운 빛이 탄생할 수 있다.

5b. 이를 잠시 종교 간 대화에 적용해 본다면, 기독교인 상대방이 대화에서 타인을 동등한 존재로 인정하는 것을 막을 이유가 있을까? 없다고 생각한다. 기독교 대표자는 상대방 안에서도 로고스가 작용하고 있음을 완전히 인정할 수 있을 뿐만 아니라 (기독교적 관점에서 말하자면) 로고스 또는 성령이 양측 모두에게 동등하게 작용할 수 있음을 인정할 수 있다. 이는 그 자체로 기독교 신자와 다른 종교의 신자가 대표하는 두 서로 다른 전통 안에서 성령이 동등하게 작용한다는 것을 의미하지는 않는다.

5c. 그러므로 절대성 주장이 결코 기독교인의 전유물이 아니라 모든 종교적 입장에 내재적이라는 점을 상기한다면—후에 분석해야 할 다양한 방식이 있겠지만— 위에서 언급한 기독교적 유보가 대화 상대 간의 상호성을 깨뜨리지 않음을 알 수 있다. 양측은 같은 배를 타고 있으며, 일본인들이 곧잘 말하는 것처럼 상호적

임을 알아야 한다. 존 V. 테일러 주교가 아름답게 표현한 바와
같이,

다시 말해 상호 이해를 구축할 수 있는 가장 중요한 공통점 중 하나는
정의상 상대방의 신앙을 배제하는 확신을 지니면서도 정직하게 상대
방을 수용할 수 없다는 경험이다.[68]

따라서 이러한 불가능성이 대화를 배제해서는 안 되며, 항상 "진리를
협력적으로 탐구하려는 동기 외의 모든 동기는 배제된다"는 조건하
에서 이루어져야 한다.[69]

6. 유쾌한 농담처럼 그 자체가 목적이 되는 대화가 아닌 진지한 대
   화는, 그로부터 아무것도 배우지 못한다면 시간 낭비이다. 그러
   므로 교회가 다른 종교들과 대화에 나설 준비를 보인다는 것은
   교회가 다른 종교들로부터 배울 것을 기대한다는 뜻으로 보인
   다. 즉, 교회는 그들과의 '진리를 향한 협력적 탐구'라는 개념을
   인정하며, 적어도 간접적으로 그들을 통해 그리고 그들로부터
   배울 수 있다고 인식한다는 것이다. 이러한 점을 가장 명확히 표
   현한 바티칸 공의회 문서는 다음과 같다.

   (그리스도의 제자들은) 그리스도의 영에 깊이 감동 받아, 자신들이

---

68 Taylor, *loc. cit.*, 105.
69 Friedrich Seifert, *Buddhist-Christian Studies*, nr. 2 (1982), 75.

사는 사람들 가운데 있는 사람들을 알아야 하며 그들과 접촉을 맺어야 한다. 그리하여 그들 스스로도 진실하고 인내심 있는 대화를 통해 풍요로운 하느님께서 지상의 민족들 사이에 나누어 주신 보물들이 무엇인지 배울 수 있다. 그러나 동시에 그들은 복음의 빛으로 이 보물들을 비추려 노력해야 한다.[70]

일반적으로 바티칸 공의회 문서와 이후 로마에서 발간된 문서들은 이 점에 대해 암묵적이다. 문헌을 연구한 개신교 신학자 존 콥이 내린 결론은 아마도 옳을 것이다.

그럼에도 불구하고, 이러한 가톨릭 관점에서 기독교인들이 대화로부터 중요한 것을 얻을 수 있는지 여부는 분명하지 않다. 강조점은 우리가 타인에게 기여해야 할 것, 즉 다른 종교 전통들의 완성에 있다.[71]

다른 말로 하면, 1945년 장 다니엘루가 다음과 같이 쓴 이후 가톨릭 신학에서 이 점에 대한 진화나 명확한 설명은 거의 없는 듯하다.

이슬람에는 하느님의 위대함과 거룩함에 대한 감각이 있다. … 하느님의 초월성에 대한 감각이 있는데, 이는 필수적인 종교적 범주이다. 이 점에 관해 우리는 주저하지 말고 무슬림들이 우리에게 가르쳐 줄 것이 많을 수 있다고 말해야 한다.[72]

---

70 "Ad Gentes," 11.
71 Cobb, *op. cit.*, 24-25.

여기서도 우리는 까다로운 반론에 직면한다. 우리는 이미 그리스도 안에서 하느님 계시의 충만함을 소유했기 때문에 다른 종교로부터 배울 수 없다는 것이다. 예를 들어 앙리 반 스트라렐렌은 바로 이 논리로 주장한다.

우리는 힌두교와 불교에서 발견되는 아름다운 것들로부터 배울 필요가 없다. 왜냐하면 그 모든 것이 더 나은 형태와 더 깊은 차원에서, 동시에 올바른 위치와 질서 속에서 가톨릭교회 안에 이미 존재하기 때문이다. … 여기서 다시 한번 말하건대 이러한 태도에는 우월감이 숨어 있지 않으며, 오직 그리스도와 함께 모든 것이 우리에게 주어졌다는 신앙의 깊은 확신만이 있을 뿐이다.[73]

그러나 반대편에서는 W. C. 스미스의 다음과 같은 구절을 발견할 수 있다.

나에게 혹은 내가 만난 그 누구에게도 또는 나의 역사적 연구가 밝혀낸 그 누구에게도, 하느님은 예수 그리스도 안에서 완전히 계시되지 않았다.[74]

이러한 표현들은 우리의 경험적 상황을 정직하고 현실적으로 묘

---

72 Daniélou, op. cit., 56-57.

73 Henri van Straelen, *Selbstfindung oder Hingabe* (Abensberg: Josef Karl, 1983), 31-32.

74 Smith, *Towards a World Theology*, 175.

사하려는 것이며 사도 바울의 말씀을 너무나도 분명히 반영하고 있기에 단순히 무시할 수 없다.

> 지금은 거울을 통해 희미하게 보지만 그때는 얼굴을 마주 보며 보리라. 지금은 부분적으로 알지만 그때는 우리가 이해받는 것처럼 완전히 이해하리라(고전 13:12).

이처럼 거칠고 험한 문제상황(*status quaestionis*)은 두 가지를 깨닫게 하는 데 충분할 것이다.

1. 종교 신학은 위에서 제시된 것보다 훨씬 정교한 근본 개념들, 특히 '그리스도 안에서의 충만함'에 대한 분석을 필요로 한다.
2. 우리의 현재 문제는 신학과 영성의 결합이 가장 절실히 요구되는 유형에 속하며, 진리는 올바른 실천 속에서만 드러날 수 있다. 근본적으로 이는 기독교적 의식의 올바른 문제, 즉 그리스도 안에서 하느님의 선물이 무한하다는 인식(그리고 이로 인해 촉발되는 감사와 증언의 열망)과 우리가 이 선물을 받는 질그릇의 한계 그리고 이 선물을 우리에게 가져다 주기 위해 우리가 '모든 피조물'에게 갖는 동반적 필요성(그리고 그 열매인 겸손과 결코 멈추지 않는 하느님을 찾는 여정) 사이의 문제이다. 다시 말해 하느님의 가까움을 감사히 확신하는 것이 하느님과 피조물 사이의 거리를 의식하는 것을 없앨 수는 없다. 무슬림이 말하는 "하느님은 위대하시다"(Allah akbar)에 대해서 W.C. 스미스가 서술한 글이 우리에게 이렇게 상기시켜 준다.

"하느님은 위대하시다." 무엇이든, 확실히 종교보다, 어떤 하나의 종교나 그들 모두보다 위대하시다. 우리의 법보다, 우리 조상이나 어떤 사람의 그분에 대한 생각보다, 우리나 다른 사람들의 신앙보다 위대하다.[75]

교회가 다른 신앙으로부터 배울 점이 있는지 여부에 관한 문제와 관련해 마지막으로 한 가지 언급하며 결론을 맺고자 한다. 종교 신학은 다른 종교들에도 진리가 존재함을 인정한다는 것이 무엇을 의미하는지 분명히 밝혀내야 한다. 그것은 단지 우리가 항상 지녀 온 동일한 진리를 더 높은 차원에서 소유한다는 것일까? 우리가 배울 수 있는 유일한 진리는 우리 역시 동등하게 지니고 있으나 너무 오랫동안 잊어버린 것일 뿐이며, 다른 종교들은 그것을 상기시켜 주는 역할을 하는 것일까? 아니면 결국 우리 기독교 전통이 역사 속에서 의식하지 못했던 진리, 즉 "발전하는 서구 문화의 범주에 국한된 우리 기독교 해석이 소유하지 못한 진리"[76]를 포함할 수도 있는가?

예비적 명제 4

종교 신학에 있어 결정적인 것은 시간 속에서의 인간 상태에 대한 올바른 평가와 더불어, 그리스도의 죽음과 부활 사이의 '과도기'와 재림 시점인 파루시아 사이에서 기독교적 상태에 대한 적절한 고려일

---

75 *Ibid.*, 134-135.
76 Gilkey, *op. cit.*, 166.

것이다.

이 네 번째 명제에 대해 내가 염두에 둔 바를 균형 잡히고 만족스러운 방식으로 정리하는 것은 쉽지 않을 것이다. 그러나 약간의 우회로를 통해 접근해 보자.

종교 신학의 문제는 다소 극단적인 형태로 다음과 같이 표현될 수 있다. 기독교가 진리와 구원에 있어 절대적 진리를 소유한다는 주장이 사실이라면, 다른 종교들은 어떻게 신의 인류 계획 안에서 정당성과 역할을 가질 수 있는가? 우리는 전통적인 답변이 시간적 체계에 의존했음을 즉시 주목한다. 이에 따르면 다른 종교들, 특히 구약성경은 기독교 이전에 역할을 했으나 기독교가 확립된 시점에 폐지되었다.

동시에 독일 낭만주의 이후 서구 문화를 지배해 온 모든 인간적 사물의 역사성(시간적 상대성)에 대한 예리한 인식은 절대적 진리에 대한 어떤 주장도 터무니없어 보이게 만들며, 심지어 완전히 우스꽝스럽게 보이게 한다. 개신교 신학자 에른스트 트뢸치는 다양한 종교의 주장에 관한 이 문제를 가장 철저히 다루었다. 그는 절대성이 순진한 사고 방식의 일반적 특성이라고 생각했고, 결국 "마지못해 최초의 위대한 기독교 상대주의자가 되었다."[77] 트뢸치의 신학화 방식은 "신비에 대한 깊이 있는 탐구라기보다는 지적 합리성과 논증적 특성을 지닌 신학적 논증"으로 특징지어졌다.[78] 트뢸치의 저작이 출간된 지 오랜 세월이 흘렀지만, "진리와 역사의 관계는 오늘날까지도 신학의 미해결

---

77 Cobb, *op. cit.*, 13.

78 Wilhelm Breuning, "Jesus Chrostus als universales Sakrament des Heils," Walter Kasper ed., *Absolutheit des Christentums* (Freiburg: Herder, 1977), 105.

문제로 남아 있다는 사실은 여전히 유효하다."[79] 여기서 우리가 배울 수 있는 것은 우리의 문제에는 신비에 대한 존중과 합리성에 대한 요구 사이의 미묘한 긴장이 내재되어 있으며, 트뢸치의 합리적인 상대주의적 해결책이 분명히 많은 이들을 매력적인 것으로 비칠 것이라는 점이다. 바로 이러한 배경 속에서 우리는 우리 신앙의 신비가 어떻게 합리성을 초월하는지 새롭게 성찰해야 한다. 바로 그 신비에 대한 존중 때문에, 우리는 '그 신비의 이름으로' 우리 인간적 조건을 부정할 만큼 비합리적인 주장을 스스로 내세우지 않도록 더 경계해야 한다. 좀 더 구체적으로 말하자면 신비는 하느님께서 역사적으로 제한된 인격체인 예수 그리스도 안에서 자신을 온전히 계시하셨다는 데 있다. 그리하여 "그 안에 신성의 모든 충만함이 육체로 거하신다"(골 2:9). 그러나 그렇다고 해서 교회가 현재 하느님의 절대적 진리를 완전히 소유하고 있다고 주장하는 것은 그 자체로 비합리적으로 들릴 수밖에 없으며, 그 파급 효과로 인해 그리스도에 대한 주장 자체의 신뢰성마저 도전받을 수 있다. 그리스도가 바로 교회는 아니기 때문이다. 교회는 지나치게 인간적이고 죄 많은 우리 그리스도인이다. 우리는 부활하신 그리스도 안에서 과거, 현재, 미래의 모든 시간이 하나의 절대적 지점에 집중되어 있다고 믿을 수 있지만, 인간 공동체인 교회는 자신에게 부여된 그 전체성과 충만함을 한꺼번에 받아들이고 살아낼 수 없으며, 오직 시간적 순서와 진화를 통해서만 가능하다. 교회와 그리스도를 지나치게 동일시하는 경향에 반발하여 제2차 바티칸 공의회는 '세상 속의 순례하는 교회'에, 즉 세기를 거쳐 미래에 도래할 하느님

---

79 Kasper, "Einführung", *Ibid*., 9.

나라의 완전한 충만함을 향해 나아가는 교회에 중점을 두었다.

> 그 목표는 하느님 자신이 지상에서 시작하신 하느님의 나라이며, 이
> 는 시간의 끝에서 그분께서 완성하실 때까지 더욱 확장될 것이다.
> (Lumen Gentium, 9)

> 전해 내려온 현실과 말씀에 대한 이해는 성장하기 때문이다. … 세기
> 가 이어질수록 교회는 신적 진리의 충만함을 향해 끊임없이 나아가
> 며, 마침내 하느님의 말씀이 교회 안에서 완전히 성취되게 된다(*Dei
> Verbum*, 8).

한마디로 우리는 아직 복된 소유자들(*beati possidentes*)이 아니다.
우리에게 주어진 것은 '소망 안에서 소유된 은총'이다. 어떤 의미에서
그리스도의 충만함이 우리에게 주어졌으나, 우리는 항상 그리스도를
향한 길 위에 있다. 비록 하느님께서 은혜로 우리에게 자신을 계시하
셨지만, 우리는 영원히 '하느님을 찾는 이들'이다. 앞서 지적했듯이 우
리의 이러한 신앙 상태는 감사(그리스도 안에서 우리에게 주신 하느님 선물에
대한 충만한 인식)와 겸손(우리 자신의 피조물적 조건에 대한 현실적이고 신앙에
서 비롯된 인식) 사이의 섬세한 변증법을 수반한다. 이 변증법은 아이의
학습 과정에서 작용하는 것과 비교될 수 있다. 한편으로 소크라테스
는 어떤 지식도 외부에서 주어질 수 없으며, 전체 과정은 이미 태초부
터 존재했던 것을 산파술적 방법으로 이끌어 내는 데 있다고 주장한
다. 반면 경험은 교육자와 학습자 모두에게 그 과정이 이미 내재된 것
을 끌어내는 데 있다는 것을 가르쳐 준다. 외부로부터 주어지는 지식

은 없으며, 전체 과정은 분만술적인 방법에 의해 태초부터 이미 존재했던 것을 끌어내는 데 있다고 주장한다. 반면 경험은 교육자와 학습 환경이 아이의 지적 능력 발달에 결정적임을 가르쳐 준다. 어떤 의미에서도 아이가 '타인에게서 배우려는' 열의를 가져서는 안 되며, 부모와 교사로부터 받은 모든 것에 감사하지 않아도 된다고 주장할 수 없다. 이러한 아동 교육과의 비교는 꽤 자연스러울 수 있다. 실제로 인내심 있게 자신의 백성을 교육하시는 하느님의 형상은 기독교 전통에 분명히 존재한다. 한스 우르스 폰 발타자르가 요약한 대로, "인류의 교육은 그림자(회당)를 거쳐 형상(교회)으로 그리고 완성된 진리(영생)로 나아간다."[80]

두 가지 추가 인용문이 본 논제의 재구성을 위한 가교 역할을 할 수 있을 것이다.

> 기독교를 '절대적' 존재로 이해하려는 사람은, 기독교가 언제나 원칙적으로 보편성을 실현해야 하며, 이는 시작부터 그 본질에 속한 것이지만 역사적 과정 속에서 타인과의 관계를 전제로 한 부분적인 방식으로만 가능함을 잊고 있다.[81]

> 현재의 기독교적 전환은 본질적으로 그리스도 안에서 자신을 드러내신 하느님과 함께 길을 가는 의식, 다시금 생생하게 되살아나 삶을

---

80 Hans Urs von Balthasar, "Einführung," *Ibid.*, 142.
81 Horst Bürkle, "Das christliche Anspruch angesichts der Weltreligionen heute," *Ibid.*, 83.

형성하는 그 의식에 달려 있다. 하느님의 인도 아래 노예 상태에서 완전한 자유를 향해 나아가는 한 무리의 사람들은 승리주의적, 배타주의적, 절대주의적일 수 없다. 그러한 무리는 동행자, 진보, 도움의 손길을 기쁘게 맞이하며, 격려와 대화, 길잡이가 필요하다.[82]

여기서 내가 강조하고 싶은 점은 다른 종교들이 오직 기독교와 그사이의 열린 공간 또는 거리 안에서 그들이 무엇이며 하느님의 백성에게 기여하는 바를 통해 비로소 인식되고 평가될 수 있다는 것이다. 그리스도의 충만함, 즉 인류 안에서 하느님의 결정적 행위가 이루어지는 "이미 이루어졌으나 아직 이루어지지 않은" 그 시점 속에서. 따라서 우리는 앞서 언급한 시간적 구도로 되돌아오게 되는데, 이는 물론 종말론과 깊이 연결되어 있다. 하느님의 인간에 대한 행동의 시기에 대한 올바른 관점이 종교 신학에 결정적이라고 말하는 것은 과장이 아니다. 안타깝게도 카를 라너는 이렇게 탄식한다.

역사 및 시간성, 특히 구원사에 대한 제대로 정립된 신학의 부재는 종말론을 비롯한 다른 분야에서도 불리하게 작용한다.[83]

종교 신학이 바로 그 부재의 주요 희생양이 될까 두렵다. 우리는 교회의 발전과 타종교의 역할에 전통적으로 적용되어 온 시간적 구도

---

82 Clemens Thoma, "Das wandernde Volk Gottes," Strolz and Waldenfels, *op. cit.*, 182-183.

83 Rahner, "Eschatology"; Rahner, *Encyclopedia of Theology*, 435.

를 수정하기 위해 가능한 모든 도움이 필요하다. 내가 보기에 이 구도는 매우 잘못되었기 때문이다.

> 교회는 또한 세상과의 관계를 구축해 나가는 과정에서 항상 세월의 경험이 가져다주는 성숙이 절실히 필요함을 깨닫고 있다(*Gaudium et Spes*, 43).

바티칸 제2공의회의 이 말씀은 교회가 현재 세계의 다른 주요 종교들과 함께 겪고 있는 경험에 특히 적용되는 듯하다. 경험을 통한 성숙의 부족으로 말미암아 과거 원시 교회는 재림이 임박했다는 잘못된 시간적 구상을 지니게 되었다. "재림에 대한 임박한 기대에서 먼 기대로의 전환"[84]은 일찍이 이루어졌지만, 우리가 그 시점 변화의 완전한 결과를 이미 파악했다고 단언할 수는 없다. 다른 종교들이 기독교가 확립된 순간부터 폐지되었다고 보는 시간적 구도가 단순히 그 초기 오해의 후기 산물일 수도 있다.

어떤 경우든 제2차 바티칸 공의회는 이 구도를 다음과 같이 제시한다.

> 하느님의 구원 계획은 모든 사람에게 미친다. … 선택된 자들이 하느님의 영광으로 빛나는 거룩한 도시에 연합될 그날을 향해, 민족들이 그의 빛 가운데 걸어갈 그날을 향해(참조. 계 21:23f). (*Nostra Aetate*, 1).

---

84 *Ibid.*, 435.

여기서 구원받은 인류의 일치는 묵시록적 배경 속에서 드러난다. 그러나 여전히 의문은 남는다. 그 사이 인류의 종교적 다원성은 어떻게 될 것인가?

지금쯤 독자들도 분명히 알았을 것이다. 나의 이 글들이 잘 정리되고 완성된 원고의 바다에서 비너스처럼 완전한 모습으로 갑자기 나타난 것이 아니라 지속적인 성찰의 과정임을. 이로 인해 예상치 못한 난관에 부딪히게 됨을 사과드린다. 준비된 논제들을 기대만큼 깊이 넘어서지 못할 것이 분명해졌다. 유감스럽지만 이는 약속 위반으로 보지 않는다. 원래 제안은 단지 문제에 대한 논의를 시작 단계로 이끌어내는 것이었기 때문이다.

예비적 명제 5

종교 신학은 가능한 한 모호성이 최소화된 용어를 사용하기 위해 노력해야 한다. 이는 올바른 언어 사용에 공통적으로 요구되는 사항이지만, 본 논고에서는 특히 중요하다. 왜냐하면 이 분야는 비교적 새로운 학문이며, 초반의 사소한 혼란이 우리를 크게 오도할 수 있기 때문이다. 또한 이를 통해 우리는 우리 자신의 신앙 고백의 경계를 넘어 소통하고자 하기 때문이다.

용어 정의는 다소 지루하고 화려하지 않은 고된 작업이며 교조적인 냄새가 나지만, 자신의 종교에 대한 충성심과 다른 종교에 대한 다양한 태도를 설명하는 데 가장 흔히 사용되는 용어들을 예비적으로 살펴보는 것을 피할 수 없다고 본다. 이제 우리는 그 의미와 상호 연관성을 명확히 하기 위해 몇 가지 용어를 살펴볼 것이다. 지금까지의 분석이 우리를 그리 멀리 이끌지 못했음을 고백하며, 더 예리한 사고를 가진 이들의 도움이 필요할 것 같다.

절대성

특히 독일어권 세계에서 '기독교의 절대성'이 언급된다.[85] 긴장감을 조성하지 않기 위해 나의 결론을 즉시 기록하고자 한다. 우리는 이 단어를 우리 어휘에서 절대적으로 배제해야 한다. 왜냐하면 이 말은 타인에게 오만하거나 우스꽝스러운 주장으로 들릴 뿐만 아니라, 이 용어의 함의 중 상당수가 사실 기독교(또는 다른 종교)에 적용되지 않기 때문이다. 나는 W. 옥스토비의 다음과 같은 글에 전적으로 동의한다.

> 솔직히 말해 기독교나 다른 종교를 절대적이라고 말하는 것에 불편함을 느낀다. 종교는 상대적이다; 하느님만이 절대적이다.[86]

다행히도 이 용어가 기독교 전통의 일부가 될 수 없다는 나의 직감이 진지한 학자들에 의해 확인되었음을 알 수 있었다. 다음 내용이 이를 증명한다.

기독교의 절대성이라는 용어는 주로 지난 200년간 독일 관념론과 복

---

85 Walter Kasper, *Absolutheit des Christentums*, note 78 above에 수록된 글들을 참조.
86 Willard G. Oxtoby, *The Meaning of Other Faiths* (Philadelphia: The Westminster Press, 1983), 106.

음주의 이론의 전통에서 비롯되었다.[87]

절대성 개념은 헤겔보다 훨씬 더 오래된 것은 아니다…[88]

실제로 나는 그 전통이 '절대적'이라는 단어를 하느님과 하느님 안에서 실현된 초월적 실재들(존재, 선, 절대적 진리)을 위해 예약했다고 믿는다. 우리 기독교 전통에서 이 단어가 예수 그리스도에게조차 직접 적용된 사례를 발견한다면 나는 매우 놀랄 것이다. 18세기 독일 저자들이 왜 기독교의 절대성(Absolutheit des Christentums)에 대해 말하기 시작했는지에 대한 탐구는 우리의 신앙에 관한 것보다 우리에게 분명히 영향을 미치고 우리가 반드시 직면해야 할 현대적 사고 패턴에 대해 더 많은 것을 가르쳐 줄 것이다. 이는 세계의 다른 종교들 속에서 기독교를 새롭게 바라보기 위해 극복해야 할 것들이다. 여기서 우리는 '종교 생활의 사물화'[89] 또는 그리스 고전적 의미에서의 진리로의 종교 축소[90]를 떠올리게 된다.

어찌 되었든 기독교에는 적용되지 않는 절대성의 몇 가지 측면을 간략히 살펴보는 것이 첫 번째 해독제가 될 수 있을 것이다. 절대성은 조건 없이 역사적·독립적으로 존재하며, 다른 모든 것보다 초월적이

---

87 Karl Lehmann, cited in Kasper, *op. cit.*, 13.

88 Balthasar, *loc. cit.*, 131.

89 Wilfred Cantwell Smith, as quoted in Alan Race, *Christians and Religious Pluralism: Patterns in the Christian Theology of Religions* (Maryknoll, NY: Orbis Books, 1983), 100.

90 Donald Swearer, *Dialogue: The Key to Understanding Other Religions* (Philadelphia: The Westminster Press, 1977), 45-46.

고 불연속적이며, 그 어떤 것에도 빚지지 않은 것이다. 반면 기독교는 언약에 의해 조건 지어져 있으며, 영원히 하느님의 심판 아래 서 있고, 예수 그리스도의 지속적인 역사적 중재에 의존한다. 기독교는 기독교 자체를 위해 존재하지 않는다. 그것은 본질적으로 상대적이며, 오직 하느님의 나라를 바라보며, 하느님이 인류와 맺으신 계획의 종으로서만 존재한다. 더욱이 구체적인 형태의 기독교는 역사적 산물로서 종교의 역사를 초월하지 않는다. 오히려 그 일부 요소와 표현 방식은 유대교, 그리스 문화, 신비 종교 등에 크게 빚지고 있어 D. 콘스탄텔로스가 이렇게 말할 정도이다. "5세기에 이르러 기독교는 매우 혼합적인 종교로 발전했다."[91]

이러한 모든 점을 고려할 때, 기독교에 절대성이라는 용어를 적용하지 않고 기독교에 부합할 수 있는 절대성의 측면들을 다른 보다 제한된 용어들로 표현하는 것이 지적 측면에서 더 건전하고 정직하다고 생각할 수밖에 없다.

최종성과 능가 불가성

이 점에서 절대성이란 개념을 대체할 수 있는 첫 번째 후보는 '최종성'이라는 용어일 수 있다. 기독교에 적용될 때 이 용어는 일반적으로

---

91 Demetrios G. Constantelos, "An Orthodox Perspective," G. H. Anderson and T. F. Stransky eds., *Christ's Lordship and Religious Pluralism* (Maryknoll, NY: Orbis Books, 1981), 185. 그 사실 자체가 기독교에 그늘을 드리우지는 않지만, 우리가 그 사실을 인식함으로써 다른 종교에 대해 성급하고 폄하하는 판단을 삼가게 될 수 있다.

새로운 그리스도 안의 언약은 결정적이어야 한다는 뜻이다. 즉, 그것은 그리스도의 재림까지의 전체 기간을 포괄하며 새로운 (더 높은) 계시, 다른 언약, 성령의 시대 등으로 대체되지 않아야 한다. 이는 하느님의 온전함이 그리스도 안에 거하기 때문이다.

전통적 용법에서 이 용어는 구약성경(최종적이지 않음, 초월됨), 이슬람교(초월하지 않음), 천년왕국 운동('문선명 교단'에 적용 가능)에 대해 말하는 점을 상기할 필요가 있다. 그러나 이 용어는 직접적으로 아브라함계 종교 외의 어떤 종교도 지칭하지 않으며, 그 자체로 기독교 내부의 역사적 성장을 배제하지도 않는다. 초기 교회에서 그리스도와 그교회의 최종성은 임박한 종말론적 배경 속에서 인식되었을 가능성이높다.

유일성

절대성의 한 측면을 다루는 두 번째 용어는 유일성이다. 기독교 전통이 그리스도와 그 교회에 대해 유일성을 주장한다는 데는 의문의여지가 없다.

이러한 주장은 예를 들어 성육신 교리에서 그 표현을 찾는다. "하느님께서 다른 어떤 인간에게도 적용될 수 없는 방식으로 개인적이며유일하게 현존하셨다."92 그러나 유일성 자체는 모든 진정한 개인이공유하는 특성이다. 최고의 기독교 전통에서 모든 사람은 하느님의눈에는 절대적인 유일성과 대체 불가능성을 주장할 수 있다. 나의 유

---

92 Race, *op. cit.*, 113.

일성은 다른 누구의 유일성도 배제하지 않는다. 여기까지는 논쟁의 여지가 없으며 종교사 역시 부처, 무함마드, 신란 등 다른 인물들과 함께 그리스도의 유일성을 쉽게 인정한다.

배타성

물론 종교사에 관한 진술은 본질적으로 신앙의 진술과는 다르며, 후자는 실존적 헌신과 우선적 사랑의 언어와 관련이 있다. 여기서 경배의 대상에 대한 유일성은 결코 이 고상한 객관적 수준에 머무를 수 없으며 필연적으로 배타성의 함의를 띠게 된다. "부처 외에는 아무도 없다" 또는 그리스도론적 배타성의 고전적 표현인 "그리스도 밖에는 구원이 없다"(행 4:12). 단순한 유일성에서 배타적 유일성으로의 전환 과정에서 인간적·논리적으로 무슨 일이 벌어지는지 명확히 규명하는 것은 쉽지 않겠지만, 가장 중요한 일이기도 하다. 특히 기독교적 배타성이 다방 면에서 격렬한 비판을 받아 왔으며, 아마도 그 이유로 신학자들 사이에서 논쟁의 씨앗이 되어 왔음은 의심의 여지가 없기 때문이다.

루터교 신학자 E. 브라텐은 폴 니터와 존 힉의 신학을 "독점주의의 그리스도론적 뿌리에 메스를 가해서", "독점적 사고방식에 '발목 잡히지 않는' 다른 종교들과의 대화의 길을 닦기 위한" 신학이라고 본다. 그러나 그는 "기독교 메시지의 핵심에 속하는 독점적 주장은 없다"는 폴 니터의 결론에 반대하며 이렇게 덧붙인다.

기독교 신앙은 예수의 독특한 의미를 상징하는 이름들을 제외하고는 예수 그 자체에 대한 지식이나 관심을 갖지 않는다. … 배타적 주장은 복음의 각주가 아니라 복음 그 자체이다.[93]

독자는 여기서 '독특한'과 '배타적인'이 동의어로 사용된 점을 눈치 챌 수 있을 것이다. 실제로 우리는 일상 언어, 특히 감정이 담긴 언어에서 종종 그렇게 사용한다. 연인이 사랑하는 이를 '유일무이하다'고 말할 때, 그는 그녀가 (자신에게) 유일한 존재이며 다른 모든 이를 배제한다는 뜻이다. 연인 자신에게 그 이상은 없다. 그러나 앞서 개괄한 두 신학적 입장이 정말로 보이는 것처럼 모순되고 상호 '배타적'인지 묻는다면, 우리는 그러한 진술의 논리에 더 세심한 주의를 기울여야 한다. 다른 모든 이를 배제하는 행위는 어떤 역할을 하는가?

연인이 사랑하는 이를 '유일무이하다'고 느낄 때, 그는 어떤 경험을 바탕으로 했을 수 있지만, 그의 결론은 분명히 다른 모든 이를 세세히 비교한 후 배제한 데 기반한 것이 아니다. 오히려 반대인 듯하다. 한 사람을 유일무이하게 여기는 것은 (추가적인) 모든 비교를 배제하게 하여 다른 사람들에 대한 진정한 판단을 불가능하게 만든다. 실제로 연인의 선택을 그런 판단으로 오해할 다른 여성은 없을 것이다. 아마도 그 과정에서 버림받은 한 여성을 제외하고는.

이는 잠재적으로 중요한 구분을 제시한다: 타인에 대한 부정적 판단을 동반한(또는 그로 인한) 배타성과 타인에 대한 직접적 부정적 판단 없이 존재하는 배타성. 기독교 배타성이 초래한 혐오가 전자의 유형

---

93 Carl E. Braaten, "The Uniqueness and Universality of Jesus-Christ," Anderson and Stransky, *Mission Trends* No. 5, 70-75.

으로 너무 자주 드러났기 때문은 아닐까? 그리고 복음에 본질적인 배타적 주장이 실제로 후자 범주에 속한다고 주장할 수 있지 않을까? 그렇다면 역사 속에서 어떻게, 왜 두 번째 유형에서 첫 번째 유형으로의 전환이 자주 일어났는지에 대한 질문은 여전히 남게 된다.

잠시 더 연인들에 대해 생각해 보기로 하자(그들의 감정을 내 마음대로 이렇다 저렇다고 마음대로 다루는 것을 용서해 주시기를 바란다). 연인은 관계에서 다른 모든 여성뿐만 아니라 그녀의 애정을 두고 경쟁하는 모든 경쟁자들도 배제한다. 그 여자는 오직 그의 것이다. 다시 말해 그는 헌신의 배타성(배타적 대상)뿐 아니라 소유의 배타성(배타적 주체)도 보여준다. 이 추가적 구분은 물론 질투와 관련이 있으며, 유대-기독교적 배타성이 성경의 선택된 백성과 백성의 질투하는 신랑으로서의 하느님이라는 주제와 깊은 연관이 있음을 상기시킨다.

종교 신학은 이러한 주제들을 매우 신중하게 분석해야 할 것이나, 당분간은 종교적 배타성이 논리적 배제나 타인 폄하보다 사랑의 배타성과 더 관련이 있다는 나의 제안(사이에 담긴 의미)에 대한 일종의 근거로 삼을 수 있을 것이다. 물론 이는 종교적인 배타적 헌신을 단순히 로맨스와 동일시할 수 있다는 뜻은 아니다. 그러나 하느님의 시적인 말씀에서 출발하여 "어디에 차이점이 있는가?"라고 묻는 것은 나쁘지 않은 접근법일 수 있다. 비유가 선언적 언어의 산문으로 번역될 수 없는 지점은 어디인가? 그러면 사랑의 헌신 대상은 (개별적인) 개인인 반면, 종교적 헌신의 대상은 (보편적인) 진리를 포함한다는 사실을 발견할 수 있을 것이다. 이는 우리를 다시금 이전에 마주했던 변증법, 즉 사랑과 진리의 교차로로 되돌아가게 할 것이다.

그러나 우리가 한 가지 질문을 남겨둔 채 떠났음을 잊지 말자. 배제가 사랑받는 이의 유일성을 설명하지 못한다면, 이 유일성은 어떻게 배타적인 것이 되는가? 사랑하는 이에게 이 개별적인 인물이 보편적인 여성의 전 범위를 채우게 되어 다른 모든 이들은 그 차원에서 단순히 존재하지 않게 되기 때문인가? 그렇다면 우리는 다시 한번 종교적인 이들과 연인들, 성 베르나르도처럼 예수 이름이 쓰인 페이지 외엔 모든 책이 맛없게 느껴지는 경우 그리고 묘호인妙好人처럼 가장 다양한 감정을 표현하는 단 하나의 소리, 나무아미타불南無阿弥陀仏만을 찾는 경우와 유사함을 다시금 깨닫게 된다.

보편성, 보편화, 보편주의

그렇다면 두 경우 모두 배타성은 독특함의 보편화에서 비롯된다고 결론지을 수 있을까? 아마도 그렇다. 단, '보편화'라는 용어가 각 경우에 다소 다른 의미를 지닌 유사 용어로 이해되어야 한다는 조건을 덧붙여야 한다. 그러나 이는 논의 속에 슬쩍 들어온 새로운 용어, 즉 보편적을 더 자세히 살펴볼 것을 요구한다. C. 브라텐의 또 다른 언급이 여기서 다리를 놓아줄 수 있을 것이다. 그는 자신의 질문 "예수의 유일성의 본질은 무엇인가?"에 이렇게 답한다.

> 우리가 예수의 유일성을 고백할 때, 단순히 그가 구체적인 개인 인간이었다는 사실만을 의미하는 것이 아니다. 우리는 그가 보편적 의미의 구체적 구현체임을 의미한다.[94]

---

94 *Ibid.*, 77.

보편적(보편주의적)과 특수적(특수주의적)이라는 개념 쌍은 종교학에서 중요한 역할을 한다. 예를 들어 불교와 기독교는 보편주의적 종교로, 신도와 유대교는 특수주의적 종교로 분류된다. 또는 불교 교리의 핵심은 보편적 진리인 반면, 기독교 교리의 핵심은 특수적(그리고 역사적) 진리라고 한다. 그러나 이러한 개념적 도구는 종교 신학을 다루기에는 너무 무딘 도구가 될까 우려된다.

파스칼의 비유를 빌리자면 이 개념들은 핵심을 정확히 찌르기보다는 폭이 넓은 영역을 뒤덮는, 일종의 융단폭격과 같다. 이 개념들을 표면적 의미 그대로 받아들인다면, 특수한 것은 타자를 배제하고, 보편적인 것은 모든 것을 포용하며 포괄할 것이라고 예상할 것이다. 그러나 이는 배타성이 보편화 과정에서 발생한다는 우리의 잠정적 결론과 모순되는 듯하다. 실제로 보편주의적 기독교와 특수주의적 유대교는 가장 배타적이라는 낙인이 찍힌 종교들의 최전선에 나란히 서 있다. 참으로 이상한 상황이다!

우리의 사고에 어느 정도 질서를 부여하기 위해, 종교에 적용될 때 특수주의적이라는 용어가 무엇을 의미할 수 있는지 물어보자. 단순히 배타주의적과 동의어로 혼용되는 혼란스러운 용법을 제외하면 특수주의적 종교라는 표현은 세 가지 다른 의미를 허용하는 듯하다.

1) 자신의 특수성에 완전히 갇혀 보편성이나 다른 특수성을 전혀 고려하지 않는 종교. 이는 대부분의 부족 종교(신도 포함)에 해당될 수 있는데, 여기서 다른 신들은 부정되지는 않지만 '부족'과는 아무런 관계가 없는 것으로 간주된다. 동반되는 배타주의는 단지 자신의 특수한 종교 공동체와 그 권리 및 의무에서 다른 모든 민족을

배제하는 것을 의미한다.

2) 특정 민족과 동일시되지만, 그 신들(또는 신)을 온 세상의 신들(또는 신)로 인식하는 종교. 여기서 배제는 이중적이다. 첫째, 다른 모든 이들은 신앙 공동체에서 배제된다(위와 동일). 둘째, 다른 모든 신들과 종교들이 부정된다. 이러한 관점에서 구약의 역사는 야훼가 이스라엘의 부족신(일신교적 다신론)에서 유일하게 존재하는 신(일신교)으로 전환되는 과정으로 볼 수 있다. 이후 야훼는 다른 민족들까지 돌보며 이스라엘에게 그들에게 대한 사명을 부여한다. 여기서 유대교 외에 다른 종교가 이 분류에 부합하는지 여부는 대답되지 않은 채 남아 있다(신도가 역사적 시기에 따라 이 방향으로 기울어진 적이 있을까?).

3) 기독교나 일런종처럼 자신의 특수성에 보편적 타당성을 주장하는 종교들. 보편성 주장의 측면에서 보면 이러한 종교들은 사실 보편주의적이라고도 불린다. 이러한 특수주의-보편주의적 종교는 적어도 논리적으로 말해 추가적인 변종들을 허용한다.

3a) 보편적으로 유효한 것을 완전히 실제적으로 소유하고 있다고 주장하는 종교. 여기서는 물론 다른 모든 특수성은 배제되지만, 어떤 민족도 인간 이하의 영역이나 멸망할 운명의 영역으로 내몰지 않고서는 공동체에서 배제될 수 없다.

3b) 최종적으로 유효함을 주장하지만 완전한 소유를 위한 역사적 과정의 필요성을 인정하는 종교. 여기서 다른 특수성은 (임시적이긴 해도) 정당한 역할을 가진 것으로 인정될 수 있다.

3c) 자신의 특수성을 자신에게 부여된 보편적 사명으로 인식하는 종교. 이는 자신의 특수성이 모든 특수성 가운데 독점적 지위를 차

지한다고 주장하는 것(다른 모든 것들의 보편적 역할을 부정함)이거나 최소한 독보적 지위를 고집하는 것(다른 특수성도 자신의 것보다 종속적이든 아니든 보편적 역할을 가질 가능성을 남겨두는)을 의미한다. 여기서 다시 유대교(또는 적어도 그에 대한 한 개념)가 등장하는데, 이는 소유의 배타성이 아닌 헌신의 배타성을 지닌다.

그러나 이러한 특수적-보편적 종교들은 종교에서 보편주의라는 용어의 의미를 모두 포괄하지 못한다. 이 용어는 또한 구원의 보편성, 즉 구원의 제안(기독교에서처럼)이나 실제 구원(대승불교가 믿는 경향처럼)에 대한 믿음을 나타내는 데에도 사용된다. 또한 간단히 언급하자면 기독교 전통에서 가톨릭(catholic)이라는 단어는 종종 보편성이라는 개념을 표현하는 데 사용된다. 우리의 문제에 더 중요한 것은 진리의 의무적 보편성에 직접 호소하는 종교 내 보편주의적 경향이다. 여기서 보편주의는 두 가지 다른 의미를 지닌다.

1) 첫째, 모든 특수성을 배제하는 보편성에 대한 배타적 주장이다. 이러한 경향은 유럽에서 계몽주의에서 발전하였다. 이성의 여신이라는 이름 아래 서로 모순되는 다양한 종교의 개별적 요소들은 비이성적이라는 이유로 모두 배제되었다. 그 결과 유신론이 등장했고, 칸트는 『이성의 한계 내에서의 종교』를 쓰게 되었다. 두 차례의 세계대전 경험과 프로이트 이론의 계시를 통해 인간 삶에서 비이성적 요소가 차지하는 중대한 역할을 깨달은 우리는 과거의 이성주의적 이상향을 순진하게 공유할 수 없다. 그럼에도 불구하고 기독교인으로서 우리는 피비린내 나는 종교 전쟁의 참상을 목

격하고 가톨릭과 개신교 신학자들의 소모적 논쟁에 진저리를 낸 유럽 지식인들에게 이러한 보편주의가 해방적인 진리로 여겨졌던 배경을 이해할 필요가 있다. 이러한 역사적 맥락을 이해하면, 현재 세계 종교들 간의 대립에 휘말린 많은 이들에게 어째서 종교의 다원성 문제가 지적으로 가장 만족스러운 해결책을 제시한다고 여겨지는지 이해할 수 있다. 동시에 과거를 돌아보면 종교에서 모든 특수성을 거부하는 것과 모든 종교를 포기하는 것 사이의 경계가 종이 한 장 차이에 불과하다는 점을 알 수 있으며, 종교적으로 가치 있는 것과 지적 만족을 주는 것 사이의 거리는 실로 매우 멀다는 점도 알 수 있다.

일본인들로서는 서양 종교사에 대한 단순한 회고로 만족할 수 없다. 우리는 또한 이러한 보편주의적 경향이 불교 내에서도 강력하고 오랜 역사를 지니고 있음을 기억해야 한다. 앞서 언급했듯 불교적 진리는 초기부터 절대적으로 보편적인 것으로 제시되었으며, 이론적으로 말해 누구나 발견하고 체험할 수 있는 법法이었다. 또한 불교는 절대적 진리가 반드시 "형상이 없다"(이름이 없고, 특이점이 없다)고 주장한다. 따라서 아미타의 구원의 이름을 강조하는 정토종에서도 정통 신학은 궁극적 진리가 이 이름에 있지 않고 형상이 없는 부처의 경지에 있다고 주장한다. 여기서 우리는 보편주의적 경향이 긍정적인 역할을 하며 불교적 종교성에 독특한 풍미를 부여하는 것을 볼 수 있다. 동시에 (너무나 자주 잊히듯이) 이러한 교리적 보편주의가 불교적 종교성(선종조차도) 안에서 실천에 있어서 매우 강한 특수주의로 상쇄된다는 점을 잊지 말아야 한다.

2) 두 번째 형태의 종교적 보편주의는 표면상 첫 번째와 정반대처럼
   보인다. 모든 특수성을 거부하기보다는 모든 종교적 특수성에 대
   해 보편적 주장을 펼친다. 우리는 후지산으로 향하는 모든 길이
   같은 정상에 이른다는 고전적 비유를 잘 알고 있다. 이는 모든 종
   교가 교리나 의식 등에서 차이를 보이지만, 동일한 보편적 절대
   진리로 이끈다는 점에서 모두 타당하다는 것을 의미한다.

이 입장은 19세기 신힌두교도들에 의해 가장 명확히 채택되었으
나, 일본뿐 아니라 서양에서도 많은 현대인들이 순진하게 "모든 종교
가 똑같지 않은가?"라고 묻는 순간 비슷한 주장을 하고 있지 않은지
자문해 볼 필요가 있다. 신학자(힌두교든 기독교든)가 이 입장을 취할 때
는 다양한 종교적 특수성(그리고 그들 사이의 차이)이 그 자체로 중요하거
나 진리적 가치가 없으며 단지 방편方便으로서만 의미가 있다는 점을
실제로 주장하고 있음을 자각해야 한다. 그리고 실제로 그들은 적어
도 초기 단계에서는 강한 상대주의를 표현하고 있다. 택시 기사가 뒷
좌석에 앉은 승객에게 이런 지혜—후지산으로 올라가는 길은 여럿 있
다—를 던져줄 때, 특정한 자신의 종교에 대한 특권적 지위를 주장한
다는 흔적은 전혀 없다. 그러나 자주 지적되듯 신힌두교 교리는 힌두
교도로서 절대 진리의 초월적 입장에 위치해 있기 때문에 모든 종교
적 길이 수렴하는 것을 볼 수 있다고 암시한다. 따라서 첫눈에 상대주
의로 보였던 것이 사실은 합리주의자들의 것과 크게 다르지 않은 일
종의 절대주의로 드러난다. 이러한 보편주의에 대해 니니안 스마트의
반론을 인용할 수 있다.

가장 심오한 차원에서 모든 신앙이 하나인 영원한 철학을 우리에게 제시하려는 이들이 있을 수 있다. 그러나 그것이 과연 가장 심오한 차원인가?[95]

포괄주의

따라서 두 가지 형태의 보편주의 모두 자신들이 더 높은, 완전히 보편적이거나 절대적인 관점을 주장한다. 차이점은 전자가 모든 개별적 진리를 배제하는 반면, 후자는 모든 것을 포용하려 한다는 점이다. 이는 우리를 새로운 용어인 포괄주의(inclusivism)로 이끌며 즉시 그 모호성을 경고한다. 신힌두교에서 처음에는 다른 모든 종교를 관대하게 인정하는 것처럼 보였던 것이 사실은 다른 종교들의 총체적 가치를 그들 자신과는 다른 것으로 축소함으로써 그들의 특수성을 말살시키는 질식시키는 포옹으로 특징지어져 왔다.

이 모호함에 대한 인식이 특히 우리 가톨릭 신자들에게 중요하며 제2차 바티칸 공의회 자체가 교회의 타종교 태도에서 배타주의에서 포용주의로의 전환으로 볼 수 있음을 제안하고 싶다. 이후 거의 모든 가톨릭 신학자가 이 포용주의적 경향을 공유하게 되었다. 카를 라너의 '익명의 그리스도인' 개념의 내용은 용어 그 자체가 이미 말해주고 있지만, 직접 인용하면 요점을 확인할 수 있다.

---

95 Ninian Smart, *Beyond Ideology: Religion and the Future of Western Civilization* (San Francisco: Harper and Row, 1981), 34.

나는 나 자신의 명시적 기독교를 다른 의견들 중 하나로 보지 않는다. 그 의견들은 서로 모순되기도 한다. 나는 나의 기독교 안에서 다른 어떤 것도 보지 않는다. 오직 어디에나 존재하거나 존재할 수 있는 진리와 사랑의 모든 측면에 대한 명시적 인정과 귀환만을 본다.[96]

이에 대해 모리스 부탱은 최근 이렇게 논평했다.

여기서 라너와 같은 기독교인들은 다시 한번 모든 사람을 기독교의 현실 안에 포용하려 애쓰는 듯하며, 이는 바로 이데올로기들이 흔히 행하는 바다.[97]

유감스럽게도 공간 부족으로 다른 신학자들, 특히 한스 큉에 대해서는 다루지 못하겠다. 어쨌든 이 가톨릭 작가들이 "기독교 신학 초기 세기의 혈통을 주장할 수 있다"는 점과 일종의 포용주의를 일종의 의무처럼 여기는 것은 사실이다.

이는 두 가지 동등하게 구속력 있는 신념을 함께 유지하려는 목표를 지향하기 때문이다. 하느님의 은혜가 세계의 모든 주요 종교에서 구원을 위해 작용한다는 점과 그리스도 안에서 하느님의 은혜의 유일성이 최종적인 구원의 길로서 보편적 주장을 한다는 점이다.[98]

---

96 Rahner, *Theological Investigations*, 9.
97 Maurice Boutin, "Anonymous Christianity: A Paradigm for Interreligious Encounter," *Journal of Ecumenical Studies* 20 (1983), 618.
98 Race, *op. cit.*, 38, 45.

그러므로 미래에도 우리가 어떤 형태의 포괄주의와 마주해야 한다면, 그것이 올바른 형태인지 확인하고 우리 수단의 취약성을 완전히 인지한 채 신중하게 나아가야 할 것이다. 우리의 포용성이 기독교적이기 위해 충족해야 할 조건들—타자를 그 본연의 모습 그대로 완전히 인정하고 진실한 사랑으로 그들과 연합하는 것—을 매우 신중하게 분석할 필요가 있다. 기독교 전통 내 포용주의적 경향의 토대에는 전 인류와의 일치를 욕망하는 마음이 자리 잡고 있으며, 따라서 배타적 태도가 쌓아 올린 장벽을 허물고자 하는 의지가 담겨 있음은 의심의 여지가 없다. 기독교와 다른 종교들 안에서 하느님의 역사가 연속적으로 이루어지고 있다는 인식 또한 고려해야 한다. 동시에 우리는 일치의 도구가 타인에 대한 지배의 도구로 쉽게 변질될 수 있음을 잊어서는 안 된다.

이는 어떻게 일치를 확보하고 타인이 그 안에 완전히 포함되도록 보장할 것인가라는 더 큰 질문으로 이어진다. 우리는 이미 일치가 타인을 보편에 포섭된 개별적 존재처럼 자기 자신으로 환원함으로써 얻을 수 없음을 보았다. 또한 일치가 타인을 단순한 종속체나 우리가 더 높은 raison d'état(국가의 이성)로 규정하는 목표를 위한 수단으로 포함하는 형태일 수도 없다. 로마의 평화(*Pax Romana*)나 대동아공영권의 포용성으로는 부족하다. 우리의 모델은 오히려 상호 주관적 상호작용을 통해 진정한 다원성을 보존하는 인간 공동체의 통합이어야 한다. 요약하자면, 우리의 통합은 그리스도 안에서 실현되는 하느님의 계획이 지닌 포용적 통합이어야 하며, 이는 우리가 이미 지닌 것이나 이미 가진 것과 결코 동일시될 수 없다.

상대주의, 다원주의

마지막으로 우리가 계속 사용해 온 두 가지 상호 연관된 용어인 '상대주의'와 '다원주의'를 언급하자. 상대주의는 절대적 진리의 존재 또는 적어도 인간이 이를 도달할 수 있는 능력을 부정하는 것이다. 동시에 '다원주의'는 현상의 다원성 속에서 어떠한 통일성도 부정한다. 상대주의는 절대주의와 대립하므로, 우리는 출발점으로 되돌아간다. 더이상 길게 끌지 않고 간결히 정리하자.

아르눌프 캄프스는 세 가지 유형의 상대주의를 구분한다.

1. "인식론적 상대주의는… 우리가 진리를 알 수 있는 것은 그것이 우리에게 유효한 범위 내에서만 가능하다고 주장한다." 이는 객관적이고 절대적인 진리의 존재를 부정하는 일반적인 철학적 입장이다. 적어도 우리 인간에게는 그렇다.
2. "문화적 상대주의는 각 종교가 그 자체 문화의 적절한 표현이라고 주장한다." 여기에 직접적으로 내포된 것은 우리 문화와 역사에 얽매인 진리의 보편적 타당성이다. '역사주의'는 여기에 분류될 수 있다.
3. "신학적 상대주의는… 모든 종교가 동일한 목표를 향한 길이라고 주장한다."[99] 이는 우리가 이미 접한 상대주의이다.

---

99 Arnulf Camps, *Partners in Dialogue: Christianity and Other World Religions* (Maryknoll, NY: Orbis Books, 1983), 27-28.

한마디로 상대주의는 누가 진리를 소유하는가 하는 까다로운 질문을 없애버림으로써 종교적 주장의 다원성 문제를 무력화시킨다. 불행히도 이로 인해 삶의 모든 즐거움과 변증법적 긴장, 선교적 열정도 사라진다. 모든 대화가 완전히 무의미해지거나 기껏해야 이국적 호기심의 대상이 될 뿐이다. 불교도들이 단지 문화적 또는 지리적 진리만을 지닌다면 내가 그들에게서 무엇을 배우려 하겠는가? 내 진리가 문화적 상대성을 벗어날 수 없다면, 어떻게 그들을 통해 내 진리 이해를 바로잡을 수 있겠는가?

앞선 논의에서 적어도 무언가를 성취했다는 인상을 주기 위해 이제 한 가지 논제를 더 제시하고자 한다.

예비적 명제 6

다른 종교와의 인정과 일치를 이루는 길은 기독교 전통의 근본적 특수 요소를 상징적 해석으로 모두 포기하거나 희석시키거나 인본주의 철학으로 증발시켜 버리는 의미에서 기독교를 보편화하는 데 있지 않다. 또한 기독교를 보편적 신앙의 지위에서 문화 종교로 격하시켜 오직 그 자체의 문화적, 역사적 상황 속에서만 유효한 것으로 만드는 기독교 상대화에도 있지 않다.

아직 모양을 갖추지 못한 나의 신학적 빵 조각은 종교의 다원성이라는 신학적 딜레마에서 벗어나고자 하는 가장 유혹적인 두 가지 방식을 단호히 거부하며 끝을 맺었다. 간단히 말해 다른 종교를 인식하고 그들과 일치를 이루는 길은 이러하다.

— 기독교 전통의 근본적 특수 요소를 포기하거나 희석시키는 의미
에서의 기독교 보편화, 즉 상징적 해석으로의 전면적 전환이나 인
본주의 철학으로의 증발.

— 또한 기독교를 보편적 신앙의 지위에서 '문화 종교'로 격하시켜 오
직 그 자체의 문화적, 역사적 상황 내에서만 유효하게 만드는 기
독교 상대화.

이러한 말들에 대한 몇 가지 성찰을 바탕으로 아직 탐험되지 않은
신학적 영역으로의 준비 탐사 여정의 마지막 구간에 들어가고자 한다.

앞서 암시한 바와 같이 내가 전면적 상대주의를 거부하는 근본적
이유는 우리 인간이 비록 불완전하더라도 보편적으로 유효한 진리에
도달할 가능성을 완전히 부정할 준비가 되어 있지 않기 때문이다. 기
독교적 용어로 표현하자면, 나는 "내가 곧 진리다"라는 예수의 말씀에
맞서 본디오 빌라도의 편에 서고 싶지 않다. 이러한 거부의 밑바탕에
는 누구도 그러한 상대주의적 입장을 진정으로 실천할 수 없다는 확
신이 자리 잡고 있으며, 보편적 진리가 존재하지 않는다는 것을 보편
적 진리로 주장하는 논리적 모순은 말할 것도 없다. W. C. 스미스는
여기에 보다 실용적인 고려 사항을 덧붙인다.

궁극적으로 어떤 충성도 유효하지 않으며 본질적으로 가치 있는 것은
없다고 느끼기 때문에 사람들의 다양한 충성심을 받아들이는 그 너그
러운 상대주의자에게서 세상은 그다지 이득을 보지 못한다. 현대 상
대주의는 교묘한 냉소주의이며, 건설적인 힘이 아니라 파괴적인 힘
이다.[100]

이러한 거부의 두 번째 요소는 물론 종교를 인간의 진리 탐구와 분리시키지 않으며, 일본에서 많은 이들이 그러하듯이 종교를 오로지 감정과 주관적 선호의 영역에 국한시키지 않겠다는 거부 의사의 표시이다.

그러나 "진리에 대한 근본적 헌신을 희생시키면서 문화적 다원주의 교리를 신성시하는 것"[101]을 거부한다고 해서 우리가 이 상대주의 전제 속에 숨겨진 진리의 씨앗을 찾아야 할 의무가 사라지는 것은 아니다. 이 특별한 로렐라이가 완전히 틀린 음으로 노래한다면, 그렇게 많은 사람을 유혹하지도 못할 것이고 곧 사이렌으로서의 자격을 잃을 것이다. 실제로 우리는 진리에 대한 헌신을 버리려는 현대적, 역사적, 문화적 상대주의 뒤에 숨은 더 순수한 동기를 찾아낼 수 있다. 그것은 세계 패권의 정점에 있던 '기독교 서구'를 특징지었던 진리의 유일한 소유자라는 오만한 자신감에 대한 반작용이다. 더 겸손하고 현실적인 태도를 촉구하는 호소로서 나의 거부는 합리주의적 오만을 거부하고 다른 문화들을 하나의 세계 안에서 동등한 파트너로 인정할 것을 주장한다.

인류 역사상 거의 모든 반동적 운동이 그러하듯, 이 역시 반대 극단으로 지나치게 치우친다. 그럼에도 이 거부는 우리가 진리에 대한 헌신의 질을 성찰하는 소중한 도구를 제공한다. 사실 돌이켜보면 우리 기독교인들은 종종 진리를 명확한 표현으로 규정하는 일에 지나치

---

100 Smith, *The Faith of Other Men*, 13.

101 A. Krass, "Accounting for the Hope That is in Me," Dawe and Carmen, *op. cit.*, 165.

게 집착해 왔다. 마치 궁극적 진리가 언어로 깔끔하게 포착될 수 있는 것처럼 말이다. 동양의 "달을 가리키는 손가락" 비유에서 우리는 교훈을 얻을 수 있다. 우리는 종종 진리에 대해 '과도한 헌신'을 해 왔으며, 진리를 이해하는 우리 자신의 한계를 잊은 채 우리가 본 진리를 위해 타인과 싸우려 너무나도 쉽게 달려들었다. 우리는 스미스가 가리키는 방향으로 더 나아가야 한다.

> 우리는 말로 표현된 진리를 주장하는 데 있어서 훨씬 더 겸손해졌지만 동시에 더 정교해졌다. 또한 서로 다른 상황에서 나온 두 진술이 표면상 모순되는 것처럼 보여도 실제로 모순되는지 판단하는 데 있어서도 마찬가지다.[102]

따라서 현대적 상대주의로부터 배울 수 있는 교훈은 우리의 진리 이해가 심각하게 제한되어 있다는 새로운 인식이다. 그것은 필연적으로 관점주의적이며, 입장에 얽매여 있고, 진리를 향한 지속적인 탐구에서 단지 하나의 요소를 대표할 뿐이다. 이것이 "모든 진리는 상대적이다"라고 말할 수 있는 정당한 의미이다. 말할 필요도 없이, 이러한 인식은 다른 전통과 종교에서 우리 자신의 이해를 보완하고 바로잡을 수 있는 요소를 찾도록 해주기 때문에 종교 간 대화에서 큰 중요성을 지닌다.

이제 우리가 거부했던 다른 입장, 즉 기독교의 보편화가 긍정적이

---

102 W. C. Smith, "An Attempt at a Summation," Anderson and Stransky, *Christ's Lordship and Religious Pluralism*, 202.

고 수용 가능한지 살펴보자. 정교회 신학자의 한 인용문이 첫 번째 단서를 제공해 줄 수 있다.

> 우리가 그 안에서 제공하는 것을 붙잡을 수만 있다면, 우리의 기독교적 경험을 풍요롭게 할 보편적 종교 공동체가 존재한다. 우리가 해야 할 일은 상징과 역사적 형식을 넘어 종교인들의 깊은 의도를 발견하고, 신성에 대한 그들의 이해를 우리 기독교적 희망의 대상과 연결하는 것이다.[103]

가톨릭 배경을 가진 이들은 여기에 담긴 말에 공감하고, 이 표현이 우리 다수가 의식적이든 무의식적이든 종교 간의 대화에서 하고 있는 일을 잘 표현하고 있음을 이해할 수 있다고 믿는다. 동시에 보편화의 진정한 목표를 정의하려는 시도에 있어서, 우리는 아마도 동일한 표현을 사용하여 그것이 "(서로 다른, 개별적인) 상징과 역사적 형식을 넘어 깊이 파고들어" 보편적으로 유효하고 수용 가능한 것을 발견하고자 한다고 주장할 수 있을 것이다. 나는 또한 우리가 종교적 다원주의 문제에 대한 해결책으로 나아가는 길에 한 걸음 더 다가설 수 있을 것이라고 확신한다.

이 두 입장의 정확한 유사점과 차이점을 더 명확히 정의할 수 있다면 종교적 다원주의 문제 해결에 한 걸음 더 나아갈 수 있을 것이다. 아쉽게도 이는 나의 능력을 넘어선 일이며, 나는 단지 몇 가지 예비적 질문과 논평만을 제시할 수 있을 뿐이다.

---

103 Khodr, *loc. cit.*, 47.

먼저 논리적으로 말하거나 객관적 담론의 영역에서 모든 종교를 하나의 보편적 원리로 통합하는 것은 아름답지만 불가능한 꿈임을 기억하자. 이는 보편체에서 사방으로 돌출된 모든 특수성을 잘라내거나 (추상화하여) 제거하는 것을 의미한다. 그럴 경우 그 과정에서 종교적 특수성이 모두 상실된다는 것은 상상하기 어렵지 않으며, 역사가 이를 증명해 줄 것이다. 스미스는 최근 일부 신학에서 드러나는 이러한 경향에 반대하며 주장한다.

우리가 지향하는 진리는 우리 자신의 충성심과 전통을 희생하는 대가로 얻어서는 안 된다. 그런 대가를 치른다면 그것은 진실이 아닐 것이다. … 우리는 후퇴가 아닌 전진을 해야 한다. … 우리에게 요구되는 것은 창조적 과제이지, 다른 사람들이 공유하지 않는 각자의 비전 일부를 벗어던지는 파괴적 과제가 아니다.[104]

종교 간 대화의 각 참여자는 자신의 전통이 지닌 특수성과 역사를 '지켜야' 한다. 이를 숨기거나 부정함으로써 일치의 대의를 섬기는 것이 아니며, 우리는 다음과 같이 쓴 루터교 신학자의 말에 공감할 수 있다.

내가 속한 교회가 이미 기독교 복음의 핵심을 버린 신학으로 대표되기를 원하지 않는다.[105]

---

104 Smith, *The Faith of Other Men*, 109.
105 Braaten, *loc. cit.*, 79.

반대로 이는 종교적 다양성을 초월한 관점을 가지고, 거기서 모든 종교가 하나로 흘러 들어가는 전체 역동성을 조망할 수 있음을 의미하겠지만, 인간에게 그러한 관점은 존재할 수 없다.

모든 것을 초월할 수 있는 신학적 헬리콥터는 존재하지 않는다. 종교들을 내려다보며 위에서 내려다보는 듯한 우월감으로 아래 지형을 내려다볼 수 있다는 뜻이다.[106]

세상의 모든 신앙이 지닌 '주관적' 신앙적 헌신을 초월하는 '객관적 관점'을 주장할 수 있는 플랫폼은 존재하지 않는다. 모든 사람은 경기장 바닥에 자신의 입장을 취해야 하며… 그곳에서 궁극적 헌신의 진정한 만남에 참여해야 한다.[107]

따라서 우리는 객관적 담론의 영역에서 우리의 문제가 해결 불가능해 보인다는 결론을 내릴 수밖에 없다. 한편으로 종교는 지극히 특수해 보인다. "하느님의 기묘한 섭리 안에서, 하느님은 역사적으로 특수한 것을 통해 일하신다.[108] 반면 이성―적어도 과학이 걸어온 길에서―은 보편적인 것에만 만족한다. 결과적으로 "우리는 난해한 방법론적 문제에 직면한다. 현대 서구 지적 전통은 특수성을 검증할 만한 적절한 맥락을 갖추지 못했다."[109]

---

106 S. J. Samartha, "The Lordship of Jesus Christ and Religious Pluralism," Anderson and Stransky, *Christ's Lordship and Religious Pluralism*, 29.

107 Leslie Newbigin, quoted by T. F. Stransky, *Ibid.*, 85.

108 Krass, *loc. cit.*, 159.

이에 따라 우리의 질문은 다른 형태로 나타난다. 지적 환원주의를 벗어난 상징과 역사적 형식을 초월하거나 관통하는 종교적 방식이 존재할 수 있을까? 그 너머에서 결국 서로 다른 종교들이 수렴하는 것은 아닐까? 그렇다면 현재의 종교 간 상황에서 각 종교가 이러한 방식으로 자신의 특수성을 초월하기 위해 노력해야 한다는 것이 실천적 포용이 될 수 있을까?

우선 우리가 모든 신적 계시의 서열적 통일성과 하느님의 피조물로서 모든 인간이 공유하는 동일한 하느님 향한 방향성을 받아들인다면, 우리는 모든 종교의 궁극적 통일성에 대한 합리적 선험적 주장뿐만 아니라 종교적 주장도 말할 수 있다. 사후적 증거가 부족한 것도 아니다. 서로 다른 전통의 성인들(자신의 종교 전통을 온전히 구현한 한결같고 마음이 순수한 이들)은 서로를 알아보고 비범한 유대감을 느끼는 듯하다.

그들은 자신들의 전통적 형식과 공식에 대해 높은 자유도를 보임에도 불구하고 서로 가까워진다. (여기서 성 아우구스티누스의 사랑하고 원하는 대로 행하라는 말이 떠오른다.) 더욱이 예수 자신도 사마리아 여인과의 종교 간 대화에서 같은 방향을 가리키신 것 같다.

"랍비여" 여인이 말하였다. "당신이 예언자이심을 압니다. 우리 조상들은 이 산에서 예배드렸지만, 유대인들은 우리가 예배드려야 할 곳이 예루살렘이라고 주장합니다."

"여자여" 예수께서 대답하셨다. "나를 믿으라. 때가 오니 너희가 이 산에서도, 예루살렘에서도 아니고… 참된 예배자들이 영과 진리로

---

109 Borrowitz, *loc. cit.*, 66.

아버지께 예배드릴 때가 올 것이다"(요 4:19-23).

예수의 말씀을 이렇게 해석하는 것도 무리는 아닐 것이다. 유대교와 사마리아교는 이제 특정 예배 장소를 고집함으로써 다른 종교들 사이에서 특화된 특정 신앙으로서 대립하고 있지만, 이러한 대립하는 특이성은 영과 진리의 새로운 차원으로의 전환을 통해 초월되어야 한다. 누군가는 예수의 이 말씀이 신약의 도래로 자동으로 실현되었다고 생각했을지 모른다. 그러나 라칭거 추기경의 다음 논평은 인용할 가치가 있다.

[성 아우구스티노에 따르면] 교회 안에는 신약이 아닌 구약에 속하는 것들이 많다. 신약의 시대와 신약의 현실은 일치하지 않는다.[110]

아마도 우리는 여기서 예수가 종말론적 환상처럼 오직 재림^{再臨}에서만 완전히 실현될 이상을 가리키고 있다고 보는 것이 진실에 더 가까울 것이다.

성령 안에서… 그는 내게 하늘에서 하느님께로부터 내려오는 거룩한 도시 예루살렘을 보여 주셨다. … 나는 그 도시에 성전을 보지 못하였으니, 그 성전은 전능하신 주 하느님과 어린 양이시니라(계 21:10, 22).

---

110 Balthasar, *loc. cit.*, 143에서 재인용.

어쨌든 예수가 제자들에게 이 영과 진리를 추구하기를 바라셨으며, 이것이 그의 복음 또는 신약성서의 중요한 요소를 구성했다는 데는 의심의 여지가 없다.

그러므로 기독교의 특정 형태를 넘어서는 일정한 통찰은 가능할 뿐만 아니라 예수를 따르는 자들에게 진지한 관심사가 된다. 이는 우리로 하여금 기독교 전통에 대한 우리의 충성이 기독교적 특수성에 대한 잘못된 집착과 지나치게 제한적인 해석을 포함하지 않는지 되돌아볼 것을 요구한다. 이는 하느님의 자녀들의 자유를 제한할 뿐만 아니라 타인에 대한 불필요한 대립을 초래할 수 있다. 그러나 이 모든 점을 인정하더라도 우리의 근본적 문제는 여전히 남아 있다. 이 특정한 것을 넘어서는 것을 어떻게 정의하고 구체화할 수 있을까? 우리는 그것이 어디로 이끌지 미리 알 수 없으며, 다른 종교들에서도 유사한 과정이 동일한 지점에 도달하기를 바랄 뿐이다. 우리는 종교적 특수성을 정확히 어떻게 평가할지, 그것들을 동시에 신과의 직접적 접촉을 향한 길에서 신성의 필수적 구현체이자 영과 진리 안에서 신성과의 접촉을 방해하는 장애물이며 인류의 일치를 가로막는 장벽으로 보는 방법을 고려해야 한다. 이러한 초월적 종교적 과정은 보편화라는 논리적 과정과 본질적으로 다르며 단순히 특수성을 제쳐두는 것은 불가능하다는 점이 분명해진다. 사실 그 과정은 오직 특수성 안에서 그리고 특수성을 통해서만 방향을 찾을 수 있다. 따라서 목표는 단순히 초월적인 것이 아니라 특수성 안에 내재하는 것이다. 라이몬 파니카르의 텍스트가 이 모든 것을 아름답게 암시하고 있다.

기독교 에큐메니즘은 기독교인들 사이의 다양성을 억누르지 않으면서 그들 사이의 일치를 이루려 한다. … 목표는 항상 새로운 합의점, 즉 다양한 기독교 고백들 모두에게 초월적이면서도 내재적인 원칙에 대한 더 깊은 충실함이다. 그리고 이러한 초월-내재성을 인정하기 때문에, 합의는 의견의 일치를 의미하지 않는다. 그것은 깨달은 마음들의 조화를 의미한다.[111]

또한 우리의 고찰이 폴 틸리히의 '자기초월적 특수성' 개념에 근접했음을 주목할 수 있다.

기독교는 자신의 특수성을 뚫고 나아갈 때 비로소 종교적 해답의 전달자가 될 것이다. 이를 달성하는 길은 단순한 개념에 불과한 보편적 개념을 위해 자신의 종교적 전통을 포기하는 것이 아니다. 그 길은 자신의 종교 깊이, 즉 헌신과 사유와 행동 속으로 파고드는 것이다. 모든 살아있는 종교의 깊이에는 그 종교 자체가 중요성을 잃는 지점이 있으며, 그 종교가 가리키는 대상이 그 특수성을 뚫고 나와 영적 자유로 고양되고, 이를 통해 인간 존재의 궁극적 의미가 다른 표현들 속에 현존하는 영적 존재에 대한 통찰로 이끈다.[112]

---

111 Panikkar, "Toward an Ecumenical Ecumenism," 781.
112 Paul Tillich, *Christianity and the Encounter of the World Religions* (New York: Columbia University Press, 1963), 121.

예비적 명제 7

종교 신학의 올바른 현황을 파악하기 위해서는 역사 속에서 기독교의 배타적 태도, 즉 다른 종교들을 인정하지 않는 태도의 정확한 원인과 의미를 철저히 분석할 필요가 있다.

방금 설명한 관점에서 볼 때 제2차 바티칸 공의회가 타종교에 대한 교회의 부정적 태도를 버린 것은 "예수 외에는 구원이 없다"는 입장에 대한 매우 제한적인 해석을 초월한 것으로, 예수의 이름이 필요하다는 점을 포기하지 않으면서 이루어진 것이다. 이러한 변화가 구체적으로 무엇을 의미하며 어떤 방향을 가리키는지 이해하려면, 먼저 배타적 태도가 언제, 어떤 상황에서 비롯되었는지 역사 속으로 거슬러 올라가야 한다. (비교적 최근에 생겨난 교리를 확고한 기독교 전통으로 오인한 사례가 이번이 처음은 아닐 것이다.) 그다음으로 우리는 이 전통적 배타주의의 내용을 살펴 그 안에 내재된 긍정적, 부정적 요소들을 밝혀내야 한다. 분명히 이 교리는 여러 잘못된 연결고리, 타당한 기독교적 통찰 그리고 (과실이 있든 없든) 오해들이 뒤섞인 복합체일 것이기 때문이다. 물론 여기에 요구되는 철저한 분석은 종교 간의 협력이 필요할 것이다. 기독교 교리사 전문가 다수의 공동 노력이 필요할 것이다. 본고는 몇 가지 질문을 제시하는 데 그칠 수밖에 없다.

초기 교회와 예언 전통

나는 원시 교회가 구약의 예언적 전통을 보편주의적 맥락에서 계승했다고 생각한다. 물론 이런 표현은 잠정적이다. 이는 단지 내가 그

초창기 시기에 중요하다고 여기는 요소들을 요약한 것에 불과하지만, 기독교 배타주의가 언제 시작되었는지에 대한 질문에 직접적인 답을 주는 것 같다. 즉, 그것은 초기 기독교인들이 유대 전통으로부터 물려받은 것으로서, 기독교의 초창기부터 존재했던 것으로 보인다. 그러나 나는 이 유산이 초기 기독교인들에게, 유대인들에게 가졌던 것과 동일한 의미를 지닐 수는 없었다고 주장한다. 왜냐하면 그들은 시야를 유대 민족에서 모든 민족으로 전환했기 때문이다. 우리가 알고자 하는 것은 그들이 스스로 하느님의 인류 계획의 유일한 수행자로 어느 정도 인식했는가이다. 우리는 무엇보다도 구약성서와 해당 분야 전문가들에게 의지해야 한다. 다음 내용은 그 논의의 출발점으로서만 의도된 것이다.

구약성경에는 모든 민족을 위한 하느님의 역사와 그들에 대한 돌보심을 찬양하는 매우 포용적인 장면과 선언들이 담겨 있다. 이는 특히 종교 신학이 매우 신중하게 연구해야 할 지혜 전통에서 두드러지는데, 그 주된 어조는 질투하는 하느님과 민족들의 신들에 대한 치명적인 논쟁이라는 예언적 성격으로 보인다. 도널드 스웨어러는 이를 다음과 같이 요약한다.

성경의 배타적 주장의 뿌리는 점차 발전한 구약의 유일신론에 있다. … 그러므로 신약의 기독교는 바빌론 포로기 및 그 이후의 유대교의 신학적 관점을 계승한 것으로, 여호와를 다른 신들 중 최고신으로 인정하던 입장에서 나아가 유일신이자 이스라엘뿐 아니라 우주 전체의 배타적 주님으로 확립된 것이다.[113]

이러한 관점에서 다른 모든 종교는 오직 한 가지로 축소되는 듯하다. 우상 숭배, 이는 기독교 신학에 불길한 결과를 초래할 좁은 시각이다. 유대교 자체에 관해서는 두 가지 추가 논점이 필요하다. 첫째, 구약성경이 타 민족의 신들을 비판하는 논쟁은 그들의 존재 자체나 타 민족의 숭배 행위를 겨냥한 것이 아니라 그들이 유대인들에게 초래하는 불신앙의 위험을 근본적으로 겨냥한 것으로 보인다. 이러한 신들의 숭배는 다른 민족에게는 허용될 수 있으나, 특별한 언약으로 야훼와 약혼한 그의 백성인 유대인에게는 허용되지 않는다. 따라서 명시적이고 배타적인 일신교적 신앙의 요구는 오직 유대인들에게만 적용되었다.

둘째, '교회 밖에서의 구원'은 구약성경에서 문제가 되지 않는다고 주장할 수 있다.

> 언약 종교에 속하거나 구원을 놓치는 딜레마는 구약성경에 명시적으로 나타나지 않는다.[114]
> 여호와에 대한 경험이 강하게 강조된 특수성에도 불구하고(혹은 바로 그 때문에), 이스라엘은 결코 다른 민족들을 신이 없고 구원이 없는 공허로 내몰지 않았다.[115]

이 시점에서 우리는 신약성서 학자들에게 질문을 던질 수 있다. 초

---

113 Swearer, *op. cit.*, 26-27.
114 Heisbletz, *op. cit.*, 24.
115 E. Zenger, "Jahwe, Abraham und das Heil aller Völker," Kasper, *op. cit.*, 39.

기 기독교인들이 그리스도의 사명과 메시지가 유대인뿐만 아니라 이방인에게도 동등하게 주어졌음을 깨닫고, 그 결과 자신들의 공동체를 이방인에게도 개방했을 때, 그들의 의식에는 정확히 어떤 변화가 일어났는가? 이제 그들에게 이방인과 그들의 종교는 어떻게 보였는가? 우리는 그들에게 다음과 같은 묘사가 실제로 무엇을 의미하는지 묻고 싶다.

> 그리스도 이전 하느님의 백성과 이방인들은 유일하신 분과의 관계에 있어서 충격적인 방식으로 동일한 선상에 놓이게 된다. 주목할 점은 그것이 전자의 불이익이 아니라 후자의 이익을 위한다는 점이다.[116]

이방인들에게 열린 것은 무엇이었는가? 구원의 가능성인가? 아니면 지금까지 유대인들에게만 주어졌던 특별한 소명에의 참여인가?

더 나아가 우리는 초기 기독교인들이 자신들의 공동체와 그 사명을 어떻게 이해하였는지 알고 싶다. 그들이 즉시 분열적인 사고방식, 즉 "우리와 함께하지 않으면 저주받을 것이다"라는 식으로 생각하기 시작했을 가능성은 낮아 보인다. 그들이 자신들을 유대인의 특별한 소명에 대한 선택된 상속자로 보았다 하더라도 새로운 특수적 민족으로 자각하기 시작했을 가능성은 있을까? 이 문제의 핵심은 초기 기독교인들이 예수를 어떻게 보았는가 하는 질문과 연결된다. 나는 지금까지 그리스도론적 문제들을 직접 다루는 것을 피해 왔음을 고백해야겠다. 이 예비적 고찰에 포함시키기에는 너무 민감한 주제라고 생각

---

116 H. Seebass, "Die Gottesbeziehung zur Götterwelt der Völker im Alten Testament," Strolz and Waldenfels, op. cit., 97.

했기 때문이다. 단지 한 구절을 생각할 거리를 제공하고자 인용한다.

> 두 경륜(유대인의 경륜과 지상의 모든 민족을 포용하는 더 큰 경륜)
> 은… 신약적 관점에서 예수 안에서 결합되고 융합된다. 그는 이스라
> 엘이 재현된 '선택받은 자'이다. 그러나 그는 또한 우주 전체에 현존하
> 는 '하느님의 지혜'이기도 하다.[117]

초기 교회 교부들: 지혜와 종교

초기 교회 교부들은 종교 신학에 있어 지극히 중요하며―따라서
이 관점에서 신중한 재고찰이 필요하다―, 그 이유는 그들이 아마도
우리 시대 이전에 종교의 다원성을 진정으로 인식한 유일한 기독교인
들이었기 때문이다.

> 종교적 다원주의는 초기 기독교인들의 환경이었다. 그러나 우리 교
> 회의 사상과 전통이 발전하고 정립된 서방 기독교 사회는 매우 달
> 랐다.[118]

초기 기독교인들은 자신들이 속한 종교들과 그 관계들을 어떻게

117 Pietro Rossano, "Christ's Lordship and Religious Pluralism," Anderson and
Stransky, *Mission Trends* No. 5, 29.

118 J. V. Taylor, "'The Theological Basis for Interfaith Dialogue," J. Hick and B.
Hebblethwaite eds., *Christianity and Other Religions* (Glasgow: Collins, 1980),
214.

바라보았는가? 몇 가지 단서만 제시하겠다.

초기 교부들(적어도 상당수)은 하느님이 인류 역사 전체 속에서 일하고 계신다고 보았던 것으로 보인다. 오직 한 분 하느님이 계시니, 그분은 시작부터 끝까지 다양한 방법으로 인류의 구원에 이르신다(이레니우스, 『이단 반박』 iii, 12:13).

그들은 또한 인류 안에서 하느님의 활동 전체를 기독교적 섭리로 보는 경향이 있었다.

그리스도는 하느님의 독생자이자 신성한 말씀이시니, 모든 민족이 그 안에 거한다. 그리고 로고스에 따라 살았던 자들은 그리스도인이다. 비록 그들이 그리스인들 가운데 소크라테스와 헤라클레이토스처럼 무신론자로 여겨졌을지라도 말이다(저스틴 순교자, 『변증론』 I, 46).

교부들의 이러한 견해는 기독교에 대한 포용적 관점의 토대를 확실히 제공한다.

동시에 교부들은 아주 초창기부터 이교 문화와 지혜(철학)를 한쪽에, 이교 종교를 다른 쪽에 두고 명확하게 구분했던 것으로 보인다. 이는 이후 신학에 중대한 영향을 미칠 이분법이 도입되었다. 그들 중 다수는 이교적 지혜를 높이 평가하며, 이를 하느님께서 주신 선물이자 복음의 완전한 지혜를 위한 일종의 계시이자 준비 단계로 여겼다. 아마도 그들은 구약의 지혜 전통의 영향을 받아 모든 인간 지혜가 하느님께 영감을 받은 것이라고 보았다. 오리게네스는 "유대교에서든

헬레니즘에서든, 하느님의 직접적인 행위와 독립된 진리는 존재하지 않는다"고 강조했다고 전해진다.[119] 알렉산드리아의 클레멘스는 철학이 "그리스인들에게 그들의 성서로 주어졌으며, 그리스도의 철학으로 이끄는 디딤돌 역할을 했다"고 가르쳤다(*Stromata v*).[120]

그럼에도 불구하고 교부들은 동시대인들의 (모든?) 종교적 관습을 우상 숭배로 간주한 것으로 보인다. 유스티누스의 『변증론』은 이를 간결한 공식으로 요약했다. "소크라테스와 다른 이들을 통해 말씀하신 로고스는 인간을 빛으로 인도하고, 악마의 일, 즉 이교 종교로부터 벗어나게 하셨다." 이러한 입장을 취하는 데에는 당대 그리스-로마 다신교의 저질적이고 억압적인 성격이 영향을 미쳤을 수 있으나, 구약성경의 이방 신들에 대한 격렬한 비판을 말한 측면도 분명히 있다.

이는 상당히 중요한 문제로 이어진다. 우리는 교회 교부들이 세속적(이성적) 지혜를 높이 평가하면서도 기독교 외의 모든 종교를 비난하는 경향이 있었다고 말하고 싶은 유혹을 느낄 수 있다. 대부분의 신학자들이 도출한 결론이다. 이는 '종교'라는 단어에 대한 명백한 오독이며 교회 교부들의 고귀한 사고 속에 현대적 개념을 억지로 끼워 맞춘 사례라고 본다. 우리에게는 당연한 질문인 "플라톤의 철학을 종교적이라 보느냐, 세속적이라 보느냐"를 그들은 이해할 수 있었을까? 더 중요한 점은 그들이 불교를 인도적 맥락에서 이해했다면, 그것을 우상 숭배로 보았을까, 아니면 신으로부터 온 지혜로 보았을까? 나는 후자라고 확신하며, 이는 과거 타종교에 대한 기독교의 생각을 괴롭혀

---

119 Constantelos, *loc. cit.*, 186.
120 Khodr, *loc. cit.*, 40.

온 또 하나의 사실로 우리를 인도한다. 즉, 기독교는 그 이전 역사에서 불교처럼 높은 수준의 비일신교 종교를 만난 적이 없다는 사실이다.

서구 기독교 세계: 고슴도치

방금의 '불경스럽다고도 할 수 있는'이라는 표현은 중세 기독교가 종교가 인간 노력의 모든 영역을 포괄하고 통합하는 아름답게 완성된 세계였으나 외부 위협으로 인해 자기 자신에게만 집중하게 되었다는 점을 암시한다. 두 특징 모두 중요하다고 믿는다. 기독교가 적들로부터 방어해야 할 문화·정치적 공동체와 동일시되게 된 사실 그리고 이 세계가 다른 종교·정치적 복합체에 의해 지속적으로 위협받으며 그로 인해 세계의 나머지, 특히 동방과 단절되게 된 사실이다. 앞서 인용된 구절 바로 뒤 J. V. 테일러에 의하면, 서방 기독교 세계가 이슬람의 포위된 힘과 우월한 문화에 의해 둘러싸여 광활한 유라시아 대륙의 서쪽 구석으로 밀려났다. 그리고 이에 대한 대응 공격으로 교회는 십자군 정신을 발전시켰으며, 이는 교회의 전통에서 근본적인 특징이 되었다.

장자도 대주교도 유사한 그림을 그린다.

[중세] 기독교인들에게 '타자'의 경험은 거의 전적으로 그들 가운데 있는 유대인들과 일반적으로 이베리아 재정복, 성지 통제를 위한 십자군, 서방 침략 위협을 동반한 발칸 반도의 오스만 통치에서 싸워야 할 적으로 인식된 무슬림들로 구성되었다.[121]

이러한 상황에서 '다른 종교'의 이미지는 무엇이었을까? W. 옥스토비는 간결한 해답을 제시한다.

> 유럽이 십자군 전쟁 기간 이슬람을 진지하게 인식하기 시작하면서,
> 기독교인, 유대인, 무슬림, 이교도로의 4분법적 분류가 정착되었다.
> … 근대 초기 유럽에서 유대인들은 기독교 세계 내부의 이질적 공동
> 체였고, 무슬림들은 외부 이질 공동체이자 과거로부터 온 이질적 세
> 계를 대표했다.122

더 과감하고 간결하게 요약하고 싶은 유혹도 상존한다. 중세 기독
교인들의 타종교 인식은 무지와 공포, 적대감에 의해 너무나 왜곡되
어, 그들이 그 토대 위에 구축한 신학적 판단은 유효함은커녕 교훈적
이라고 보기조차 어렵다는 주장이다. 그들이 실제로 경험한 것은 두
개의 다른 일신교, 즉 동일한 아브라함의 두 아들에 대한 것이 전부였
다. 이슬람에 관한 판단이 가장 현명한 조언자가 아닌 공포심에 의해
좌우되었다는 점에 대해서는 더 이상 언급할 필요가 없다. 그들 가운
데서 유대인에 대한 경험과 평가는 훨씬 더 복잡한 문제이지만, 유대
교가 기독교에 의해 대체되었다는 인식, 그리고 '그리스도를 죽인 자
들'이라는 유대인에 대한 이미지가 긍정적 평가를 거의 불가능하게 만
들었다.

한편 그들이 아브라함계 종교 외의 종교에 대해 가진 유일한 지식

---

121 Jadot, *loc. cit.*, 366-367.
122 W. Oxtoby, *The Meaning of Other Faiths* (Philadelphia: The Westminster Press, 1983), 39.

은 고전 독서를 통해 전달되었으며, 기독교라는 고등 문화를 아직 받아들이지 않은 변방 지역의 일부 시골 사람들(이방인, *pagani*의 원래 의미)의 관습을 통해 접했을 뿐이었다. 결국 이는 세계의 종교들과의 새로운 만남을 위한 최선의 준비가 아니었으며, 세계 종교와의 만남은 사실상 백지상태의 역사 1,000여 년이 지난 후인 근대에 이르러서야 가능해졌다.

현대 시대: 정복자의 자아상

나에게는 한 손에는 십자가를, 다른 손에는 총을 든 기독교 선교사의 악명 높은 이미지를 떠올리려는 의도가 전혀 없다. 또한 오늘날 기독교 선교사들의 동기와 정신이 근본적으로 정복자들의 것과 동일하다고 강조하는 이들의 주장에도 동의하지 않는다. 서구 문명이 세계를 정복하던 시대의 시대정신은 기독교인들(그리고 다른 종교인들에게는 훨씬 더)로 하여금 고등 문명의 영감이자 정점인 이 기독교라는 종교가 다른 종교들과 어떤 식으로든 연관되어 있다고 보는 것을 불가능하게 만들었다는 점을 말하고자 할 뿐이다. 우리가 수 세기에 걸쳐 쌓아온 선입견들—우상 숭배, 악마의 소행, 열등한 이교 등—은 사태를 더욱 복잡하게 만들었고, 타자를 그 본연의 모습 그대로 보고 경험하는 것을 극도로 어렵게 했을 뿐이다.

그럼에도 불구하고 동양 문명과 종교에 대한 최초의 객관적 정보가 선교사들의 편지와 보고서를 통해 유럽에 전해졌다는 사실은 자랑스러운 일이며 개인이 사회적 조건을 초월할 수 있음을 다시 한번 증명한다. 여기서 제기해야 할 질문들은 많다. 예를 들어 "교회 밖에는 구원이 없다"(*extra ecclesiam nulla salus*)는 교리는 어떻게 대부분의 기독교인들 마음속에서 상대화되었는가? 선한 이교도들의 세례받으려는 의지와 그들의 종교 사이에 아무도 연관성을 찾지 못했는가? 리치(Ricci)는 어떻게 다른 문화와 종교 그리고 그것들이 기독교와 맺는 관계를 구별했는가? 그 외에도 너무 많아 일일이 열거하기 어려운 수많은 질문이 있다. 그러나 그중 하나, 보다 포괄적인 질문은 그 중요성 때문에라도 간과해서는 안 된다.

매우 복잡한 문제이지만, 먼저 간결한 표현으로 시도해 보자. '개신교 정신'은 다른 종교에 대한 기독교적 시각에 어떻게 영향을 미치는가? 긴 이야기를 짧게 요약하려는 시도로 몇 가지 암시만 덧붙일 뿐이다.

개신교의 기원은 일반적으로 후기 중세로 거슬러 올라가지만, 그 뿌리의 대부분은 서구 근대성과 겹친다고 할 수 있다. 서구의 이 근대적 정신은 세계가 이전에 알고 있던 다른 문화들과는 너무나 다른 문명을 만들어 내는 데 성공하여, 때로는 역사의 '괴물'이라 불리기도 한다. 개신교는 가톨릭을 일종의 '이교도적' 관행으로 간주하는 경향이 있었으며, 성경 외에는 어디에서도 찾을 수 없는 하느님의 역사적 말씀의 순수성으로 회귀하려 했다. 또한 그 신성한 말씀이 인간의 종교성과 자연적(피조물적) 열망과는 단절되어 있음을 강조했다. 이 에큐메니컬 시대에 이러한 태도의 긍정적 측면을 부정하려는 것은 결코 아니다. 그러나 바로 여기 우리가 염려하는 정확한 지점에서 순수한 형태의 이 개신교 정신은 상황을 매우 어렵게 만들거나 심지어 완전히 절망적으로 만든다고 생각된다. 그렇다고 해서 내가 이 글에서 계속해서 인용해 온 모든 개신교 저자들을 불순한 것으로 낙인찍으려는 것은 아니다.

글을 마무리하며 위의 고찰에서 몇 가지 더 예비적 논제를 도출할
수 있다. 지금 그 논제들을 모두 전개할 수는 없으나, 그중 세 가지를
제시하며 끝맺고자 한다.

예비적 명제 8

종교 신학은 포괄적이고 광범위한 관점이라는 새로운 특성을 고
려할 때, 기독교 세계 내에서 발전해 온 신학과 단순한 연속성 속에서
유익하게 실천될 수 없다. 오히려 남미의 해방신학들과 유사한 맥락
에서 새로운 탄생의 징표를 제시해야 한다.

예비적 명제 9

다른 종교들의 현대적 체험과 더불어, 성경(구약과 신약)의 보편주
의적 경향을 진정으로 이해하는 새로운 해석 그리고 소수자로서 비기
독교 세계와 진정으로 맞서 싸운 초기 교부들에 대한 재검토는 종교
신학을 위한 최상의 자원이 될 수 있을 것이다.

예비적 명제 10

진정한 종교 신학에 필수적인 것은 우리 신앙에서 창조의 차원과
그 차원에서의 신성과 인간성의 연결을 재확인하는 것이다. 이와 관
련하여 요한복음 서론의 맥락에서 예수 그리스도와 창조물, 역사적

차원과 존재론적 차원의 관계를 재평가하는 것은 가장 중요한 의미를 지닌다. 이러한 이유 등으로 인해 구원 개념은 종교 신학의 유일한 중심 개념이 될 수 없다.

6장

종교 간 대화와 철학

종교 간 대화와 철학

철학은 현재의 종교 간 대화에 대해서 무엇을 말할 수 있는가 그리고 그 안에서 무언가를 말할 수 있는가? 이러한 질문들은 우리에게 종교와 철학 혹은 신앙과 이성의 관계라는 문제를 즉각적으로 제기하며 이 오랜 문제에 새로운 요소를 추가할 수도 있다는 점을 배제할 수 없다.

본고에서는 이러한 질문들을 다루되, 주요 세계 종교들 간의 대화라는 관점으로 시야를 제한할 것이다. 보다 구체적으로 불교와 기독교 간의 대화에 전적으로 초점을 맞춘다. 따라서 일본 국내에서 벌어지는 많은 일들은 거의 다루지 않을 것이다. 현재 진행되고 있는 종교 간 대화는 실행 가능한 일인가? 그것이 동시에 필요하고 진보적이라는 점에서 역사적 타당성을 보여주는가? 인류가 지구상에서 인간성을 유지하고 증진시키기 위한 지속적인 투쟁 속에서 긍정적 요인이 될 것인가? 이는 거대한 질문들이며 비록 피할 수 없이 제기해야만

---

* 이 글의 원문은 *Japanese Religions* 10/4 (1979): 27-45에 게재됨.

하지만, 답할 준비가 전혀 되어 있지 않은 질문들이다. 적어도 몇 가지 주석을 달게 해 주길 바란다. 사실 대화의 역사적 중요성에 대한 확고한 신념이 이를 실천하는 이들의 기반이 되고 또 지지하는 것으로 보인다. 이러한 신념은 존 콥이 말한 것처럼 다소 현실적인 방식으로 표현될 수 있다.

불교와의 대화에 임하는 나의 동기는 다소 이기적이다. 나는 상대방의 진리를 배우고자 한다. 그래야만 더 이상 조각난 상태가 아닌, 더 충만한 기독교에 도달할 수 있기 때문이다.[1]

혹은 H. 뒤물랭이 동서양의 만남을 20세기 가장 획기적인 사건으로 평가한 토인비의 말을 인용하듯, 명시적인 세계관을 수반할 수도 있다.[2] 이러한 신념은 여러 차원에서 판단할 수 있겠으나, 대략 다음과 같이 정리할 수 있다.

1. 종교는 과거 문화의 기본 요소라고 보편적으로 인정받아 왔으며, 현재에도 그러하며, 미래에도 인간 문화의 '인류성'을 이루는 중요한 요소로 남을 것이다. 두 문화 간의 만남은 이러한 기본적 요소들을 다루지 않는 한 표면적인 수준에 머무를 수밖에 없다.
2. '이러한 기본 요소들'은 주로 세계관과 인간 삶에 대한 관점과 같

---

1 아타미의 구두 발표, 1978년 4월 22일. 그 역시 현대 기독교가 그 파편성을 극복하는 것이 중요하다고 분명히 생각하고 있다.
2 H. Dumoulin, *Christianity Meets Buddhism* (LaSalle, il: Open Court, 1974), 31-32.

은 근본적 사고 패턴으로 구성된다. 따라서 대화 참여자들은 "기술적 지성만으로도 충분하다"고 하면서 형이상학적 질문에는 무관심을 보이는 현대인들의 감정을 공유하지 않는 듯하다.
3. 문화 간의 상호 영향은 인류가 진보할 수 있는 결정적 기회 중 하나이며, 종교적 영역에서도 마찬가지이다.

마지막 점에 대해 몇 마디 덧붙여보자. 현대사는 대략 동서양으로 구분되는 두 문화 블록의 필연적 융합을 목격하고 있다. 이들은 마치 혼합된 두 화학 물질처럼 서로 반응하기 시작했으며, 특정 혼합물을 생성하고 내적 변화를 일으키고 있지만, 그것이 어떠한 변화인가에 대해서는 아직 정의되지 않고 있다.

철학과 종교의 상호작용

이러한 묘사가 상호성과 새로운 것의 창조를 함의하는 한, 일방적인 국제성을 지닌 실증주의적 과학 및 기술 분야에서 벌어지는 일과는 분명히 잘 맞지 않는다. 또한 이는 사회경제적 차원에서 일어나는 현상(비록 인간관계 및 경영 분야에서 동양 사상의 영향이 미미하게나마 감지되기는 하지만)과는 직접적인 관련이 없다. 이러한 결합은 예술 영역에서 훨씬 더 뚜렷이 드러나는데, 예를 들어 현대 건축은 동양으로부터의 영향 없이는 생각할 수 없다.

철학과 종교 영역에서 상호작용은 어느 정도까지 드러나는가? 동양에서 일어나는 일은 잠시 제쳐두고, 서양에서는 두 가지 현상을 지적할 수 있다. 첫째, 쇼펜하우어, 니체, 하이데거 등을 통해 동양 사상이 서양 학계 철학의 주류에 미미하지만 분명히 스며들었다. 둘째, 대중적 차원에서 동양의 영적 기법들이 서양의 다양한 계층으로 유입되며 현재 붐을 이루고 있다.

이러한 사실 자체는 부인하기 어렵지만, 그것이 갖는 의미에 대해서는 논쟁의 여지가 있다. 어떤 이들은 이를 쇠퇴의 징후로만 보는 반면, 다른 이들은 미래에 대한 희망의 신호로 환영할 수 있다. 바로 이러한 배경 속에서 세계 주요 종교들 간의 대화, 특히 불교-기독교 대화가 등장한다. 이러한 배경과는 별개로 사회학은 종교 집단 간의 개방에 대해 상당히 부정적인 목소리를 내고 있는 듯하다. 종교 간 대화의 참여자로서 나는 이 부정적 평가, 솔직히 말해 민감한 부분을 건드리는 목소리와 맞서 싸우고 싶은 강한 유혹을 느낀다. 그러나 이 문제는 이미 다른 곳에서 자격을 갖춘 전문가들에 의해 다루어졌기에 나는 다소 철학적인 관점에서 몇 가지 언급하는 것으로 만족하겠다.

사회문화적 종교 간 대화

사회학이 상기시켜 주는 바와 같이 종교 간 대화 자체는 인류의 종교적 감수성이 깊어지고 있다는 증거도, 참여 종교 집단 내부에 확장적 에너지가 존재한다는 신호도 아니다. 현실을 직시하자. 대화, 즉 '대항자'를 파트너로 전환하는 행위는 힘의 우위에서 벗어나 시작되는 경우가 드물며, 불안정한 세속화의 물결은 분명히 현재 대화 운동의 배후 세력 중 하나다.

더욱이 잠시 대화를 가장 넓은 문화적 의미에서 바라볼 때, 서양이 동양 문화에 관심을 갖는 것은 존재적 필요성(그리고 아마도 방어적 반응)

에 의해 동기가 부여될 때만 진지하고 보편적이어서 미래에 대한 희망을 줄 수 있을 것이다. 즉, 이기적인 욕망, 이국적 흥분 또는 고상함, 편견 없고 선의의 진리 탐구에만 의존하는 한, 그것은 심각하게 제한된 상태로 남을 것이다. 이것이 의미하는 역사적 운동의 가치는 그 동기로 판단될 수 없다는 것이다. 역사가 충분히 증명해 주듯 '악'에서 선이, 필요성에서 덕이 자라날 수 있다. 따라서 우리는 우리 작업의 역사적 배경을 지나치게 염려해서는 안 된다.

또한 우리는 대화가 우리 자신의 종교에 직접적인 사회학적 이점을 가져다줄 것이라고 기대해서는 안 된다는 점을 상기해야 한다. 오히려 우리는 이 대화가 우리 집단의 정체성에 미칠 수 있는 위험을 경계해야 한다. 어쨌든 대화에 동기를 부여받기 위해서는 비록 자신의 집단이 사회학적으로 반드시 이익을 얻지는 못할지라도 우리의 노력이 미래에 종교와 인류에 이로울 것이라고 믿는 것이 필요하다고 생각한다. 종교 문제에서 상대주의와 회의주의의 원인이자 결과라는 의심 또는 집단적 자기반성이나 상호 칭찬 모임으로 전락할 수 있다는 경고와 관련해서도 유사한 지적이 가능하다. 그러나 이런 점을 고려할 필요가 있다.

1. 대화에 대한 사회학적 통찰은 대부분 기독교 종파 간의 에큐메니컬 대화 연구에서 얻어진 것으로 보이며, 그 모든 결론을 더 넓은 종교 간 대화에도 적용할 수 있을지는 의문스럽다.
2. 사회학적 고려 사항은 분명히 매우 유용하지만, 종교 간 대화 전체를 평가하는 데 결코 충분하지 않다. 위에서 간략히 언급했듯이 판단을 내리기 위해서는 특정(철학적) 역사관이 필요하며 이

는 불가피하게 판단의 일부를 형성한다. 종교 집단의 경계가 명확히 구분되고 외부와의 접점이 상대적으로 닫혀 있을 때 집단으로서 더 건강해 보일 수 있다는 점은 사실일 수 있다. 그러나 단일 집단에 대한 이러한 정적인 시각은 일종의 추상화에 불과하다. 상호 이해와 소통이 필요한 더 넓은 사회도 고려해야 한다. 또한 살아있는 현실이 발전할 필요가 있다. 그 과정에서 발생하는 모든 격변과 성장통을 감수하거나 아니면 사라져야 한다. 헤겔의 견해―문화 기관이라는 고요한 연못이 썩지 않도록 역사의 거센 바람에 의해 때때로 교란되어야 한다―를 지지하는 것은 어렵지 않다. 더 나아가 종교 간 대화에 대한 평가는 궁극적으로 신학적이어야 한다. 종교적 가치는 사회학적 가치에 국한되지 않는다. 신앙의 진정한 시험이자 최고의 기회인 미지의 영역으로의 여정을 지지하는 성경적 선험적 근거가 존재하는 듯하다. 시몬느 베이유가 그녀가 깊이 존경했던 J. 페랭 신부에게 한 솔직한 말들이 종종 떠오른다.

"당신 안에는 심각한 결함이 분명히 존재하는 것 같습니다. … 지상의 고향으로서의 교회에 대한 당신의 집착이 바로 그것입니다. 당신에게 교회는 천국과의 연결고리이면서도 동시에 지상의 조국이기 때문입니다."[3]

---

3 Simone Weil, *Attente de Dieu* (Paris: La Colombe, 1950), 78.

대화의 현상학

이제 우리는 제목에서 종교 간 대화와 철학을 중립적인 접속사 '그리고'로 연결함으로써 회피했던 문제에 이르게 된다. 일반적으로 종교 간 대화가 두 개 이상의 종교가 익숙한 경계를 벗어나 서로를 만나는 것으로 볼 수 있다면, 지금까지의 대화의 실천은 이러한 만남들이 사실 모두 동일한 수준에서 이루어지고 있지 않음을 시사한다. 대화의 현상학은 아마도 다양한 대화 수준에 대한 질문에 답함으로써 정립될 수 있을 것이다. 만남이란 무엇인가? 왜 만남이 발생하는가?(동기) 만남의 목표는 무엇인가?(목적) 어디서 만남이 이루어지는가? 이들을 적용해 보자.

'공통된 인간성'의 수준에서의 만남

여기서 무엇이라는 질문은 부적절해 보인다. 분명히 사람들, 즉 종교적 성향을 가진 사람들 자체가 만나는 것이다. 일반적으로 특별한 목적이나 방향성은 존재하지 않으며, 동기는 단순히 전통적 장벽으로 인해 만나지 않는 것이 현재의 다원적 사회에서 부자연스러운 일이라는 인식과 만날 가치가 있는 좋은 사람들이 다른 종교 집단에도 존재할 것이라는 추측에서 비롯될 수 있다. 어디서 만나는지에 대한 질문에는 이렇게 답할 수 있다. 공통된 인간성 속에서 그리고 어느 정도까지는 더 이상 정의되지 않은 공통된 종교성 속에서. 이 수준에서는 모든 종교적 차이는 무관한 것으로 간주된다.

사회 활동 차원에서의 만남

여기서는 종교 단체의 대표자들 혹은 적어도 어느 정도는 자신들의 종교 조직이 가진 사회적, 경제적 자원에 의존하는 사람들이 공동의 사회봉사를 수행하기 위해 만나며, 사회에서 종교의 공동 목적을 추진하기 위해 만나는 경우도 비록 수는 적지만 있을 수 있다. 여기서 함께 모이는 것은 사회 행동과 세계 개선을 향한 다양한 종교적 충동이라고도 할 수 있다. 이들은 개별 행동의 한계성을 인식하고 함께 모인다. 만남의 장은 인류의 필요성(및 종교 단체들의 공통된 사회적 요구)이다. 일반적으로 행동 동기와 관련된 차이까지 포함해 종교적 차이는 현관에 남겨둔다. 물론 이 같은 자리에서 매우 의미 있는 종교적 교류가 일어날 가능성을 배제하지는 않는다.

영성 차원, 종교적 경험에서의 만남

이 차원에서 다양한 종교 전통의 종교적 경험을 가진 사람들이 서로를 풍요롭게 하기 위해서 만난다. 다시 말해 절대적 존재에 대한 인식과 종교적 훈련의 서로 다른 전통들이 마주하는 것이다. 그들이 서로를 찾는 이유는 무엇인가? 소중한 종교적 경험이 자신의 집단에만 국한되지 않으며 자신의 전통에서는 대표되지 않거나 제대로 표현되지 않은 영성의 일부 요소가 타인 속에서 발견될 수 있다는 추측에서 비롯된다. 이때 만남의 장소는 명백하게 종교적이다. 즉, 인간을 구성하는 특정 요소로서의 종교성 자체 혹은 일상적 인식을 초월하는 종교적 경험에서 만난다. 모든 특정 형태의 종교적 제도, 특히 교리적 정립의 모든 차이는 더 이상 직접적 경험에 집중하는 데 중요하지 않다. 이 직접적 경험은 반성 이전의 경험이라 불릴 수 있으나, 주로 본질적으로 모든 인간적 반성과 정립을 초월하는 것으로 제시된다.

이론적 또는 교리적 차원의 만남

우선 넓은 의미에서 볼 때, 이는 가장 접근하기 쉽고 따라서 가장 널리 실천되는 대화이다. 그 이유는 단순히 그 내용이 객관화하기 가장 쉽기 때문이다. 그것은 글로 쓰여 서점 진열대에 놓여 있다. 유럽의 기독교인이 불교에 관한 책을 특정 종교적 기대를 품고 집어 드는 것과 일본 시골의 승려가 불교 경전보다 이해하기 쉽다는 이유로 성경을 즐겨 읽는 것은 이 대화에 참여하는 것이라고 말할 수 있다. 그러나 여기서 우리는 이 대화의 더 엄격하고 전문화된 형태에 초점을 맞추고, 앞서 언급한 사례들보다 다소 더 깊이 분석을 진행하고자 한다. 비록 아직은 그리 멀리 나아가지 못할지라도, 내가 말하고자 하는 바는 아기의 첫걸음마에 비유하는 것이 가장 적절할 것이다.

이 '이론적 차원의 종교 간 대화'의 구체적 본질을 탐구하기 시작할 때, 우리는 모든 인간적 만남의 역설적 본질이라는 문제에 즉시 직면한다. 개인 a의 자아의식은 대상화(즉, 자기 자신을 벗어나 다른 무엇이 됨)하지 않고서는 개인 b에게 자신을 드러낼 수 없다. 마찬가지로 c(이 수준에서 실재하는 존재)의 자아의식에 도달하기 위해 b는 이러한 모든 객체화를 뚫고 나가려 애써야 한다. 헤겔은 전형적으로 급진적인 방식으로 개인들은 서로를 부정함으로써만 진정으로 서로를 인식할 수 있다고 지적한다. 우리의 경우, 이 어려움을 다음과 같은 질문으로 정리할 수 있다. 종교들이 자신들 밖으로 나와 다른 종교들을 만날 때, 여전히 만나는 것은 종교 그 자체인가?

종교적 방식의 굴절

이제 "이 만남에서 무엇이 만나고 있는가?"라고 묻는다면, 우리는 즉시 이렇게 답할 수 있을 것이다. 서로 다른 종교들의 '신학들', 즉 종교들이 특정한 사상 체계에 따라 자신들의 종교적 사상을 체계적으로 표현한 교리들이 만난다. 다시 말해 "사상 수준에서 종교적 방식의 굴절들"이 일어난다.[4] 그러나 어떤 신학이 실제로 종교를 어느 정도까지 대표하는가? 종교적 사고는 기껏해야 종교적 현실과 실천으로부터 "한 단계 떨어져 있다"는 점 그리고 특정 종교와 그 종교가 자신을 표현하는 신학 사이의 연결 필요성은 언제나 의문시될 수 있다는 점은 상당히 명백해 보인다. 일본 지식인과 대화할 때, 그들이 바르트 신학과 기독교를 단순히 동일시하는 어려움을 경험해 본 사람이라면, 내가 여기서 공상만 하고 있지 않다는 것을 알 것이다. 또한 불교 신학을 통해 일본인의 종교적 현실을 이해하려 시도해 본 사람이라면—물론 여기서 상황은 더욱 복잡하지만—, 마찬가지로 내 의견에 찬성할 것이다.

사실상 세계 종교들은 이성적 차원에서 자신들을 객관화할 필요가 있을 뿐만 아니라—이 점은 독자도 인정해 주어야 할 것이니 여기서 자세히 설명할 자리는 아니지만— 이러한 개념적 표현들은 종교의 내적, 외적 정체성의 중요한 부분이 되었다. 이를 보여주는 사례로 제2차 바티칸 공의회 이후 신학에서 강조점의 변화와 특정한 전통적 표

---

4 신학과 복음 사이의 구분이 여기서 도움이 되지 않을까 우려되므로, 여기서는 이를 고려 대상에서 제외한다.

현(예를 들어 *transubstantiatio*)의 상대화 때문에 많은 가톨릭 신자가 느끼는 불안감을 들 수 있다. 반대로 일본에서 이 대화에 참여한 이들은 모두 비개념적 동양이 무無 또는 공空에 대한 신학에 얼마나 집착하는지 경험해 왔다.

신학이 종교의 정체성에서, 심지어 그 종교를 내부에서 실천하는 이들에게조차 그토록 큰 역할을 한다면, 외부인들에게는 더욱더 그러할 수밖에 없다.

여기서 잠시 멈추어 두 가지 결론을 도출해 보자. 첫째, 두 세계 종교 간의 대화는 신학 문제를 어디까지나 회피할 수는 없으며 반드시 신학의 매개를 거쳐야 한다. 둘째, 신학이 자족적 실체로 취급되지 않도록 충분한 주의가 필요하며 항상 그것이 대상화하는 것(어느 정도 진정성을 지닌)을 가리킨다는 점을 인식해야 한다. 몇 세대에 걸친 방법론 연구자들은 이 문제들로 충분히 분주할 것이다.

이제 다른 두 신학이 어디에서 만날 수 있는가 하는 질문으로 넘어가자. 강을 사이에 두고 양쪽 산꼭대기에 각각 튼튼한 성을 지은 주민들이 서로 접촉을 원한다면 최소한 부교나 사다리 몇 개는 내려야 한다. 더 나은 방법은 양측이 요새를 떠나 강가의 중립 지대에서 서로 목소리가 닿는 거리까지 나와 만나는 것이다. 물론 모든 비교는 불완전하다(*Omnis comparatio claudicat*). 하지만 이 정도는 자명하다. 상호 공략 불가능한 성곽이라는 나의 비유가 상당히 적절할 수 있다. 우리가 마주한 체계적 담론들은 각각 종교 전통의 성벽 안에서 발전해 왔으니 말이다. 그러나 양측으로부터 대략 동등한 거리에 위치한 중간 만남의 장소는 환상일 수 있다. 어쨌든 양 신학이 만나려면 둘 다 제삼의 무엇(*tertium quid*) 안에 자신을 드러내거나 투영해야 할 것 같다. 다른 차원의 대화에서 일어나는 일을 기준으로 판단해 볼 때, 그러한 제3의 영역은 양측을 초월하면서도 어느 한쪽에게도 낯선 것이어서는 안 된다. 그것은 양측이 공유하는 무엇이어야 한다. 한마디로 포괄적인 그 무엇이어야 한다.

이는 우리를 인간의 이성과 철학에서의 그 체계적 활용으로 이끌고 갈 것이다. 기독교와 불교 신학이 교토 학파의 철학보다 더 강렬하게 만날 수 있는 다른 장소를 나는 알지 못하기 때문이다. 그러나 한꺼번에 너무 많은 장벽을 뛰어넘지 말고, 이 가설이 자리를 잡을 시간을 주자. 이제 철학이라는 단어가 공개적으로 언급되었으니, 의지할 만한 벡터가 너무 부족한 이 영역에서 일종의 지침이 되어줄 수 있을 것이다. 교리적 차원에서 세계 종교들이 만나는 것은 철학의 문제인가? 이런 종류의 대화를 종교 간 대화의 철학적 측면이라 부를 수 있을까? 서로 다른 종교들의 철학이 만나는 것이라고 말할 수 있을까? 종교의 철학이란 무엇을 의미할까? 20세기 전반 프랑스에서는 기독교 철학 (philosophie chrétienne)이라는 개념을 중심으로 격렬한 논의가 있었으나, 이를 인용할 만한 자료가 현재 내 손에 없다.

종교적 태도와 논리적 전제

여기서 몇 가지 내용을 세밀히 구분해 볼 필요가 있다. 종교의 철학은 우선 종교적 태도와 교리의 논리적 전제들을 체계적으로 설명하는 것을 의미할 수 있다. 이러한 전제들은 그 단어 자체가 시사하듯, 교리 속에 명시되지 않으며 그 자체로 신앙의 대상이 아니다.

그러나 일단 이러한 전제들이 제시되면—옳든 그르든— 그것들은 교리의 일부로 간주되고 진리로서의 절대적 성격을 공유하는 경향이 있다. 예를 들어 불교의 연기緣起(또는 적어도 그에 대한 정교화)와 기독교의 신의 인격성 교리를 들 수 있다. 나는 '옳든 그르든'이라는 표현을 사용했는데, 이는 여기서 문제가 극히 미묘하기 때문이다. 실제로 이 첫 번째 범주에 속한다고 여겨지는 것의 절반은 두 번째 범주, 즉 전통적으로 동반되는 종교의 세계관 또는 이데올로기에 속할 수도 있다. 정의를 시도해 본다면, 나는 이를 종교적 입장을 합리적으로 명확히 하고 지지하며 방어하기 위해 채택되거나 정교화된 철학적 교리로 보되, 그 교리적 입장을 전제하려는 의도는 없다.

이러한 종교철학과 그것이 지칭하는 종교 간의 관계는 원칙적으로 해당 종교와 그 철학적 전제 사이의 관계보다 자유롭다. 그러나 실제로 사람들은 이들을 구분하지 않으며 종교와 그 세계관 또는 이데올로기를 동일시하는 경향이 상당히 강하다. 서양에서 기독교와 존재론적 철학의 광범위한 동일시, 동양에서 대승불교와 무無의 철학의 동일시를 생각해 보라. 오랜 시간에 걸쳐 특정한 변화와 변위가 발생할 수 있다. 예를 들어 기독교는 중세 시대에 플라톤적 세계관에서 아리스토텔레스적 세계관으로 전환된 것으로 보이며, 근대 이후에는 '자연 중심적' 철학에서 '주체 중심적' 철학으로의 전환을 진행 중일 수 있다. 이러한 전환을 촉발한 동인에 대한 탐구는 분명히 매우 유익하겠지만, 공간과 역량 상의 제약으로 더 깊이 다루지 못하겠다.

기독교와 불교의 사례에서 추론할 수 있는 바를 요약하자면, 세계 종교들은 '동질적' 철학과 긴밀한 공생 관계를 형성하는 경향을 보이는 듯하다. 종교 간 대화에서 이러한 철학들의 만남은 필요할 뿐만 아니라 시의적절할 수 있다. 종교 교리에 관한 모든 종교 간 논의는 필연적으로 이러한 철학적 개념들에 대한 논의로 회귀하거나 혹은 이러한 개념들이 공개적으로 논의되지 않음으로써 귀머거리 간의 대화로 전락하기 마련이므로, 그러한 만남은 필요하다.

그러한 대화가 제공해 주는 기회라는 측면에서 보면, 먼저 "무엇을 위한 기회인가?"를 물어야 한다. 그러나 먼저 일반적 가설을 제시하자. 종교들은 아마도 이러한 자기 외부화 과정에서 접근하기 쉬워질 것이며, 특히 철학적 차원에서의 자기 투영 속에서 공통된 요소, 즉 철학 그 자체를 발견했을지도 모른다.

이 말은 마치 대형 시위 현수막을 터뜨리는 발판에 발을 딛은 셈이다. 이 모든 것은 세계 종교 간의 논쟁이 결국 대규모 철학적 논쟁에서 결정될 것임을 의미하는가? 여기서는 이슬람 왕자나 쇼군이 다양한 종교 대표자들 사이의 논쟁을 조직한 후 마침내 자신이 행복한 승자를 결정하고 패자의 목을 유일하게 남은 경쟁자에게 바치는 모습을 떠올리게 된다. 아니, 나는 철학이 모든 종교의 최고 심판자이자 통합자 역할을 맡는다는 생각(헤겔이 상상했던 것처럼)을 결코 좋아하지 않는다. 첫째, 그런 의미에서 종교를 심판하는 것은 종교 간 대화의 본질과 전혀 무관하다. 둘째, 그러한 심판에 필요한 통일된 철학적 체계는 통일된 종교 체계만큼이나 존재하지 않는다. 동서의 철학이 동서의 종교보다 어떤 의미에서 더 가까워졌는지는 논쟁의 여지가 있다. 마지막으로 종교가 그 본질적인 신비를 뒤로 한 채 철학적 이성의 영역에 완전히 투사될 수 있다고 믿지 않는다.

비판적 상호 이해

그렇다면, 다양한 종교들을 더 높은 관점에서 판단하는 것이 아니라면 이론적 대화의 본질은 무엇인가? 나는 그것이 무엇보다도 가능한 한 비판적이고 이성에 의해 인도되는 상호 이해를 목표로 하며, 따라서 각 종교의 전체적 구조와 근본적 전제에 집중하는 것이라고 생각한다. 나아가 이 과정에서 참여 종교들에 비치는 빛이 중립적인 기존 이성 체계의 빛이라기보다 만남 자체에서 처음으로 생성된 빛이라고 감히 주장하고 싶다. 그 빛 속에서 우리는 이 작업의 대상 자체를 실제로 구성하는 각 종교의 신학적 개념들과 각 종교의 공존하는 철학 개념들이 폐쇄성을 일부 상실하고 외부로 배제해 왔던 것들과 역동적인 관계를 형성하기를 바랄 수 있다.

이 비판적 상호 이해는 단순히 a가 b를, b가 a를 이해하게 된다는 의미가 아님을 명심해야 한다. 오히려 a와 b가 a와 b에 대해 더 나은 이해에 도달한다는 뜻이다. 사실 대화의 법칙은 상대방에 대해 배울 수 있는 정도가 바로 자신을 비판적으로 재학습하는 정도에 달려 있다는 점에 있다. 실제로 상대방의 빛 아래에서 자신의 무비판적인 가정들, 의문 없이 받아들여진 종교 교리와 신학적 개념들과 철학적 확신들은 모두 갑자기 낯설고 생소한 그림자를 드리우기 시작한다. 앞서 인용한 존 콥의 대화 동기는 이기적일 수 있으나 충분히 현실적이다. 그러나 이는 대화의 다른 동기 혹은 목적을 배제하지 않는다. 타인을 이해하고, 타인에게 자신을 이해시키며, 심지어 어떤 형태의 종합을 꿈꾸는 것까지. 여기서 다시 교토 학파를 언급하고자 한다. 그곳에서는 이 모든 동기가 함께 작용하는 듯하다. 니시다 기타로는 서양의 범주를 활용하여 서양에 자신의 철학적, 종교적 신념을 이해시키고 동시에 자신과 타인을 위해 자신의 신앙을 정당화하기 위해, 말하자면 자신의 신념 체계의 '하부 구조'를 정교화하려 시도했다고 할 수 있다. 이 모든 것이 시사하는 바는, 이론적인 종교 간 대화는 비록 철학적 태도와 방법이 그 안에서 큰 역할을 해야 하지만, 중립적인 제3자의 의미에서 단순히 이성적 철학의 사업으로 볼 수 없다는 점이라고 나는 주장한다. 여기서 철학적 태도란 무엇보다도 모든 편견을 극복하고 진리가 발견되는 곳이라면 어디에서든 그것을 인정할 만큼 강력한, 더 완전한 진리를 향한 끊임없는 탐구를 의미한다. 구마자와 요시노리 교수는 기독교인들이 불교도들보다 대화 동기가 더 강하고 대화 과정에서 더 큰 변화를 보이는 것처럼 보인다고 지적한 바 있다. 나 역시 같은 인상을 받았으나, 여기서 그 이유를 분석하기에는 역부족이다. 그저 진리 탐구가 기독교에 내재된 방식과 관련이 있지 않을까 묻고 싶을 뿐이다. 철학적 태도의 전통은 항상 지속적이고 끝없는 비판을 함의한다. 이는 자신의 문화적 전제를 돌파할 것을 요구하며 그 '왜'를 묻는 것이다. 이는 자신의 문화적 전제 조건을 깊이 파고들어 그 상대성과 편향성을 발견하는 것을 요구한다. 존 콥이 말했듯이,

일부 서양 철학자들은 서양의 상식을 초월하는 범주까지 사고를 확장함으로써 불교 사상과 경험을 이해하는 데 더 가까워질 수 있었다. … 쇼펜하우어와 하이데거는 철학적 사고가 서양 정신의 확립된 범주를 어떻게 돌파하고 불교 이해로 열 수 있는지 보여준다.[5]

5 John Cobb, "Buddhism and Christianity as Complementary", *The Northeast*

철학적 방법론

철학적 방법론에 관해 말하자면, 물론 일반적인 논리적 분석을 포함하는 것을 의미한다. 그러나 이와 관련해 특히 언급하고 싶은 것은 비교 철학이라는 비교적 젊은 분과로, 최근에 내가 발견한 바에 따르면 이는 "서양이 정교화한 철학적 체계, 모델, 범주들을 아시아 형이상학 전통의 이론적 모델과 가장 특징적인 교리들을 바탕으로 읽고 해석하며 비판하는 방법이다."[6]

이 학문은 아직 일천하여 확립된 방법론을 자랑할 수 없지만, 여기에 쏟는 노력은 분명히 대화에 큰 도움이 될 것이다. 이는 철학적 대화가 단순히 비교철학과 동일시될 수 있다는 뜻도, 양자의 태도가 완전히 동일할 수 있다는 뜻도 아니다. 양자의 차이를 잠정적으로 설명하자면, 비교철학의 관심사는 모든 철학적 분야를 가리지 않고 포괄하며, 이론적 대화 역시 전체에 관심을 가지되 종교적 목적을 위해 특정 전문 분야에 집중한다. 전자가 이상적으로는 객관적이고 중립적인 입장에서 출발하는 반면, 후자는 특정의 관점과 입장을 전제로 한다. 후자는 또한 개방적인 태도로 실천되지만, 동시에 특정 영적 전통에 대한 헌신 속에서 이루어진다. 결국 이는 광의의 종교 간 대화에서 철학적 측면에 해당하며 영적 소통을 지향하는 종교적 과정의 한 요소이다. 전자가 철학적 개념들을 독립적 구조로 다룰 수 있는 반면, 후자는

---

6 G. Vallin, "Pourquoi le non-dualisme asiatique?," *Revue Philosophique de France et de l'Etranger*, nr. 2 (1978), 65. 그러나 나는 이 '정의'의 일방성을 유감스럽게 여긴다. 동방에 손을 내밀면서도, 서방은 중심에서 한 치도 움직이지 않는다.

"개념 뒤에 있는 무엇인가"에 대해서 더 강한 욕망을 보여야 한다. 종교적 교리를 끊임없이 되돌아보아야 하며, 궁극적으로는 종교적 의식과 실천으로 귀결되어야 한다. 예를 들어 비교철학은 존재 개념에 대한 무개념의 논리적 가능성 탐구로 만족할 수 있으나, 대화는 외적인 영적 전통에 내재된 이타심이라는 윤리-종교적 요소를 결코 잊어서는 안 된다.

이 나침반 없는 항해를 마무리하며, 논의 중인 점들에 간접적으로나마 도움이 될까 하여 중요하다고 여겨지는 몇 가지 질문을 다루고자 한다. 앞서 기독교와 불교 모두 공생철학과 동일시하려는 경향을 보인다고 언급했다. 일반론으로서는 충분히 타당하지만, 이제 종교와 철학의 관계가 양자 모두에게 동일하다고 결론지을 수 없다는 점을 덧붙여야 할 때다. 불교를 처음 접한 이래로 나는 불교와 철학의 관계를 어떻게 이해하면 좋을지 몰라 당혹감을 느꼈다. 종교와 철학의 변증법이라 부를 수 있는 이 대화에 참여하려는 이들에게는 관계의 차이를 인지하는 것이 중요할 것이다. 그 차이를 완전히 규명할 수 있을지는 모르겠지만, 적어도 몇 가지 지침을 제시해 보려 한다.[7]

불교에서는 철학과 종교가 강력하고 조화롭게 통합되어 있는 반면, 기독교와 철학의 관계에는 항상 최소한의 긴장감이 존재하며 때로는 일종의 이분법적 대립까지 나타난다. 이는 가치 판단을 의미하는 것은 아니다 ─ 결국 긴장감은 창조적일 수 있다. 그러나 대화 속에

---

7 휴고 M. 에노미야-라살레의 팔순을 기념하여 헌정한 논문집에 기고한 내용 일부를 재인용한다. Günter Stachel ed., *Munen Musō: Ungegenständliche Meditation* (Mainz: Matthias Grünewald Verlag, 1978), 378-396.

서 이는 온갖 문제를 초래할 수 있다.

종종 기독교 대화 상대방을 심각한 불리함에 빠뜨리곤 한다. 왜 그럴까?

첫째, 여러 차례 지적된 바와 같이 불교 교리의 핵심은 원칙적으로 모든 사람이 스스로 체험할 수 있는 보편적 진술로 이루어져 있는 반면, 기독교의 핵심은 나사렛 예수라는 개인을 중심으로 한 우발적 역사적 사건들로 구성되어 있다.[8]

둘째—이는 흔히 이렇게 단호하게 언급되지 않으므로 다소 더 설명이 필요할 것이겠으나—, 기독교는 자체 철학을 정립하지 않고 그리스 철학을 차용하는 데 만족해 왔다. 따라서 그리스 문명에 깊이 뿌리내린 서양 철학은 기독교적 종교 체험을 설명하기보다는 일상적 의식의 자연 현상을 기초로 삼는 데 맞춰져 있다. 특히 성 토마스 아퀴나스 연구에서 강조되듯, 기독교 사상가들은 그리스 철학을 채택하면서 이를 기독교적 관점에 따라서 조정했다고 널리 알려져 있다. 나는 이 사실을 부정하지 않지만, 근본적인 영감과 기본 범주가 여전히 매우 그리스적이며 서양 문화가 계시의 자료를 철학화의 근본적 출발점으로 삼은 적이 없다는 점은 여전히 사실이다. 나가르주나와 여러 불교 철학자는 불교의 '사성제'를 근본으로 철학을 전개했으나, 기독교에서는 계시나 종교적 경험을 중심으로 한 논리를 구축하려고 시도해 본 적이 없다.

---

8 '철학적 대화'에서 '예수 사실'을 어느 정도까지 다룰 수 있는지는 분명 중대한 문제이다. 왜냐하면 개별적이고 역사적인 것을 다루는 것은 동서양을 막론하고 철학의 장점이 아니기 때문이다.

기독교는 삼위일체와 성육신 교리가 신적 속성에 관한 철학적 교리에 근본적으로 영향을 미치도록 허용한 적이 없다. 또한 "자기 목숨을 잃는 자가 그것을 얻으리라"거나 "내가 사는 것이 아니요 오직 그리스도께서 내 안에 사시는 것이라"와 같은 성경적 표현을 설명할 논리를 가지고 있지 않다. 우리는 이 모든 것을 '영적 담론'의 차원에 남겨두고, 자연 세계와 역사적 인간에 대한 다른 경험 위에 우리의 논리를 구축해 왔다. 그 결과 불교는 H. 뒤물랭의 표현을 빌리자면 경험과 교리 사이의 가장 친밀한 관계, … 형이상학적 사변, 종교적 실천, 신비적 체험은 서로 매우 가까워져 하나의 통일체를 이룬다.9

결과적으로 기독교는 외부에서 볼 때 "기묘한 말들을 몰고 다니는" 모습으로만 비칠 수 있다.

앞서 제시된 범주를 적용한다면 기독교는 "그 논리적 전제들에 대한 체계적 설명"이라는 의미에서의 '기독교 철학'을 가지고 있지 않다고 말할 수 있다. 장 기통은 이렇게 표현한다.

기독교적 사실을 이해하는 데 필요한 암묵적 사상에 대한 철학의 부재는 부분적으로 이성과 신앙의 분리에 기인하며, 이는 영적 통합에 치명적이다.10

다시 말거니와, 이는 비난이 아니다. 그 부재가 대부분 신성한

---

9 Heinrich Dumoulin, *Östliche Meditation und christliche Mystik* (Freiburg-München: K. Alber, 1966), 235.

10 Jean Guitton, *Jésus. La Livre de Poche Chretien* (Paris: B. Grasset, 1957), 440.

신비 앞에 느끼는 압도적인 경외심과 인간적 범주로 신비를 더럽히고 싶지 않은 마음 그리고 인간이 결코 신적 관점에 설 수 없다는 확신(오직 그곳에서만 이러한 것들이 설명될 수 있음) 때문이라고 상상할 수 있기 때문이다. 한마디로 이는 매우 철저한 부정 신학 때문일 수 있다.

한편, 불교적 사고방식에 익숙한 우리의 대화 상대들은 종종 절망에 빠질 수밖에 없다. 그들이 우리를 신과 인간을 무한히 멀리 떨어뜨린 이원론자라고 비난할 때 우리는 이렇게 답한다. "그건 사실이 아닙니다. 성육신하신 그리스도 안에서 신성과 인간성의 일치가 바로 그 기독교의 핵심입니다." 그러나 그들이 이렇게 되받아치는 것은 완전히 정당하다. "우리는 아리스토텔레스적인 신을 고수하는 당신의 철학에서 그런 사상을 찾을 수 없습니다." 그러면 우리는 "서양 철학으로 기독교를 판단하지 마십시오"라고 답할 수 있겠지만, 그런 답변은 거의 만족스럽지 못하다. 또한 이런 답변도 다소 어색하다. "기독교가 오랫동안 동일시해 온 철학으로 기독교를 판단하지 마십시오."

기독교에 우리가 수반 철학(concomitant philosophy)이라 부를 수 있는 것이 존재한다는 것은 부인할 수 없다. 즉, 교리를 명확히 하고 지지하기 위해 채택된 철학이다. 이 역할은 근본적으로 그리스 철학이 수행해 왔는데, 물론 기독교 사상에 더 잘 부합하도록 수정되고 적응되었지만, 여전히 기독교 사상을 전달하기보다 배신하는 경우가 더 많았다. 비유를 허용한다면, 이 철학은 중국 문자가 일본어에 맞지 않는 것처럼 기독교에 맞지 않는다. 찰스 하트숀의 강력한 표현을 인용하지 않을 수 없다. 그는 서양의 "종교적 사상을 표현조차 허용하지 않는 추론 기법"에 대해 이렇게 말한다.

종교적 사고에 새로운 날이 밝아오는 듯하다. … 초기 세속적 이성의 잘못된 추측들, 종종 신학이 자신의 메시지의 일부로 받아들였던 것들이 신학적, 철학적 비판을 점점 더 많이 받고 있다. 이제부터 종교적 사상은 허위적인 대체물의 가치로 평가받는 것이 아니라 마침내 그 자체의 가치로 평가받을 좋은 기회를 얻을 수 있을 것이다.[11]

만약 이것이 정말 사실이라면, 기독교는 이런 종류의 대화에 참여하지 않는 편이 낫다고 결론 내리고 싶은 마음이 들 수도 있다. 그러나 나는 오히려 모든 어려움이 있다고 하더라도 대화가 부적절하다고 단정하기 어렵다는 입장이다. 상대방의 인내를 겸손히 구해야 하는 것은 사실이지만, 그들 역시 자신들만의 문제를 안고 있기 때문이다. 오히려 우리에게 대화의 주요 이점 중 하나는 바로 우리 신앙의 철학적 전제들을―어떤 점에서는 처음으로― 명료하게 정리하는 데 도움을 준다는 점이다.

돌아보며

초점 없이 써내려 온 글을 되돌아보니, 독자들의 기대에 미치지 못할까 두렵다. 종교 간 대화의 이론적 차원에서 우리가 무엇을 하고 있는지에 대해 어느 정도 탐색했을지 모르나, 우리가 그것을 얼마나 잘 혹은 얼마나 잘못되게 수행하고 있는지에 대한 평가도 기대되었을 것

---

11 Charles Hartshorne, *A Natural Theology for Our Time* (LaSalle, il: Open Court, 1973), X-XI.

이다. 변명이 된다면, 오직 역사만이 이를 판단할 수 있을 것이라 생각한다. 그리고 일본에서의 이 대화에 관해서는 그 거인 니시다 기타로에게 특별한 경의를 표해야 한다.

이 대화를 촉진하기 위해 우리가 더 할 수 있는 일이 있을까? 대중조직화 차원에서는 더 이상 필요한 것이 없다고 생각한다. 이 대화의 속도는 강요될 수 없다. 우리가 할 수 있는 일은 진지한 동양의 종교사상을 서양에 소개함으로써(이는 [우수한] 번역을 전제로 한다) 몇 개의 다리를 더 놓는 것과 몇몇 일류 사상가를 이 대화에 끌어들이는 것이다. 나는 무엇보다 신학자와 철학자들을 염두에 두고 있는데, 그들에게 이 대화는 신학 발전의 바로 그 기회, 철저한 자기비판의 기회 그리고 우리 전통에서 지나치게 소홀히 여겨져 온 요소들을 발견할 기회로 입증될 수 있다는 점이 매력적일 것이다.

어쨌든 우리는 반드시 우리의 태도, 마음가짐을 개선하려 노력해야 한다. 1978년 여름호 「에큐메니컬 연구 저널」(*Journal of Ecumenical Studies*)의 사설에서 레너드 스위들러는 종교 간 대화의 기본 원칙을 제시한다. 모두 숙고할 가치가 있지만, 그중 두 가지만 선택하겠다.

> 셋째, 각 참여자는 스스로를 정의해야 한다. 예를 들어 유대인만이 내면에서 유대인이 된다는 것이 무엇을 의미하는지 정의할 수 있다. …
> 넷째, 각 참가자는 의견 차이가 어디에 있는지에 대해서 미리 고정관념을 가지지 말고 대화에 임해야 한다.

매우 건전하지만 결코 쉽지 않은 조언이다. 자유롭게 해석하자면 우리는 모든 것을 다 가지고 있다거나 이미 다 알고 있으면서 상대방을 가르치려는 듯한 태도로 대화에 들어서는 안 된다는 뜻이다.

어깨에 무언가 짐을 지고 대화장에 들어서는 이들은 주로 자신에게 증명할 무언가를 가지고 온다. 그들은 대화를 자신의 견해를 변호하는 연습으로 전락시킬 것이다. 자신의 문제점을 고수하며 상대방이 자신의 생각에 동의할 때까지 그들에게 강요할 것이다. 이런 사람들은 자신의 말의 마법이 상대적임을 인정할 여유가 없다. 현대에 시작된 서구의 문화적 제국주의를 고려할 때, 적어도 초기에는 대화 상대 중 상당수가 이 증후군에 사로잡혀 있는 것을 발견해도 놀랄 일이 아니다.

교수들은 대화에서 상대방이 스스로 정의하거나 신비를 드러낼 시간을 주지 않는다. 그들은 이미 상대를 알고 있으며 우리 눈앞에서 상대를 해체하고 재구성한다. 교토 학파의 거장들처럼 예민한 사상가들조차 자신만의 논리적 기독교를 구축하는 함정을 항상 피하지 못했다는 사실은 대화라는 과업의 섬세함을 반영한다.

마지막으로 불교-기독교 대화에서 양측이 동서양의 통합 가능성을 논하는 만큼, 우리 모두가 이미 자신들의 영역에서 완전한 통합을 달성했다는 점을 증명하려는 시도를 멈추길 바란다. 우리는 쉽게 상대방을 포섭할 수 있다고 느끼며 실제로는 자신을 변화시키지 않은 채 상대방이 가진 모든 것, 그 이상을 우리가 소유한다고 가정한다. 이것이 나의 목표이다.

7장

동서 영성의 교류

종교 간 대화의 경험과 사상

일본 종교 관계자 파견 대표단, 그 대학의 설립 종단인 선종, 정토(진) 종, 진언종 및 일련종 등 영광스러운 전통적 불교 교단의 각 대표자 여러분 그리고 특히 일본 임제선의 고덕한 지도자 여러분, 환영합니 다.[1]

저는 여러분이 영성 차원에서 동서교류를 위해 유럽을 방문하신 것에 감사드립니다. 그리고 종교 간 대화가 이러한 기초적 차원에서 진전 되고 있음을 기쁘게 생각합니다.

여러분 중 소그룹으로 나누어 전통 있는 기독교 수도원에 머물며 그 곳에서의 기도와 노동의 삶을 충분히 나누어 오신 분들께 축하를 드 립니다. 여러분의 경험은 종교 간 대화 역사상 참으로 획기적인 사건 입니다. 여러분의 경험이 그리스도가 인류에게 무엇인지에 대한 더 나은 이해와 그리스도가 자신의 아버지이신 하느님에 대해 말씀하실

---

* 이 글은 오카다 토오루/岡田徹 역, 「禪文化」 99 (1980): 74-88에 게재됨.
1 妙心寺管長의 야마다 무몬(山田無文) 선사를 가리킨다.

때 무엇을 보여주려 하시는지에 대한 더 깊은 통찰을 각자에게 주었기를 기대합니다.

이번 행사를 실현 가능하게 하려고 힘써 주신 일본 측과 유럽 측의 모든 분께 축복을 보냅니다. 성령께서 일본에서의 종교 간 대화, 특히 영성 차원의 대화에 더욱 풍성히 내리시기를 기도합니다.[2]

요약

1979년 8월 31일 9시 35분, 일본항공 431편으로 프랑크푸르트에 도착한 일행은 참으로 특이한 모습이었다. 일본인을 충분히 익숙하게 봐 왔을 사람들의 시선을 사로잡은 것은 승복 차림과 특이한 모양의 짐이었다. "저건 대체 뭐지?" 공항을 드나드는 사람들이 묻는 사이, 50명 이상의 이 그룹은 이미 전세 버스에 올라 모습을 감췄다. 타우누스 산맥 숲속의 옥스호텔로 향하는 버스 창밖으로 독일의 드넓은 풍경을 신기하게 바라보았다. 이 일행을 소개하겠다. 관계없는 직함 등은 빼고, 불교도 44명(종파는 다양하며 승려 24명, 비구니 2명, 재가자 18명), 신도 2명, 기독교도 5명, 그 외 보좌인, 통역 신부 4명, 요미우리 TV 팀 12명. 그들이 먼 유럽까지 모여든 것은 남산대학 남산종교문화연구소, 조치대학 동양종교연구소, 하나조노대학 선문화연구소가 공동 주최한 '동서문화의 원천-영성의 교류'라는 신선하고 대담한 계획을 실현하기 위해서였다. 호텔 옥스에서의 삼박으로 여행과 시차의 피로를 씻은 후 이 그룹은 서유럽 각지로 흩어졌다. 쾰른시립미술관

---

2 1979년 9월 28일자 「로마 옵저버」에 게재된 교황 연설에서.

에서 묵조전을 하기 위해 서독 쾰른으로 가는 사람들과 같은 서독의 쾰른과 본, 서독 뮌헨 등으로 선도의 시연을 하러 간 사람들의 이야기는 생략해야 한다. 그 대신 9월 3일, 호텔 옥스에서 3~7명의 소그룹으로 나뉘어 서독, 네덜란드, 벨기에, 프랑스, 이탈리아의 (베네딕도회나 트라피스트회) 수도원으로 떠난 사람들에 대해 기록하겠다.

9월 3일 밤, 각 소그룹은 수도원에 도착해서 천국으로 가는 열쇠를 받았다. "삼각형 구멍이 뚫린 작은 열쇠다. 이것이 없으면 수도원 안으로 들어갈 수 없다. 여인은 물론 일반인도 출입이 금지된다. 이교도의 출입은 아마도 개교 이래 처음일 것이다"라고 한 스님이 기록하고 있다. 수도원 측의 따뜻한 대접과 수도 생활이 풍기는 인간미에 일본 방문자들은 감동했다. "어둡고 음습하며 일반 사회로부터 완전히 차단된 세계"라는 이미지를 어렴풋이 품고 있던 사람들은 후에 "수도원은 미소 지을 수 있는 세계다", "이 여정에서 수도원 측이 우리에게 베풀어 준 배려는 내가 지금까지 경험한 것 중 최고 수준이었다"고 증언한다. 그들을 맞이한 유럽의 수도자들은 "모든 방문객을 그리스도처럼 대해야 한다"는 성 베네딕트의 계율에 따라 먼 이국에서 온 방문객을 따뜻한 마음으로 맞아주었을 것이다. 그러나 진정 획기적인 것은 거기에 있지 않고, 오히려 가톨릭 수도자들이 불교 승려 등 불교 신자들을 자신과 같은 종교인, 말하자면 구도자로 인정하고 그들과 자신의 성스러운 삶을 나눈 데에 있다고 해야 한다. "우리를 공동체의 일원으로서 수도원 깊숙이 맞아들이고 그 삶의 이면과 표면을 보여준 것은 형식적으로 우리와 대화함으로써 이해시키는 것보다 수십 배나 더 큰 의미를 지닌다는 것을 그들의 영성은 이미 간파하고 있었던 것이다"라고 한 선승이 쓴 듯하다.

이 계획이 성공했다고 말할 수 있다면, 그 성공의 원인은 의심할 여지 없이 유럽 수도자들이 보여준 그 대담한 태도에 있었지만, 동시에 그 대우에 온전히 응하여 무조건으로 그리고 철저히 그 수도 생활에 몰입한 일본인 종교인들의 태도에도 마찬가지로 감탄할 만한 점이 있었다. 일과 시간에 승복을 입고 수도자들과 어울려 그들과 가능한 한 목소리를 맞추고 마지막 인사나 손으로 십자가를 긋는 동작까지 함께한 스님들의 모습은 참으로 인상적이었다. 기도할 때뿐만 아니라 식사할 때나 노동할 때도 일본인들은 곧바로 모범적인 수도자와 똑같았다.

본고는 종교 간 대화라는 주제로, 1979년 여름 말, 불교도와 기독교도의 공동 기획으로 실시된, 이 종류의 활동으로는 비교적 새로운 한 시도를 소개하기 위한 것이다. 9월 26일, '수요일 정기 일반 알현' 자리에 교황께서 우리 참가자 그룹을 향해 하신, 감히 받기 어려운 격려의 말씀을 여기에 인용한 것은 단순히 호의를 얻기 위함만이 아니었다. 이러한 교황의 말씀은 본 보고서를 잡다한 소식(faits divers)의 차원에서 다음과 같은 신학적이며 나 자신의 실존과 관련된 질문의 차원으로 끌어올리는 데 도움이 될 것이라고 기대한다. 즉, 가톨릭교회는 왜 종교 간 대화를 이토록 장려하는가 그리고 나는 나의 입장에서 또한 내가 처한 상황에서 "대화를 위해 무엇을 할 수 있는가"라는 것이다.

그런데 가톨릭교회는 이 대화로부터 대체 무엇을 기대하고 있는 것일까? 이 질문은 종교 간 대화의 신학이 아직은 처음 입은 바지가 맞지 않을 정도로 성장하지 않았기 때문에 답하기 어렵다. 게다가 나는 그 물음이 결정적인 질문은 아닐 것이라고 생각한다. 이러한 대화를 추진함에 있어 가톨릭교회는 거기서 파생되는 여러 가능한 이익을 가장 먼저 기대하는 것이 아니라 오히려 그보다도 이 피할 수 없는 시대의 도전을 적극적인 형태로 받아들이려 하고 있는 것처럼 보인다. 혹은 영적인 표현을 빌리자면 성령—그 부름이 우리를 어디로 이끌지 예고하는 데 얽매이지 않는, 그런 성격을 지닌—의 촉구에 따르려 하고 있는 것처럼 보인다. 그럼에도 불구하고 만약 기대라는 말이 피할 수 없는 것으로 사용된다면, 그것은 가톨릭교회가 타인의 시선을 통해 자기 자신에 대한 새롭고 비판적인 시각 그리고 더 이기적이지 않으며 따라서 더 복음적인 태도로의 방향성—물론 그 외에도 우리의 이처럼 다원적인 세계에서는 반드시 필요한 타종교와의 평화로운 공존이나 적극적인 협력과 같은 여러 이익—을 가리키려 하고 있기 때문일지도 모른다.

기획의 의미

언뜻 보기에 이 계획은 상당히 이질적인 요소들이 뒤섞인 것처럼 보일 수도 있고, 어떤 의미에서는 사실 그랬다. 확실히 그것은 바느질의 이음새가 없는 외투는 아니었지만, 그렇다고 해서 단순히 인위적인 땜질 작업에 불과하다는 뜻도 결코 아니었다. 기획 전체를 위해 최종적으로 채택된 동서 영성의 교류라는 제목이 전체를 하나로 묶는 데 있어 충분히 설득력 있는 공통의 정신을 상징한다고 할 수 있겠다.

상호 교류라는 꿈

　동서 대화가 의존하는 주요 기반 중 하나는 분명히 다음과 같은 확신이다. 동서 간의 상호 이해와 서로를 풍요롭게 하는 관계는 단순히 평화 공존을 위해서만이 아니라 미래 지구 문화라는 측면에서도 시급한 과제이다. 이러한 종류의 이해는 서로가 자신을 풍요롭게 할 필요성과 타인의 풍요로움을 인정하는 가운데 상대방이 자신과 동등한 존재로 보일 때만 생겨난다는 것이 오늘날까지 밝혀져 왔을 것이다. 서로 주고받아야 할 선물을 상대가 진심으로 받아줄 것임을 양측이 알 때에야 비로소 사람은 자존심을 잃지 않고 서로를 수용할 수 있다. 이를 부정적인 형태로 말하자면, 진정한 이해는 일방통행로로서는 불가능하다. 왜냐하면 그곳에서는 우월감과 열등감이 프리즘을 형성하여 의사소통의 광선을 차단하고 굴절시키기 때문이다. 이 문화가 만나는 곳이라면 어디에서나 반드시 기술이나 문화의 진보에 있어 어느 정도의 차이가 있을 것이다. 그러나 다행스럽게도 절대적인 것과의 만남과 같은 인간 경험의 가장 깊은 차원의 문제가 되면, 사람은 어디에서나 심하게 결핍된 존재이다. 바로 여기서야 비로소 차이성과 상보성이라는 말이 그 가장 완전한 의미를 지니게 되고, 더 이상 우월성이나 열등성 같은 말은 그 의미를 확실히 상실하게 된다.

　지난 수 세기 동안 서양은 물질적 우월성이라는 자부심 속에 이 문화와의 이러한 상호성을 거의 소홀히 해 왔다는 점을 솔직히 인정해야 한다. 그러한 분위기 속에서는 다른 문화가 지닌 유력한 측면이 서양의 망막에 새겨지기조차 어렵다는 것이 밝혀졌다. 아니, 다른 문화는 서양으로부터 악의 없이는 거의 수용될 수 없었다.

이러한 역사에 비추어 볼 때, 오늘날의 종교 간 대화는 새로운 형태의 문화적 태도가 지닌 가장 명백한 표징이며 혹은 동서 문화의 새로운 균형에 대한 가장 투명한 인식이라고 생각된다. 사실 이에 관한 나의 이해를 말하자면, 대화는 당연히 기독교인 측에 있어 다음과 같은 인식을 암묵적으로 포함하고 있다. 즉, 성령은 다른 종교들과 문화들 안에서 독특하고 대체 불가능한 형태로 작용하고 있다는 것이다. 그러므로 우리는 이러한 다른 것들을 경유하지 않고서는 그러한 특정한 계시를 받아들일 수 없다는 것이다. 그러나 현재로서는 이러한 이론적 인식이 우리 각자의 실존적 태도로 충분히 체화되었다고 말하기는 어렵다. 우리는 여전히 우리 자신이 이미 다른 사람들이 가진 모든 것을 다 소유하고 있다고 혹은 우리가 진정으로 자기 변혁 없이 다른 사람들을 포용할 수 있다고 생각하기 쉽다.

영성 차원에서의 교류

또한 이 기획이 영성 차원에서의 교류가 되기를 바랐다. 상당히 모호한 이 말로 무엇을 의미하는지 분명히 해두자. 첫째, 그것은 단순히 문화의 표피를 긁는 것이 아니라 오히려 그 문화의 기반이나 배경 그 자체에 닿는 깊은 차원의 것이어야 했다. 우리가 진정으로 상호 이해를 목표로 한다면, 우리는 표피적인 차원에 만족할 수 없다. 우리는 그곳에서야 비로소 양측이 만날 수 있다는 희망을 품고, 우리와 그들의 차이의 근원, 동시에 공통된 인간성의 숨겨진 근원을 발굴하고 드러내야 한다. 모든 문화적 활동의 근저에는 영성이라 불릴 수 있는 무엇인가, 즉 근본적 경험이나 실재 전체에 대한 영적 해석이 존재한다는 믿음에서, 여기서는 이를 영성의 차원이라 부르기로 한다.

이제 두 번째 고찰로 넘어가자. 이러한 실재의 영적 경험은 문화의 창조적 자극이 되며 당연히 종교나 해당 문화의 철학 속에 나타난다. 그러나 그것은 특정 철학 교의나 종교 교리보다 예술이나 생활 양식 속에서 더욱 진실성을 띠며 드러난다. 일본에서 불교와 기독교의 대화 속에서 종교 교설의 상호 비교나 토론이 아무리 중요하더라도, 그러한 대화는 종교적 경험이나 실천의 차원에서야 비로소 진가를 발휘한다는 확신이 점점 더 커지고 있다. 우리는 여기서 미국 트라피스트 수도회 수도사 토머스 머튼의 『아시아 일기』라는 저서에서 아름답게 표현된 생각에 동의하게 된다. 해당 책에서 두 군데만 인용해 보자.

가장 깊은 차원에서의 진정한 소통은 관념, 개념적 지식 혹은 공식화된 진리의 단순한 공유 이상이다. 이러한 깊은 차원에 필요한 소통의 양태는 또한 단순히 언어 이전의(preverbal) 차원뿐만 아니라, 언어 이후의(postverbal) 차원에서 공유되는, 언어 차원을 초월한 교류와 공동체이며 또한 침묵 속에서의 그것이어야 한다.

모든 종교의 정점에는 초월적 혹은 신비적 차원에서의 완전한 통일이 있다. 달리 말하면, 종교는 모두 이러한 정점에서 만남을 위해 다양한 교리적 입장에서 출발하고 있다. 그리고 교리나 공식화된 신앙에서는 화해하기 어려운 차이를 보일지라도, 종교 경험이라는 범위 내에서는 큰 동일성이나 유사성이 있다는 것도 분명한 진실이다.[3]

---

3 Tomas Merton, *The Asian Journal* (New York: D1rect1on Books, 1975), 312.

그런데 이번 기획에서는 두 영역의 영성 작용 혹은 동서 문화의 영적 기반이 가시화되고 양측의 구체적 계획을 형성하는 두 분야가 선정되었다. 이 두 가지는 수도 생활과 선도禪道이다. 자, 이 시점에서 나는 일체 이론과 작별을 고하고 싶지만, 한 가지 의문, 즉 왜 선이 이교류 계획에서 큰 위치를 차지하고 있는지에 대한 의문에, 내 힘닿는 한 답해두는 것이 좋겠다. 사실 여러 일본 신문 기자가 이 기획을 평가하며 "서양을 향한 선 세력 확장을 꾀한 여행"이라고 보도할 정도로, 이 기획은 선을 대대적으로 다루고 있다. 다만 주최 측이 그 점을 명확히 의도했던 것은 아니며 또한 정확히 말하면 그들에게 동양의 영성(혹은 그 점에서 불교의 영성)은 선에서 시작해 선에서 끝난다는 것을 시사하려는 의도도 없었다는 점을 여기서 분명히 밝혀두자. 하지만—원래의 기획이 충분히 시사하듯이— 이러한 우대 조치를 제공하는 데 힘을 보탠 개인적이며 아마 상당 부분 우연한 상황들이 있었던 것도 사실이다. 그러나 그 점은 차치하고 우리의 계획에서 선이 큰 비중을 차지한 것은 다음과 같은 고려에 의해서 시작되었다.

첫째, 선은 사실 중국·일본 영성의 가장 훌륭한 꽃피움 중 하나이며, 특히 대상 없는 명상이나 영성에서의 몸과 마음의 일체화라는 영역에서 제공할 수 있는 많은 것을 지니고 있다. 몇 가지 측면에서 선은 불교의 다른 종파에 비해 기독교와 상당히 동떨어져 있다는 사실이 오히려 그 만남을 더욱 도전적으로 만들 수 있다.

둘째, 대승불교 전통 안에서 선은 서양으로 치면 수도원 전통에 속한다고 여겨진다. 이 점이 종종 소승불교적 경향으로 비판받기도 하지만, 선은 비교적 많은 것을 보존해 왔다고 생각된다.

셋째, 선은 그 영성을 비교적 이해하기 쉽게 보여주는 수많은 예술

양식 속에 표현되어 있다.

넷째, 서양에는 선에 대한 오해나 일시적인 유행 등이 만연해 있다. 우리는 또한 이 기획이 그러한 사고방식이나 유행을 상쇄하는 데 도움이 되기를 바랐다.

트라비스토 및 베네딕트회 수도자와 함께 생활하며

우리는 마침내 '영성 교류 계획' 전체의 핵심이라 할 수 있는 3주간의 관상 수도원 체류까지 이르렀다. 자, 여기서 문제는 당연히 수도원 안에서 대체 무슨 일이 일어났는지 그리고 거기서 일어난 일이 과연 영성 교류라는 이름을 주장할 만한 가치가 있는 것이었는지 여부가 될 것이다.

우선 9월 3일 저녁, 긴 여정에 지친 순례자들이 수도원 문을 두드렸을 때, 시작부터 즉시 결정적인 사건이 발생했다. 즉, 이처럼 극도로 엄중하게 경비된 문이 그들의 앞에서 열렸다는 사실에 주목하자.

수도원에 도착하자 천국의 열쇠를 건네받았다. 삼각형 구멍이 뚫린 작은 실이다. 이것이 없으면 수도원 안으로 들어갈 수 없다. 여인은 물론 일반인도 출입이 금지된다. 이교도가 들어가는 것은 아마도 수도원 개원 이래 처음일 것이다.[4]

이는 일본인 참가자 중 한 명이 수도원 문 앞에서 출입 금지 신호가

---

4 鈴木格禪, "聖オッティリエン修道院の記," 『禅文化』, 第九五号, 五六頁.

해제되었을 때 얼마나 놀랐는지—이런 놀라움은 수도원 체류 중 결국 언젠가는 참가자 모두에게 닥칠 것이었지만—를 보여주는 것이다.

일본인 방문객들은 유럽의 수도사들로부터 정말로 따뜻하게 환영 받았다. 일본인 참가자 거의 전원이 가톨릭 수도사들로부터 받은, 보통이 아닌 인간적인 온기를 느끼게 하는 환영 태도에 대해 논평을 덧붙인다.

하지만 진정으로 놀라운 사건은 거기에 있지 않다. 그것은 이교도 인 그들이 손님으로서가 아니라 명백한 종교인으로서, 게다가 비록 일시적이더라도 수도원 공동체의 정식 구성원으로 인정받고 환영받았다는 사실 속에 존재한다. 이 점은 방문객에게 위와 같은 최소한의 인간적 배려만 보여준 수도원에서 3주라는 짧지 않은 기간 머물렀던 한 참가자에 의해 강력히 강조되고 있기에, 참으로 의미심장하게 여겨진다. 그는 이렇게 적고 있다.

> 그런 생활을 강요받는 수도사에게 한가한 시간 따위는 없다. 겨우 한 달도 채 안 되는 기간 머무르는 불교도와 대화하거나 특별한 서비스를 할 여유가 있을 리 없다. 오직 그들에게 가능한 것은 그들의 생활을 숨김없이 보여주는 것이었다. 우리를 공동체의 일원으로서 수도원 깊숙이 맞아들이고, 그 생활의 이면과 표면을 모두 보여주는 것은 형식적으로 우리와 대화함으로써 이해시키는 것보다 수십 배나 더 큰 의미를 지닌다는 것을 그들의 영성은 이미 꿰뚫어 보고 있었던 것이다.[5]

---

5 西村惠信,『東西靈性の交流とは何であったか―マリア・ラーハ大修道院に生活し

사실 유럽 수도자들의 이러한 선의에 찬 태도가 이번 모험적인 시도의 전체 방향을 바꾸는 데 있어 기축이 되었다. 이처럼 가톨릭 수도원이 왜 혹은 어떤 정신으로 그 문을 열었는지가 매우 중요한 문제가 된다. 그러나 현재로서는 유럽에서의 보고가 부족하여 충분히 만족스러운 답변을 드릴 수 없다. 개인적인 관점으로는 거의 모든 수도사에게 일본인 참가자들을 받아들이는 것은 어느 쪽이냐 하면 아무런 목적이 없는 행동이었다고, 지금으로서는 이렇게 말할 수밖에 없다. 대부분의 수도원에서는 불교(다른 일본 종교에 대해서는 말할 것도 없이)에 대해 그다지 많이 알지 못했기 때문에, 그들은 사실 일본인 방문자들이 무엇을 기대하는지 알지 못했다. 게다가 최근 25년간의 수도 생활상의 수많은 격변으로 인해 수도자들은 일반적으로 유서 깊은 생활 방식에 흔히 수반되는 자부심을 조금도 품고 있지 않았다. 누구나 알다시피 수많은 신학적 문제를 동반한 급격한 시대의 변혁이 지난 25년간 관상 수도원들마저 오래된 지혜에 대한 회의와 새로운 형태의 시도라고 하는, 오래 걸릴 상황으로 돌입하게 만들었다.

그런데 대체 무엇이 이 수도원들로 하여금 그러한 무모한 행동을 하게 만들었을까. 나는 그에 대해 아래와 같은 의미에서의 신앙이라는 말보다 더 적절한 표현을 찾을 수 없다. 즉, 그것은 사람이 원하는 곳이라면 성령께서는 어디에나 내려오신다는 신앙, 즉 기대이며 또한 타종교에 대한 문호 개방이라 불린 제2차 바티칸 공의회에 대한 신앙, 즉 순종이며, 나아가 복음 선교적 의미에서의 신앙, 즉 신뢰—그것에는 어느 정도의 겸손한 감사의 마음이 더해진다— 그리고 어쩌면 끊

て」, 前揭誌, 四五頁.

임없이 이어져 온 제도 속에서도 결코 완전히 사라지지 않는, 젊은 모험심의 단면을 엿보게 하는 것일지도 모른다.

교류 혹은 자신을 도전에 내맡기는 것

이러한 예비적 고찰을 마친 지금, 우리는 핵심적인 문제, 즉 동서양의 그러한 만남 속에서 정말로 대체 무엇이 일어났는가 하는 문제에 임할 준비가 더욱 갖춰진 셈이다. 이러한 사안이 평가하기 어렵다는 점을 잘 알고 있음에도 불구하고 나는 용기를 내어 나의 관찰과 더 나아가 참가자들의 많은 증언을 바탕으로 이렇게 말하겠다. "그렇다, 사실, 무언가가 일어났다. 영성의 교류에 걸맞은 무언가가." 한 불교 승려가 사용한 말을 빌리자면, 매우 깊은 차원에서의 진정한 공명이 일어났다. 그러나 더 구체적이고 특정적으로 또 그 사안을 더 깊이 파고들 것을 요구받더라도, 나는 그다지 자신이 없으며 아주 미미한 사항만을 지적할 수 있을 뿐이다.

우리는 당분간 다음과 같은 점에 주목해 보기로 하자. 많은 참가자는 이번 경험이 자신의 인생에 각인을 남겼으며, 그들은 이전의 자신과는 더 이상 같을 수 없다고 증언하고 있다. 일본인 방문객 한 명의 증언을 인용하면, "수도원에서 나는 내 남은 인생을 좌우할 수도 있는, 대체할 수 없는 무언가를 받았다"고 말하자, 그곳의 가톨릭 수도원장은 이렇게 고백했다. "저는 당신께 매우 감사드립니다. 당신의 방문이 우리 공동체에 남긴 흔적은 오래도록 사라지지 않을 것입니다."

확실히 이번의 실험적인 시도에서 놀라울 정도로 이질적인 배경을 가진 사람들이 인종이나 신조 등 모든 차이를 넘어 마음 깊은 곳에서 인간으로서 만날 수 있었다고 나는 생각한다. 게다가 이 우애로 가득한 만남은 각자의 종교적 입장에서의 관여를 '서로 배타적으로 규정 짓는' 방식으로 이루어진 것이 아니라 오히려 그 반대였다. 이 만남은 양측 모두 각자의 종교에서의 수행(하나의 공통된 유대와 지평으로 경험되는)의 강인함에 의해서만 가능했으며, 더욱이 그것은 종교의 영역 안에서 서로 종교성의 진정성을 상호 인식하는 가운데 일어났기에, 이러한 인간적 깊이에 이를 수 있었다는 강한 느낌을 받았다. 그 만남은 서로 자신의 종교에 대한 참여로서 양측 모두에게 살아 숨 쉬게 했다고까지 말할 수 있다. 그리고 엄밀히 말하면 바로 여기에야말로 삼 주간의 수도원 체류의 중심적인 의미가 있었다고 나는 감득할 수 있었다.

물론 어떤 사람이 친구가 되어야 할 사람과의 의미 있는 만남에 의해 변화될 수 있다는 것이 진실이라면, 우리는 더 나아가 이렇게 물어야 한다. "어떻게 하면 상대방이 변화하고 풍요로워질 수 있는가?" 시험적인 노력 속에서 그러한 변화를 밝힌다면, 우리는 '의식을 확장하는 것'이라고 말할 수 있으며 또한 상대방의 종교의식이, 정확히 말하면 그러한 실행을 동반한 타자의 인정이라는 점에서 새로운 차원을 획득했다고 할 수 있었다. 상대방이 지금까지 명예로운 고립 속에서 자신의 종교성을 실행해 왔다면, 이번 경험 이후에는 각자가 '타인의 현존 앞에서' 자신의 종교를 살아가야 한다. 이 경험은 또한 많은 참가자에게 있어 어떤 회심, 즉 그것으로 인해 신의 시선이 지금까지 예상조차 하지 못했던 곳에서 포착될 수 있는 한계가 있음에도 불구하고 타인에 대한 순수한 전환으로서 작용했다고 말할 수 있을 것이다. 고문 겸 통역자 중 한 명이었던 오이겐 루커 신부는 이를 아름답게 표현했다.

"불교도 곁에서 기도하거나 십자가 위의 그리스도 앞에서 함께 절하는 것이 나에게 전 인류의 아버지이신 하느님께 다가가는 새로운 방식을 가져다주었다."

타인의 시선으로 자신을 바라보는 것 그리고 그로 인해 자신이 영향을 받거나 심지어 질문을 받게 되는 덕분에 자신의 전통의 상대성이 드러나지만, 동시에 그 한계가 돌파되어 더 깊은 차원에서 타인의 전통과의 합류하고, 그리하여 보편성에 조금이라도 가까워진다. 상대방 영성의 순수한 성격을 인식함으로써 가능하다면 그 영성을 자기 안에 통합하고 싶은 욕망이 생겨난다. 그러나 이는 자신의 전통으로부터 이탈하는 것을 의미하는 것이 아니라 오히려 자기 고유성에 대한 더 명확한 자각과 평가를 포함하는, 자기 영적 존재 방식에 대한 고도의 관여를 의미하는 것이다. 우리는 자기 전통에 대한 더 순수한 회귀를 이야기할 수 있지 않을까? 어쨌든 거기에는 사람은 오직 자신의 영성을 깊이함으로써만 타인과 만날 희망을 가질 수 있다는 의식이 있었다.

구체적인 문제점

수도원 체류에 관한 이 보고서를 마무리하며 이 교류 계획으로 인해 참가자들 사이에 불러일으킨 인상과 문제점 중 주요한 것들을 기록해 두고자 한다. 그러나 여기서도 이 보고서가 극히 부분적이고 잠정적인 것에 불과하다는 점은 이해되어야 한다. 유럽 수도자들의 인상이 아직 충분히 전달되지 않았다는 사정도 있어, 나는 이미 비교적 적절히 보고된 일본인 참가자들의 보고서에 크게 의존할 수밖에 없다. 비교적 가벼운 메모로 시작하기 위해 우선 다소 주변적인 몇 가지 인상을 임의로 다루고, 양 전통을 심각한 문제로 이끌 수 있는 것으로 마무리하려 한다.

분명히 상당수의 일본인 순례자들은 성지 안에서 오히려 무언가 섬뜩하게 어둡고 차가운 것을 보게 될 것이라고 예상했던 것 같다. 놀랍게도 그들은 인간미 넘치는 것, 즉—그들 자신의 표현을 빌리자면—'따뜻함 속에 있는 엄격함', '얼굴에 미소가 번지는 삶', '사람을 행복하게 하는 데 가장 큰 기쁨을 느끼는 사람들'을 발견하게 되었다. 목적지에 도착한 여행자들의 첫인상 중 하나는 양로원에 도착했다는 것이었다(그들은 20~30대에 단 한 번 제자로서의 승당 생활을 경험하는 것이 관례가 되어 있었기 때문이다). 그러나 곧 그곳의 광범위하고 다양한 요소들이 그들에게 다음과 같은 경험을 하게 했다. 수도 생활은 놀라울 정도로 생생하고, 밝으며, 지역사회에 뿌리내려 있고, 현대 사회에도 잘 대응하고 있다. 구체적으로는 몇몇 현대적인 건축에서 며칠 동안 수도 생활을 함께하려는 끊임없는 순례자의 흐름, 젊은이들과의 접촉 교류, 현대적인 노동 시설 등을 접했던 것이다.

이 점은 아래의 생각과 연결되곤 한다. 첫째는 이 생활이 1,500년 전의 계율(베네딕트 수도원 계율)에 의해 생명을 불어넣고 질서 정연하게 유지된다는 점이다. 이런 일이 어떻게 가능한가? 둘째는 유럽의 기독교는 우리가 믿어 왔던 것 이상으로 훨씬 더 활기차다는 인상이다. 어떤 일본인 승려는 수도원의 도살장에 있는 십자가를 발견한 것과 도살 담당 수도사가 잠시 후 성무 일과로 돌아와 다른 수도사들 가운데서 경건히 기도하는 모습을 보고 처음에는 충격을 받았지만, 그때 이

것이 바로 일상 속의 종교임을 깨달았다고 반성한다. 또한 수도 생활
에서는 각 수도자의 개성이 존중되고 있으며, 원장 수도사가 가장 천
한 일을 모든 수도자와 함께 나누고 있다는 두 가지 점이 자주 주목되었
다. 그러나 우리는 더 핵심에 다가가기 위해 서둘러 나아가야 한다.

여기서 '네미라는 마을에서의 여섯 가지 의문'이 우리의 길잡이가
되어줄 것이다. 앞서 언급한 대로 그룹별로 나뉘었던 수도사들 전원
이 다시 로마, 더 정확히 말하면 로마 교외 네미라는 마을에 있는 신언
회수도원(SVD 하우스)에서 모였다. 9월 27일 아침, 일본인 참가자 전
원이 각자의 경험과 인상을 교환하기 위해 한자리에 모였다. 이 대화
모임에서 여섯 가지 문제점이 제기되었다. 그리고 이 문제들은 같은
날 오후 몬시뇰 P. 로사노 신부(종교 간 대화 사무국 직원)의 입회 아래,
이 기획에 관여해 온 열두 명의 베네딕도회 수사를 상대로 발표되었
다. 그 자리에서 수도사들은 이 문제들에 답변을 시도했으나, 종교 간
대화에 흔히 나타나는 완전히 이질적인 기준틀에서 비롯된, 마치 청
천벽력 같은 양상으로 문제가 제기되었기에, 그 답변은 일종의 시험
적 논의의 범위를 벗어나지 못했다. 이하에서 나는 이러한 문제들에
초점을 맞추어, 이를 수도 생활의 현실적 경험과 연결시키면서 몇 가
지 주석을 달기로 한다.

명상

동서양에서 종종 명상이라는 동일한 용어가 사용되지만, 양자의
형식은 본질적으로 이질적인 것이 아닐까? 서양은 대상 없는 기도, 상
념 없는 명상의 어떤 실천과 전통—선 전통에 의해 충분히 성숙되었

고 또한 정신적으로 결실이 있다고 여겨지는 유일한 명상 형식—을 가지고 있는가? 응답자는 서양 전통은 대상을 완전히 버리지 못하는, 어떤 합리적인 경향을 보인다고 결론지었지만, 다른 한편으로는 기독교 안에서 행해지는 명상의 진정성과 깊이를 강조했다. 이 점에 관해서는 선을 실천하는 그리스도인들이 많이 쓰고 있다. 확실히 이 의문 자체가 일본인 측에는 간과할 수 없는 근본적인 차이 의식을 보여주고 있었다. 그러나 동시에 그들의 수도원 경험은 그들에게 가능한 한 더 깊은 동질성을 의식하게 했다.

기독교의 수도 생활은 진정한 영적 생활로서 일본인 방문객들의 마음을 울리고 있다. 많은 이들이 이 성역 안의 침묵의 깊이와 그 질에 대해, 더불어 그런 변함없는 기도와 노동 그리고 성찰의 일과가 지닌 규칙적인 리듬에 대해 평론하고 있다.

아침 여섯 시, 먼저 작은 새들이 지저귀기 시작한다. 잠시 후 비둘기처럼 날아오르며 소란을 피운다. 이것이 명상의 끝을 알리는 신호다. 이 순서는 삼 주간의 체류 기간 내내 변함없이 유지되었다. 성 베네딕트의 '수도 규율'에 따른 수도원의 질서 정연한 생활이 이미 이곳에 둥지를 틀고 사는 까마귀들에게까지 미치고 있다는 뜻일까.

또한 나는 선 관계자로부터 거의 동일한 내용의 소감을 두 번 들었다. 즉, "여기에서의 열흘 남짓한 생활은 내게 섭심攝心과 동종의 정신 집중과 평정함을 가져다 주었다"고.

기독교의 분석

기독교의 기도는 어른의 기도라고 할 수 있을까? 그것은 오히려 무책임하고 떼쓰는 아이 같은 태도를 보이고 있지 않은가? 성무일과와 그 안에서 노래하는 그레고리오 성가는 종교와 미학의 밀접한 결합으로서, 미의식이 강한 일본인 측에서 부러움의 대상이었던 것은 지극히 당연한 일이다. 기묘한 점은 몇몇 일본인 승려가 시편의 내용에 더욱 주의를 기울일 만큼 성무일과에 충분히 친숙해진 바로 그 순간부터 비로소 위화감을 경험하고 있다는 것이다. 그것도 바로 이 같은 일과 안에서 말이다. 이러한 기도 속에서 신은 종종 질투심 많고 분노하는 신으로 모습을 드러내며, 그런 신을 향해 사람은 은혜와 죄의 용서를 끊임없이 구하는 불쌍한 모습이라는 인상을 주었다.

베네딕트 수도사는 그에 대한 답변 속에서 겉보기에는 확실히 그렇다고 인정했지만, 그는 수도사가 행하는 기독교의 기도는 본질적으로 말의 겉모습을 넘어 아버지 하느님과의 내적 대면—사실 자녀의 태도로—으로 향하는 것이라고 지적했다. 선물을 구하는 기도는 모두 자신에게 향하며, 따라서 선물에 대한 욕망의 내적 부정을 포함한다. 그러나 동시에 선물을 구하는 기도는 그것이 그 선물 안에 계신 하느님에 대한 욕망인 한, 선물을 넘어 하느님에 대한 욕망으로 나아가는 디딤돌로서의 적극적인 의미를 지닌다. 용서를 구하는 끊임없는 기도는 사랑과 은총이신 하느님의 뜻에 마음을 열게 한다. 나는 여기서 일본인 참가자 몇몇이 위와 같은 어려움을 품고 있으면서도, 그 동일한 태도가 내포하고 있는 지고의 겸손과 심오한 경외심을 감득하고 있었다는 점에 주목하고 싶다. 로마에서 베네딕트수도회 연합 총원장에게 바친 감사 글에서 일본인 참가자들은 "우리는 수도자들의 순수한 사랑과 경건한 신앙을 접하며, 이것이 불교의 자비에 상당한다고 강하게 느꼈다"고 진술하고 있다.

기도와 노동: 일원론인가, 이원론인가

기도와 노동은 종종 베네딕트회의 모토라고 알려져 있으며 또한 이번에 수도자에 의해 행해지는 노동은 적어도 기도와 동등한 평가와 의문을 불러일으켰다. 노동은 수도원식 영성 속에서 어떤 역할을 수행하는가? 또 기도와는 어떤 관계인가? 첫 번째 점에 관해 말하자면, 수도원의 자립이라는 베네딕트회의 원칙과 그 구체적 실행은 원래 탁발 전통을 가진 일본인 승려들을 저기 놀라게 하였다. 노동은 수도자의 생활에 가져다 주는 그 리듬 때문에 종종 선당의 작무와 비교되기도 했으며 또한 노동은 수도원을 그 지역 환경에 뿌리내리게 하고 사회 서비스를 위한 길을 열어준다고 평가한 사람도 있었다.

한편 어떤 일본인 승려들은 여기서 기독교 영성에 생긴 균열을 발견할 수 있다는 인상을 받았다. 결국 정신적 활동으로서의 기도가 노동, 즉 신체적 활동보다 더 높은 가치 평가를 받고 있지 않은가 하는 것이다. 이는 서양 영성이 이원론, 즉 심신일유의 결여를 드러내고 있는 점 중 하나가 아닌가. 베네딕트회 수도사의 답변은 서양, 특히 근대 인간학이 확실히 그 통합을 좋게 여기지 않았다는 점 그리고 그 점에 대해서는 불교로부터 많은 영향을 기대하고 있음을 솔직히 인정했다. 흥미롭게도 식사 자리에서의 영적 독서가 아직도 사라지지 않고 남아 있는 것이 바로 이러한 이원론의 상징이 되었다. 실제로 이 독서는 "육체에 영양이 공급될 때 정신 또한 영양원을 찾도록" 권고하는 것이다. 이는 먹는 행위 자체가 하나의 정신적 수행 형태를 취하는 선당에서의 침묵 속 식사와는 선명한 대조를 이룬다.

이러한 맥락의 의문은 후지요시 지카이(藤吉慈海, 화원대학 교수)에 의해 가장 집요하게 추궁되고 있다. 그는 또한 여기에 수도자의 노동이 종교적 예술 작품에 이르지 못하는 이유를 발견하고 있다. 일본인 종교자들의 방문을 통해 이 같은 의문이 유럽 측에게도 실존과 관련된 문제가 되어 왔다고 덧붙여 두자. 대체로 가톨릭 수도자들은 방문객들의 육체적 영성으로 인해 무엇보다도 자신들이 질문받고 있다고 느꼈다고 나는 말하고 싶다. "성가대석에서 수도사의 자세가 어딘가 흐트러져 보인다"거나 "명상 중인 수도사는 슬픔에 잠겨 있다"는 인상을 준 것이 일본인의 마음을 사로잡은 반면, 유럽인들은 단순히 좌선 자세—어떤 대상에 의해서도 규정되지 않고, 무엇보다도 신체적 태도에 의해서만 규정되는 명상—에 의한 것뿐만 아니라 더 일반적으로 일본인이 믿을 수 없을 정도의 정신성과 경건함을 그 신체적 행동 위에 드러내는 방법을 알고 있었기 때문에 또한 감명을 받았다. 수도원의 예배는 정신론을 거듭하기보다는 예를 들어 다도의 일련의 동작에 의해 교정된다면 훨씬 나아질 것이라는 반성이 몇 번이고 들려왔다.

수도 생활과 사회적 책임

그러한 은거 수도 생활에서 어떤 사회적 관여와 세속을 위한 봉사가 있는가? 보살의 이상은 왕상환상往相還相(아주 대략적으로 말하면 열반에 오르는 것과 살아 있는 모든 존재에게 이익을 베풀기 위해 이 눈물의 골짜기인 현세로 되돌아오는 왕복의 리듬)이라는 특징을 가지며 또한 선은 산 위에서 얻은 깨달음을 시정으로 가져와 구제해야 한다고 주장하는 반면, 평생 그들의 성스러운 산에 발을 붙이고 있는 이 수도자들은 어떻게 자기 사랑을 증언하고 인간 사회에 기여하고 있는가? 이 논의는 기독교계 내에서도 종종 볼 수 있는 것이지만, 일본 불교도들 사이에서도 화제가 되지 않을 수 없었다.

이에 대한 답변으로는, 기독교 수도원이 유럽 사회에서 수행한 역사적 역할은 강조되지 않고 단순히 수도원의 사회적 역할 속에서 가능해지는 네 가지 요소, 즉 영적인 사람들의 존재와 형성은 그 자체로 사회에 유익하다는 점, 사람들이 서로 존중하며 사랑 속에서 함께 살아가는 소사회로서의 수도원은 사회생활의 하나의 본보기가 된다는 점, 노동을 통해 지역사회와 협력 관계를 구축하는 것 그리고 긴급 시 직접적인 서비스를 제공하는 것 등이 제시되는 데 그쳤다. 네미에서는 이 점이 논의되지 않았지만, 사실 이 의문은 의심할 여지없이 많은 일본인 참가자에게 가장 결정적인 인상, 즉 수도자들은 결국 생계를 위해 그런 생활 방식을 택했을 뿐이라는 인상을 안겼으며, 이는 기독교 수도 생활의 한 특징과 연결되어 있다. 이와 같은 논란에도 불구하고 한 일본인들의 반응은 실제로 한 가지 찬사—몇몇 참가자에게 일본 불교도들의 방식에 의문을 제기하는 성격을 띤 찬사—와 분리할 수 없는 것이기도 했다.

선당은 단거리 달리기와 같으며, 자격증 취득 학교로 전락해 버렸다. 사유물을 전혀 가지지 않고, 침묵 속에서, 독신으로, 평생 공동생활을 계속해 나가는 모습은 석존 시대의 이상적인 승가 생활(선림 생활)을 떠올리게 한다. 슬프게도 일본 불교계에서는 승가의 생활이 생애의 한 시기에 불과하며, 그것도 해마다 그 기간이 단축되고 안이해지려 하고 있다. ⋯ 지금 한 번 진심으로 출가하여 다시, 본래의 출가의 모

습, 본래의 승가의 모습으로 돌아가지 않으면, 현실에서는 불교는 무용지물이 되어 버릴 것이다.6

만약 일본 불교가 되살아난다면, 그것은 승당에서 선가(禪家)가 사회로 나가 활동함으로써 이루어지는 것이 아니라 오히려 사회에서 다수의 인간이 선당에 들어감으로써만 가능할 것이다.7

나는 이러한 문제 제기 속에서 드러난 솔직함과 성실함에 대해 끝없는 찬사를 보내고 싶으며 또한 이에 상응하는 일들이 유럽에서도 일어나기를 기대한다. 나에게 있어 그것들은 두 가지 사안을 의미한다. 하나는 불교가 일본에서 살아있다는 것 그리고 다른 하나는 그 고요한 유럽의 9월에 진정으로 무언가가 일어났다는 것이다.

수도 생활과 사랑

수도원은 사랑의 장소인가? 수도 생활은 사랑을 향한 교육인가? 수도 생활은 마음의 생활이라기보다는 오히려 영혼이나 의지의 생활이 아닌가?
이러한 마지막 두 가지 문제에 대해서는 지면이 부족하니 간략하게 말하겠다. 여기서도 응답자는 언뜻 보기에 그렇게 보일 수도 있다고 말하지 않을 수 없었다. 그러나 그는 수도자들의 사랑으로 가득 찬

---

6 青山俊菰, "修道院に学ぶ," 『禅の友』, 第一一一号, 一九七九年 10頁.
7 古賀英彦, 『我がメッシェデの日々』, 前掲誌, 五三頁.

삶 속에서 그리고 수도원 공동체에서의 형제적 삶의 특성 속에서 그리스도의 역할에 대해 이야기했다. 이 의문은 어느 쪽이든 '머리로 생각한' 것이었다는 점을 덧붙이는 것으로 충분할 것이다. 실제로 일본인 참가자들은 이러한 공동체 안에 존재하는 사랑이 어떤 것인지를 충분히 경험했으며 또한 그들은 그 보고에서 이 점을 얼마나 높이 평가했는지를 증언하고 있다.

베네딕트 계율의 문자적 의미와 정신

일본인들은 점차 수도 생활의 세부적인 사항들이 각 수도원에 따라 얼마나 크게 다른지 또한 여러 측면에서 오늘날의 계율 실행이 성 베네딕트가 제시한 계율에 비추어 볼 때 얼마나 벗어나는지를 발견했다. 그리고 그것이 얼마나 독립된 실체로서 존재했는지, 즉 연맹이라는 형태 안에서 느슨하게 연결되어 있을 뿐이라는 점, 더 나아가 성 베네딕트가 자신의 계율을 문자 그대로 따라야 할 계율로 보지 않았다는 점 등이 그들에게 설명되었다. 유럽 체류 중 일본인 참가자 대다수는 한 곳 이상의 다른 교파 수도원을 방문하여 기독교 수도 생활의 다양성에 대해 어느 정도 통찰을 얻을 기회를 얻었다.

로마에서의 종결

이번 영성 교류 계획이 가톨릭교회의 총본산인 로마에서 막을 내린 것은 단지 목적에 부합하는 조치에 불과했다. 그러나 이 로마 순례는 극소수인 이 그룹에 그들의 기독교 경험의 하이라이트가 되었다는 인상을 나는 받았다. 대규모 군중을 배경으로 한 로마의 축제는 수도원의 엄숙한 고요함과 겨룰 수 없었다.

여기서 두 가지 두드러진 점을 언급하면 충분할 것이다. 로마 가톨릭교회의 비기독교인을 위한 사무국을 방문했을 때, 유럽 각지의 시위 현장에서 즉석 판매한 오모리 소겐 스님의 서예 작품 판매 수익금 전액이 마더 테레사의 자선 사업에 기부금으로 해당 사무국장 세르지오 피니에드리 추기경에게 전달되었다. 훌륭한 종교 일치(에큐메니컬)의 자세였다.

그리고 9월 26일 저녁, 로마 교황의 일반 알현이 있었다. 교황 요한 바오로 2세는 아일랜드 및 미국 방문을 눈앞에 두고 준비로 바빠 모든 특별 알현을 자제하고 있었다. 그러나 후에 알게 된 것처럼 그 일반 알현—온갖 인종과 국적을 가진 사람들과 그때 내리던 소나기 속에서 우산의 바다로 가득 찼던 그 광활한 성 베드로 광장에서의 것—은 하나의 선물이었다. 우리 그룹은 교황의 보좌 바로 아래에 해당하는 귀빈석에 배정되었고, 공식 연설과 축복 후 교황은 가장 먼저 우리에게 다가와 야마다 무몬 스님과 대화를 나누셨으며, 우리 각자와 악수를 나누셨다. 특히 단상에서 우리를 향해 하신 말씀 속에서 교황은 우리의 시도를 "종교 간 대화 역사상 참으로 획기적인 사건"이라고 칭하셨다. 그리고 지금, 우리 가운데 서서 그는 진심으로 감정을 담아 이렇게 말하며 우리를 격려하셨다. "이런 종류의 경험은 계속해서 이루어져야 합니다."

퇴장하려고 우리가 통로로 나아가 많은 가톨릭 신자들 앞에 이르자, 그들은 불교 승려들에게 박수를 치며 환호하고 악수를 청해왔다. 그들은 앞서 교황의 생각을 함께 나누는 듯했다.

8장

불교, 기독교,
정토진종에서의 욕망

불교와 기독교는 인간의 욕망 문제에 대해 상당히 다른 입장을 취하는 것처럼 보인다. 불교는 욕망의 소멸을 목표로 하고, 기독교는 욕망을 정렬하고 통합할 필요성을 말한다. 우리는 여기서 직접적으로 다음과 같은 질문에 직면한다. 이 차이는 얼마나 심각한가? 이는 내용보다 수사적 차원에 기인한 것인가? 이 입장들은 얼마나 양립 불가능한가? 차이는 단순히 이론적인 것인가, 아니면 실제적 결과를 수반하는 것인가?

이 문제를 완전히 다루려면 다음과 같은 사항들을 포함해야 할 것이다.

1. 욕망에 대한 (철학적) 현상학

2. 상반된 입장의 각각의 문화적 뿌리: 인도와 그리스 사상에서의 욕망

3. 기독교 사상과 영성에서의 욕망

---

* 이 글은 원래 1993년 8월 5일부터 6일까지 교토 오타니대학에서 개최된 국제 진불교연구회 제6회 정기 학술대회에서 발표되었으며, 이후 "仏教, キリスト教, 浄土真宗における"(欲望)이라는 제목으로 「浄土」 10/11 (1994): 68-92에 게재됨.

4. 불교 사상과 수행에서의 욕망

5. 진종眞宗의 사례

물론 본 논문에서 이 모든 점을 다루는 것은 불가능하다. 기독교와 진종에 대한 논의는 패널의 다른 분들에게 맡기겠다. 나는 주로 불교에서의 욕망에 초점을 맞추고, 다른 점들에 대한 논평은 몇 가지 간략한 언급으로 제한할 것이다.

욕망의 현상학

백과사전 항목에서 발췌한 몇 가지 내용이 비록 기초적이긴 하지만 글을 시작하는 데 도움이 될 수 있다.

> 욕망은 그 자체의 이름으로 거의 논의되지 않는 중요한 주제 중 하나이다. … 이 용어가 지칭하는 경험, 현실, 관계에 대한 표준적인 목록은 존재하지 않는다. … 욕망은 일반적으로 의지적 용어로 이해되며, 이 경우 의지, 욕망, 소망, 선택, 욕구, 영감, 동기 부여, 심지어 의도와 동일시된다. 욕망은 또한 더 감정적, 정서적… 측면에서 이해되기도 하는데, 이 경우 감정, 느낌, 열정, 사랑, 에로스(및 에로티시즘), 애착, 욕망 등과 연관되거나 동일시된다….1

---

1 R. E. Delattre, "Desire," M. Eliade ed., *Encyclopedia of Religion* 4 (New York: Macmillan, 1987), 307.

욕망의 본질은 본능과 의지 사이에 위치한다. … 그것은 이기적이지 않은 초월적 이념에 의해 추진되지 않기 때문에 의지보다 열등하다.[2]

C. G. 쇼는 추가적인 단서를 제공한다.

다양한 종교에서 욕망에 대한 태도는 세계에 대한 그들의 일반적 태도에 따라 결정된다.[3]

이는 물론 사실을 탁월하게 규명하고 있다. 여기서 불교와 기독교의 차이는 분명히 신이 창조한 세계와 인간의 무지(avidyā)가 만들어 낸 윤회(saṃsāra)와 관련이 있다. 그러나 바로 그 일반적인 단어 세계에 대한 보다 상세한 검토가 필요할 수 있다.

우선 그 세계 내에서 인간의 본성은 특별한 검토를 받아야 한다. 인간의 자연적 상태는 근본적으로 결함이 있는가 아닌가? 또는 다른 말로 하자면, 인간은 원죄에 얼마나 근본적으로 감염되었는가?

또한 나중에 다시 다루어야 할 다른 요소들도 배제할 수 없다. 인간의 인지적 요소와 욕구적 요소에 대한 상대적 평가의 차이, 절대자를 무로 보는 관점과 절대적 존재로 보는 관점 그리고 마지막으로 인간의 곤경에 대한 해결책을 찾는 데 사용되는 논리의 유형 등이 그것이다.

---

2 C. G. Shaw, "Desire," J. Hastings ed., *Encyclopedia of Religion and Ethics* 4 (New York: Charles Scribner, 1908), 663.

3 Shaw, *op. cit.*, 665.

조금만 살펴봐도 욕망은 역설적인 현상이다. 예를 들어 욕망은 두 가지를 동시에 지향하는 것처럼 보이지만, 이 둘은 반드시 서로를 함의하지는 않는다: 원하는 대상의 소유와 향유 그리고 욕망 자체의 정지. 이러한 관점에서 우리의 문제를 다음과 같이 정립할 수 있을 것이다. 불교와 기독교는 이 딜레마의 양극단을 어떤 (서로 다른) 선상에서 정의하는가?

배경 문화적 수사학

여기서 우리는 불교와 기독교가 종교로서 발전한 문화권 내에서 욕망에 대한 일반적 평가를 공유하는 듯 보이지만, 각자의 구원 경로라는 틀 안에서 이 문제를 다소 재고해야 했다는 점만 언급할 수 있다. 인도 문화에 관해 R. A. 델라트르는 "욕망은 궁극적으로 초연함 속에서 극복되어야 하는 전통"이라고 말하며, "… [비록] 그 동일한 전통 안에서 해방으로 가는 삶의 단계에 적합한 욕망들은 긍정되고 심지어 상상력 넘치는 풍요로움으로 찬양되기도 한다"[4]고 덧붙인다.

도교에 대해서도 "욕망이 진정한 영성의 자원이 아니라 문제로 제시된다"고 할 수 있으며,[5] 목표는 모든 욕망에서 벗어나는 데 있다. 반면 그리스 사상은 "욕망에 대한 일반적으로 더 긍정적인 평가를 포함한다"고 특징지을 수 있다. 비록 플라톤과 스토아 학파에서 보듯이 문제적 측면도 충분히 고려되기는 하지만.

---

4 Delattre, *op. cit.*, 309.

5 *Ibid.*, 308.

그러면 불교가 브라만 계급의 생애 단계를 단일한 길로 통합함으로써 문제의 매개변수를 어떻게 변화시켰는지 그리고 기독교가 인간(원죄)과 절대자에 대한 상이한 관점에 비추어 그리스식 해결책을 어떻게 재구성해야 했는지 살펴볼 수 있다.

정토불교와 욕망

먼저 정토불교의 종교적 맥락에서 욕망 문제의 윤곽을 간략히 설명하며 시작하고자 한다.

정토불교에서 욕망은 아미타불의 본원 서원의 중심성과 신심信心 속에서의 태생에 대한 욕망의 중요성에서 명백히 중심 위치를 차지한다. 욕망은 또한 "욕망이 그대로 있는 상태에서의 구원"이라는 사상 속에서 매우 특별한 빛을 발한다. 이 점에서 정토불교는 일반적인 불교적 패턴과 뚜렷한 차이를 보인다고 나는 생각한다. 물론 이러한 요소에 성도문聖道門이 결여되었다는 뜻은 아니다. 보살도에서 서원이 차지하는 역할만으로도 그 반대임을 충분히 알 수 있다. 그럼에도 불구하고 이러한 욕망적 요소들이 절대적인 중심 위치를 차지하게 된 사실이 순수한 불교 교리에 대한 일반적인 욕망 이론으로는 더 이상 설명할 수 없는 한 형태로 구성되어 있으며, 이는 순수한 불교 전체를 형성하지 않는가 하는 의문은 여전히 남아 있다. 다시 말해 진종 교리는 일반 불교의 욕망 교리에 의존할 수 있는가 아니면 그 자체만의 욕망 신학이 필요한가? 소가 료진(曾我量深)이 암시하는 바가 바로 이것이다. 그는 정토불교의 특정한 핵심에 주목하는 진종 교리를 주장하며 이렇게 썼다.

진종 교리의 대상이 무엇이냐고 묻는다면, 나는 이렇게 말하겠다. 그
것은 신앙의 원리이자 배경으로서의 서원욕(願欲)을 명확히 하는 데
있다.6

구약과 신약 모두에서 욕망의 중심성이 제시된 다음의 언급이 떠
오른다.

성경은 무엇보다도 동맹의 주제, 즉 서로를 향한 두 욕망의 행진이라
는 주제를 표현한다. 먼저 인간 피조물에게 자신을 내어주려는 하느
님의 욕망적 주도 그리고 그다음으로 인간 피조물이 자신의 하느님께
보내는 욕망적 응답이다.7

불교에서의 욕망

이제 좀 더 깊이 탐구하고자 하는 질문에 이른다. 불교의 욕망에
대한 입장은 정확히 무엇인가? 불교 교리와 수행 전체에서 욕망의 의
미와 기능은 무엇인가? 궁극적으로 무엇에 기반을 두는가?
나는 이미 불교의 욕망에 관한 수사가 성 아우구스티누스의 "선한
그리스도인의 전 생애는 성스러운 욕망이다"라는 말이나 성 토마스
아퀴나스의 "욕망의 선함은 모든 행동의 필수적인 동력이어야 한다"

---

6 *Soga Ryōjin Senshū*, Vol. 10 (Tokyo: Yayoi Shobō, 1970-1972), 189.
7 Henri Martin, "Désirs," C. Baumgartner ed., *Dictionnaire de Spiritualité*, Vol. 3
　(Paris: Beauchesne, 1967), col. 608.

는 표현에서 대표되는 기독교적 관점과 상당히 대조적임을 언급한 바 있다.8 동시에 불교와 기독교는 현대 사회에 관해 최소한 하나의 공통된 목표를 가지고 있다고 말할 수 있다. 사람들을 "자기중심적 욕망의 자극과 착취로 번성하는 문화의 집착으로부터" 구원하는 것이다.9 이는 다시금 질문을 제기하게 한다. 이 두 입장이 정말 그렇게 다른가? 최소한 몇 가지 공통점이 있지 않은가?

욕망에 대한 불교적 입장이 근본적으로 부정적이라는 점에서 역설적이고 견지하기 어렵다는 것은 의심의 여지가 없다. 이 역설은 다음과 같이 객관적으로 제시되었다.

> 욕망이 없는 것이 이상이다; 그러나 이상에 도달하기 위해서는 자신의 욕망을 길러야 한다. … 궁극적으로 모든 욕망으로부터 자유로워지려 노력하지만, 이를 성취하는 유일한 방법은 욕망을 통해 이루어진다.10

이 견해의 함의를 다음 두 문헌과 대조해 보면 일부 파악할 수 있다.

누군가 조슈에게 물었다. "부처님은 깨달은 분이자 우리 모두의 스승이시니, 본래 모든 번뇌에서 자유로우시지 않습니까?"

조슈가 말했다. "아니오. 그분은 가장 큰 번뇌를 품고 계신 분이십니다."

---

8 Martin. *Ibid.*, cols. 621, 607.

9 Thomas Merton, *Zen and the Birds of Appetite* (New York: Directions, 1967), 31.

10 Grace Burford, in R. E. Buswell and R. M. Gimello eds., *Paths to liberation* (Honolulu: University of Hawaii Press, 1992), 48.

"어떻게 그럴 수 있습니까?"

"그의 가장 큰 번뇌는 모든 중생을 구원하려는 마음입니다!" 조수가 대답했다.[11]

어떤 소승小乘 종파는 "자비는 번뇌 중 하나로 여겨졌기에 부처님의 마음에는 자비가 없었다"고 주장했다.[12]

여기서 한 가지 언급할 점은 욕망에 대한 부정적 평가는 분명히 부처 자신의 사성제에서 비롯되었지만, 모든 불교 종파가 욕망을 똑같이 취급할 것이라고 기대하는 것은 지나친 일이라는 것이다. 물론 유명한 이단으로 밀교 불교 또는 금강승이 있는데, 이는 "욕망과 감각 지각을 수행의 일부로 삼는 길"로 정의된다.[13] 나는 이러한 견해를 설명할 능력이 부족하다고 느끼므로, 이 '마지막 법륜'은 그림에서 제외하고 '예외'로 취급하겠다. 이는 불교 전체 그림에서 본질적인 무언가를 생략할 위험을 감수한다는 점을 분명히 밝힌다. 다른 구분선인 소승小乘과 대승大乘 사이의 경계—욕망, 즉 깨달음—에 대해서는 다음에서 몇 마디 할 기회가 있을 것이다.

---

11 Masao Abe, *Zen and Western Thought* (Honolulu: University of Hawaii Press, 1985), 79에서 인용.

12 木村泰賢, 『真空より妙有へ』(Tokyo: Kōshisha Shobō, 1929), 207.

13 Han de Wit, *Contemplative Psychology* (Pittsburgh: Duquesne University Press, 1991), 224.

욕망의 무엇이 나쁜가?

이제 우리는 스스로에게 질문해야 한다. 불교에서 욕망을 근본적으로 부정하게 만드는 것은 무엇인가? 불교 경전에서 지적하는 욕망의 부정적 함의는 무엇인가? 이러한 결점들의 (잠정적) 목록은 다음과 같을 수 있다.

1. 욕망의 가장 명백한 결함은 물론, 그것이 모든 인간 고통의 근원적 원인인 번뇌(kleśa)에 속하거나 동일시될 수 있다는 점이다. 따라서 욕망은 우리가 열반의 '평화'에 도달하는 것을 방해한다. 도겐이 말했듯이, "마음이 아무것도 구하지 않을 때 평안하다."[14] 여기서 기독교와의 비교를 위해 삽입해야 할 질문은 '평안'이 반드시 완전하고 궁극적인 인간적 이상인가 하는 것이다.
2. 대승불교가 특히 발전시킨 또 다른 사항은 모든 욕망이 선과 악, 쾌락과 고통을 구분하는 잘못된 이원론에 기반한다는 것이다. 실제로 모든 욕망은 긴장과 대립을 불러일으키거나 심지어 직접 생성한다. 현재와 미래 사이, 실제와 가능성 사이, 현실과 이상 사이에서 말이다.[15]

---

14 Dōgen, *Record of Things Heard*, trans. Thomas Cleary (Boulder: Prajñā Press, 1980), 89. 도널드 로페즈는 불교도들이 kleśa 개념에서 고대 의식 종교의 '오염과 순수의 기본적 이분법적 대립'을 보존한다고 지적한다. 욕망은 거의 '유기적'인 무엇인가처럼 '마음의 순수성'을 해친다. Donald S. Lopez, "Paths terminable and interminable," Buswell and Gimello, *op. cit.*, 155-157.
15 Delattre, *op. cit.*, 308.

3. 따라서 욕망은 우리를 미래로 내몰며, 결국 우리에게 유일한 현실인 현재 순간에 온전히 살지 못하게 한다.

그리고 우리는 더 이상 아무것도 원하지 않게 될 것이다. 즉, 우리는 미래로부터도 해방되어 우리의 인식과 삶이 더 이상 그 상상된 미래에 의해 형성되고 움직이지 않게 될 것이다.[16]

여기서 주목할 점은 일단 실재와 이상 사이의 이러한 긴장은 윤리적으로 해야 할 것과 정의에 대한 투쟁을 위해 필수적이라는 사실이다.

4. 모든 욕망은 자기중심적이라는 점이 더욱 강조된다. 도겐은 부처가 되려는 노력, 즉 고귀한 욕망이 있다면, 그런 사람들이 진정한 도의 사람처럼 보일 수 있지만, 사실 "자기 자신을 개선하기 위해 수행하기 때문에 여전히 자아에서 벗어나지 못했다"고 지적한다.[17] 여기서 우리는 대승불교 신자들이 아라한을 자기중심적이라고 비난했다는 점을 떠올리게 된다. 기독교에서는 이것이 자기 사랑(천국에 대한 욕망)과 순수한 하느님 사랑 사이의 관계 문제로 나타난다.

5. 욕망, 심지어 부처가 되고자 하는 욕망조차도 우리가 부처와 분리되어 있지 않으며 결핍된 것이 없이 "근본적으로 모든 면에서

---

16 Luther Askeland, "The God in the Moment," *Cross Currents* 40/4 (1990), 463. 애스켈랜드는 이 개념을 명백히 유신론적 관점에서 전개한다.
17 Dōgen, *op. cit.*, 106.

완전하다"는 진리와 상반된다고 한다.[18] 스즈키 다이세츠는 "낙원은 결코 잃어버린 적이 없기에 되찾을 필요도 없다"는 말로 이생각을 표현한 바 있다.[19] 불교와 기독교는 여기서 충돌하는 것처럼 보인다. 기독교 이야기에서 인간은 잃어버린 낙원, 즉 신의현존에 대한 근본적이고 구성적인 욕망을 지닌 존재로 여겨지기때문이다. 그러나 이 시점에서 스즈키의 말을 더 넓은 맥락으로되돌려 보는 것이 좋겠다. 그 맥락에서 그의 말은 우리가 나중에접하게 될 몇 가지 주제를 매우 간결하게 표현하고 있다.

낙원은 결코 잃어버린 적이 없기에 되찾을 필요도 없다. 조시마 장로가 말하듯, … 그것을 바라는 순간, 즉 내가 그 사실을 의식하는 순간, 낙원은 바로 내 곁에 있다. … 종말론은 결코 실현될 수 없으면서도 우리 삶의 매 순간 실현되는 것이다. 우리는 항상 그 앞에 있다고 보지만, 실상은 항상 그 안에 있다. 이것이 시간 속 존재로서 혹은 시간속 되감으로서 우리가 조건화된 환상이다.[20]

대승불교와 욕망

기독교적 배경에서 불교를 연구하는 나는 당연히 불교적 역동성의 비밀이 삼사라와 열반의 대립, 즉 생사의 영구 운동 기제에 대한

---

18 Christmas Humphreys ed., *The Wisdom of Buddhism* (London: Curzon Press, 1979), 188에서 인용.

19 D. T. Suzuki, Thomas Merton, *op. cit.*, 134.

20 *Ibid.*, 134.

혐오와 함께 열반의 고요한 평화를 욕망하는 데 있다고 생각했다. 대승불교의 '삼사라와 열반의 불이성不二性'을 알게 되었을 때 나는 적지 않은 충격을 받았다. 이로 인해 불교의 역동성이 사라지는 것이 아닌가? 종교적으로 이것이 도대체 무엇을 의미할 수 있는가? 이러한 전환 과정에서 욕망에 대한 관점이 어떻게 변했는지를 조사하는 것이 더 나은 이해를 위한 열쇠가 될 수 있을까?

이론적 차원에서 대승불교가 소승불교 입장을 비판하는 것은 쉽게 이해된다. 결국 그것은 단지 "이상적인 목표 자체가 모든 대상과 조건에 대한 욕망적 집착에 대한 근본적인 비난에서 왜 예외가 되어야 하는가"라는 명백한 질문을 제기할 뿐이다.[21] 예를 들어 G. 버포드는 『スッタニパ?タ』에 대한 상좌불교의 주석서들을 통해, 비록 그들이 일반적으로 욕망을 부정했음에도 불구하고 실제로 불교 수행 경로에서 욕망의 필요성을 인정했으며, 덧붙이자면 기독교적 입장과 매우 근접했음을 보여주었다.

> [해당 주석들은] 이상을 추구하는 수행자들은 길에 들어서기를 욕망하고, 길에 들어선 자들은 아라한(아라한)을 욕망하지만, 아라한들은 어떤 것도 이상으로 삼지 않는다고 설명한다. 이는 목표에 대한 욕망이 그 길에 이르는 필수적인 부분임을 시사하며 또한 길에 들어서거나 아라한(즉, 열반) 이외의 것을 욕망하는 자들은 불교 수행자로 인정받지 못한다는 점을 시사한다. … 그러한 낮은 목표들은 사람을 이상적이지 못한 상태에 갇히게 하는 욕망인 반면, 이상적인 목표

---

21 Burford, *op. cit.*, 56.

를 성취하려는 높은 욕망은 실제로 그 상태에서 벗어나도록 돕는다.[22]

서양 논리에서 그 모순을 제거하는 방법은 두 가지다. 욕망에 대한 근본적 부정을 일관되게 하여 열반을 향한 높은 욕망까지도 그 부정의 범주에 포함시키거나 욕망에 대한 근본적 부정을 없애고 낮은 욕망 역시 가치를 인정하는 것이다. 그러나 대승불교는 사실 제3의 길, 즉 더 급진적(그리고 아마도 더 모호한) 해결책을 찾아낸 것으로 보인다. 서양 논리가 딜레마를 그대로 남겨두는 반면, 대승불교 논리가 제시하는 속세, 즉 열반이라는 개념은 욕망의 존재 자체가 전제하는 거리, 즉 욕망하는 자와 욕망되는 대상 사이의 구분을 없애버린다. 따라서 한편으로는 속세 안에 열반이 존재함으로써 욕망은 본질적으로 부재를 전제하므로 속세가 더 이상 욕망의 대상이 될 수 없게 된다. 다른 한편으로는 욕망과 정욕을 지닌 인간 조건 그 자체인 속세가 열반과의 동일성으로 인해 성화聖化된다. 여기까지는 좋다. 논리적 체계로서 아직 이 추론을 따라갈 수 있다. 그러나 이것이 구체적인 교리와 실천에 어떤 영향을 미치는가? 해결하는 것보다 더 많은 문제를 불러일으키지 않는가? 최소한의 구체성을 위해 이 논리가 일부 대승불교도들의 담론에서 어떻게 작용하는지 잠정적으로 살펴보자.

대승 보살 정신이 평범한 사람의 망상 속에서 진정한 형상을 발견하는 반면, 소승의 연각(緣覺)이라 불리는 자들의 수행은 모든 사랑과

---

22 Burford, *Ibid.*, 58.

집착을 완전히 소멸시키고 인간 생명을 완전히 부정한다. … 보살의
정신은 욕망과 집착의 심장부에서 생명을 찾는 것이다.23

도겐 선사는 에헤이지에서의 설법에서 이렇게 말한다.

"흙이 풍부할수록 부처는 커진다." 여기서 흙이란 원초적인 욕망을 의
미한다. … 그것이 풍부할수록, 그 속에서 이루어지는 부처는 더욱 위
대해진다. 집착의 힘이 강할수록, 생성되는 부처는 더욱 위대해진다.24

깨달음은 본래 맑고 깨끗하다. 그것을 추구하는 마음을 만드는 것이
바로 망상이다. 순수한 본성은 망상 속에 존재한다. … 모든 생명체는
그 자체로 도(道)를 지니고 있다. 도에서 벗어나 다른 곳에서 찾으려
한다면, 찾아볼 수는 있겠지만 결코 발견하지 못할 것이다.25

그럼에도 불구하고 이러한 대승불교로의 전환이 단순히 논리적
일관성에 대한 관심에서 비롯되었거나 촉발되었다고 믿기는 어렵다.
물론 훨씬 더 실용적인(그리고 아마도 본질적으로 훨씬 더 종교적인) 동기들
이 관여했을 것이다. 우리 문제와 관련될 수 있는 동기 중에서 다음과
같은 것들을 꼽을 수 있다.

---

23 Abbot Obora, "On the *Heart Sutra*," Trevor Leggett, *The Tiger's Cave* (London:
    Routledge & Kegan Paul, 1977), 91, 100.
24 *Ibid.*, 52.
25 B. Yampolsky, *The Platform Sutra of the Sixth Patriarch* (New York: Columbia
    University Press, 1967), 160-161.

1. 가장 고귀한 추구 속에서도 항상 존재하는 자기 추구의 위험성에 대한 인식은 대승 경전에 잘 기록되어 있다.
2. 더 이상 아무런 성취도 이루지 못했다는 고통스러운 경험—이는 또한 말법^{末法}(mappō) 개념의 근원 중 하나일 수 있음—이 작용했을 수도 있다. 예를 들어 A. 허먼은 다음과 같이 주장한다.

> [욕망의 부재가 불가능함을 깨달음], 즉 욕망의 역설에서 벗어날 길이 없음을 보며, 중관불교가 말하듯 열반에 이르는 길도, 욕망하거나 달성해야 할 목표도 없다는 것을 깨달았을 때, 길과 목표를 놓아버린다고 한다. 그리고 그 놓아버림이 곧 열반으로 이끈다거나 그 자체가 열반이라고 한다.26

3. 출가 생활을 목표로 가는 필수 경로로 제시하는 것에 대한 재가자들의 반발도 작용했을 수 있다. 그곳으로 이끄는 길로 정의되지 않은 목표는 자연스럽게 그 윤곽을 잃는다.
4. 전통적 설명에서 발견되는 비합리적으로 긴 길에 대한 반발도 관련되었을 수 있다. 칼 비엘펠트는 이렇게 지적한 바 있다.

> 부처가 된다는 종교적 목표는 후천적으로 얻어야 할 것이 아니라 본래 내재된 것이었기에, 종교 수행의 핵심은… 공덕 쌓기를 포기하고 법에 대한 욕망을 버리는 것이었다. 목표와의 거리는 오직 우리의 집착이 지속되는 한에서만 측정되기 때문이다. 그런 집착에서 손을 떼

---

26 A. L. Herman, *Philosophy East and West*, Vol. 29 (1979), 93-94.

고 포기하는 자는… 즉시 열반으로 인도되거나 열반 그 자체이다.[27]

불교의 욕망 부정은 얼마나 일관되는가?

우리는 이미 욕망에 대한 불교의 기본 입장이 근본적인 부정이며 실천적으로 상좌부 불교가 욕망의 구별과 최종 목표를 위한 욕망의 필요성을 인정한다는 점을 살펴보았다. 심지어 "모든 욕망의 소멸에만 기쁨을 삼으라"고 선언하는 『법구경』(187구)과 "비구여, 욕망의 소멸을 이루기 전까지는 자신하지 말라"고 말하는 272구조차도 다른 곳에서는 "그가 욕망의 소멸을 이루기 전까지는 자신하지 말라"는 긍정적인 어조로 말하고 있다. 『법구경』 187구와 272구조차도 다른 곳에서는 "말할 수 없는 것에 대한 욕망이 솟아난 자"(218구)와 "열반을 추구하는 자들"(226구)에 대해 긍정적으로 언급한다. 리스 데이비즈는 19세기 유럽인들이 불교를 무기력한 비관주의로 보는 이미지를 없애려는 열의로 다음과 같이 요약한다.

그러나 어떤 경우에도 수행은 냉담한 무감정으로 진행되어서는 안 되었으며, 특정한 고등 단계에서만 예외였다. 진실한 수행자는 끊임없이 불타오르거나 열정, 힘찬 진지함과 에너지와 노력으로 가득 차 있으며… 간절한 활동적 욕망으로 충만하다고 묘사된다….[28]

---

27 Carl Bielefeldt, R. Buswell and R. Gimello, *op. cit.*, 493-494.

28 C. A. F. Rhys Davids, "Desire(Buddhist)," J. Hastings, *op. cit.*, vol. 4, 668. 더 강한 표현도 찾을 수 있다. "그러면 나는 정욕을 치는 일에서 결코 물러서지 않으리라. 나는 그것들과 맞서 싸울 것이며, 정욕을 파괴하는 정욕을 제외한 모든 정욕에 대해

대승불교도들 역시 당연히 유사한 표현을 피할 수 없다. 예를 들어 도겐은 다음과 같은 표현을 사용한다.

[진리를 얻는 것은] 자신의 열망이 철저한지 아닌지의 문제이다.
진지한 노력을 일으키는 자가 빠르게 깨달음을 얻는다.
죽기 전에 깨달음을 얻으려는 간절한 마음으로 부처님의 가르침을 공부
하는 한, 깨달음을 이루지 못하는 사람은 단 한 사람도 없을 것이다.[29]

때로는 선악의 욕망을 명백히 구분하는 경전도 접하게 된다. 예를
들어 소가 료진은 진종眞宗의 시조 도작道綽이 집착으로 이끄는 형상과
해탈에 이르는 형상, 선악의 욕망, 선악의 사랑 등을 구분하며, "정토
와 아미타의 공덕에 대한 욕망은 결코 파괴해야 할 대상이 아니라고
가르쳤다고 밝힌다."[30]

최근 대중 불교 작가 사치야 히로는 이렇게 썼다.

부처님은 오직 스스로를 재생산하기 때문에 결코 채워질 수 없는 갈
증(渴愛)을 이루는 욕망(欲望)만을 고통의 원인으로 규탄하신다.[31]

분노로 전쟁을 벌이리라." E. A. Burtt, *The Teachings of the Compassionate Buddha*
(New York: New American Library, 1955), 137에서 인용.

29 Dōgen, *Zuimonki*, iii, 11, 17.

30 『曾我量深選集』(Tokyo: Yayoi Shobō, 1970-1972), 1:120.

31 ひろさちや, "大乗と小乗の優劣,"「大法輪」60/2 (1993), 84. 리스 데이비드스도 같
은 견해이다. "욕망은… 그 대상이 획득되었을 때 지속적인 만족을 주지 못하는 경우에
만 위험의 근원이 된다." *op. cit.*, 668.

욕망이 아닌 깨달음

대승불교, 특히 선종에서는 일상적인 인간의 욕망보다는 열반과 깨달음을 향한 '고차원적 욕망'을 전면적으로 부정하는 것처럼 보인다. 초기 중국 선종 스승들의 발자취를 따라 그리고 본각本覺 사상의 맥락 속에서, 도겐은 잘 알려져 있듯이 깨달음을 얻기 위한 수행을 강력히 비판한다. 『수문기』의 한 구절이 이를 잘 요약해 주는 듯하다.

몸과 마음을 부처의 법에 던져 넣고, 깨달음을 얻고 법의 진리를 얻는 것에 대한 기대조차도 없이 수행하는 자만이 참된 도반이라고 불릴 만하다.[32]

도겐이 이 문제를 제시하는 방식에서 다음과 같은 요소들을 구분해 볼 수 있다.

1. 수행에는 이기적인 동기가 있어서는 안 된다. "스스로를 위한 것이 아니라 오로지 길(道)을 위한 목적으로만 불법을 공부하라." 이는 기독교의 좌우명 "하느님의 더 큰 영광을 위하여"(Ad maiorem Dei gloriam)를 떠올리게 한다. 개인적 이익을 위한 것이 아니라 오로지 하느님의 더 큰 영광을 위한 수행이 요구된다.
2. 수행에는 어떠한 노력이나 추구도 있어서는 안 된다. "모든 바라는 바를 끊고, 불성을 욕망해서는 안 된다."[33] 이는 노력하는 태

---

32 Dōgen, *Zuimonki*, vi, 21.

도가 수행 자체에 해롭다는 의미이다. 무소 소세키(夢窓疎石)의 글에서 이 점이 분명히 드러난다.

산중 은거 생활을 3년이나 했지만 아직도 최종적인 깨달음에 이르지 못했다. 어느 날 부국 선사의 작별 말씀을 떠올렸다. "선 수행자가 세속과 승려의 삶을 조금이라도 구분한다면 깨달음은 영원히 얻지 못할 것이다." 세속의 어떤 것도 탐내지 않았지만, 법(法)에 대한 욕망이 마음을 사로잡아 깨달음을 가로막고 있음을 깨달았다. 내 실수를 깨닫자 욕망이 사라졌고, 그 후로는 매일 마음을 비운 채 지낼 수 있었다.[34]

3. 핵심은 물론 깨달음을 추구하는 모든 행위가 수행과 깨달음을 분리시켜 깨달음을 추구해야 할 대상으로 외부화한다는 점이다. 그러한 깨달음은 존재하지 않는다. 기대하거나 추구하거나 얻을 대상은 없다.[35] 사실 수행과 깨달음은 동일하며 결코 분리되어 생각되어서는 안 된다.

수행과 깨달음이 하나가 아니라고 생각하는 것은 이단적인 견해이다. 불교에서 수행과 깨달음은 동일하다(修証一等). 현재의 수행은 깨달음 속의 수행이다.[36]

---

33 *Ibid.*, iv, 8.

34 Musō Soseki, *Poems and Sermons: Sun at Midnight*, trans. W. S. Merwin and Sōiku Shigematsu (San Francisco: North Point Press, 1989), 149.

35 *Ibid.*, iv, 8.

36 Dōgen, *Bendōwa*; N. Waddell and Abe Masao, *The Eastern Buddhist* 4/1

기독교에서 무언가 유사한 점을 생각해 보면, 성 아우구스티누스의 "내가 이미 당신을 찾지 않았다면 당신을 찾고 있지 않을 것입니다"라는 말이나 수도 생활이 하느님을 찾는 것이라기보다 단순히 하느님의 현존 속에 사는 것이라는 생각이 떠오른다 (비록 두 가지가 서로 배타적이라고 생각되지는 않지만).

4. 수행과 깨달음의 관계를 인과관계로 보는 것은 절대 불가능하다. 거울을 만들기 위해 돌을 갈고 닦는 것과 같다. 여기서 돈오頓悟라는 개념이 작용한다. 황벽黃檗은 이미 이에 대해 언급한 바 있다.

여섯 가지 바라밀과 수많은 유사한 수행을 부처가 되려는 의도로 행하는 것은 단계적으로 나아가는 것이나, 영원히 존재하는 부처는 단계적인 부처가 아니다.[37]

칼 빌레펠트의 언급도 여기에 관련될 수 있다.

선이 돈종(頓宗)이라고 불리는 수행의 신비는 인과관계의 융합에 있다. 수행이 깨달음이라는 목표로 축소되든, 목표가 수행 행위 속에 내재되든, 둘은 반드시 동시에 일어나야 한다. … [선]은 길과 그 목표를 붕괴시키고 인간의 영적 작업을 지배하는 인과 법칙을 초월한 종교의 초월적 차원을 주장함으로써 [깨달은 자와 깨닫지 못한 자의] 그러한

(1971), 144에서 재인용.

37 "The Zen Teaching of Huan Po," Humphreys, *op. cit.*, 188.

구별 위에 스스로를 위치시켜야 한다.38

어떤 면에서 이는 선한 삶과 구원 사이의 인과관계 부재 그리고 기독교에서 하느님의 은혜의 무상성無相性에 가까울 수 있다. 둘 다 때때로 수행을 시작할 용기를 내는 동기를 위협한다.

욕망이 수행의 동기가 아니라면, 무엇이 수행의 동기가 될 수 있는가?

"욕망이 아니라면 무엇이 수행의 동기가 될 수 있는가?"라는 질문에 대한 답은 "결국 욕망이 없다면 인간 행동의 동기도 존재하지 않는다"라고 생각한다. 실제로 우리가 보았듯이 도겐조차도 이 문제에 대해 완전히 일관성을 유지하지는 못하지만 엄격하게 진지한 노력을 요구한다. 그럼에도 여기에는 더 깊은 무엇이 작용하고 있을 수 있으며, 이를 표현하기 어려운 무엇인가가 있다. 라이스 데이비즈가 암시하는 바다.

이러한 [열반에 대한] 열망의 반대 극단, 즉 앞에서 작용하는 힘(*vis a fronte*)이라 부를 수 있는 것의 반대편에 불교는 추진력으로서 뒤에서 작용하는 힘(*vis a tergo*)으로서 세상의 큰 고통이라는 짐을 놓는다.39

---

38 Bielefeldt, *op. cit.*, 150-151.
39 Rhys Davids, *op. cit.*, 667.

도겐은 모든 것이 자신의 결심이 철저한지에 달려 있음을 지적한 후 다음과 같이 덧붙이며 이에 동의하는 듯하다.

그리고 이 결심을 일으키기 위해서는 세상의 무상함을 진지하게 관조할 필요가 있다.[40]

지금까지의 논증은 다소 그럴듯해 보인다. 왜냐하면 이 세상에 대한 혐오와 그로부터의 해탈에 대한 욕망은 동전의 양면일 뿐이며 심리적으로 분리될 수 없기 때문이다. 그러나 도겐은 더 깊이 파고들어 앞에서 작용하는 힘을 부정하기보다는 깨달음이 처음부터 수행 속에 존재하며 스며들어 있다고 보는 방식으로, 이를 일종의 뒤에서 작용하는 힘으로 전환한다. 도겐은 깨달음에 의해 영향을 받거나 '움직여지는' 개념 자체에는 반대하지 않을지 모르나, 깨달음을 '자신의 앞에 두는' 것은 분명히 원하지 않는다. 이 점에서 그의 견해는 무원無願(apraṇihita)을 해탈의 세 관문 중 하나로 본 스다비라의 견해와 일치한다. 무원는 문자 그대로 "아무것도 앞에 두지 않는다"는 의미이다."[41] 이는 자연스럽게 "앞에 있는 무엇인가에 끌리는 것이 왜 문제인가"라는 질문을 불러일으킨다. 그 답은, 일단 무언가를 자신의 욕망이 만들어 낸 형태로 그것을 입히게 된다.

40 Dōgen, *Zuimonki*, iii, 11.

41 Edward Conze, *Buddhist Thought in India* (Ann Arbor: The University of Michigan Press, 1967), 67.

열반을 열망의 대상으로 여기는 것은 오직 그에 대한 잘못된 관념을 형성할 때뿐이다. '감각적 욕망'의 영향 아래에서는 그와 연관된 행복, 기쁨, 즐거움 때문에 열반을 추구할 수도 있다. … '소멸에 대한 욕망'의 영향 아래에서는 희망을 품을 수 있다…[42]

이는 새로운 질문들의 판도라 상자를 열어젖힌다. 원시 불교에서는 열반이 속세의 부정 그 자체이므로, 뒤에서 작용하는 힘과 독립된 앞에서 작용하는 힘이 존재할 수 없다. 그럼에도 아비달마는 이미 수행자의 동기에 변화가 있음을 언급했다. 그때까지 이 세상에 대한 불만족에 의해 추동되던 수행자는 어느 순간 그의 '지혜의 눈'이 열리면, "열반은 그에게 그 무엇보다 실재적으로 다가오면서, 이제 열반은 그가 그것에 대해 진술할 수 있다는 의미가 아니라 점점 더 그의 행위를 동기 부여한다는 의미에서 그의 '객관적 지주' 역할을 할 수 있게 된다."[43]
또한 대승불교에서 열반이 네 가지 긍정적 특성, 영속성, 극락, 자아, 청정淸淨을 부여받게 되었다는 사실도 주목해야 한다. 어쨌든 더 흥미로운 질문은 기독교(와 정토불교)가 이 점에서 근본적으로 얼마나 다른지 여부다. 기독교에서 앞에서 작용하는 힘은 뒤에서 작용하는 힘과 어느 정도 내용이 다른가? 반면 선도善導의 '二河白道' 비유는 이 둘을 상호 보완적으로 보는 듯하다. 석가모니는 뒤에서(동쪽) 우리를 재촉하고, 아미타불은 앞에서 (서방) 우리를 부른다.

---

42 Conze, *Ibid.*, 67.
43 *Ibid.*, 58.

배경을 찾다

앞서 논의한 내용이 불교와 기독교에서 욕망에 대한 상반된 관점과 이용법에 어느 정도 빛을 비추었다면, 그것은 주로 몇 가지 수평적 연결을 탐구한 덕분이다. 그러나 우리는 이러한 태도들이 두 종교의 각각의 '세계에 대한 일반적 태도'에 어떻게 부합하고 뿌리내리는지에 대한 통찰을 얻었을 때 비로소 그 차이점의 의미와 범위를 진정으로 이해하게 된다. 남은 페이지에서 나는 욕망의 개념이 이러한 세계관의 더 깊은 층위와 맺고 있는 '수직적 연결' 몇 가지를 지적해 보려 한다.

인간의 본성과 처지

욕망이 우리 자신과 타인 안에서 마주하는 인간의 중요한 부분을 구성한다는 사실을 부정하기는 어렵다. 기독교에서 욕망은 기본적으로 긍정적으로 평가된다. 왜냐하면 그것들은 자비로운 신이 의지하여 존재하게 한 인간 본성의 일부로, 그 신과의 연결고리를 이루는 것으로 간주되기 때문이다. 원죄는 인간 욕망에 중대한 혼란을 초래했지만, 근본적으로 인간 본성을 타락시키지는 않았다. 초기 불교에서는 사정이 다르다. 인간에게 초월적으로 기반을 둔 본성이 존재한다는 개념 자체가 없으며, 인간의 상황은 무명無明, 욕망 그리고 그것들과 동일시되는 자아 때문에 근본적으로 결함이 있다고 판단된다. 따라서 욕망 없음과 비아非我는 인간에게 마땅한 상태로 자연스럽게 인식된다. 그 상태에 도달할 가능성은 분명히 인정되지만, 그 가능성의 근거는 어디에서도 제시되지 않는다(아마도 법法이라는 개념에서 희미하게 암시될 뿐이다).

여래장과 불성의 개념은 대승불교에 해탈의 가능성과 인간 처지에 대한 보다 낙관적인 관점의 근거를 제공했다. 본질적으로 원래 순수한 인간 '본성'이 습관적으로 자아와 그 욕망의 먼지로 덮여 있다는 것이다. 그 결과 욕망이 초래한 타락은 더 이상 인간 본성의 가장 깊은 층까지 미치지 않게 되었다.

정토불교는, 적어도 소가 료진의 해석에 따르면, '성문도'라는 보다 낙관적인 관점을 넘어 석가모니가 인간 상황을 평가한 관점으로 회귀하며 인간 내재적 구원의 가능성을 인정하지 않는다. 그러나 구원의 가능성은 이제 명확히 지시된다. 아미타의 자비로운 서원誓願이다. 따라서 극히 긍정적인 것인 태생에 대한 욕망은 인간에게 귀속될 수 없으며, 그 진정한 기원과 주체는 반드시 아미타여래여야 한다.

이론과 실천 사이의 욕망

로버트 버스웰에 의하면 불교에서 "그 종교의 인지적 주장과 가장 특징적인 의지적 명령 사이의 창조적이고 지속적인 긴장", 즉 공의 논리라는 이론과 실천 또는 길(mārga) 사이의 긴장이 존재한다. 그러므로 불교에 대한 진정한 이해는 "다음과 같은 접근법을 통해서만 얻을 수 있다. 즉, 길과 불교의 의지적 함의[긍정적 구원론적 메시지]에 공과 관련 개념[형이상학적 부정]의 인지적 메시지에 일반적으로 부여되는 것과 동등한 가치를 부여하는 접근법이다."44

---

44 R. Buswell, "Mārga and the 'Anti-Mārga' Tradition in Buddhist Thought,"

그는 이어서 많은 설명—특히 교토 학파—에서 우리가 제시받는 불교가 "부분적으로 잘려 나가고, 균형을 잃었으며, 어쩌면 기이하기까지 하다"는 사실에 유감을 표한다. 그것은 "오로지 인식론적 의미전통에 지나지 않으며, 매우 부정신학적(apophatic)인 차원에 과도하게, 지나치게 집착하는 불교"[45]라는 것이다.

이를 다소 거칠게(간결함을 위해) 우리의 문제에 적용해 보면, 불교는 욕망의 역설을 욕망을 절대적으로 금기시하는 공이론과 욕망이 절대적으로 필수적인 수행 사이에서 위치시키는 경향이 있다고 할 수 있다. 이는 결국 불교의 욕망 이론 자체로는 그 자체의 종교적 실재를 설명하지 못한다는 것 또는 내가 다른 곳에서 표현한 바와 같이 공의 논리는 우리에게 정상頂上의 관점을 제공하지만, 그곳으로 이끄는 사다리(道)나 그 사다리가 놓여 있는 바닥(원초적 세속적 상황)에 대해서는 설명하지 못한다는 것이다.

인지적 측면과 욕구적(의지적) 측면의 평가

앞서 언급한 바와 같이 욕망은 서양 전통에서 인간의 욕구적 측면에 속한다고 할 수 있으며, 이는 의지적인 면과 정서적인 면을 포함한다. 그 전통에서 인간의 이 차원에 상대적으로 많은 관심이 기울여졌으며, 중세에는 인지적 측면과 의지적 측면 중 어느 것이 우월한지에 대한 격렬한 논쟁이 있었다. 아마도 무지에서 비롯된 것일 테지만, 대

Reswell and Gimello, *op. cit.*, 27, 44.

45 Buswell, *Ibid.*, 27.

부분의 동양 전통에서는 인지적 측면에 유리하게 판이 짜여 있는 것처럼 보여 같은 말을 할 수 없다는 인상을 가끔 받는다. 어쨌든 나는 R. 델라트르의 다음과 같은 발언이 적절하다고 생각한다. "이성이 의지나 감정과 대립되며 그보다 우위에 놓일 때, 욕망은 대개 영적으로 문제시된다."[46] 적어도 불교에 관해서는 그것이 깨달음 또는 지혜의 종교임은 의심의 여지가 없다.

불교 이론은 인간의 의지적, 욕구적 측면을 본질적이고 정당한 현실로 인정하지 않는 듯하다. 이는 환상으로, 올바른 지식의 결핍으로 혹은 인지적 차원으로 환원 가능한 것으로 간주된다. 부처의 길에 들어서기로 한 결심은 보리심이라 불리며, 이는 '깨달음의 일념' 혹은 '불성에 대한 생각을 품다'로 해석된다. 따라서 한 서양 불교도는 유럽인 동료들에게 경고한다.

> 욕망과 희망을 혼동해서는 안 된다. 욕망과 희망은 투사와 목표를 향한 긴장을 전제로 하는 반면, 불교의 '길'을 결정하는 순수한 행위는 그렇지 않다. 이 순수한 행위의 두 완벽한 모델은 보리수 아래에서 깨달음을 얻기로 결심한 부처의 결정과 보살의 서원이다.[47]

---

46 Delattre, *op. cit.*, 307.

47 Śrāmaṇerikā Dharmarakṣitā, *La Présence du Bouddhisme*, René de Nerval ed. (Paris: Gallimard, 1987), 194, note 1. 저자는 또한 그곳에서 이렇게 언급한다. "기독교에서 신학적 미덕의 위엄에 이르는 욕망과 희망은, 그 대상이 열반이나 불성(佛性)의 성취라 할지라도, 불순물(kleśa, āsrava)이다"(194). 욕망을 '불순물'로 제시하는 것에 대해서는 Donald Lopez, R. Buswell and R. Gimello, *op. cit.*, 154-157 참조. 저자는 그곳에서 힌두교의 "오염과 순수라는 기본적인 이분법적 대립"이 불교에서도 유지되지만, 물리적 영역에서 정신적 영역으로 옮겨졌다고 주장한다.

위에서 인용한 구절에서도 동일한 경향이 작용하는 것을 볼 수 있는데, D. T. 스즈키는 '천국을 욕망함'(실제 부재를 전제로 하는 욕구적 행위)을 천국의 현존에 대한 인식으로 환원시킨다.

불교 자체와 불교-기독교 대화 모두에게 있어 불교에서 인지적 측면의 우월성이 가져오는 결정적인 결과는 불교 이론이 자비나 사랑을 적절한 위치에 두는 데 어려움을 겪는다는 점이다. 사랑은 의심할 여지없이 의지적 영역에 속하며, 실제로 욕망을 함축한다(니그렌의 아가페 개념과는 달리). 안타깝게도 우리는 이 중요한 주제에 대해 여기서 몇 가지 언급으로만 제한해야 한다.

불교 경전에는 자비가 지혜로 환원될 수 없음을 충분히 시사하는 대목이 많다. 앞서 인용한 조슈의 선언과 보살을 두 가지 상반된 것을 결합하는 존재로 제시한 점을 떠올리기만 하면 된다: 타인의 실존을 인정하지 않는 지혜와 타인을 실재로 인정하고 실제로 돌보는 자비. 그럼에도 불구하고 공의 논리 속에서 자비는 지혜로 환원되는 경향이 있으며, 다시 말해 자아와 타자의 비이원성에 대한 통찰로 귀결된다. 여기서 역시 의지적 요소를 위한 자리는 없다.[48]

---

48 이 점에 관한 동양 종교와 셈족 종교의 차이에 대한 시사적인 논의는 제임스 하이직이 제게 알려준 책에서 찾을 수 있다. John Burbidge, *Being and Will: An Essay in Philosophical Theology* (New York: Paulist Press, 1977). 저자는 두 종교가 각자의 세계관에 통일성을 부여하기 위해 서로 다른 '근본적 유사성'을 활용한다고 제안한다. 동양인은 존재의 유사성을, 셈족 종교는 의지의 유사성을 사용한다는 것이다. 그는 동양적 사고방식에 대해 예를 들어 이렇게 말한다. "존재의 궁극적 진리를 적절히 표현하기 위해, 개인은 욕망과 의지를 모두 초월함으로써 모든 제한적 구분을 취소하기로 결정한다"(85).

욕망, 시간 그리고 공

앞서 인용한 스즈키 다이세츠의 글은 우리가 던지는 질문의 또 다른 기본 요소를 드러낸다. 욕망은 실재적 시간 속에서 실재적 구별을 전제로 한다. 즉, 욕망의 대상이 부재하는 순간과 그 충족 속에서 존재하는 순간이다. 그러나 스즈키는 이 "우리 앞에 놓인 종말론적 성취의 순간을 보는 것"이 "시간 속에 존재하는 우리가 조건적으로 지니게 되는 망상"이라고 선언한다.[49] 따라서 시간은 인간 실존의 구성 요소가 아니라 욕망이 쌓아 올린 환상적 꿈의 구성 요소일 뿐이다. 시간이 망상이라면 욕망은 긍정적 실재를 부여받을 수 없으며, 부처가 되는 '길' 역시 그러하다고 덧붙일 수 있다.

절대적 배경

욕망 평가의 가장 근본적인 차이는 분명히 절대자에 대한 개념의 차이에서 비롯된다. 한편으로는 인간의 심장부에 자리한 바로 그 욕망을 통해 인간을 적극적으로 끌어당기는, 행동하고 욕망하며 사랑하는 인격체로서의 존재가 있다. 다른 한편으로는 모든 욕망과 행동과 사랑이 완전히 투명한 지혜 속에서 중화되어 어떤 대상이나 계획, 목적에도 제한받지 않는 순수한 의식으로서 공空으로서의 존재가 있다. 이 의식은 끌어당길 수 없으며 오직 모든 행동과 욕망으로부터의 완전한 분리(Abgeschiedenheit)를 통해서만 실현될 수 있다.

---

49 D. T. Suzuki, cited in Thomas Merton, *op. cit.*, 134.

9장

정토불교의
해방적 요소들

오늘날 우리 기독교인들은 종종 불교도나 다른 아시아 종교 신자들에게 "당신 종교에서 해탈을 위한 요소들은 무엇인가요?"라는 질문을 던지곤 한다. 이 질문은 해방신학의 교리에서 가장 직접적인 영감을 받았기에, 보다 구체적으로는 "세상의 더 큰 정의 실현, 인간 사회의 개선 그리고 최근에는 지구 구원을 목표로 하는 사회적 활동에 참여하도록 하는 동기가 여러분 종교에는 있습니까?"라는 의미로 해석된다. 종교 간 대화 경험을 통해 우리가 이미 알고 있듯이, 예를 들어 불교도들은 대부분의 경우 우리의 질문에 답하기 쉽지 않거나 더 나쁘게는 종교에 있어 생사 문제가 될 수 있는 이 질문을 이해했다는 흔적조차 보이지 않는다.

타인에 대한 인내심을 잃거나 우월감에 빠지지 않으려면 잠시 멈춰 스스로에게 물어보아야 한다. 과연 나 자신도 (그만큼 오래 살 수 있었던 행운을 누린 이들을 위해) 40년 전쯤이었다면 이 질문의 절박함을 진정으로 느꼈을까? 또는 사도 바울은 이 질문을 이해했을까? 다시 말해 기독교 역사 속에서 이 질문에 대한 더 깊은 고민과 그에 따른 행동이

---

* 이 글의 원문은 *Inter-Religio* 18 (1990 가을): 44-69에 게재됨.

왜 더 많이 나타나지 않았는가? 우리가 그의 추종자들에게 진정으로 기대했던 것이 가난한 이들의 편에 서는 것임을, 즉 그리스도의 메시지를 진정으로 이해한 첫 세대가 우리 세대일지도 모른다는 점 때문일까?

보다 이론적으로 말하자면, 우리는 다음과 같은 두 가지 질문에 직면할 수 있다. (1) 현재 우리가 이해하는 의미에서의 해방적 요소라는 질문 자체가 제기될 수 있는 필수 전제 조건은 무엇인가? (2) 우리의 질문이 종교와 관련성을 가지기 위한 요건은 무엇인가?

질문의 전제 조건

첫 번째 질문에 관해 우리는 다음과 같은 사상들이 고려되었거나 또는 명백히 터무니없다고 거부되지 않았을 경우에만 해방적 요소라는 질문이 제기될 수 있다고 추측할 수 있다.

1. 전체(우주, 인류, 국가, 가족)의 조화가 사물을 판단하는 유일한 기준이 아니며, 때로는 결정적 기준조차 되지 않는다. 즉, 개인이나 하위 집단은 단순히 전체를 구성하는 부분 이상일 수 있으며, 결국 사물을 판단하는 두 번째 관점이나 기준을 구성할 수 있다. 우리는 과거 세대의 사고방식에서 노예가 그리스 폴리스의 조화를 위해 명백히 필요했으며, 가장家長에 대한 여성의 복종이 가정과 국가의 안정을 위해 분명히 필요했으며, 일본 역사에서 다양한 종교들은 모두 국가의 복지에 종속되는 한에서만 용인될 수 있었다는 점을 기억해야 한다(도쿠가와 통치자들의 눈에는 기독교가 이

요건을 충족시키지 못했다).

여기서 우리는 인도와 중국이라는 두 위대한 아시아 문명에서 전체와 조화라는 관점이 얼마나 중심적이고 지배적인지 생각해 볼 수 있다. 중국과 유교 정신에 관해서는 한 중국 철학자의 증언으로 만족해야겠다.

중국인의 가장 뿌리 깊은 열망은 조화이다. 자기 수양을 논하든 세간 일을 다룰 때든, 조화는 그들의 모든 사고의 핵심 주제이다.[1]

이 점에서 도교가 진정한 차이를 나타내는지 여부는 논쟁의 여지가 있을 수 있다. 인도적 정신에 관해, 전통적 힌두교뿐만 아니라 근본적으로 자이나교와 불교의 현실 개념을 대표하는 라이몬드 파니카는 법法 개념의 중심성을 지적한다. 그 출발점은 "개인이 아니라 현실의 전체적 복합적 연결체… 전체 현실의 질서, 세상을 하나로 묶어주는 것"이다. 따라서 개인은 그 자체로 보지 않고 "실재의 구조를 이루는 관계망"[2] 안에서 차지하는 위치로부터 이해된다. 다시 한번 이번에는 우리의 현재 문제와 더 직접적으로 관련되어 '극도로 개인주의적인' 상좌불교가 이 힌두적 틀을 어느 정도까지 초월하였는지에 대한 질문이 제기된다.

---

1 John C. H. Wu, "Chinese legal and political philosophy," Charles A. Moore ed., *The Chinese Mind* (Honolulu: East-West Center Press, 1967), 227.

2 Raimon Panikkar, "Is the Notion of Human Rights a Western Concept?," *Interculture* 27/1 (1984): 39-40.

2. 어느 시점에서 인간 사회의 질서는 하늘이 정해 놓은 영원불변한 것이 아니라 변화 가능한 인간적 구성물이다. 여기서 우리는 인간 사회를 유지하는 것과 천의天意 사이의 연결이 자연스럽게 종교적 개념으로 인식된다는 점을 지적해야 한다. 그러나 이 사상이 원시 불교의 종교적 지평에는 존재하지 않았을 수도 있으며, 심지어 석가모니가 변덕스러운 신들에 의한 개인의 운명 결정과 함께 이러한 결정론을 의도적으로 거부했을 수 있다는 가능성은 없을까?

사회가 변화할 수 있다는 사상은 물론 역사 그 자체의 개념과 인접해 있으며, 인간이 역사를 만들고 역사의 흐름을 바꿀 힘을 지녔다는 암시와도 연결된다. 이와 연관된 개념은 참을 수 없는 사회적 상황이 개별 통치자(악인)의 권력 남용뿐만 아니라 전통적 사회 구조에 의해서도 초래될 수 있다는 점이다. 후자의 경우 그 구조는 훨씬 근본적인 의미에서 '불의한' 것이다.

이 시점에서 우리는 그러한 사상들이 인류 역사상 실제로 언제 어디서 작용하기 시작했는지 물어야 한다. 이와 관련해 중국 역사 속 수많은 '반란', 로마 노예 스파르타쿠스가 이끈 반란 등과 프랑스 혁명의 차이가 어디에 있는지 살펴보는 것이 도움이 될 것이다. 전자가 사회 체제를 바꾸려는 어떤 생각을 가졌다면, 그것은 세상의 종말을 예언하는 (종교적) 종말론적 사상에서 영감을 받은 것이 아니었을까? 일본 역사에서 종교적 영감으로 자주 제시되는 예를 들어보자면, 이코이키 (一向一揆) 봉기에 참여한 사람들은 무엇에 반항하거나 거부한 것인가? 단순히 그들의 처지가 견딜 수 없을 정도로 참혹했기 때문일까?

(세금 부담이 죽음보다 나은 삶을 영위할 여력을 남기지 않았기 때문에) 아니면 이러한 세금을 부과한 지방 통치자들의 자의적 권력 행사 때문이었을까? 그들의 계급이 체제의 모든 부담을 짊어져야 했다는 사실 때문이었을까? 아니면 어쩌면 사계급 봉건 제도 그 자체 때문이었을까?

일본 역사에 대해 자세히 답할 만큼 정통하지 않음을 고백하지만, 잇키(一揆) 사람들의 기대(혹은 가능성에 대한 관점)가 봉건 체제를 없애고 '민중의 힘으로' 역사의 흐름을 바꾸려 했던 프랑스 혁명가들의 기대와는 거리가 멀었다는 점은 분명해 보인다. 이제 두 번째 질문으로 넘어가자. "해방적 요소들—그리고 함의적으로 사회 정의, 역사의 흐름 등—이 종교와 관련성을 가지려면 종교 측면에서 무엇이 요구되는가?" 우리의 목표가 일본 정토진종의 해방적 요소를 탐구하는 것이므로, 이제 진종 운동의 역사적 모태인 불교를 집중해서 조명해 볼 것이다. 기독교와 불교의 비교는 우리의 기독교적 질문이 불교도들에게 그들의 종교와 관련이 있는 것으로서 경험될 수 있는지 그리고 어느 정도까지 그러한지의 문제에 접근하는 최선의 방법이 될 수 있을 것이다.

해방적 요소와 불교

위와 같은 고찰을 바탕으로 기독교 역시 우리 질문을 온전히 인식할 수 있었던 것은 서양 사상의 현대적 진화에 의해 가능해진 비교적 최근의 성취이며 해방신학에서 매우 강조된 형태로 구체화되었다는 전제에서 출발하고자 한다. 이 결론이 다소 자의적으로 보일 수 있으므로 인용문이 길어지는 점에 대해 사과드리며 두 명의 진지한 신학자를 증인으로 불러내어 나의 주장을 변호하고자 한다.

사실 현대 정치에 대한 우리의 관심의 토대가 되는 인간 권력과 책임의 범위에 대한 이해는 신약성경에 우리의 생각을 투입한 후에만 그 안에서 읽어낼 수 있다. … 요컨대 [종교적] 궁극적 변혁이 사회·문화적 구조의 차원적 변혁을 포함한다는 이해는 규범적 기독교 증언뿐만 아니라 독특한 현대적 역사의식에 의존한다. 우리는 이전 세대들이 인식하지 못했던 사실을 알고 있다. 즉, 사회·문화 질서의 가장 기본적인 구조조차 신성하게 정해진 것도 자연적으로 주어진 것도 아니라, 신앙이 함축하는 도덕적 요구에 따라 이를 변화시킬 힘과 책임을 지닌 우리와 같은 역사적 존재들에 의해 인간적으로 창조된 것이라는 사실을 말이다.3

사회적 악을 구조적 또는 체계적 성격으로 이해하게 된 것은 사실상 근대에 이르러서야 가능해졌다. … 사회 질서를 근본적으로 변혁할 수 있다는 생각은 기독교인들 사이에서 비교적 새로운 개념이다. 따라서 이를 기독교 전통의 심오한 통찰 중 하나로 주장해서는 안 된다. 오히려 우리가 이러한 방식으로 사고하게 된 것은 주로 근대성의 혁명 덕분이다.4

---

3 Schubert Ogden, "Christian Understanding of Ultimate Transformation," *Buddhist-Christian Studies* 7 (1987): 57-58. 여기서 언급해 두면 좋을 것은 본 논문에서 '윤리' 또는 '용어'는 신자들에게만 적용되는 규범이든 모든 인간을 위한 보편적 규칙이든 상관없이 책임 있는 태도와 행동에 대한 모든 규범을 의미한다는 점이다.
4 Gordon Kaufman, "Responses to Rita Gross," *Buddhist-Christian Studies* 7 (1987),

이러한 전제가 성립한다면, 두 종교는 비록 우리와 똑같은 방식으로 질문을 제기한 적은 없더라도 각자의 대부분의 역사에 걸쳐서 해당 사안에 대해 상당히 유사한 태도를 보였을 것이라고 추론할 수 있다. 그렇다면 왜 해방신학이 기독교에서는 발전했으나 불교에서는 그렇지 않았는지에 대한 질문은 더욱 의미심장해진다. 이는 오로지 세속적 서양 사상의 역동성 때문일까, 아니면 필요한 전제 조건이 갖춰진 후 기독교 내부에 이러한 사고방식으로 기울게 하는 요소가 존재했을까? 나는 기독교가 실제로 그러한 '선행 요인들' 포함하고 있으며, 이 점에서 불교와 대비될 수 있다고 생각한다. 이를 잠정적으로 그리고 충분한 세부 사항 없이 다음과 같이 열거한다.

1. '외부'(우주적, 사회적) 세계의 환원 불가능한 실재성과 종교적 중요성에 대한 강한 확신. 이는 궁극적으로 신에 의한 천지창조 교리에 기반하거나 이를 통해 표현된다. 반면 불교의 전반적 경향은 오직 마음만이 궁극적으로 실재하며 종교적으로 중요하고, 외부 세계는 우리의 관심을 받을 만큼 충분히 실재적이지 않다는 것이다. 이러한 보편적 경향은 예를 들어 『법구경』의 첫 구절에서 잘 드러난다.

   우리의 모든 존재는 우리가 생각한 것의 결과이다. 그것은 우리의 생각 위에 세워졌으며, 우리의 생각으로 이루어졌다.[5]

115.

5 Max Muller, *Sacred Books of the East*, 10:3.

이러한 관점에서, 사회적 참여 문제가 제기될 때 불교 측의 반응, 즉 "더 나은 세상을 원한다면, 자신의 마음을 정화하라"는 문구가 모든 것을 말해주는 듯하다.

2. 그리스도의 종교적 메시지가 그 이전 예언자들의 메시지와 마찬가지로 본질적으로 윤리적이라는 확신이다. A. 돈데인의 표현을 빌려 살펴보자.

> 성경적 신앙의 특유한 특징은, 신앙이 진정성을 갖추려면 진실성, 정의, 선함의 윤리로 드러나야 한다는 것이다.[6]

이는 기독교에서 신앙의 다양성을 인정하더라도 구원은 윤리를 거쳐야 하며, 종교는 일상적이고 세속적인 삶 속의 도덕적 활동(이웃을 위한 자선 행위, 마 25장 참조)으로 표현되어야 함을 의미한다. 반면 불교는 일종의 '신비 종교'로 불리는데, 이는 일상적 인간 의식과 활동을 초월한 차원에서 절대자 또는 현실의 총체와의 일치를 통해 인간의 딜레마로부터의 해방을 추구한다는 의미에서이다. 따라서 불교(특히 대승불교)는 종교가 선악의 구분을 가진 윤리적 차원을 초월하는 영적 탐구임을 강조하는 경향이 있다.[7]

---

6 Albert Dondeyne, *Collationes Brugenses et Garidavenses* 4 (1970), 518.

7 동아시아 불교가 기존 윤리 체계를 채택하지 않고 독자적인 윤리 체계를 정립해야 했던 이유에 대해서는 Thomas Kasulis, "Does East Asian Buddhism Have an Ethical System?," *Zen Buddhism Today* 8 (1990): 41-60; 필자의 논문, "Christian Ethics in Japan," *The Japan Missionary Bulletin* 36 (1982): 360-372 참조.

물론 풍부한 불교의 다양성을 상세히 검토하면, 이 간략한 개요의 극단적인 흑백 구분이 사라질 수 있겠지만, 그럼에도 우리가 두 종교 사이의 중요한 차이점—현재 논의와 매우 관련 깊은 차이점—에 직면해 있다는 사실은 변하지 않을 것이다.

3. 다음으로 두 종교 사이에 존재하는 개인과 사회에 대한 강조점의 차이를 살펴보자. 불교와 기독교 모두 종교는 궁극적으로 '개인과 그들의 신(법)' 사이의 문제라고 말할 수 있다. 그러나 기독교의 경우, 종교는 본질적으로 상호주관적이고 사회적 행위라는 사실을 반드시 덧붙여야 한다. 아무도 홀로 구원받지 못하며, 오직 '성인들의 교제' 안에서만 구원받는다. 하느님에 대한 사랑은 이웃 사랑 안에서만 실현될 수 있다. 우리는 그리스도의 신비로운 몸인 교회 안에서 그분과 연결되며, 이 모든 점에서 기독교는 물론 종교를 하느님과 그의 백성 이스라엘 사이의 계약으로 이해하는 유대 전통의 계승자이다.

이에 비해 불교의 강조점은 보다 일방적으로 개인에게 맞춰져 있다. "스스로에 의지하라, 법法에 의지하라." 그리고 이 사실은 "코뿔소처럼 고독한" 아라한의 이상이 공덕 이전이나, 더 나아가 "모든 이를 구원함으로써 자신을 구원하는 보살"과 같은 사상들에 의해 곧 완화된 사실에도 불구하고 타당하다. 이러한 지속적인 차이의 한 가지 징후는 불교에서 기독교 교회론에 필적할 만한 정교한 교리를 찾아볼 수 없다는 사실일 수 있다. 불교에서는 모든 중생이 민족이라는 개념이 내포하는 사회적 구조를 지닌 윤곽 없이 형체 없는 것으로 남아 있다고 할 수 있다.

케네스 크래그가 두 종교의 기원 이야기에 대해 한 흥미로운 지적이 이 점을 밝히는 데 도움이 될 수 있다. 그는 불교 이야기(병자, 쇠약한 노인, 시체를 목격한 사건이 석가모니의 종교적 탐구를 촉발시켰다는 내용)가 "허약함, 쇠퇴, 죽음이라는 고독한 육체적 경험에 초점을 맞추고 있다"고 관찰한다. 이어서 그는 이렇게 말한다.

> 석가모니는 인간의 사적 영역과 필멸하는 육체, 자연적 우연과 변화속에 놓인 보편적 인간을 직시했다. 모세가 파라오 궁전 내부에서 모험을 시작한 것은 그로 하여금 히브리인들과 마주하게 했다. … 그는 민족적 정체성과 사회적 불의와 씨름하고 있었다. 그는 필멸의 운명이라는 원초적 상태가 아닌, 노예 상태, 억압, 정치적 절망이라는 원초적 상태 속에서 인류를 마주했다. … [여기서] 강조할 점은 싯다르타의 깨달음 의식이 순수한 인간적, 개인적 유한성에 집중되었으며, 모든 정치, 사회, 문화, 역사는 배제되었다는 것이다.8

우리의 현재 문제와 더 직접적으로 연관하여 나는 불교와 기독교 모두에서 개인의 종교적 실재가 그들이 속한 사회를 초월한다고 믿는다. 그러나 불교와 달리 기독교의 경우, 사회는 그 자체의 실재를 지니며 그 안에 포함된 개인들의 단순한 합계 이상이다.

확인을 위해 다시 한번 두 신학자의 말을 인용하고자 한다. 랭던

---

8 Kenneth Cragg, *The Christ and the Faiths* (Philadelphia: The Westminster Press, 1987), 247-248.

길키는 기독교에 대해 이렇게 지적한다.

> 사회적 사안들은 물질적 중요성뿐만 아니라 영적 중요성을 지닌다.
> 이러한 개념은 오래전부터 존재해 왔다. 나는 이것이 히브리적 사고
> 방식이라고 생각한다.[9]

고든 카우프만은 이렇게 덧붙인다.

> [하느님의] 왕국에 대한 이미지는… 정치적 이미지다. 그리고 그것은
> 기대되는 도래, 기대되는 변혁이 사회적 변혁임을 시사한다.[10]

4. 현대 서구 문화의 역사관이 그리스 철학에 기반한 것보다 히브리
   적 뿌리에서 비롯되었다는 주장이 옳든 그르든, 유대교의 뒤를
   이어 기독교는 자연이 아닌 역사(구원의 역사)에서 포괄적인 사상
   을 발견했다. 역사는 시작과 끝(델로스)을 가진 되돌릴 수 없는 과
   정으로 보이며, 신의 개입과 협력하는 인간의 활동을 통해 그 과
   정에서 새로운 요소들을 생산해 낸다. 이러한 역사관이 불교적
   현실 인식에서 실질적으로 중요한 역할을 하지 않는다는 점은,
   흔히 인용되는 말법末法 개념에도 불구하고 충분히 입증되었다
   고 믿는다.

---

9 Langdon Gilkey, "Responses to Rita Gross," *Buddhist-Christian Studies* 7
   (1987), 115.
10 Gordon Kaufman, "Responses to Schubert Ogden," *Buddhist-Christian Studies*
   7 (1987): 68-69.

기독교가 항상 역사나 사회를 선과 악의 격전장으로 보아 왔으며 기독교인이 악을 극복하기 위해 그 싸움에 참여할 의무를 강조해 왔다는 점을 상기하는 것이 적절해 보인다. 즉, 기독교는 역사를 근본적으로 조화로운 현실이라기보다 갈등적 현실이라고 생각해 왔다. 비록 종말론적 시점인 그리스도 안에서 만물의 재통합이 이루어질 때 모든 것의 조화가 최종적으로 도달할 목표로 분명히 인식되기는 하지만 말이다.

반면 불교의 정신은 더 광범위한 아시아적 관념과 공유하는 것으로 보인다. 예를 들어서 다음과 같은 말을 인용할 수 있다.

> 인간의 역할은 세상을 변화시키고 개입하는 것이 아니라 조화를 이루며 삶이 부여한 역할을 수행함으로써 세상을 하나로 묶고 지탱하는 것이다.[11]

전체적 조화에 대한 강조 외에도 바람직한 인간 태도는 행동보다는 무위無爲에 가깝다는 관점을 포함할 수 있다. 실제로 불교 윤리의 첫 번째이자 근본적인 계명은 비폭력(ahiṃsā)으로 문자 그대로 "어떤 생명체도 죽이지 말라"는 의미이지만, 이 말은 사물이 있는 그대로 방해하지 말라는 방향으로 해석된다. 대승불교에서는 진정으로 '타인에게 이익을 주는 것'의 어려움에 대해서도 강조한다. 분별심에 사로잡히고 욕망에 휩싸인 우리 같은 인간은 그럴 능력이 없다. 오직 깨달은

---

11 Robert Vachon, "Christians and Human Rights," *Pro Mundi Vita Studies* 16 (1990), 5.

보살들만이 가능하다.

5. 다섯 번째이자 마지막 요점은 선철학자 아베 마사오의 논평을
   소개하는 것이 가장 적절하다.

   기독교적 사랑 개념에 상응하는 불교 개념은 자비심일 것이다. 그러
   나 기독교적 정의 개념에 상응하는 불교 개념은 존재하지 않는다.[12]

   여기서 두 가지 사실은 간략히 언급할 필요가 있다. 첫째, 지금까
지 논의한 모든 내용을 고려할 때 정의의 개념이 본질적으로 개인적
도덕 영역을 초월한다는 점을 기억해야 한다. "정의와 불의에 관한 모
든 문제는 도덕적 차원을 지니지만, 각각은 본질적으로 사회적, 정치
적 성격을 띤다."[13] 둘째, 기독교의 정의에 대한 관심은 다시 한번 유
대교적 유산, 특히 예언자적 전통의 일부이다. 이는 다음과 같은 구절
에서 대표적으로 드러난다.

   그는 가난하고 궁핍한 자의 권리를 변호하였으므로 모든 일이 잘 되
   었다. "이것이 나를 아는 것이 아니겠느냐?" 주님께서 선언하신다(렘
   22:16).

---

12 Abe Masao, "Responses to Rita Gross," *Buddhist-Christian Studies* 7 (1987),
   114.
13 James L. Brown, in a book review, *Cross Currents* 40/2 (1990), 275.

우리는 이 유대-기독교적 관점에 익숙해져 있기에 아베의 말에 놀라움을 금치 못할 수 있다. 어떻게 그것인 가능하단 말인가? 불교적 의식 속에서 정의 그 자체가 명시적인 종교적 관심사가 아니었다는 것은 무엇을 의미할까? 나는 그 질문에 답할 수 있다고 주장하지 않으며, 단지 몇 가지 예비적 성찰을 제시할 뿐이다. 예레미야의 "의의 편을 들다"라는 말을 "의의 권리를 존중하고 수호하다"로 해석해도 될까? 그렇다면 문제는 예레미야가 이해한 그 '권리'가 현대적 의미의 '인권'—모든 개인(그리고 모든 집단)이 동등하게 지닌—과 어떻게 연결되는가 하는 것이다.

앞서 인용한 논문에서 파니카는 이 현대적 개념이 보편적으로 유효한 것이 아니라 오히려 서구적 개념이라는 주장을 잘 펼친다. 아시아적 정신은 그러한 추상적 개인(또는 집단)을 인정하지 않는다. 대신 그들은 각 개인(및 집단)이 사회적 상황(또는 업)에 의해 부여받은 지위에 따라 지녀야 할 다양한 의무와 책임을 강조한다. 이러한 태도는 유교와 힌두교 모두에서 발견된다. 나는 이 문제에 대해 두 가지 부연 설명만 제시하고자 한다.

1. 바로 이 점에서 석가모니는 사회적 지위와 무관하게 모든 사람의 영적 평등을 주장함으로써 이 아시아적 정신을 돌파한 인물이라 할 수 있다.[14] 이를 고려할 때 모든 개인의 기본적 권리 평등이라

---

14 예를 들어 담마파다 26장의 인상적인 구절을 보라. "나는 그의 출생이나 어머니 때문에 그를 브라흐마나라 부르지 않는다. … 진실로 나는 (부처가 417절에서 예로 든) 모든 종류의 영적 성취를 이룬 자를 브라흐마나라 부른다"; "사람에 대한 모든 속박을 버리고, 신에 대한 모든 속박을 초월하며, 모든 속박으로부터 자유로워진 자야말로 참

는 현대적 사상은 유대-기독교 전통에서 비롯된 것으로 여겨지
는 것과는 달리 불교에서 비롯되었을 가능성이 크다.

2. 한편으로 모든 개인의 기본적 권리 평등이라는 사상이 아시아적
정신세계에서 결여되어 있었다(그리고 여전히 결여되어 있다)는 점은
사실일 수 있다. 그러나 다른 한편으로 소유자의 특별한 권리라
는 개념은 적어도 암묵적으로 "도둑질하지 말라"는 계명에 내재
되어 있었을 것이다. 더 나아가 특별한 권리라는 개념은 가장의
가구 구성원에 대한 권위는 이들 구성원이 그에게 지는 의무와
그의 지위를 인정하는 법규에 암시되어 있는 것으로 보인다.

히브리 예언자들이 '평등권'이라는 개념을 가졌는지는 알 수 없다.
어쨌든 그들이 말한 것도 '특권'이었는데, 단지 사회 서열 상위층의 특
권이 아니라 약자 및 박탈당한 자들(과부, 고아, 이방인)의 특권이었다.
중세 기독교의 사례주의에서도 유사한 사고방식을 발견할 수 있다.
가난한 자들이 굶어 죽을 처지라면 빵을 훔칠 특별한 권리가 있다고
보는 것이다. 여기서 모든 인간 개인이 생계를 유지하기 위해 누릴 기
본적 권리를 명시적으로 인정하는 단계까지는 한걸음에 불과해 보인
다. 보편성은 결국 가장 낮은 공통분모를 통해서만 달성된다.

이 시점에서 우리가 시도하는 바가 정토진종의 종교성에 내재된
해방적 요소나 사회 행동 동기를 탐구하는 것임을 상기하는 것이 좋
을 것이다. 앞서 논의한 내용은 일반적으로 불교, 즉 정토 운동의 원초
적 모태에서 관련 특질들을 규명하려는 시도였다. 그러나 정토진종의

된 브라흐마나라 하리라." Muller, *Sacred Books of the East*, 10:91-95.

종교성은 불교적일 뿐만 아니라 일본적이다. 이제 우리는 그 구성 요소 중 일본적 측면으로 눈을 돌려야 한다.

일본의 기본 문화 코드와 불교

가마쿠라 시대(1185~1333)에 호넨(法然, 1133~1212)의 노력으로 일본에서 정토불교가 체계화된 형태를 갖추게 되었다. 그는 말법末法 시대에 구원을 얻는 유일한 수행법으로 아미타불의 이름을 부를 것을 주창하며 정토종淨土宗을 창시하였다. 그의 제자 신란親鸞(1173~1263)은 이후 정토 교리에 대한 매우 독창적인 해석을 통해 별도의 조직을 일으켰다. 이것이 바로 우리가 여기서 주목하는 정토진종이다.

가마쿠라 시대는 일본 불교 역사상 종교적으로 가장 창조적인 시기였다. 진정한 '일본적' 불교가 발전한 시기였다. 물론 그 시대에 발생한 불교 종파들 가운데 니치렌 종파와는 달리 정토종과 선종은 중국에서 전래된 불교 운동의 발전 형태였다. 그러나 이들 각 운동이 풍부한 불교 전통 속의 다른 모든 수행법을 배제하고 자신들만의 수행법으로 정착했다는 사실 자체가 이미 일본적 선호가 작용했음을 보여준다. 더욱이 중국에서 도입된 이 운동들은 곧 일본적 취향에 맞게 변형되고 적응되었다.

일본의 선호와 취향을 논하는 것은 N. S. 아이젠슈타트가 "기본적 문화코드"라고 명명한 영역으로 우리를 이끈다.15 아이젠슈타트는 모

---

15 N. S. Eisenstadt, *Revolution and the Transformation of Societies* (New York: The Free Press, 1978).

든 사회가 제도적 질서의 광범위한 윤곽을 사회적 존재의 근본적 상
징적, 문화적 문제에 대한 해답과 연결하면서 사회 체계의 숨겨진 또
는 깊은 구조를 구성하는 기본 코드를 지닌다는 이론을 펼쳤다. 그는
이러한 기본 코드의 시간적 지속성을 더욱 강조한다.

> 급격한 변화나 혼란의 시기에는 코드들이 대규칙으로서 적용되고 제
> 도화될 수 있는가 하는 논쟁과 불확실성에 직면하지만, 러시아나 중
> 국과 같은 혁명 이후 사회에서도 그 연속성은 명백하다.16

일본이 이러한 기본 문화 코드의 지속성을 극단적으로 보여주는
사례라고 믿을 만한 충분한 근거가 있다. 1,500년 동안 확고히 자리
잡은 세계 종교인 불교가 존재함에도 불구하고 신도와 같은 일본적
'부족 종교'가 생존해 있다는 사실 자체에서 이를 입증할 만한 증거를
충분히 찾을 수 있다. 나카무라 하지메 같은 학자들은 이 비범한 지속
성에 대해 명시적으로 언급한 바 있다.

> 객관적으로 말해, 일본인들은 타 문화를 흡수할 때 그 가치관과 세계
> 관 전체가 완전히 동화되도록 한 적이 없다. 그들은 항상 자신들의
> 전통적 가치관과 세계관을 완강히 고수했다.17

---

16 K. Peter Takayama, "Enshrinement and Persistency of Japanese Religion,"
 Journal of Church and State 32/3 (1990), 530.

17 Hajime Nakamura, *The Ways of Thinking of Eastern Peoples* (Tokyo: Japanese
 National Commission for Unesco, 1960), 458.

이러한 관점에서, 일본이 어떤 의미에서 불교 국가인지 또는 불교가 일본인의 영혼에 얼마나 깊이 스며들었는지에 대한 질문은 다음과 같이 재구성될 필요가 있다. 불교는 일본의 기본 문화 코드에 어느 정도까지 영향을 미쳤는가? 또는 우리의 현재 초점에 더 직접적으로 질문을 구성해 본다면 다음과 같은 질문이 된다. 불교는 일본 역사에서 어떤 해방을 가져왔는가? 그러나 동등하게 관련성이 있을 수 있는 것은 반대 질문이다. 일본의 기본 코드가 지닌 만연적 영향력이 일본 내 모든 불교, 특히 '진정한 일본적'으로 간주되는 불교를 어느 정도까지 변형시켰는가? 그리고 더욱 구체적으로는 이것이 일본 불교의 해방적 요소들에 어떻게 영향을 미쳤는가?

정토진종의 일본적 배경과 관련해서는 이것이 기본적인 질문이라고 생각하지만, 내 답변은 불만족스러운 암시들로만 구성될 수밖에 없을 것 같다. 그럼에도 논의를 위해 나름대로 답변을 대담하게 제시해 보고 싶다. "더 큰 내적 자유에 기여하는 모든 것"이라는 넓은 의미에서 불교는 의심할 여지없이 일본 개인에게 많은 해탈적 요소들을 부여했다. 그러나 여기서 우리가 다루는 더 엄격하고 사회학적인 의미로 본다면, 원시 불교에 존재했던 대부분의 해방적 요소들(대체로 석가모니의 가르침이 아시아적 정신을 초월하는 요소들)은 일본 기본 문화 코드에 의해 효과적으로 중화되었으며, 이는 우리의 관점에서 고야마 고스케의 표현을 빌리자면 "구원의 우주론적 문화"[18]로 특징지을 수 있다.

그 과거 영향력의 몇 가지 무작위적 사례만 인용하자면, 불교는 고

---

18 Kōsuke Koyama and Takayama, "Enshrinement and Persistency of Japanese Religion," 537.

대 일본인들이 특히 자연의 신비와 관련된 수많은 미신적 공포와 금기를 극복하는 데 도움을 주었을 것이다. 따라서 최초로 감히 신과 죽은 자의 영혼이 머무는 영역인 산속에 살기로 한 최초의 이들이 불교 수행자들이었을지도 모른다. 불교는 또한 일본인에게 사후 세계에 관한 해탈적 해답과 그에 따른 선조 대접의 구체적 방식을 가져왔다. 마찬가지로 개인의 업※ 개념을 통해 불교는 선한 사람이 고통받고 악한 사람이 번영하는 삶의 '불공정함'에 대한 해답을 제공했다.

그러나 보다 직접적인 사회적 함의를 지닌 해탈적 요소들에 관해서는 상황이 그리 긍정적이지 않을 수 있다. 여기서는 세 가지 주요 요소가 떠오른다.

1. 사회 구조(가구, 카스트, 부족, 국가)의 상대화와 개인이 그 속박으로부터 어느 정도 자유로워질 수 있다는 점은 부처님의 가르침에 분명히 내포되어 있었다. 그러나 불교의 영향력이 국가의 절대성, 즉 '신들의 땅' 일본을 상대화하기에는 충분했던 것 같지는 않다. 마찬가지로 가문을 잇지 않고 더 높은 개인적 추구라는 명목으로 독신 생활을 선택할 자유는 일본 역사 속에서 점차 사라졌다. 개인을 중시하는 불교의 가르침에도 불구하고 일본인의 정신은 기본적인 집단 지향성과 엄격한 순응 요구를 포기하지 않은 것으로 보인다.

2. 석가모니가 종교적 원칙에 기반을 두고 어떤 국가에도 종속되지 않는 공동체를 세우는 것은 비교적 쉬웠을지도 모른다. 불법이 왕법을 초월한다는 명확한 원칙 아래 공동체는 결국 그 원칙의 비판적 사례로서 기능할 수 있었다. 그러나 중국에서 이미 이루

어진 타협들 때문에, 일본 불교 역사에서는 이러한 원칙이 거의 작동하지 못한 것으로 보인다. 일본에서 불교적 사회 원칙은 곧 국가와 일본의 계층적 원칙에 종속된 사원을 넘어서지 못했다. 얼마 지나지 않아 일본 불교는 스스로 호국불교로 규정했으며, 불법과 왕법의 동일성을 주장하는 이념은 전자가 후자에 대해 가질 수 있는 모든 비판적 잠재력을 무력화시켰다. 이 점에 관해 조셉 키타가와의 의견은 귀담아들을 만한 가치가 있다.

일본 불교는 항상 자신의 영역을 국가의 영역과 동일시해 왔기에, 원칙적으로 국가 공동체 외부에는 불교의 사회학적 표현을 위한 의미 있는 틀이 존재하지 않았다. 따라서… 인간 삶과 사회의 사회적, 정치적, 문화적 차원에 관한 불교적 규범 원칙을 함양할 독립적인 불교 공동체는 결코 발전하지 못했다.[19]

물론 기독교 역사에서도 유사한 사례가 빈번히 발생했음을 상기할 필요가 있다. 최근의 사례로는 라틴 아메리카 일부 국가들이 있는데, 억압적 사회 구조에 대한 비판적 태도가 기존 권력층과 지나치게 동일시되는 공식 교회와 병행하여 새로운 교회의 탄생이 필요한 것으로 보인다.

---

19 Joseph Kitagawa, *Religion in Japanese History* (New York: Columbia University Press, 1966), 110. 물론 우리는 앞에서 언급했던 카술리스의 견해("동아시아 불교에 윤리 체계가 있는가?")에 동의할 수 있다. 즉, 유교 윤리의 전반적인 건전성을 고려할 때, 일본 불교는 자체 규범 체계를 수립할 긴급한 필요성을 느끼지 않았다는 것이다.

3. 세 번째 요점은 사실 앞의 두 가지에 이미 함축되어 있으나, 특별히 주목할 가치가 있다. 앞서 언급했듯 부처님의 가르침에는 출생에 따른 카스트나 민족에 관계없이 모든 인간의 사회적 평등이라는 사상으로 향하는 혁명적 역동성이 담겨 있었다. 다시 말해 원시 불교가 인간을 분류하거나 계층화하는 기준을 인정한다면, 그 기준은 분명히 출생이나 사회적 지위가 아니다. 그 척도는 오히려 두 가지이다. 첫째, 부처님의 말씀을 '듣고' 이해할 수 있는 정신적 능력, 즉, 과거 업보에 의해 어느 정도 흐려진 마음의 눈이다. 둘째, 해탈이라는 험난한 길에서 자신의 위치를 결정하는 정신적 탐구에 쏟은 노력의 정도이다. 종합하면, 불교는 원래 일종의 정신적 능력주의를 대표했으며, 초기 역사에서 계급과 민족의 경계를 넘나들 수 있음을 입증했다고 할 수 있다. 반면 일본의 기본 규범은 항상 사회적 지위(그리고 그에 내재된 권리와 의무)를 매우 중요하게 여겨 왔다. 유교적 정신에 깊이 물들어 사회의 조화는 수직적, 계층적 관계에 달려 있었다. 또한 항상 그 범위를 제한하는 경향이 있었다. 그것은 일본 민족만을 향한 세계관으로서 절대적으로 독특한 기원과 운명을 지니고 있어 다른 모든 민족과 구별된다고 보았다.

이제 불교가 일본의 기본 규범에 얼마나 침투하고 그 안에서 발효하여 변형시킬 수 있었는지에 대한 질문으로 돌아가자면, 먼저 사회학자와 문화 인류학자들이 사회 모든 계층, 가족(형제), 학교 및 직장(선배와 후배) 등에서 수직적 관계가 지속적으로 우세함을 확인했다는 점을 주목해야 한다. 불교 공동체조차도 창시자와 그의 혈통 후계자에 대한 숭배 그리고 많은 경우에서 영적 지도자가 누리는 절대적 권위를 통해 이 규칙의 진정한 예외가 아님을 확인할 수 있다. 제2차 세계대전 이후의 민주화는 표면적으로 볼 때 예외적으로 평등주의적인 국가를 만들어 낸 듯하다. 인구의 약 85%가 스스로 중산층에 속한다고 여기기 때문이다. 경제적으로 말하자면 이 인상에 상당한 진실이 담겨 있지만, 권력 참여에 있어서는 그 격차가 여전히 절대적으로 유지되는 것처럼 보인다. 모든 권력은 스스로 영속화하는 정치, 경제 엘리트의 손에 집중되어 있으며, 진정한 '민중의 힘'은 존재하지 않는다. 실제로 메이지 유신 이후 불교적 영감을 받은 소수의 활동가 그리고 최근에는 일부 종교 지도자들까지 권력층의 남용에 비판적 입장을 취하고자 했으나, 일본적 규범에 깊이 얽매인 신도들은 곧 수동적 저항을 통해 이러한 불씨를 꺼버린다. 마지막으로 그들의 교리가 일본 불교도들을 일본 내 국제적 정신의 선구자로 예정된 것처럼 보이게 하지만, 실제로는 그러한 영향력이 거의 보이지 않는다.

지금까지 우리의 간략한 고찰은 일본 사회에서 불교의 해방적 영향력만을 살펴보았다. 돌이켜보면 드러난 그림은 지나치게 부정적이고 암울하게 느껴질 수 있다. 사실 너무 암울해서 믿기 어려울 정도다. 이런 종류의 연구가 학문적으로 수용 가능한 방식으로 수행된 것처럼 보이지만, 보다 미묘한 방식으로 작용하는 불교의 진정한 해방적 영향력을 포착하지 못하게 하는 것은 아닐까? 나는 그렇게 믿는 편이며, 올바른 방향을 제시하기 위해 다음과 같은 힌트를 제시한다.

현재 일본 사회의 평등주의적 분위기가 단순히 경제적 성격만을 띠고 있다고 정말 말할 수 있을까? 시간이 흐르면서 불교가 일본인들에게 사회적 지위나 사회적 성공과는 다른 기준으로 사람을 평가하는 법을 은근히 가르쳐 왔을 가능성은 없을까? 그리고 집단 지향성이 강한 일본인들이 그럼에도 불구하고 강인한 개인에게 품는 큰 존경심—심지어 숭배라고 할 수 있는—은 어떻게 설명해야 하는가? 여기에는 도교와 선불교의 영향이 작용하고 있지 않은가? 종교사학자들이 지적하는 불교적 영향 하에 일본 사상이 '민주화'된 한 예는 헤이안 시대에 일본 사회에 돌풍처럼 등장한 고료(御靈) 신앙이다. 이 고료는 자신을 해친 자들에 대한 원한을 품은 채 죽은 이들의 영혼으로, 복수를 위해 되돌아온다. 이 돌아올 힘은 원래 귀족이나 신격화된 개인에게만 귀속되었다고 전해지지만, 불교의 평등사상에 점차 영향을 받아 모든 인간(오늘날에는 낙태된 아이들의 영혼까지도)이 지닌 것으로 여겨지게 되었다. 이 특정 사례에서 불교의 영향이 특히 긍정적으로 보이지는 않겠지만, 그 '평등화' 영향이 더 큰 규모로, 더 긍정적인 문제들에도 작용되지 않았을까? 정토진종의 종교성에 대한 우리의 다소 상세한 고찰이 이 문제에도 어느 정도 빛을 비출 수 있기를 바랄 뿐이다.

정토진종 내 해방적 요소들

이제 정토불교의 특정 교리, 특히 신란의 정토진종에서 구현된 형태가 (잠재적이든 실제적이든) 사회에 미친 영향에 주목할 때이다. 특히 정토진종이 불교 전통의 나머지 부분과 차별화되거나 일본 문화 코드의 돌파구를 제시하는 지점에 주목할 것이다.

종교의 역사는 종종 종교의 순수한 교리와 그로부터 논리적으로 도출되는 듯한 실천적 태도 사이에 상당한 괴리가 존재함을 드러내며, 실제 역사적 실천에서 작동해 온 사상들 사이에는 상당한 괴리가 존재한다는 점을 상기할 수 있다. 정토진종에 대해서 로버트 벨라는 다음과 같이 말한다.

초기 정토신종은 오직 믿음에 의한 구원을 강조했으며, 상대적으로 윤리적 요구에는 거의 관심을 기울이지 않았다. … 렌뇨는 윤리적 요구를 진종 사상에서 매우 중요한 위치로 끌어올렸으나, 이는 여전히 종교적 요구와는 별개의 것으로 남았다. 그러나 도쿠가와 중기[약 1750년]에 이르러서는 구원과 윤리적 행동이 불가분하게 연결되었다. 악인이 구원받는다는 이야기는 더 이상 들리지 않았다. 윤리적 행동 자체가 구원의 표징이 된 것이다.[20]

인간의 조건에 대한 관점

정토불교의 시각에서 인간의 조건은 참으로 절망적이다. '중생'은 일상적으로 '어리석고 악한' 존재로 규정된다. 이에 대한 고전적인 표현은 다음과 같다.

과거 무수한 겁에 걸쳐서 생사윤회에 갇혀 변천 속에서 영원히 가라앉고 방황하는, 해탈로 이끄는 내적 조건을 결코 갖지 못한 업악의 어리석은 존재.[21]

---

20 Robert Bellah, *Tokugawa Religion* (New York: The Free Press, 1985), 118.
21 신란이 『교행심증』, 216에서 인용한 산타오(善導)의 말. *The True Teaching, Practice and Realization of the Pure Land Way*, vol. 2 (Kyoto: Hongwanji International Center, 1985), 213.

따라서 인간은 자신의 구원에 있어 완전히 무력하며 오로지 아미타의 은혜에 전적으로 의지해야 한다는 결론이 도출된다.

이 묘사가 인간 본성 그 자체를 가리키며, 따라서 과거, 현재, 미래를 막론한 모든 시대의 인간에게 유효하다는 데는 의심의 여지가 없다. 이 그림은 정토 신도들이 우리가 오늘날 불교의 순수한 시절과 비교해 완전히 퇴폐한 시기인 '말법' 시대에 살고 있다고 믿는다는 사실로 인해 복잡해진다.

> 이 오번(五穢)의 악한 시대에, 이 악한 세상에, 악한 중생들 가운데서, 악한 견해와 악한 정욕이 만연하고, 악행과 불신이 횡행하는 이때에.22

이 사상은 두 가지 목적을 달성했을 수 있다. 첫째는 세간과 인간의 악한 본성이 현재의 악행 속에서 구체화되고 역사적으로 발현된 모습을 제시하는 것이다. 둘째는 그럼에도 대부분의 경전이 인간에게 스스로 해탈을 이루는 힘을 부여한다는 반론에 대한 여지를 남겨두는 것이다.

어찌 되었든 이 세계 부정적이며 반인본주의적인 관념은 세간과 인간을 무명의 산물로 본 석가모니의 원초적 관념에 매우 근접할 수 있으나, 이는 중생이 본질적으로 선한 진실한 자아, 불성 또는 본각을 지닌 존재로 여긴다. 이러한 세계와 인간에 대한 부정적 평가가 사람들의 사회적 태도에 어떤 영향을 미치는지 묻게 된다. 다른 가능성을

---

22 신란이 『교행심증』, 216에서 인용한 산타오(善導)의 말.

열어주는 사상들이 존재한다는 점을 고려할 때, 이는 사람들이 기존 사회에 대해 비판적 입장을 취하도록 유도하는 듯하다. 그러나 이러한 교리는 오히려 인간이 현세에서 자신의 운명을 바꾸는 데 무력하다는 확신을 심어주지 않는가? 아니면 오히려 베버의 관점에서, 구원을 위해 노력할 수 없다는 믿음이 사람들을 '내세적 금욕주의' 속에서 현세적 과업에 에너지를 쏟게 만든다고 생각해야 하는가? 전통 불교가 강조하는 '정진精進'에서 해방됨으로써 해탈을 위한 노력에 쓰이던 시간과 에너지가 다른 세속적 추구로 전환되지만, 그 자체로는 개인적, 사회적 개선을 위한 고된 노력을 동기 부여하지 못할 수 있다. 실제로 신란의 은총 교리에 대한 초기 반응 중 하나는 일부 집단이 도덕적 해이에 안주하는 것이었다. 그러나 벨라의 관점에서는 오미 지방 상인 가문에서 일종의 '개신교적 노동 윤리'로 이어졌다.[23]

자비로운 세상 속에서 살아가기

신자에게 있어 이 눈물의 계곡에 대한 느낌은 모든 중생을 죄와 업을 가리지 않고 구원하시는 아미타 부처님의 무한한 자비가 우주에 스며들어 있다는 생각과 함께 극적으로 변한다. 신자에게 요구되는 유일한 것은 아미타 부처님의 자비로운 서원誓願에 대한 믿음이며, 이는 그의 이름을 외우는 것으로 표현된다.

이러한 믿음은 개인에게 놀라운 영적 해방을 의미할 수 있음은 의심의 여지가 없다. 이와 관련하여 진종에서 믿음을 종종 안심安心이라

---

23 Bellah, *Tokugawa Religion*, 117ff.

부르는 사실은 의미심장하다. 문자 그대로 '마음의 평안'을 뜻하는 이 용어는 '아미타의 자비와 은혜에 의지하여' 불안에서 벗어남을 의미한다. 구원은 오로지 자비로우신 아미타에 의존할 뿐 자신의 행위의 질에 달려 있지 않으므로 확실하다. 이로써 죄와 죄책감의 억압에서 해방되며, 끊임없이 세세한 양심의 가책을 살피거나 사소한 죄 하나하나를 속죄하거나 공덕을 계산할 필요가 없다. 이 믿음은 이처럼 자기중심성과 독선에서 해방시켜 만물에 대한 빚진 존재임을 깨닫고 감사하는 삶을 살게 한다.

그러나 고려해야 할 다른 측면도 있다. 이러한 믿음은 사회적 해방 행동에 기여하기보다는 경건주의나 고요주의적 종교성으로 흐르기 쉽다. 우선 개인의 도덕적 삶과 마찬가지로 타인을 위한 일이나 더 나은 사회를 위한 투쟁도 구원에 기여하지 않는다. 더욱이 구원을 위해 요구되는 유일한 행위인 염불은 세속적, 사회적 영역으로 나아가지 않고 오직 사적인 종교 영역(아미타와 나 사이)에 국한된 수행이다. 자선과 달리 염불 수행은 그 자체로 공동체적이지 않으며, 오직 나의 구원이 모든 타인의 구원에 달려 있음을 깨달을 때 비로소 공동체적 성격을 띤다. 일반 불교에서 보았듯 여기서 강조되는 것은 타인에게 선을 행하는 것의 어려움이다. 어떤 의미에서 자비로운 행위는 아미타에게 맡겨져 있다. 우리는 타인에게 선을 행하라는 부름을 받았으나, 현세의 범부인 우리는 정토에 들어가 깨달음을 얻고 타인의 구원을 위해 '돌아와' 일할 수 있게 허락받기 전까지는 실제로 그렇게 할 수 없다. 신란은 이렇게 말했다.

정토의 자비는 염불을 외우면 신속히 부처가 되어 모든 중생을 자비와 보살핌의 마음으로 도울 수 있게 한다는 점이다. … 현생에서 아무리 사랑스럽고 슬퍼도 우리의 자비와 보살핌은 실로 한계가 있기에 타인을 돕는 것은 지극히 어렵다.[24]

진종에서는 종종 이타利他를 교화教化로 축소하는 경향을 발견하는데, 이는 다음과 같은 의문을 제기한다.

자비의 개념이 지닌 구원론적(제한된 영적 의미에서) 맥락은 분명하다. … 이 구원론적 지향의 개념을 사회적, 윤리적 고려까지 포함하도록 확장하거나 옮길 수 있을까?[25]

내가 아는 한, 신종 측에서 이 질문에 대한 답변은 아직 나오지 않았다.

역사적 사실로서 아미타에 대한 감사의 삶이라는 사상은 (유교적 개념인) 보은報恩, 즉 "빚진 것을 인식하고 갚는다" 혹은 더 나은 표현으로 "기대에 부응한다"는 개념으로 표현되면서 사회적 현실로 확장되거나 오히려 그와 얽히게 되었다. 이 표현은 다양한 해석을 허용할 만큼 모호하다. 예를 들어 '좋은 삶'을 살며 타인에게 선을 베푸는 등으로 아미타에 대한 빚을 갚는다는 의미로 받아들여지기도 했다. 이런 식으로 아미타에 대한 감사는 실제로 진종 창시자 신란(그리고 그의 후계자인 종파의 세습 지도자들), 부모, 국가 지도자 등에 대한 감사와 결합되어

---

24 *Tannishō*, chapter 4.
25 John Junji Ishihara, *Journal of the Chikushi Jogakuen* 2 (1990), 67.

왔다. 그러나 이러한 복합적 사상에서 해탈보다는 사회적 조화에 더 중점을 두어 왔다는 점을 인정해야 한다.

아미타와의 관계에서 보은을 빚을 갚는 것으로 번역하지 않는 것이 더 나은 이유는 그것이 상호 대가적 정의 개념을 암시하는 듯하기 때문이다. 물론 이는 적용될 수 없는 것이다. 여기 실제로 이 구원 개념의 두드러진 특징은 정의의 개념이 완전히 결여되거나 명시적으로 부정된다는 점이다. 이는 자비를 베풀 때 차별하지 않는 어머니 같은 존재로서의 아미타 부처, 책임을 지지 않는 신자, 선과 악의 투쟁을 초월하는 아미타와 범부의 관계에 의해 구현된다.

정토불교, 범부의 종교

정토불교는 시대와 개인 신자의 성향에 따라 다소 강조되기는 하지만, 스스로를 범부의 종교, 범부를 위한 유일한 구원의 길로 이해한다. 그 존재 이유는 범부의 조건에 있다. 이론적으로는 특별한 특권을 가진 일부 사람들이 다른 방법으로 스스로를 구원할 가능성은 열어 두지만, 범부는 본질적으로 특권, 종교적 지위, 능력이 없는 자다. 본부는 토템 기둥의 최하층에 서 있는 계급 없는 자, 즉 평신도이며, 회개하지 않고 고칠 수 없는 죄인, 내가 표현하길 성경의 '가난한 자들'(anawim)에 해당하는 존재이다. 그러나 바로 이러한 자들이 아미타의 자비로 선택받은 대상이며 구원을 받을 수 있는 진정한 '그릇'이다. 이 사상은 두 가지 함의를 지닌다.

1. 모든 사람의 근본적 평등. 겉모습이 얼마나 다르든—영주와 농

민, 선인과 악인, 승려와 재가자, 남성과 여성— 근본적으로 우리는 모두 최하위 계급의 죄인이다. 이 사실에 대한 자각은 신앙에 내포된 '깨달음'의 두 요소 중 하나이다.

원시 불교는 모든 사회적 지위의 철저한 상대화를 가져왔지만, 동시에 종교적 능력이나 공덕에 따른 계급 체계를 낳기도 했다. 정토불교는 한 걸음 더 나아가 종교적 능력이나 공덕의 모든 구분을 무의미한 것으로 제거해 버렸다. 그것은 가장 낮은 수준에서의 평등화, 즉 '죄인들의 민주주의'를 인정했다. 신란은 바로 그 정신으로 자신을 '승려도 재가자도 아닌' 존재로 여기며 스승이라는 칭호를 거절하고 '제자 하나 없는', '동행자'라 자칭했다. 소가 료진은 석가모니 부처님 자신마저 아미타의 구원이 필요한 범부, 즉 죄인으로 제시하며 여기서 가장 극단적인 결론을 도출해냈다.

2. '소인小人'의 존엄성. 비록 사회적으로 경멸받고 죄인으로서 천한 존재라 할지라도 범부는 아미타의 자비 대상으로서 큰 존엄성을 누렸으며, 이를 통해 '부처님의 자녀'이자 '여래如來와 동등한 자'라는 칭호를 얻었다(신란).

이러한 사상이 낮은 신분의 사람들이 주관적으로 자존감을 얻고 사회적 처지를 초월하는 데 도움이 되었음은 의심의 여지가 없으나, 객관적으로 자신의 처지를 개선하기 위한 노력의 동력으로도 작용했을까? 선험적으로 이러한 자의식은 사람들이 상급자에 대해 더 자유롭고 자신감 있는 태도를 취하도록 촉구하는 데 분명히 도움이 될 것 같다. 그러나 특정 조건하에서는 동일한 사고방식이 오히려 객관적 처지에 대한 체념을 부추길 수도 있음을 쉽게 상상할 수 있다. 실제로 이러한 사상들은 일본 역사 속에서 어떻게 작용했을까? 특정 시점에 서는 확실히 '사회적 다이너마이트' 역할을 했을 것이다. 적어도 15~ 16세기 서일본 여러 지역에서 발생한 지주에 대항한 농민들의 봉기에 는 부분적으로 기여했다. 아미타 앞에서 모든 사람이 평등하다는 사상 은 무사와 농민이 연대하여 사회정치적 영향력을 행사할 수 있게 했다.

그러나 16세기 말까지 정토 사상에서 비롯된 자유정신은 성공적 으로 억눌려 오늘날까지 재등장하지 못했다고 단언해도 무방하다. 정 토진종의 제2 창시자 렌뇨의 막대한 영향력은 간과할 수 없다. 그는 진종을 일본의 문화적 코드에 맞게 조정하여 사회적으로 수용 가능한 종교 운동으로 형성하려 노력했다.

따라서 그는 내면적으로는 강렬한 종교적 삶을 살지만 외면적으로는 눈에 띄지 않고 자신을 낮추는 사람의 패러다임을 발전시켰다.[26]

이로써 아미타에 대한 감사는 이 땅의 통치자에 대한 유교적 의무 감과 융합되었다. 이 패러다임은 오늘날까지도 진종의 종교성을 지배 하는 듯하여 한 저자는 "전통적 진종 불교 태도의 수동적 패배주의"를 한탄하게 만들었다.[27]

---

26 James Dobbins, *Jōdo Shinsha: Shin Buddhism in Medieval Japan* (Bloomington: Indiana University Press, 1989), 144.

27 John Junji Ishihara, *Journal of the Chikushi Jogakuen* 2 (1990), 89.

니시혼간지와 히가시혼간지 양측의 일부 지도자들은 신란의 교리가 사회 건설과 사회 비판의 원칙으로 기능할 수 있음을 깨닫기 시작한 듯하다. 예를 들어 니시혼간지 신란당의 거대한 기둥 하나에 걸린 대형 현수막에는 "동행자 사회를 지향하자"고 쓰여 있다. 그러나 수세기 동안 신란을 사회적 순응의 도구로 동원해 온 이들이 과연 신도들에게 그 정신을 되살릴 수 있을까?

정토에서의 생 개념

아미타불의 원초적 서원은 모든 중생을 정토에 태어나게 함으로써 구원하는 데 있다. 불교적 관점의 '해탈'은 반드시 열반 자체이거나 그로 직행하는 길로 해석되어야 한다. 그러나 모든 정황은 평신도들의 종교적 의식 속에서 이 개념이 오히려 극락정토極楽浄土 혹은 낙원으로 기능하며 살아남았음을 시사한다. 이는 유대-아브라함계 종교의 천국과 매우 유사한 개념이다. 해탈은 불교 신자들이 자신의 운명으로 여겨야 하는 미래 생의 비참한 윤회 고리를 종식시키는 방법이다.

따라서 천국에 대한 기대가 사람들에게 아편과 같다는 마르크스주의적 비판—진정한 위안을 주지만 그들의 관심과 에너지를 현세에서 돌리게 만든다는—은 정토에 태어날 것이라는 기대에도 똑같이 적용된다. 많은 진종 신학자들은 전통적 해석인 사후의 탄생이라는 관점에서 정토의 개념이 실제로 중국과 일본(가마쿠라 시대까지)에서 그런 방식으로 기능해 왔다는 데 동의한다. 그러나 신란은 죽음의 순간(정토에 들어가는 순간)보다는 믿음을 얻는 순간(그리고 그로 인해 얻는 이익)에 모든 강조점을 두었으며, 정토를 개인이 행복을 누리는 장소가 아니라 이 세상으로 돌아와 "타인을 이롭게 하는" 출발점으로 해석함으로써 그러한 경향에 강력히 반발했다. 동시에 이 신학자들은 신란의 이러한 관점이 사람들의 마음을 결코 바꾸지 못했으며 그들은 여전히 미래의 정토에서의 행복에 희망을 걸고 있음을 인정해야 한다고 주장하고 있다.

가톨릭 해방신학의 영향을 받은 일부 젊은 진종 학자들은 아미타에 의한 구원의 개념을 재고할 필요성을 인식하고 있다. 더 이상 이를 단순히 개인의 내적 삶으로 정의하지 않고 사회에 살고 있는 전체 인간을 향한 전체적인 해방으로 보아야 한다는 것이다. 따라서 결국 세계와 사회라는 개념을 내포하는 정토 사상은 그들에게 구원 개념을 재고하는 유망한 수단으로 보인다. 이에 따라 정토는 이 세상과 분리된 독립된 영역이 아니라 실제 사회적 상황을 매개로 하는 현실로 상정되어야 한다. 이렇게 이해될 때 정토는 실제 사회적 조건에 대한 비판적 태도의 토대로 기능할 수 있으며, 이러한 의미에서 기독교의 '하느님의 나라' 개념에 가까워질 수 있다.

실제로 정토 경전과 주석서에는 장엄정토莊嚴淨土라는 흥미로운 개념이 포함되어 있다. 대부분의 해석에서 이는 아미타불에게만 주어진 활동이지만, 신도들이 참여할 수 있을 뿐만 아니라 반드시 참여해야 하는 아미타불의 활동으로 재해석된다면, 이는 기독교의 "하느님의 나라를 위한 일"이라는 개념에 가까워질 수 있다. 소가 료진의 해석은 그러한 방향으로 가는 듯하다. 예를 들어 그가 다음과 같이 기록한 대목이 그러하다.

정토의 성도들이 항상 사바세계에서 순회하며 참된 불국토를 건설하는 데 힘쓰고 있지 않은가?[28]

그럼에도 그는 이 활동을 순수히 영적이며 이상적인 것으로 보는 듯하다.

오로지 아미타불 한 분께만 헌신

풍부한 숭배 대상들의 범신론적 체계와 수많은 부처와 보살을 지닌 대부분의 불교 형태와 현저히 달리 진종 신앙은 오로지 구원의 존재인 아미타불 한 분께만 모든 것을 집중시킨다. 진종 교리가 다른 부처와 보살들, 특히 석가모니 부처의 위치를 어디에 두는지에 대한 질문은 본 논문의 범위를 벗어난다. 여기서 우리의 관심은 오직 이러한 단일 인물에 대한 집중—이 일신교—이 해방적 효과를 가지는지 여부뿐이다.

아미타에 대한 독점적 집중이 신도들로 하여금 수많은 부처 각각에게 마땅한 공양을 드렸는지 걱정하지 않게 해줄 수 있다는 점은 쉽게 상상할 수 있다. 그러나 이러한 축소의 또 다른 측면이 우리의 문제와 더 관련이 깊어 보인다. 역사는 다수의 부처를 말하는 불교 종파들이 대체로 다양한 민족의 토착 신들에 대해 매우 관용적이었으며, 심지어 그들을 흡수하기까지 했다는 사실을 증명한다. 이러한 관용이 아무리 깨달음을 토대로 한다고 하더라도, 토착 신들이 상징으로 여겨질 수 있는 토착 문화 코드를 비판 없이 수용할 위험을 내포한다.

일본의 경우, 토착 신들은 물론 일본 전통과 국가 체제를 상징하고 유지하는 역할을 하는 신도의 신들이다. 전통 일본 불교가 국가와 얼

---

28 *Soga Ryōjin Senshū 3*, 63-64.

마나 밀접하게 결부되었는지 그리고 불교 신들과 토착 신들을 함께 숭배의 대상으로 삼았는지(신부혼합) 우리는 이미 살펴보았다. 이는 일본 민속 종교성에서 숭배의 방식이 일종의 비방향성을 띠며, 상황에 따라 모든 종류의 대상(신들)을 수용할 수 있는 방식을 설명하는 데 크게 기여한다.

진정한 혁명적 대응으로 신란은 아미타불에 대한 독점적 신앙을 통해 『열반경』을 인용하며 비非숭배 원칙을 확립하였다.

부처님께 귀의한 자는 더 이상 여러 신들에게 귀의해서는 안 된다.[29]

신란은 또한 부처님의 법(仏法)이 왕법王法보다 우월함을 분명히 주장했다. 이를 통해 그는 추종자들에게 일본교日本教를 초월하고 기존 사회 질서에 비판적 입장을 취할 원칙을 남겼다.

이 모든 점에서 신란은 당시 지배적 이념을 초월한 예언적 인물로 볼 수 있으나, 종교 창시자들의 모든 새로운 사상과 마찬가지로 이러한 충동이 곧 제도화된 대중 운동으로 발전할 진종 내에서 얼마나 지속되었는지는 의문이다. 사실 놀랍지 않게도 진종 교회는 곧(종교적 깨달음을 통해, 그러나 주로 렌뇌蓮如를 통해) 부처의 법과 왕의 법이 '새의 두 날개'라는 고대의 관계 개념으로 회귀했다. 이는 사실상 왕의 법을 다시 최상위에 올려놓은 것이었으며, 정치적 체제에 대한 복종을 요구하는 원칙으로 활용되었다. 토착 신들을 숭배하거나 한 이론이 주장하듯 '신들 속에 현현한 아미타의 실체'를 숭배하기 위한 온갖 이론

---

29 The True Teaching, Practice and Realization of the Pure Land Way, vol. 4, 555.

들이 고안되었다. 그 결과, 적어도 도쿠가와 시대 이후로 일본 정토불교는 국가와 그 핵심 가치에 대한 헌신을 유지하고 강화하는 경향을 보였으며, 그러한 헌신에 동기와 정당성을 제공했다. 이것의 최근 사례는 태평양 전쟁 당시 진종 지도자들이 신도들에게 총력전 참여와 조국을 위한 자기희생을 촉구한 열의일 수 있다. 이 사실은 특히 히가시혼간지 지도부 내에서 상당한 자기성찰을 계속 불러일으키고 있다.

이 모든 것을 더 넓은 관점에서 보기 위해 이번에는 기독교 관행에 대한 다소 냉소적인 의견을 인용해 보겠다.

> 역사가 어떤 교훈을 준다면, 해방신학은 영원히 변방 운동에 불과할 것이며, 중남미 교회는 계속해서 세상의 권력에 순응하고 봉사할 것이다. 교회는 위협이 되지 않는다. 끔찍하고 낙담스러운 비난이지만, 상당히 사실이다. 교회는 믿을 수 있다.[30]

후기

앞서 살펴본 바에 비추어 볼 때, 일본 정토불교―혹은 더 일반적으로 동아시아 불교―의 해방적 기록이 그다지 눈에 띄지 않는다고 결론짓는 것은 과장이 아닐 것이다. 기독교가 돌을 던질 입장이 아닐 수도 있으며, 어쨌든 우리의 현재 처지는 이 불교가 미래를 위해 가꾸어 열매를 맺을 해방적 행동의 씨앗을 내재하고 있는지 고려하는 것이

---

30 Michael Knowles, "Is There a Catholic Social Ethic?," *New Blackfriars* (Oct 1984): 411-412.

훨씬 더 중요하게 만든다. 진종 운동의 영향력 있는 세력이 1990년 일본종교학회 총회에서 한 젊은 진종 학자가 표현한 견해, 즉 "현재 우리의 의무는 사회 문제를 우리의 신앙과 교리의 직접적인 과제로 인식하는 것"이라는 견해에 동의할 수 있을까?

이 점에 대한 나의 최종적 성찰의 틀로, 제8회 교토 선 심포지엄에서 불교와 기독교 참가자들이 도달한 만장일치의 결론을 채택한다.[31]

세계 전체가 위기의 시기를 맞고 있다. 이에 대응하기 위한 필수 조건은 우리가 인류 역사상 유례없는 위기에 직면해 있으며, 이 위기는 이 세상의 '모든 선의 세력'이 그 본래 목적이 무엇이든 간에 동원되어 이러한 악을 방지하는 데로 향하지 않는 한, 상상조차 할 수 없는 사회적 악, 심지어 인류 전체의 멸종으로 이어질 것이라는 확신일 것이다.

이 위기를 극복하기 위해서는 종교 전통에 대한 근본적인 재평가가 필요하다. 이러한 재평가는 자신의 종교를 세상의 해방적 힘으로 만들기 위한 예언적 재해석을 수반한다. 그러나 이러한 접근 방식은 우리에게 문제의 핵심을 직면하게 할 수 있다.

종교의 본질 자체를 포기하지 않고 그 종교를 재해석하는 데 어디까지 나아갈 수 있을까? 앞서 제시된 분석은 기독교가 구조적으로 해방적 관점을 유기적으로 통합하는 데 선천적으로 유리하다는 점을 보여주었을지 모르나, 불교는 그 한 걸음을 내디디는 데 훨씬 더 어려움을 겪는다는 점을 보여줄 수 있다. 심지어 기독교는 인간과 자연의 관계라는 점에 대해서만 근본적인 재평가가 필요할 수 있다는 인상을 줄 수도 있다. 불교의 경우, 창시자 싯다르타와 신란의 본래 정신으로

---

31 *Zen Buddhism Today* 8 (1990), 173.

의 회귀가 올바른 방향으로 나아가는 데 크게 기여하지 않을까? 보살의 핵심 덕목인 자비에 대한 보다 급진적이고 세속적인 재해석이 시급한 요구로 보이지만, 과연 불교가 '예언적 종교'로 변모할 수 있을지 의문이다.

종교적 체험과 사회적 윤리의 영역을 연결할 방도를 찾아야 한다. 이는 불교적 맥락에서 이 문제를 가장 절실하게 표현한 문장일 것이다. 여기서 요구되는 종교적 체험은 가난하고 억압받는 이들의 종교적 체험일 수 있다. 이러한 의문과 의심들을 더 희망적인 관점으로 마무리하고자 한다.

> 모든 종교는 내재적 변화 가능성을 지닌다. 종교는 좁은 교조적 근본주의의 틀을 깨고 모든 사람, 특히 가난하고 억압받는 이들과 만날 때 해방적 존재가 된다.[32]

---

32 *Ibid.*, 173.

10장

선(禪)과 윤리에 관한 성찰

꽤 오래전, 미국에서 급성장하던 선종은 미국 내 일부 선원에서 드러난 스캔들 소식에 충격을 받았다. 선종 스승들의 성적 학대 행위와 재정적 문제 행위였다. 나는 이제 모든 세부 사항을 잊었지만, 그 사실들은 우리 모두에게 흥미로운 질문을 던졌다. 깨달음을 얻은 존재여야 할 선의 승려들이 어떻게 그런 비윤리적이고 비도덕적인 행위를 저지를 수 있는가? 선계에서는 곧 두 가지 다소 상반된 답변이 나왔다. 하나는 (아베 마사오가 명시적으로 밝힌 답변으로) "그러한 행위를 저지르는 선사는 그로 인해 자신이 깨달음을 얻지 못했음을 증명한다"는 것이었다. 여기에는 초월적 지혜가 본질적으로 도덕성과 연결되어 있으며, 당연히 주체가 매우 윤리적인 삶을 살도록 이끈다는 전제가 깔려 있는 듯하다. 문제는 이 답변이 스승이 제자의 깨달음을 확인하는 인가 제도 전체를 의심스럽게 만든다는 점이다.

두 번째 답변은 첫 번째와 정반대다. "깨달음은 윤리와 무관하다"

* 이 글의 원문은 데 틸텐베르흐에서 열린 "더러운 손을 가진 선"(Zen zonder vuile handen) 세미나 발표문으로, 이후 *Studies in Interreligious Dialogue* 12 (2002): 133-147에 게재됨.

혹은 "선은 윤리와 무관하다"는 것이다. 솔직히 말해 나의 선 동료들 중 누구도 이 답변을 그토록 명확하게 공식화해서 말하는 걸 들어본 적이 없다. 개인적으로 기억하는 가장 유사한 발언은 1991년 일본 불교-기독교 연구학회 회의에서 교토의 하나조노대학 총장인 니시무라 에신(西村栄信)이 한 말이다. "선禪은 윤리와 아무런 관련이 없다." 향후 논의 가능성을 위해 이 발언을 들었을 때 내가 생각했던 바를 즉시 명확히 밝히겠다. 선이 단순히 공의 지혜로 상승하는 움직임이라면, 이 말은 완벽히 타당하다. 하지만 정말 그럴까? 동시에 자비로 하강하는 움직임이 아니라고 할 수 있을까?

방금 말한 내용은 이번 세미나에서 일종의 문제의 현황을 밝히는 역할을 할 수 있겠지만, 주최 측은 브라이언 빅토리아의 저서『전쟁 속의 선』(Brian Victoria, Zen at War)을 주목하게 했는데, 이 책에는 상당수의 일본 선승이 일본의 극단적 민족주의와 군국주의와 공모한 사실이 기록되어 있다. 이 책은 우리의 시야를 넓혀 주며 질문을 다소 다른 방식으로 재구성하도록 허용하거나 요구할 수 있다. 깨달음의 초월적 지혜는 세속적 일들에서 인간적 정욕의 간섭 없이 판단의 건전함과 지혜를 보장하는가? 그러나 더 실용적인 측면도 있다. 깨달음의 초월적 지혜는 빅토리아의 책이 드러낸 일본 선불교 계의 근대(인간의 정욕에 간섭받지 않는 건전한 판단력)를 보장하는가?

그러나 더 실용적인 측면도 있다. 빅토리아의 책이 일본 선불교 계의 근현대사에서 어두운 시기를 폭로한 것은, 선하면 이상적이고 시대를 초월한 그 무언가라는 이미지를 품고 살아온 유럽의 선불교 신자들에게 앞서 언급된 미국의 스캔들보다 더 큰 충격을 준 듯하다. 또한 이 책은 일본의 전쟁 피해자들 사이에서도 분노를 불러일으켰다.

이들에게 일본이 전쟁 중 자행한 범죄에 대해 진정으로 사과한 적이 없다는 국가적 차원의 원한은 이제 몇몇 예외를 제외하고는 일본 군국주의자들과 완전히 협력했던 것으로 드러난 선승들조차 회개의 기미를 보이거나 사과를 한 적이 없다는 사실에 대한 분노로 증폭되었다.

본고에서는 선과 윤리 사이의 관계에 대한 논의에 기여하고자 한다. 우리는 여기서 서양이 선의 의미, 가능성, 위험성에 대한 성찰에 몰두하고 있다고 믿는다. 이는 우리의 근본적 질문에 두 가지 측면을 제시한다. (1) 개인으로서의 우리 자신과 서양 사회를 위해 선으로부터 무엇을 기대할 수 있고, 무엇을 기대할 수 없는가? (2) 서양인들이 선을 받아들이는 데는 잠재적 위험이 존재하는가?

종교와 윤리

종교와 윤리 또는 도덕 사이의 관계에 대해 많은 이야기를 할 수 있겠지만, 나는 선에 대한 우리의 성찰과 관련이 있을 수 있는 몇 가지 점을 간략히 지적하는 데 그치겠다. 먼저 엘리아데의 종교 백과사전(Encyclopedia of Religion)에 실린 '도덕과 종교' 항목을 인용해 보겠다. 그 글에서는 적어도 서양 문화에서 종교와 윤리는 서로 분리될 수 없는 것으로 여겨져 왔으며, "종교와 도덕 사이의 이러한 구분은 비교적 근대적인 개념이다. 종교와 도덕이 별개라는 현대의 대중적 관념은 아마도 계몽주의로 거슬러 올라갈 수 있을 것이다. 당시 다수의 사상가들은 이성이나 널리 공유된 인간 정서를 바탕으로 윤리 이론을 정교화하려 했다. 이 과정에서 그들은 행동을 규율하는 규범, 도덕, 윤리(즉, 이러한 규범에 대해 이성적으로 사유하거나 정당화하려는 노력)가 종교적 신념의 문제와 분리될 수 있다는 전제를 확립했다."[1]

이는 물론 서구 문화의 세속화 과정에서 매우 중요한 단계였다. 여기서 언급할 만한 점은 일본에서는 이 단계가 훨씬 일찍 이루어졌다는 사실이다. 일본에서는 종교가 규범의 역할과 도덕의 기반을 유교적 세계관에 양보했는데, 이는 도쿠가와 시대(1600년) 초반까지 거슬러 올라간다. 서양의 추가적 진화에 관해 그린은 이렇게 말한다.

[최근 윤리 이론가들이] 도덕적 삶에 대한 헌신을 근거화하고 설명하며 정당화하는 데 있어 다양한 형이상학적 또는 종교적 관점의 중요성을 강조해 왔다. … "왜 도덕적이어야 하는가?"라는 질문에 대한 논의가 윤리를 종교의 근본적 문제로 되돌려 놓는다는 점은 주목할 만하다.[2]

어쨌든 문화나 사회가 도덕성을 필요로 하는 한, 그것은 '최소한의 공유 가치'가 필요하며, 따라서 "사회는 의미, 도덕성 그리고 '선한 삶'에 관한 사상의 원천으로서 종교(그리고 일반적으로 세계관) 없이는 존재할 수 없다"고 주장할 수 있다.[3] 종교의 관점에서 이 문제를 바라보면, 종교가 본질적으로 윤리와 관련되어 있는가, 아닌가라는 질문에 직면

---

1 Ronald M. Greene, "Morality and Religion," Mircea Eliade ed., *The Encyclopedia of Religion* (New York: Macmillan, 1987), 10:92.

2 *Ibid.*, 96.

3 Hendrik M. Vroom, "Religious Pluralism: A Christian Perspective," H. Vroom and J. Gort eds., *Holy Scriptures in Judaism, Christianity and Islam* (Amsterdam: Rodopi, 1997), 229.

하게 된다. 이 점에 대해 로널드 그린은 적어도 역사적으로 볼 때 항상 그랬다고 주장한다.

> 종교는 본질적으로 도덕적 삶의 요구 사항과 격렬한 대화의 과정을 통해 출현하고 발전한다. … 종교는 도덕으로 환원될 수 없다. … 그러나 가장 포괄적인 의미에서의 도덕적 관심사가 종교 생활의 핵심적 측면이었음을 부인할 수 없다.[4]

그렇다면 완전한 종교가 되기 위해서는 종교가 고유한 도덕 체계를 가져야 한다는 뜻일까? 도덕을 엄밀한 의미의 '윤리 체계'로 이해한다면, 이 질문에 부정적으로 답해야 한다. 많은 종교 전통이 "현대적 의미에서 도덕 규범을 합리적으로 도출하고 정당화하려는 노력"인 윤리적 이론화를 보여주지 않기 때문이다.[5] 그러나 토마스 카술리스의 주장에 동의한다면, 부정의 범위를 더 넓힐 수 있다.

> 사회 내에 이미 적절한 도덕 체계가 존재한다면, 종교가 자체적인 윤리 체계를 발전시킬 필요성은 없다. 사실 별도로 발전된 체계는 두 개의 경쟁적 윤리 체계를 생성함으로써 이론적 난제를 야기할 수 있다.[6]

그럼에도 종교가 종교로서 제대로 기능하기 위해서는 자신의 도

---

4 Green, *loc. cit.*, 105.

5 *Ibid.*, 97.

6 Thomas Kasulis, "Does East Asian Buddhism Have an Ethical System?," *Zen Buddhism Today* 8 (1980): 44-45.

덕 체계를 적용하거나 채택된 체계를 지지함으로써 도덕적인 생활 방식을 장려해야 하지 않을까? 이것은 일반적으로 인정되는 사실이라고 생각하지만, 그 이유를 명확히 규명하기는 쉽지 않다. 질문을 다르게 구성하면 긍정적 답변이 문제시될 수 있다. 종교는 (적어도 공동으로) 그 종교가 존재하는 사회의 도덕적 질에 대해 책임이 있는가? 그러나 중세 기독교 세계에서 그랬던 것처럼 종교가 실질적으로 사회와 동일시될 때는 긍정적 답변을 피할 수 없다.

불교와 세속적 현실: 불교와 윤리

지금까지의 고찰은 다소 난해하고 핵심을 벗어난 것처럼 들릴 것이지만, 본문의 후속 전개가 이러한 예비적 언급과 이어지는 내용 간의 연관성을 더 명확히 해줄 것이라 믿는다. 그럼에도 지금 시점에서 보다 구체적인 질문을 제기하는 것이 좋겠다. 특정 선승들의 도덕적으로 유감스러운 태도의 배경—그리고 이를 통해 더 나은 이해와 어쩌면 일종의 설명—을 찾고 있는 우리에게 불교라는 종교의 본질과 세속적 현실, 특히 윤리와의 관계가 우리 문제에 어떤 통찰을 제공할 수 있지 않을까? 혹은 더 도발적인 형태로 질문을 던져보자. 불교, 특히 선불교에서 민족주의적 성향과 더 일반적으로 윤리적 규범의 상대화 경향 혹은 적어도 그러한 경향의 맹공격에 대한 충분한 방어 체계의 부재를 발견할 수 있을까? 우리는 먼저 불교의 종교적 본질을 고려한 후 불교 전통의 역사를 살펴보아야 한다. 여기서 다루어야 할 다양한 요소들은 단지 개괄적으로 언급될 뿐 충분히 전개되지는 못할 것이다. 또한 편의상 불교적 특질은 주로 기독교와의 비교 또는 대조를 통해 탐구할 것이다.

첫 번째로 지적하고 싶은 점은 그리스도의 종교적 메시지가 그 이전 예언자들의 메시지와 마찬가지로 본질적으로 윤리적이라는 것은 분명하지만, 불교에서는 이 점이 그렇게 명확하지 않다는 것이다.[7]

기독교에 관해 루뱅대학교에서 나의 철학 교수였던 알베르 덩데인은 이렇게 말하곤 했다. "진정한 신앙이 되기 위해서는 그 신앙이 진실성, 정의, 선함의 윤리로 드러나야 한다는 점이 성경적 신앙의 특성이다." 즉, 기독교는 일상적, 세속적 차원(기본적으로 이웃을 위한 자선 활동)에서의 도덕적 실천으로 표현되는 '예언적' 종교이다. 본질적으로 기독교는 타인 중심적이고 외부 지향적(또는 '원심적')이다.

반면 불교는 기본적으로 내향적이고 구심적이다. 일상적 인간 의식과 활동을 초월한 차원에서 내재하는 절대자와의 일치를 찾아 인간적 딜레마로부터의 해방을 추구한다는 점에서 때로 '신비주의적' 종교라 불린다. 모세와 석가모니의 메시지 사이의 차이에 대한 케네스 크래그의 통찰력 있는 지적도 같은 내용을 말하고 있다. 크래그는 모세를 이렇게 묘사한다.

그는 민족적 정체성과 사회적 불의와 씨름했다. 그는 인간성을 단순한 필멸의 운명이 아닌 노예 상태, 억압, 정치적 절망이라는 원초적 형태로 마주했다.

그는 계속해서 석가모니의 메시지를 "순수한 인간 개인의 유한성, 모

---

7 여기서는 나의 앞의 논문 "정토불교의 해방적 요소"를 자유롭게 활용할 것이다.

든 정치, 사회, 문화, 역사를 배제한 상태"에 집중된 것으로 규정한다.[8]

여기서 처음 제기한 질문을 되새겨볼 필요가 있다. 일상적 인간 의식을 초월한 불교의 무분별적 해탈의 지혜가 세속적인 차별 문제에 대한 지혜도 보장하는가? 이 질문에 대해 불교 전통은 단일한 목소리를 내지 않는다.

한편으로 깨달음의 지혜는 석가모니 자신의 깨달음과 동등한 것으로 제시되며, 따라서 일종의 '전지全知'를 나타낸다. 이는 인간의 무명을 완전히 극복하여 세상이나 자신의 내면(불교를 포함한)에 어두운 구석이 남지 않도록 하는 것이다.

반면 부처(단순히 깨달은 자)와 보살(깨달은 자로서 열반에 들어가는 대신 속세인 윤회로 돌아가 망상에 빠지고 고통받는 대중을 구하기로 결심한 자) 사이의 구분이 있다. 그러므로 보살이 이 세상의 사명에서 효과적이기 위해서는 다른 종류의 '성취 후 지혜'를 얻어야 한다. 즉, 사람들이 미혹되고 세속적인 상황에 처해 있을 때 그들에게 다가가 영향을 미칠 수 있는 '방편'에 대한 지식을 얻어야 한다. 보살이 완전한 보살이 되기까지의 단계를 설명하는 일부 문헌에서는 보살 후보자가 "글쓰기, 산술, 의학 등과 같은 예술과 과학에 대한 지식도 습득한다"고 말한다.[9] 이러한 맥락에서 정치·경제적 지혜, 대중 심리학에 대한 깊은 이해, 민족주의나 집단적 이기주의의 위험성에 대한 인식 등이 깨달음을 자동으로 구성하는 요소가 아님을 분명히 알 수 있다.

---

8 Kenneth Cragg, *The Christ and the Faiths* (Philadelphia: Westminster Press, 1987), 247-248.

9 Har Dayal, *The Bodhisattva Doctrine in Buddhist Sanskrit Literature* (Delhi: Motilal Banarsidass, 1970), 288-289.

둘째, 기독교는 종교로서 외부(우주적, 사회적) 세계의 불가결한 현실성과 종교적 중요성에 대한 믿음을 지닌다. 그곳에서 일어나는 일, 특히 인간에게 일어나는 일은 신에게 중요하다. 이 믿음은 궁극적으로 신이 세계를 직접 창조하였다는 교리와 성육신 교리에 기반하거나 이를 통해 표현된다. 반면 불교의 전반적 경향은 오직 마음만이 궁극적으로 실재하며 종교적으로 중요하고, 외부 세계는 우리의 관심을 받을 만큼 실재하지 않는다고 본다. 이 모든 것은 우리 마음의 산물일 뿐, 숙련된 마술사가 우리에게 보이게 하는 환영이나 환상보다 더 실재적이지 않다.

불교에 '사회에 대한 책임'이라는 개념이 부재한 이유를 설명하며 하나조노대학의 키리타 기요히데는 다음과 같이 썼다.

> 확실히 '사회'라는 용어는 불교에 등장하지 않는다. 이에 상응하는 용어인 '세속 세계'(loka)는 실재적 존재가 없는, 극도로 덧없는 세계이다. 여기에는 '이상적인' 사회나 '정의로운'(혹은 불의한) 사회에 대한 개념이 태어나지 않았다.[10]

윈스턴 킹은 이 문제를 다음과 같이 정리한다.

> 불교, 즉 팔리경전이나 대승불교 모두에서 세계도 자아도 겉보기 그대로가 아니다. … 인간 앞에 놓인 세계의 중요성은 축소되어야 한다

---

10 Kiyohide Kirita, "Buddhism and Social Ethics," *Zen Buddhism Today* 8 (1990), 6.

(팔리경전). 혹은 더 높은 자아의 변형된 인식으로 내재화되어야 한다(대승불교). … 윤리학적으로 중요한 결론은 불교가 이처럼 세계를 그 자체 조건으로 다루기를 거부한다는 것이다. 그것은 세상을 구할 권한이 없으며, 오직 자아를 그 자체로부터 구원할 뿐이다.[11]

이 모든 것은 우리가 지금 사회 윤리와 더 나은 세상을 위한 행동이라 부르는 것과 관련이 있다. 일본의 불교 측 대화 상대방들로부터 꾸준히 듣는 말은 "더 나은 세상을 원한다면, 자신의 마음을 정화하라"는 것이다. 한 서양 불교도는 이에 대해 이렇게 반박했다.

우리가 좌선과 그 온화한 긍정적 효과만으로도 지구 생존에 지금 필요한 교정 효과를 낼 수 있다고 생각한다면, 그것은 우리 자신을 속이는 것이다.[12]

불교에서 윤리의 위치와 관련될 수 있는 세 번째 고려 사항은 불교가 근본적으로 '수도적'(monastic) 종교라는 사실이다. 사원은 가족과 사회를 뒤로한 채 출가한 이들의 수도 공동체로서, 법과 부처와 함께 모든 불자가 의지하는 세 가지 '보배' 중 하나이다. 이는 불교의 절대적 중심이며, 불교 가르침의 대부분이 바로 이 사원을 향해 있다. 이는

---

11 Winston King, "Buddhist Self-World Theory and Buddhist Ethics," *The Eastern Buddhist* 22 (1989), 24.
12 Nelson Foster, "To Enter the Marketplace," Fred Eppensteiner ed., *The Path of Compassion: Writings on Socially Engaged Buddhism* (Berkeley: Parallax Press, 1988), 59-60.

불교가 세속 세계에서의 삶을 위한 상세한 규칙 체계를 결코 마련하지 못한 이유를 설명해 준다. 이처럼 재가자를 위한 도덕적 지침의 부재가 불교가 그 발상지인 인도에서 사라진 주요 원인일 수 있다.

마지막으로 기독교는 역사를 근본적으로 조화로운 과정이라기보다 갈등적 과정으로 항상 간주해 왔다. 기독교는 세계를 선과 악의 격전장으로 여기며 기독교인은 악을 극복하기 위해 그 싸움에 참여해야 할 의무가 있다고 강조해 왔다. 반면 불교의 윤리관은 우주와 사회에서 조화와 순응을 중시하는 더 광범위한 아시아적 관념과 공유하는 것으로 보인다. 여기서 인간의 역할은 "세상을 변화시키고 개입하는 것이 아니라 그보다는 조화를 이루며 삶이 부여한 역할을 수행함으로써 이를 유지하고 지탱하는 데 있다."[13]

서양의 한 선자의 다음 발언은 불교 역사에 대한 우리의 간략한 고찰로 넘어가는 다리 역할을 할 수 있다.

더 나쁜 것은 수 세기에 걸친 사회적 억압이 법의 혈관 그 자체에 순응이라는 독을 주입한 듯하다는 점이다.[14]

불교의 본질[15]과 윤리와의 관계에 대한 논의는 이쯤에서 멈추기로

---

13 Robert Vachon, "Christians and Human Rights," *Pro Mundi Vita Studies* 16 (1990), 5.

14 Foster, *loc. cit.*, 51.

15 후에 이 점을 충분히 명확히 설명할 수 있을지 확신할 수 없기에, 윌프리드 캔트웰 스미스와 마찬가지로 나는 종교라 불리는 역사적 실재들이 불변의 본성이나 '본질'을 지닌다고 믿지 않음을 지금 밝히고자 한다. 여기서 '본성'은 "불교가 역사 속에서 주로 나타나는 방식"으로 이해되어야 한다. 그것은 미래에 다르게 나타날 수 있으나, 그로 인해

하겠다. 그러나 특히 선은 어떨까? 대승불교 전반에 존재하는 수많은 급진적 경향(특히 수사적 측면에서)은 이미 많은 것을 말해준다. 예를 들어 '마음만이 유일한 실재'라는 (특히 수사적 측면에서) 대승불교 전반에 내재된 경향을 극단화시킨 수많은 선자의 생각과 말은 이미 많은 것을 말해준다.

불교의 역사를 살펴볼 때, 우리는 다행히도 '중국 문화가 지배하는 동아시아'로 범위를 제한할 수 있다. 선불교가 그곳에서 기원하고 확산되었기 때문이다. 이 문화 세계에서 두 가지 발전이 우리에게 매우 중요해 보인다. 즉, 불교가 국가에 종속된 것과 불교가 윤리 영역(그리고 사회 전반)을 유교에 양보한 것이다. 대부분 중앙아시아를 거쳐 온 승려들은 부처가 세속의 모든 권위(중국 황제를 포함하여)[16]보다 우월하며, 부처의 법(깨달음으로 가는 길)이 왕의 법, 즉 사회의 도덕적, 법적 질서보다 우선해야 한다고 확신했다. 그러나 중국과 같은 세계에서는 사회 질서, 특히 천명을 받은 황제가 종교의 중심이었던 만큼, 중국인 개종자들은 불교가 다른 모든 종교와 마찬가지로 국가에 복종해야 한다는 원칙을 비교적 빠르게 받아들였다. 이로 인해 불교는 세속 질서와 이를 지배하는 권력에 대해 비판적 역할을 수행할 능력을 상실했다. 일본에 전해진 것은 바로 이러한 중국식 불교였기에, 일본 불교의 가장 강력한 종교적 인물들조차 법 해석에서 서로 크게 달랐음에도 모두 호국불교라는 원칙을 고수했다. 따라서 도쿠가와 시대 말기에

운동으로서의 기본적 정체성을 상실하지는 않을 것이다.

16 이는 다음과 같은 문답으로 상징적으로 표현되었다. 질문: "불교 승려(부처의 대표자로서)가 황제를 만날 때, 누가 먼저 절해야 합니까?" 답변: "물론 황제입니다."

불교가 "일본적이지 않다"는 이유로 공격받았을 때, 각 불교 종파가 오히려 자신들이 국가의 진정한 중추이자 정책의 충실한 수행자임을 말과 행동으로 증명하기 위해 총력을 기울인 것은 당연한 일이었다.[17]

두 번째 중요한 요인은 중국 문화권에 유입된 불교가 백성을 위한 독자적인 윤리 체계를 마련할 필요성을 느끼지 못했다는 점이다. 이미 유교라는 고도의 도덕 교리가 자리 잡고 있었기 때문이다. 이로 인해 불교는 영적 삶과 내세를 담당하고, 유교는 사회생활과 일상적 도덕을 책임지는 일종의 분업과 역할 분담이 이루어졌다. 이런 이유로 조셉 기타가와는 일본에서 인간의 삶과 사회의 사회적, 정치적, 문화적 차원에 관한 불교적 규범 원칙을 함양할 독립적인 불교 공동체는 결코 발전하지 못했다.[18]

따라서 일본에서 승리했던 것은 모든 사람이 카스트나 민족에 상관없이 평등하다는 불교적 혁명 사상이 아니라 사회의 조화가 수직적 계층 관계에 달려 있다고 항상 여겨왔으며, 그 시야를 권력 집단으로 제한해 온 유교적 정신이었다. 중국 사상에선 여전히 효도와 경쟁해야 했던 군주에 대한 충성이 일본 유교 윤리에서 논쟁의 여지 없는 최고 가치로 자리 잡았다.

중국 문화권에서 상당히 엄격하고 보편적으로 수용된 유교 윤리가 존재했기 때문에, 그곳의 종교들은 일반적으로 윤리에 대해 느슨

---

17 여기서 주목할 점은 서양에서 다시 유입된 기독교 역시 일본에 부합하지 않는다는 비판(아마도 불교도들에 의해 가장 많이 제기됨)을 받았음에도 민족주의 정책과 협력함으로써 일본에 대한 충성심을 입증하려 했다는 것이다.

18 Joseph Kitagawa, *Religion in Japanese History* (New York: Columbia University Press, 1966), 110.

한 태도를 취하고 종교가 윤리를 초월한다고 분명히 선언할 수 있었다. 예를 들어 정토진종의 창시자인 신란은 구원이 객관적인 선악과 무관하다는 독특한 방식으로 선포했다. 신종 교리에 대한 영향력 있는 입문서는 그의 주요 교의 저작에 대해 이렇게 말한다.

> 따라서 신란의 『교행신증』에서 공간과 시간 속에서 사람들의 삶의 방식에 관한 문제의 해답을 찾는 것은 소용없다. 이 책은 '삶의 규칙'을 제시하지 않으며, 더 나은 삶을 살기 위해 사람들이 무엇을 해야 하는지에 대해 단 한마디도 언급하지 않는다.[19]

이미 언급했듯이 결국 불교는 역사 전반에 걸쳐 독자적인 윤리 체계를 구축하지 못했다. 따라서 불교 저자들은 이렇게 기록하고 있다.

> 불교에는 윤리가 없다. 새로운 경제, 새로운 정치 등을 형성하는 창조적 힘이 될 수 있는 윤리가 없다.[20]

> 불교 윤리라고 제대로 부를 만한 것은 과거에도 창조된 적이 없으며 현재도 존재하지 않는다.[21]

윤리 대신 적어도 '극동'에서는 불교가 유교의 도덕 체계를 채택하

---

19 Oka Ryōji, 『親鸞の念仏思想』(Kyoto: Nagata Bunshōdō, 1998), 23.
20 『西谷啓治著作集』(Tokyo: Sōbunsha, 1986~1995), 17:141.
21 Kirita, loc. cit., 8.

고 장려하였다.

> 일본 불교는 유교적 사회 도덕을 지지하며, 이를 자신들의 종교적 심리학과 인류학과 융합시켰다.[22]

지금까지의 고찰은 적어도 이론상으로는 세속적 도덕 활동의 영역이 불교에 있어 부차적 중요성에 불과하다는 결론을 정당화하는 듯하다. 실제로 불교의 핵심 이론은 도덕적 삶을 상대화하는 경향이 있다고 나는 믿는다. 그러나 실제로 불교는 항상 그 이상이었다. 대중 사이에서 완전한 종교로서 기능해 왔으며, 그로 인해 아시아 여러 민족의 도덕적 삶에 확실히 깊은 긍정적 영향을 미쳐, 특히 관용적이고 자비로운 '인본주의'를 형성하는 데 크게 기여했다. 더 나아가 불교가 이러한 영향을 주로 업과 윤회라는 차용된 사상들을 통해 행사했다고 주장할 수 있다. 여기서 선한 도덕적 삶을 통해 공덕을 쌓는 것은 실제로 좋은 환생을 위한 절대적 조건이며, (대부분의) 재가자들이 노력할 수 있는 유일한 목표이다.[23]

이러한 우회적인 과정을 통해 우리는 두 가지 측면으로 나뉘는 핵심 질문에 도달한다. 첫째, 불교의 길 전체가 세 가지 요소로 구성된다는 것이 기본 교리이다. 계율, 선정 그리고 지혜이다. 이 길의 목표, 즉 불교적 이상은 이 세 가지의 완성에 있다. 이 목표에 도달한 수행자는 깨달은 자라 불리지만, 때로는 성자라고도 불릴 수 있다. 일반적으

---

22 Kasulis, *loc. cit.*, 49.
23 시간상 불교적 자비(karuṇā) 사상이 미친 실제적 영향에 대해 탐구할 여유가 없다.

로 śīla(계율)의 수행만으로는 깨달음에 이르지 못한다는 점이 인정된
다. 불교적 완성이나 해탈로 직접 이끄는 것은 아니지만, 원래의 이해
는 도덕적 완성이 해탈의 필수 조건이며, 해탈과는 별개로 그 자체로
목적이 될 수도 있다고 믿는다. 학자들은 또한 초기의 상좌불교가 권
장한 도덕적 행위와 덕목이 깨달음이라는 목표를 위한 단순한 수단인
지, 아니면 그 자체로 목적인지에 대해서도 논쟁해 왔다.

> 아라한에게 있어서… 종교적 깨달음과 윤리적 행동은 완전히 분리될
> 수 없었다고 하는 것이 더 정확할 것이다.[24]

이 둘의 본질적 차이를 고려할 때, 초월적 지혜와 도덕적 완성이
반드시 함께 가야 하는 이유를 설명하는 것은 결코 쉽지 않았으며, 불
교 역사 속에서 계율의 중요성을 부정하거나 최소한 상대화하려는 경
향이 발견된다 해도 놀랍지 않을 것이다. 나는 불교학자로서 이 점에
대해 의견을 제시할 만한 자격이 충분하지 않지만, 우리의 문제를 더
넓은 관점에서 바라보기 위해 불교학자들의 지침을 참고하는 것이 도
움이 될 수 있다. 먼저 스즈키 다이세츠의 말을 인용한다.

> 부처님은 계율, 선정, 지혜의 균형 잡힌 수행을 가르쳤으나, 그의 추
> 종자들은 일방적으로 치우쳤다. 어떤 의미에서 대승불교는 사변적
> 도피에 지나치게 치우쳐, 거의 그 윤리 규범인 선정을 잊어버릴 지경
> 에 이르렀다고 할 수 있다.[25]

---

24 Greene, *loc. cit.*, 500.

특히 선에 관해 제임스 화이트힐은 이렇게 말한다.

이 전통이 일종의 도덕적 우상 파괴를 보여준다는 것은 사실이다.
선 해석자들은 대승 전통에 따라, 영적 해방을 추구하려면 분별심
을 버려야 한다고 강조해 왔다. … 윤리는 다름 아니라 분별심의
표현이다.[26]

두 번째 요점은 첫 번째와 크게 다르지 않으나, 불교 수행의 성격
또는 구조라는 약간 다른 관점에서 접근한다. 잘 알려진 바와 같이 불
교가 종교인지 아닌지에 대한 논쟁은 20세기 초 서양 학계에서 격렬
히 벌어졌다. 가장 오래된 팔리경전을 근거로 여러 학자는 불교가 종
교라기보다는 일종의 영적 방법이나 철학이라고 주장했다. 이러한 견
해들은 역사적 현실로서의 불교에 대한 매우 제한된 지식에 근거한
것이었지만, 그 주장에는 어느 정도 진실이 있으며, 나는 그 부분적
진실을 다음과 같이 표현하고자 한다.

불교의 길은 복합적 현실로서, 본질적으로 두 극단을 나타내며, 나는
이를 (가칭) 종교와 요가라고 부르겠다. 종교는 교리, 신앙, 숭배 대
상, 의식과 상징, 사회적 구조 그리고 실제로 도덕 규범으로 구성된
문화적 현실이라는 일반적 의미로 이해한다. 요가는 변형된, 궁극적

---

25 D. T. Suzuki, *The Awakening of Zen* (Boulder, Colorado: Prajna Press, 1980), 2.
26 James Whitehall, "Is There a Zen Ethic?," *The Eastern Buddhist* 20/1 (1987):
    9-16.

으로는 초월적인 의식 상태에 도달하기 위한 심리적 또는 오히려 정신, 신체적 방법이나 기법으로 이해한다.

그렇다면 요가가 불교 수행의 핵심을 대표한다고 주장할 수 있을 것이다. 불교의 구원이나 해탈은 일상적 의식의 이원론적 양태와 그에 수반되는 모든 고통을 초월하는 것으로 묘사되기 때문이다. 그리고 나머지 모든 것은 불교에 있어 비본질적이며 진정한 수행을 실천할 수 없는 사람들을 위한 부수적이고 편리한 수단일 뿐이라고 할 수 있다. 그러나 사정은 그렇게 단순하지 않다. 이러한 정의에 따르면 요가 요소가 전혀 존재하지 않는 일본 불교의 최소 90%는 진정한 불교라 할 수 없다. 실제로 요가 자체는 종교적이지 않으며 우리를 더 인간적인 존재로 이끈다는 보장도 없다. 요가는 초자연적 능력을 얻기 위한 목적으로만 수행될 수 있으며, 이는 개인의 이기적 욕망 충족에 이용될 수 있다. 요가가 불교의 핵심을 완전히 구성할 수 없는 또 다른 이유는 요가가 지혜와 관련이 있음에도 불구하고 일반적으로 불교의 또 다른 기둥으로 인정되는 자비를 반드시 수반하지는 않기 때문이다.

따라서 가능한 유일한 결론은 참되고 건전한 불교는 본질적으로 요가와 종교의 불가분한 공생 관계로 이루어진다는 것이다. 건전한 종교성으로 충분히 계발되지 않은 요가가 어떤 결과를 초래할 수 있는지는 최근 요가 교단인 옴 진리교 신자들이 도쿄 지하철 노선에 가한 독가스 테러 사건이 비극적으로 증명해 보였다.27

---

27 체스터턴이 아시시의 성 프란치스코를 따르는 이단 집단 프라티첼리(Fraticelli)에 대해 특유의 스타일로 한 말을 떠올리게 된다. "이 사람들의 문제는 그들이 신비주의자였

모든 불교 형태 중 선불교가 요가를 가장 강조한다는 것은 아마도 사실일 것이다. 따라서 선불교는 종교적 측면의 중요성을 과소평가하고, 그러한 소홀함이 초래하는 바람직하지 않은 결과에 더 취약할 수 있다. 서양에서는 선불교가 대체로 요가의 관점에서 소개되었으며, 말하자면 그 종교적 측면을 의도적으로 흐리게 한 채 전파되었다. 그 결과, 일본 승려들과의 영적 교류 프로그램에 참여한 유럽 승려들은 해당 문헌을 읽고 일본 내 다양한 선원의 생활을 체험한 후 자신들의 기독교 수도원 못지않게 짙은 종교적 분위기를 발견하고 놀랐다. 장기적인 관점에서 볼 때, 나는 바로 이러한 종교적 분위기 덕분에 선이 자기 초월의 길로서 건전성을 대체로 유지해 왔다고 확신한다. 그럼에도 20세기 일본 선불교가 요가를 소홀히 한 결과, 도덕적 삶과 자비를 충분하게 중요시하지 못했을 가능성은 배제할 수 없다.

서양의 선

이번 세미나의 개최 자체와 『전쟁 속의 선』에 대한 수많은 반응(대부분 인터넷상)은 최근 선불교 계의 불미스러운 측면에 관한 폭로가 상당한 혼란과 자기성찰을 야기했음을 충분히 보여준다.

서양 선불교라는 비교적 젊은 세계 안에서 이러한 변화는 사람들이 낙담하여 내적 삶을 발전시키려는 노력을 포기하게 만들지 않는다

다는 점이다. 신비주의자, 그 외에는 아무것도 아닌 신비주의자; 신비주의자이면서 가톨릭 신자가 아니었고, 신비주의자이면서 기독교인이 아니었으며, 신비주의자이면서 인간이 아니었다." G. K. Chesterton, *Francis of Assisi* (New York: Doubleday, 1957), 155.

면 다행일 것이다. 그러한 결과는 매우 유감스러울 것이다. 왜냐하면 선의 내면성 이상이 현재 서구 문화에 절실히 필요하다는 점이 분명하기 때문이다.

우리는 무엇보다도 이 활기찬 반응이 서구 선 수행자들 사이에서 높은 윤리적 감수성과 사회적 책임감을 보여주는 증거이기에 이를 환영한다. 개인적으로 말하자면 일본 선이 위의 사건들에 대해서 보인 부족한 반응, 심지어는 완전한 무반응에 대해 나는 크게 우려를 표하지 않을 수 없다. 물론 일본인들은 빅토리아의 책을 기다릴 필요 없이 이 사실을 알 수 있었다. 빅토리아의 주요 출처가 된 이치카와 하쿠겐의 일본어 저서들이 1967년부터 1975년 사이에 출판되었기 때문이다. 그러나 일본 선계 주요 인사들의 반응은 이치카와를 '사적인 목적을 가진 이단자'로 치부하는 데 그쳤다는 인상을 받는다. 여기에 덧붙이자면 조동종28만이 전쟁에 가담한 것에 대해서 —늦었지만— 사과문을 발표했을 뿐, 임제종의 여러 분파에서는 전혀 사과가 나오지 않았다는 점이다. 참고로『전쟁 속의 선』의 일본어 번역본이 최근 출간되었기에, 국제적 이미지에 유난히 민감한 일본인들이 태도를 바꿀 가능성도 있다.

현재의 혼란이 가져다 주는 두 번째 이점은 몇 가지 중요한 질문을 제기할 절호의 기회를 제공한다는 점이다. 서양에서 선의 상황을 어떻게 규정할 수 있을까? 서양은 선으로부터 무엇을 기대할 수 있을

---

28 올해 인도네시아에서 일본 전쟁 기계의 피해자인 네덜란드인의 주도로, 서양에서 많은 추종자를 가진 혼합 계통의 선 조직인 삼보 교단의 지도자 구보타 로시(久保田老師)도 사과문을 작성했다.

까? 서양에서 유익한 역할을 수행하기 위해선 선이 상당히 깊은 변혁을 겪어야 하는 것은 아닐까?

서양에서 선은 흔히 '포스트-기독교 문화'라 불리는 환경에서 활동하고 있다. 여기서 포스트-기독교 문화란 무엇보다도 기독교가 더이상 도덕의 표준이자 근간으로 일반적으로 인정받지 못하는 문화를 의미하며, 그 결과 초월적 가치관이 쇠퇴하고 개인주의가 만연하는 사회를 뜻한다. H. M. 브룸은 이 상황을 다음과 같이 묘사한다.

> 다원주의의 결과로 기독교는 모든 사람이 공유하는 제도로서의 위상을 잃었다. 사법부와 공교육은 세계관에 대해 중립적이다. 정부 및 교육 기관이 인정하는 몇 가지 가치관을 제외하면, 의식적으로 전수되는 선한 삶에 대한 관념은 존재하지 않는다.[29]

이러한 문화 속에서 선은 그 윤리가 깊이 뿌리내렸던 유교적 환경 밖으로 밀려났다. 이것이 선에 어떤 의미를 지닐 수 있는지, 예를 들어 버나드 포레는 다음과 같이 암시한다.

> 선이 강조하는 '자성'(自性)은 그 자체로 매우 가치 있지만, 유교적 예절이 지배하는 사회를 배경으로 이해되어야 한다. 관대한 사회에서는 그 의미의 상당 부분을 상실하며, 도겐이 '자연외도'(自然外道)라 불렀을 법한 것으로 퇴화할 수밖에 없다.[30]

---

29 Vroom, *op. cit.*, 230.
30 Bernard Faure, "Looking Back at the Zen Tradition," *Zen Buddhism Today* 3

서양에서도 선은 불교적 종교성이 스며든 환경에서 이탈된 상태를 발견한다. 이 점에 관해 한때 FAS협회(일본의 선자이자 불교철학자인 히사마츠 신이치가 창립한 불교단체, 역자주)의 핵심 구성원이었던 고故 후지요시 지카이의 고찰이 관련될 수 있다. 동양적 명상 형태를 실천하는 많은 사람이 사실은 새로운 종교적 정체성을 찾고 있다고 지적하며 그는 이어서 말한다.

> 반면에 이 새로운 종교적 정체성 자체가 문제로 인식되어야 한다. 많은 사람들은 이를 단순히 개인으로서의 인간의 자기실현으로만 생각한다. 선의 다양한 명상법은 한편으로는 건강과 미용을 위한 신체적 수단으로, 다른 한편으로는 정신적 통합을 위한 임상 기법이나 신비적 방법으로 활용된다.[31]

그렇다면 서양 문화는 선으로부터 무엇을 합리적으로 기대할 수 있을까? 물론 선(그 자체로든, 다른 동양적 영적 경로와 결합하든)이 서양 문화를 야만성이나 도덕적 규범과 이상들의 완전한 상실로부터 구원할 수 있을 거라고 기대하는 것은 아니다. 그러나 우리는 선이 서양 윤리의 장점들을 자신의 것으로 받아들이고, 이를 강화하며, 선의 심리학적, 인류학적 교리를 통해 보편화할 것이라는 기대는 합리적일 것이다. 이는 선이 유교 윤리에 대해 해온 일과 어느 정도 일맥상통한다.

(1985), 91.

31 Fujiyoshi Jikai, "Zen in the Contemporary World," *Zen Buddhism Today* 3 (1985), 13.

물론 최소한의 요구는 선이 인권을 완전하게 인정하기 위한 노력과 같은 서양 윤리의 가장 훌륭한 측면들을 지나치게 상대화하거나 훼손하지 않는 것이다. 만약 선이 그러한 약화 효과를 낸다면, 중세 중국에서 신유학자들이 불교를 향해 제기했던 것과 동일한 비판을 받을 것이다.

> 신유교의 관점에서 불교는 인간 가치의 상대성, 덧없음, 실체 부재를 강조함으로써 인간 가치를 훼손했다. … 인간관계와 사회 윤리에 대한 근본적 무관심은… 합리적, 도덕적, 사회적 명령에 대한 긍정적이고 최종적인 주장의 형이상학적 토대를 효과적으로 제거했다.[32]

외부 세계를 마취화하려는 이러한 경향은 불교 전통 전반에 걸쳐 두드러지게 나타난다. 이것이 부처님의 본래 가르침과 과연 어느 정도 조화를 이루는지 의문이다. 참여불교의 옹호자인 술락 시바락사는 자신의 소박한 방식으로 이를 급진적으로 표현했다.

> 고통을 현실적이고 위협적인 것으로 보지 않는다면, 우리는 부처님의 가르침을 진지하게 받아들이지 않는 것이다.[33]

---

32 W. Theodore de Bary, as quoted in Whitehill, *loc. cit.*, 12. David Little은 선에서 영감을 받은 니시타니의 철학도 같은 맥락에서 비판한다. 그의 논문 "The Problem of Ethics in Nishitani's Religion and Nothingnes," Taitetsu Unno ed., *The Religious Philosophy of Nishitani Keiji* (Berkeley: Asian Humanities Press, 1989), 181-187 참조.

33 Sulak Sivaraksa, "Buddhism in a World of Change," Fred Eppsteiner ed., *The Path of Compassion: Writings on Socially Engaged Buddhism* (Berkeley: Parallax

그렇다면 서양의 선불교가 인간적으로 건전한 상태를 유지하려면 상당히 깊은 변혁을 겪어야 하는가? 나는 "그렇다"라고 생각한다. 티베트 불교를 옹호하는 미국의 로버트 서먼은 이를 당연시한다.

나는 또한 기존의 모든 불교 윤리 형태들(선이나 금강승과 같이 스스로를 '초문화적'이라 여기는 것들 포함)이 항상 그 문화적 배경에 밀접하게 부합하지만 결함이 있으며, 본질적으로 수정 가능하고, 그 자체의 합리적, 실용적 원칙에 기반한 진화적 노력이 필요하다고 생각한다.[34]

특히 서양의 선불교는 동양적 맥락에서 선이 그랬던 것보다 윤리적 규범과 동기에 더 많은 주의를 기울여야 하며 자비와 그를 위한 수단을 단호히 중심에 두어야 한다. 심지어 자체적인 '선 윤리'를 정립해야 할 수도 있다. 선 윤리의 강력한 옹호자인 화이트힐은 이와 관련해 이렇게 쓴다.

선 수행, 해탈, 통찰의 도덕적 결과를 탐구하는 다원적 과정으로서의 선 윤리는 선 단체와 공동체에서 점점 더 필요해지고 있다. 서로 다르게 진화하는 문화 속에서 해탈을 위한 환경을 창조하고 유지해 나가면서, 그들은 윤리적 명확화, 토론, 합의가 요구되는 새로운 기회와 장

Press, 1988), 10.

34 Robert A. F. Thurman, "Human Rights and Human Responsibilities," Irene Bloom et al. eds., *Religious Diversity and Human Rights* (New York: Columbia University Press, 1996), 88.

애물에 직면한다. 이는 일본 외부의 선 공동체에서 특히 그러하다.35

따라서 서양의 선 수행자들은 윤리에 관한 전통적 선의 수사법을 단순히 반복할 여유가 없다. 특히 사회 윤리와 선 수행 경로에서 사회적 참여의 위치(및 동기)에 관해서는 창의적이어야 한다. 전통적으로 "불교는 극도로 초월적이며, 인간 사회의 다양한 일들, 정치, 경제 등에 관여하기를 거부해 왔다"는 사실을 직시해야 하기 때문이다.36

예를 들어 생태 문제와 관련하여 데이비드 로이는 다음과 같이 말한다.

선 수행은 개인적 자아의 문제를 다루기 위해 발전해 왔으며, 인간의 종족적 자아의 위협은 우리를 매우 다른 상황에 놓이게 하는 듯하다. 전통적인 동아시아적 형태의 선만으로는 이 새로운 사회적 문제를 다루기에 충분하지 않다. 안타깝게도 인류는 도겐이 말하는 것과는 달리 우리는 집단적으로 자신을 '잊을' 수 없다. 여기서 어떻게 나아가야 할지는 불분명하다. 우리는 새로운 길을 찾아야 한다. 서양 불교도들은 현재 개인 수행과 집단적 사회 행동을 어떻게 통합할 것인가라는 문제와 씨름하고 있다.37

마지막으로 덧붙이자면, 기독교 역시 물론 모든 새로운 사회적 문

---

35 Whitehall, *loc. cit.*, 19.

36 Nishitani, *loc. cit.*, 17:230.

37 David Loy, "Mu and its Implications," *Zen Buddhism Today* 3 (1985): 121-122.

제에 대한 해답을 갖고 있지 않다. 이는 해답을 찾는 과정이 적어도 부분적으로는 공유될 수 있음을 의미한다. 곧, 대화를 통한 탐구이다.

일어판 편집을 마치면서

　1991년 봄, 나는 광란이라 할 만한 버블 경기가 터져 버린 것과 거의 같은 시기에 근무하던 민간 기업을 퇴직하고, 그때까지 전혀 인연이 없었던 나고야 땅에서 다소 고령의 대학원생이 된 캠퍼스를 활보하는 화려한 여학생들(당시 남산대학은 남녀공학 4년제 종합 사립대학 중 여학생 비율이 전국 최고였다)에 위축된 채, 교내 한 편에 위치한 대학원 교실동으로 발걸음을 옮기고 있었다. 과목명은 "제諸종교의 신학"으로, 담당 교원은 얀 반 브라흐트 교수였다.

　석사 과정 재학생에게는 필수 수업이었다. 당시 대학원생은 성서신학, 조직신학, 제종교의 신학 세 코스 중 하나를 선택해야 했다.

　세례를 받은 지 1년 반밖에 되지 않은 나는 신학의 기초조차 모른 채, 단지 '제諸'라는 복수성을 나타내는 글자에 관서인의 본능이 발휘되어 뭔가 득이 된다는 생각에 그 코스를 선택했지만, 코스의 구체적인 내용은 전혀 감이 잡히지 않는 것이 현실이었다.

　교실에 들어서니 애초에 신학 전공 대학원생 총수가 적었던 탓인지 이미 수강한 다른 과목 수강생들과 거의 같은 얼굴들이었다. 폴란드인, 인도인, 인도네시아인, 콩고인, 러시아인 그리고 소수의 일본인. 나를 포함한 두 명의 일본인 학생을 제외하면 모두 신학생이나 수도자였던 것으로 기억한다.

　강의는 회의실에서 진행되었고, 심포지엄이나 세미나 같은 것의 청강도 허용되었다. 말하자면 여러 종교의 '대화' 최전선에 오른쪽도

왼쪽도 모르는 학생을 던져넣는 거친 방식이었지만, 거기서 나를 포함한 학생들이 얻은 은혜는 헤아릴 수 없었다. 특히 브라흐트 신부가 동서 영성 교류라는 거대 사업의 주최자라는 정보를 접한 이후로는, 학식이 얕고 비오卑汚임에도 불구하고 망상만큼은 기우장대氣宇壯大했던 나는 말 위의 나폴레옹을 바라보는 예나의 헤겔처럼 스승의 발자취에 내 미래상을 마음대로 겹쳐 놓고 동경의 마음을 품어 왔다.

이윽고 스승은 남산을 퇴직하고 교토로 '돌아갔다'. 예전 교토대에서 다케우치 요시노리의 지도 아래 공부했던 스승은 '큰 시골' 나고야에서는 만족하지 못하고, 마침내 재상락再上洛의 숙원을 이루게 된 것이다. 마침 박사 과정을 마친 나는 오타니대학의 특별 연구원이 되기도 했기에, 교토에서도 스승과의 교류를 누릴 수 있게 되었다.

여전히 여유로운 태도의 스승이었지만, 교토는 '전장'이기도 했다. 종교와 철학의 경계에서, 특히 교토학파 철학자들의 기독교 이해나 정토진종 교단의 자기 이해를 이전보다 더욱 날카롭게 비판하는 형태로 건설적으로 싸움을 계속했다. 한편 소가 료진(曽我量深)의 저작을 영문으로 번역하는 등 어려운 사업에서도 협력을 아끼지 않았다. 기타노하쿠바이초(北野白梅町북야백매정)에 있던 가톨릭계 고등학교의 한적한 학생 기숙사 한 방에 거주하면서, 비교적 자유로운 입장에서 쉬지 않고 스승은 전진했다. 여덟 장 정도 되는 그리 넓지 않은 방에는 남산에 있을 때와 마찬가지로 담배 냄새가 배어 있었다.

스승의 기세에 때로는 나도 휘말려 튕겨 나가기도 했다. 이 책에도 수록된 "욕망론"을 번역했을 때, "네 일본어는 장황하다"며 한숨 섞인 어조로 번역문을 점검하셨던 그 시절, 여백이 없어질 정도로 붉은 펜으로 수정하시는 그에 나는 괴로웠다. 지금은 그리운 추억이다. 이후

나는 교토를 떠났지만, 가톨릭계 학회에서 한 서툰 연구 발표를 도쿄까지 들어주시기도 하며, 연하장 교환 이상의 교류를 유지할 수 있었다. 스승은 남산종교문화연구소를 실질적으로 확립한 일류 연구자이면서도 교육자로서의 의무를 잊은 적은 없었던 것 같다.

이윽고 내가 교원으로 바빠지면서 스승과의 직접적인 교류는 급격히 줄어들었다. 그리고 마침내 선종하셨다는 소식을 나고야에서 접하게 되었다. 예전과 달리 관리 교육의 색채가 짙어진 대학에서는 휴강이 허용되지 않아 장례식에도 참석하지 못해 미안함이 남았다.

그러나 다행히 이듬해 용무로 히메지를 방문했을 때, 숙소와 인접해 스승이 속했던 가톨릭 순심회淨心會의 고령 회원용 수도원과 묘지가 있다는 사실을 알게 되었다. 강가의 묘지에 발을 들여놓자, 브라흐트 스승의 묘가 있었다. 그것은 작은 금속판 하나였다. 새로운 사망자가 생기면 묘비 위에 이름과 생년 및 사망 연도만 새겨진 반짝이는 명판이 최하단에 한 장 추가되고 가장 낡은 최상단의 한 장이 밀려나는 형태로 떼어진다. 성숙한 시민사회를 자랑하는 벨기에 출신자들이 주체인 수도회에 걸맞은 참으로 합리적인 묘지였다. 그 앞에 서서 어리석은 옛 제자는 홀로 조용히 고개 숙일 수밖에 없었다.

브라흐트 스승의 학문적 업적에 대해 내가 말할 수 있는 것은 거의 없다. 이 점에서는 하이직 신부님의 해설이 정확히 서술하고 있으니, 거기를 참고하시기 바란다.

물론, 늘 말해 왔듯이, 종교를 철학으로 해소하지 않고 그 의미를 주장해 온 스승이 반대로 철학을 종교로 해소하는 것을 거부한 교토학파의 철학과 풍요롭지만 언제 끝날지 모르는 논쟁을 벌인 것은 나도 잘 알고 있다. 종교인가, 철학인가. 본서에서도 양자의 관계를 비판적 시각에서 계속 묻는 스승의 모습은 명료하다.

그러나 후견지명의 비판을 두려워하지 않고 말하자면, 브라흐트 스승에 의한 기독교의 자기 이해는 어떤 의미에서 오래된 유형에 속한다. 스승이 일본에 오신 이후, 서양 신학계에서는 비판적 성경학의 폭풍이 휘몰아쳤다. 그노시스^{Gnosis}에 관한 연구나 비교종교학적 전개도 무시할 수 없다. 그 성과들은 눈부셨고 또한 대담했다. 신학을 주입받는 형태로 교육받아 온 서양 세계의 사제들도 그 혼란과 무관하지 않았다. 철학과 대결하는 것은커녕, 기독교 신앙 자체가 공중분해될 정도의 충격이 닥쳐오고 있었던 것이다.

그들은 그 속에서 단련되어 갔다. 간단히 말해 특히 불타오르는 비판적 성경학(거기에는 더 나아가 페미니스트 신학이나 해석학, 해방신학 등도 밀접하게 얽혀 있다)의 고리를 통과한 경험 유무에 따라 기독교 관계자들은 양분될 수 있다고 해도 과언이 아니다.

그 시기에 화재 현장으로부터 멀리 떨어진 극동의 우아한 고도에서 지낸 브라흐트 신부는 야기 세이이치 씨 등을 통해 간접적으로 열기를 느끼고 받아들였음에도, 불에 탄 화상의 흔적이 뚜렷하다고 말하기는 어렵다.

브라흐트 신부님의 기독교에는 어딘가 옛날 좋은 시절의 향기가 배어 있다. 또한 교토 학파나 일본 불교에서의 자기 이해도 21세기, 아니 제3 천년기에 들어 특별한 전개를 보이며, 신부님이 제시한 문제 제기 틀도 이제 반드시 완벽하다고 말할 수 없다. 시간의 흐름은 빠르다. 그러나 바로 그 '오래됨'으로 인해 우리 후진 학도들은 전통의 무게를 곱씹은 뒤 전진하고 또한 깊이에 이르는 태도를 떠올릴 수 있다. 학문의 세분화와 화려한 학제적 접근만 눈에 띄는 요즘, 진정으로 열린 지성의 소유자가 백 년 단위, 아니 천 년 단위로 축적 발효되어 온 문명의 지속성을 반성과 함께 상기하는 것이다. 기독교와 불교, 종교와 철학 같은 거시적, (스승은 이 말을 쓰지 않지만) '문명적' 선택과 상극을 보기 위해서는 일부러 뒤로 물러서서 폭 넓게 시야를 확보하는 것이 필수적이다. 선교사로서도, 연구자로서도 그리고 교육자로서도 인생의 대부분을 일본 땅에서 보낸 브라흐트 신부님의 유산을 어떻게 계승하고, 그것에 안주하지 않으면서도 새로운 전개를 가져올 수 있을까.

선생님의 외관과 내면이 그랬던 것처럼, '서두르되 천천히'(festina lente)가 우리에게도 기대되는 이즈음이다.

2014년 1월 15일

테라오 카즈요시(寺尾寿芳)

얀 반 브라흐트(Jan Van Bragt, 1928~2007)
이력과 학술 도서

이력
1928. 5. 26. 플랑드르 벨기에 신트안토니우스브레키 출생

1946. 9. 8. 성모 마리아의 원죄 없는 성심 수도회(CICM) 입회

1952. 8. 3. 천주교 사제 서품

1956. 7. 철학 석사, 루벤 가톨릭 대학교; 벨기에 케셀로 소재 CICM 신학교 철학 강사

1961. 10. 철학 박사, 루벤 가톨릭 대학교

1963. 8. 일본 사카이 가톨릭교회 부사제 (1965년 3월까지)

1965. 4. 교토 대학 연구생 (1967년 4월까지)

1971. 1. 일본 CICM 관구장 (1976년 3월까지)

1976. 4. 일본 나고야 난잔 종교문화연구소 소장 (1991년 3월까지) 및 제일종연구원 (第一種研
究所員) (1996년 3월까지); 난잔대학교 문학부 교수

1981. 2. 필리핀 마닐라 소재 산토 토마스 대학교 및 메리힐 신학대학 불교학 강사 (1981년 3월까지)

1985. 교황청 종교 간 대화 평의회 위원 (1990년까지)

1985. 4. 1. 연구 휴가; 루벤 가톨릭대학교에서 강의 (1986년 3월 31일까지)

1989. 7. 일본 불교-기독교 연구학회 회장 (1997년 6월까지)

1991. 2. 1. 루벤 가톨릭대학교 강사 (1991년 3월 31일까지)

1995. 1. 누마타 강좌 교수로 하버드대학교 강사

1995. 4. 1. 난잔대학 문학부 명예교수

2007. 4. 12. 선종(善終)

학술 단체 회원
신불교학국제학회, 일본종교학회, 일본불교기독교학회, 일본기독교학회

학술 업적
단행본

(co-authored with Saeki Kaishō 佐伯快勝)『釈尊とキリストの対話 — 親と子について』
[A dialogue between the Buddha and the Christ: Parents and children]. Tokyo:

Ryudō Shuppansha, 1979, 223 pages.

(co-authored with Terayama Katsujō) *Zen und die Künste*. Köln: Museum für Ostasiatische Kunst, 1979, 143 pages.

Toward a Theology of Religions. Oriens Studies 17. Tokyo: Oriens Institute for Religious Research, 1984, 53 pages.

(co-edited with Anzai Shin 安西伸)『東西霊性交流の成果 — 西欧修道院の反響』[The results of the East-West spiritual exchange: The impact on monasteries East and West]. Tokyo: Heiwa Kenkyūjo, 1985, 132 pages.

(co-authored with Paul Mommaers). *Mysticism Buddhist and Christian: Encounters with Jan van Ruusbroec*. New York: Crossroad, 1995, 302 pages. Dutch translation: *Ruusbroec in gesprek met het Oosten. Averbode: Kampen*, 1995, 438 pages.

(co-authored with C. Anbeek and E. Cornélis). *Voorbij Goed en Kwaad*. Kampen: Kok Agora, 1991, 108 pages.

논문과 에세이

De jonge Hegel en "Das Leben." PhD Dissertation, Katholieke Universiteit Leuven.

"De 'Strijd op Leven en Dood' van de *Phaenomenologie des Geistes* Vanuit zijn Voorstudies." *Tijdschrift voor Filofofie* 25/1 (1963): 59-108.

"ヘーゲルの精神現象学´及びそれ以前の諸書に於ける《生と死の戦い》の思想について." 「哲学研究」43 (1966-1967): 19-43.

"Notulae on Emptiness: Reading Professor Nishitani's *What is Religion?*." *Japanese Religions* 4/4 (1966): 50-78.

"仏教とキリスト教(神学)." 「日本の神学」35 (1966): 9-32.

"Leslie Dewart's The Future of Belief." *The Japan Missionary Bulletin* 22/6 (1968): 359-365.

"The Future of Belief Revisited." *The Japan Missionary Bulletin* 23 (1969): 523-530.

"空の思想と東西の対話." 「禅文化」55 (1970): 59-70.

"Les Etudiants en Révolte." *Vivant Univers* (1970): 28-36.

"Nishitani on Japanese Religiosity." Joseph J. Spae, *Japanese Religiosity*. Tokyo: Oriens Institute, 1971.

"Our Missionary Ideal: Some Perspectives." *The Japan Missionary Journal* 26 (1972): 133-139.

"Les Intellectuels Japonais." *Axes* (Avril 1971), 29-37.

"A Short Bibliography of Buddhism for the Missionary in Japan." *The Japan Missionary Journal* 26 (1972): 455-458.

"La Jeune Eglise du Japon regarde vers les Eglises d'Europe." *Eglise et Mission* 187 (Sep 1972): 33-35.

"In Memoriam P. Cyriel van Wesel." *Komaan* 32/ 3-4 (1973): 143-146.

"Inter-Faith Dialogue in Japan." *The Japan Missionary Bulletin* 30 (1976): 583-594.

"Faith and Human Development." *The Japan Missionary Bulletin* 31 (1977): 404-410.

"A Buddhist-Christian Symposium: Religious Experience and Language." *Bulletin of the Nanzan Institute for Religion and Culture* 1 (1977): 28-36.

"Mass and Elite in Religion." *Bulletin of the Nanzan Institute for Religion and Culture* 2 (1978): 4-14.

"Tangenten an einen vollkommenen Kreis?." Günther Stachel, *Munen musō: Ungegenständliche Meditation.* Mainz: Grünewald, 1978.

(dialogue with Kokubu Keiji 国分敬治) "宇宙時代における宗教と倫理"[Religion and ethics in a cosmic age]. 「願海」 5/7 (1978): 24-33; 8,18-26; 9,29-28; 10,18-26; 11,18-26; 12,18-27.

"コメント."『宗教体験と言葉 ― 仏教とキリスト教との対話』. Tokyo: Kinokuniya, 1978).

"The Interfaith Dialogue and Philosophy." *Japanese Religions* 10/4 (1979): 27-45.

"世界的思想家としての西田先生."「西田幾多郎全集 付録十三」(月報) (1979): 5-10.

"Das buddhistische Monchsleben in Japan." *Auf der such nach Ansatzpunk-ten für einen Christlichen Dialog mit Buddhisten.* Bonn: Ostasien-Institut, 1979.

"Christ and Japanese Buddhism." *The Japan Missionary Bulletin* 34 (1979): 173-182.

"この時代に我われは如何に生くべきか."「願海」 (1979): 1,20-8; 2,20-8; 3-4,18-26; 5,20-8; 6,20-8; 7,20-8; 8,20-8; 9,20-8; 10,18-28; 11,18-28.

"East-West Spiritual Exchange." *The Japan Missionary Bulletin* 5 (1980): 158-177.

"An East-West Spiritual Exchange." *The Eastern Buddhist* 13/1 (1980): 141-150.

"Eine Begegnung zwischen östlicher und westlicher Spiritualität." Hans Waldenfels, ed. *Begegnung mit dem Zen Buddhismus.* Düsseldorf: Patmos Verlag, 1980.

"東西霊性の交流."「禅文化」 99 (1980): 74-88.

"日本のお坊さんがヨーロッパの観想修道院に滞在する."「声」 4 (1980): 54-56.

"オリエンテーション."『南山宗教文化研究所編『絶対無と神 ― 西田・田辺哲学の伝統とキリスト教』. Tokyo: Shunjūsha, 1981.

"Absolute Nothingness and God: The Nishida-Tanabe Tradition and Christianity."

Bulletin of the Nanzan Institute for Religion and Culture 5 (1981): 29-47.

"Religion and Culture." *Inter-Religio* 2 (1982 Autumn): 37-42.

"Translator's Introduction." Nishitani Keiji, *Religion and Nothingness*. Berkeley: University of California Press, 1982, xxiii-xlv.

"科学と宗教 ― 我われは何を考えるべきか."「願海」9/7-8 (1982): 24-45.

"Christian Ethics in Japan." *The Japan Missionary Bulletin* 36 (1982): 360-372.

"Buddhism and Christianity." *Philippiniana Sacra* 17/50 (1982): 83-96.

"New Dialogue with Buddhism in Japan." [also in French, Spanish, Dutch, and German] *Concilium* 161 (1983): 68-73.

"The Buddhist Challenge to Christian Theology." *Asian Religions and Christianity*. Manila: University of Santo Tomas, 1983.

Entries on "Bouddhisme au Japon"; "Confucianisme au Japon"; "Dainichi Nyorai"; "Dengyō Daishi"; "Dōgen"; "Genshin"; "Hōnen"; "Jōdo Shinshū"; "Kōbō Daishi"; "Nichiren"; "Shingon"; "Shinran"; and "Zen." Paul Poupard, eds. *Dictionnaire des Religions*. Presses Universitaires de France Paris, 1983.

"New York Conference on World Spirituality." *Bulletin of the Nanzan Insti- tute for Religion and Culture* 7 (1983): 28-29.

"禅とキリスト教."「禅文化」108 (1983): 25-28.

"East-West Spiritual Exchange II." *Bulletin of the Nanzan Institute for Religion and Culture* 8 (1984): 10-23.

"オリエンテーション"[Orientation]. 南山宗教文化研究所編.『神道とキリスト教 ― 宗教における普遍と特殊』. Tokyo: Shunjūsha, 1984.

"Religious Ideas in Japan: Introductory Remarks." *Japanese Journal of Religious Studies* 11/2-3 (1984): 104-114.

"未来の宗教'宗教の未来."「ブッディスト」6/3 (1984), 1.

"Begegnung von Ost und West: Buddhismus und Christentum." Hans Wal- denfels and Thomas Immoos, eds. *Fernöstliche Weisheit und christlicher Glaube: Festgabe für Heinrich Dumoulin SJ zur Vollendung des 80, Lebensjahres*. Mainz: Matthiar Grünewald Verlag, 1985.

"ローマ・カトリック教会." 武藤一雄,平石善司編.『キリスト教を学ぶ人のために』. Kyoto: Sekai-shisōsha, 1985.

"Historical Religion and Folk Religion: Shingon Buddhism and Christianity." *Bulletin of the Nanzan Institute for Religion and Culture* 9 (1985): 11-23.

"オリエンテーション." 南山宗教文化研究所編.『密教とキリスト教 ― 歴史宗教と民俗

宗教』. Tokyo: Shunjūsha,1986.

"After Ten Years…:" *Bulletin of the Nanzan Institute for Religion and Culture* 10 (1986): 10-18.

"西谷先生と私."『西谷啓治著作集 月報五』第六巻. 1987.

"Tendai Buddhism and Christianity." I. Abt and W. Jaeger, eds. *Weltoffenheit des christlichen Glaubens*. Bern: Paul Haupt, 1987.

"Man and His Natural Environment."「現代と宗教」10/4 (1987): 39-63. Reprinted: *The Japan Missionary Bulletin* 42 (1988): 45-56. "Nanzan Symposium VI. Theory and Practice in Religion: Tendai Buddhism and Christianity." *Bulletin of the Nanzan Institute for Religion and Culture* 11 (1987): 11-25.

"Religion and Science in Nishitani Keiji." *Zen Buddhism Today* 5 (1987): 161-174.

"浄土真宗とは何か — 私の真宗観."「同朋佛教」23 (1988): 1-20.

"Buddhismus, Jōdo Shinshū, Christentum: Schlägt Jōdo Shinshū eine Brüche zwischen Buddhismus und Christentum?." E. Grössman and G. Zobel, eds. *Das Gold im Wachs*. München: Iudicium, 1988.

"真宗は仏教とキリスト教との橋わたしとなりうるか."「親鸞教学」52 (1988): 43-57.

"オリエンテーション." 南山宗教文化研究所編.『天台仏教とキリスト教 — 宗教における理と行』. Tokyo: Shunjūsha, 1988.

"キリスト教における終末観."「真宗教学研究」30 (1989): 1-17.

"East-West Spiritual Exchange: A Christian Perspective." *Echoes of Peace* (April 1989): 6-8.

"諸宗教の神学の一考察."「日本カトリック神学会誌」1 (1990): 37-44.

"キリスト教における教会論."「真宗教学研究」14 (1990): 19-34.

"Letter to the Bishops." *The Japan Missionary Bulletin* 44/3 (1990): 168-170.

"Salvation and Enlightenment: Pure Land Buddhism and Christianity." *Bulletin of the Nanzan Institute for Religion and Culture* 14 (1990): 14-37.

"Translating Shūkyō to wa nani ka into *Religion and Nothingness*." Taitetsu Unno, ed. *The Religious Philosophy of Nishitani Keiji*. Berkeley, Asian Humanities Press, 1990.

"オリエンテーション." 南山宗教文化研究所編.『浄土教とキリスト教 — 宗教における救済と自覚』. Tokyo: Shunjūsha, 1990.

"Liberative Elements in Pure Land Buddhism." *Inter-Religio* 18 (1990 Fall): 44-69.

"The Challenge to Christian Theology from Kyoto-School Buddhist Philosophy." *Studies in Inter-Religious Dialogue* 1 (1991): 41-57.

"田辺と宗教と哲学." 「宗教哲学研究」 18 (1991): 1-16.

"イエスのみ名と人格." 「真宗教学研究」 15 (1991): 10-24.

"Nishitani the Prophet." *The Eastern Buddhism* 25 (1992): 28-50.

"予言者たる西谷啓治." 上田閑照編.『情意における空』. Tokyo: Sōbunsha, 1992.

"空の思想と浄土教." 「大乗禅」 10 (1992): 4-16.

"Inculturation in Japan." *A Universal Faith*. Leuven: Peeters, 1992.

"An Uneven Battle: Sōka Gakkai vs. Nichiren Shōshū." *Bulletin of the Nanzan Institute for Religion and Culture* 17 (1993): 15-31.

"Buddhism-Jōdo Shinshū-Christianity: Does Jōdo Shinshū form a Bridge between Buddhism and Christianity?." *Japanese Religions* 18 (1993): 47-75.

"現代世界における法然の意義."『法然の原風景 — その歴史と思想を考える』. Kyoto: Shionsha, 1993.

"De Figuur van Boeddha." *Korrelcahier* 8 (1993): 38-46.

"Christian Theologians on Religious Plurality." D. Little, ed. *How Wide is God's Mercy?*. Tokyo: Hayama Annual Report, 1993.

"The Way of Devotion: Pure Land Buddhism." *The Japan Mission Journal* 47 (1993): 282-293.

"諸宗教対話の諸問題."『宗教と文化 — 諸宗教の対話』. Kyoto: Jinbun Shoin, 1994.

"キリスト教神学から見た生と死."『現代人の生死観』. Kyoto: Dōbōsha, 1994.

"World Religion: Its Conditions and Tasks." *Bulletin of the Nanzan Institute for Religion and Culture* 18 (1994): 18-32.

"世界宗教の条件と課題."『カトリックと創価学会 — 信仰・制度・社会的実践』. Tokyo: Daisanbunmeisha, 1996.

"Some Comparative Reflections on the Uses of Desire in Buddhism, Christianity, and Jōdo Shinshū." *The Pure Land* 10-11 (1994): 68-92.

"Kyoto Philosophy — Intrinsically Nationalistic?." James W. Heisig and John C. Maraldo. *Rude Awakenings: Zen, the Kyoto School, and the Question of Nationalism*. Honolulu: University of Hawaii Press, 1994.

"死と空と神." 「大乗禅」 13 (1995): 61-75.

"What Jizō is Trying to Tell Us." Clemens Schlüter, ed. *Volksbuddhistische Impressionen aus Japan*. Sankt Augustin, 1995.

(with Paul Mommaers) "Religions Mondiales: Leurs conditions et leurs tâches." *Bulletin de l'A.M.I.* (1995): 117-129.

"Incorporation of the Gospel Values in Buddhist Countries." fabc-oesc, ed. *Rooted in*

Cultures — Fruitful in Christ. Manila: University of Santo Tomas, Manila, 1995.

"西田哲学とキリスト教." 大峯顯編.『西田哲学を学べ人のために』. Kyoto: Sekaishisōsha, 1996.

"既成宗教は現代人に貢献できるのか."『壊乱 — 現代宗教の危機』. Tokyo: Suzusawa Shobō, 1996.

"戦中経験 — 日本とヨーロッパ."「福音と社会」170 (1996): 22-36. Reprinted:『社会問題としての宗教』. Nagoya: Nanzan Institute for Social Ethics, 1997.

Contributions to a symposium.『親鸞浄土教とキリスト教 — 聖典翻訳と精神文化の移行・国際化と世界宗教対話』. Kyoto: Nagata Bunshōdō, 1996.

"西谷思想の海外に於ける評価に関する一考察."「大乗禅」14 (1996): 40-42.

"In Memoriam: Heinrich Dumoulin (1905-1995)." *Japanese Journal of Religious Studies* 22 (1995): 459-461.

"Cultural 'Translation' and Adaptation." 武田龍精編著.『親鸞浄土教とキリスト教』. Kyoto: Ryūkoku Buddhist Culture Center, 1996.

"オリエンテーション." 山宗教文化研究所編.『キリスト教は仏教から何を学べるか』. Kyoto: Hōzōkan, 1997.

"Christian Theology Learning from Buddhism." *Bulletin of the Nanzan Institute for Religion and Culture* 21 (1997): 7-15.

"Apocalyptic Thought in Christianity and Buddhism." *Inter-Religio* 31 (1997 Summer): 3-20. Reprinted: *Japanese Religions* 23 (1998): 11-28.

"神への欲望と大乗の論理と欲生."「親鸞教学」72 (1998): 76-87.

"Inculturation of the Gospel Values in Buddhist Countries." *The Japan Mission Journal* 52 (1998): 228-241.

"Nishitani Revisited." *Zen Buddhism Today* 15 (1998): 77-95.

"Dialogue and Evangelization." *The Japan Mission Journal* 52/2 (1998): 79-91.

"真宗に期待するもの — 諸宗教との対話を通して."「傳統と創造」10 (1998): 163-186.

"Theology of Religions and the Bible." *MST Review* 2/1 (1998): 22-35.

"Apocalyptic Thought in Christianity and Buddhism." *The Japan Mission Journal* 52/3 (1998): 161-170.

"Towards a Universal Declaration of Human Duties and Responsibilities: Hans Küng Crusading for a Global Ethic." *The Japan Mission Journal* 52/4 (1998): 263-265.

"諸宗教神学の諸問題."「出会い」13 (1999): 21-29.

"Inculturation des valeurs évangéliques dans les pays bouddhiques." *Sedos* 31/8-9 (1999): 217-225.

"Contributions of Buddhism to Christianity." *Bulletin of the Nanzan Institute for Religion and Culture* 23 (1999): 6-17.

"Interreligious Dialogue and Evangelization." *Japanese Religions* 25/1-2 (2000): 121-133.

"From Nagoya with Gratitude." *Japanese Religions* 25/1-2 (2000): 5-7.

"宗教対話の展望."『宗教と宗教の間』. Nagoya: Fūbaisha, 2000.

"南山宗教文化研究所の歩み."『宗教と宗教の間』. Nagoya: Fūbaisha, 2000.

"私の見た仏教と京都学派."「駒澤大学佛教学部論集」32 (2001): 536-550.

"武内先生とキリスト教."「宗教哲学研究」18 (2001): 91-96.

"Religion and Violence." *The Japan Mission Journal* 56 (2002): 75-86.

"Reflections on Zen and Ethics." *Studies in Interreligious Dialogue* 12 (2002): 133-147.

"In Memoriam Takeuchi Yoshinori (1913-2002)." *Bulletin of the Nanzan Institute for Religion and Culture* 26 (2002): 60-62.

"Multiple Religious Belonging of the Japanese People." Catherine Cornille, ed. *Many Mansions?: Multiple Religious Belonging and Christian Identity*. Maryknoll: Orbis, 2002.

"仏教とキリスト教と田辺先生."「求真会」11 (2004): 2-14.

"InterreligiöserDialogausderPerspektivejapanischerReligionen." *Informationsbrief* 3 (2003): 27-35.

"Interreligious Dialogue from the Perspective of Japanese Religions." *The Japan Missionary Journal* 57/3 (2003): 172-183.

"仏教'キリスト教'浄土真宗における〈欲 望〉."「信愛紀要」45 (2005): 36-46.

"Foreword." Nishitani Keiji. *On Buddhism*. Albany: SUNY Press, 2006.

서평

Mitchiko Ishigami-Iagolnitzer. "Saint Francois d'Assise et Maître Dōgen. L'esprit franciscain et le zen — Etude comparative sur quelques aspects de christian-isme et de bouddhisme." *Japanese Journal of Religious Studies* 29/1-2 (2002): 180-184.

Doi Masatoshi. "Search for Meaning Through Interfaith Dialogue." *Japanese Journal of Religious Studies* 3/2-3 (1976): 249-255.

Heinrich Dumoulin. "Zen Enlightenment: Origins and Meaning." *The Japan Missionary Bulletin* 36 (1981), 47.

J. Spae. "Buddhist-Christian Empathy." *Japanese Religions* 5 (1981): 236-237.

W. Johnston. "The Inner Eye of Love: Mysticism and Religion." *Japanese Journal of*

Religious Studies 8/3-4 (1981): 283-285.

Antony Fernando. *Buddhism Made Plain: An Introduction for Christians*. Indore: Satprakashan Sanchar Kendra, 1981; *The Eastern Buddhist* 32/2 (1989): 120-123.

K. Inada and N. P. Jacobson, eds. "Buddhism and American Thinkers." *The Eastern Buddhist* (1986): 13-18.

Denis Gira. "Le sens de la conversion dans l'enseignement de Shinran." *Japanese Journal of Religious Studies* 13/4 (1986): 299-304.

Takamichi Takahatake. "Young Man Shinran: A Reappraisal of Shinran's Life." *Japanese Journal of Religious Studies* 15/1 (1988): 75-76.

Paul O. Ingram. "The Modern Buddhist-Christian Dialogue: Two Universalis- tic Religions in Transformation." *Japanese Journal of Religious Studies* 16/1 (1989): 82-84.

James C. Dobbins. "Jōdo Shinshū: Shin Buddhism in Medieval Japan." *Japanese Journal of Religious Studies* (17/1 1990): 85-89.

気多雅子著. "宗教経験の哲学." *Japanese Journal of Religious Studies* 20/2-3 (1993): 252-255.

J. Goldstein and J. Kornfield. "Seeking the Heart of Wisdom: The Path of Insight Meditation." *Chanoyu Quarterly* 73 (1993): 78-70.

Han F. de Wit. "Contemplative Psychology." *Japanese Journal of Religious Studies* 20/1 (1993): 83-86.

Heng-ching Shih. "The Syncretism of Ch'an and Pure Land Buddhism." *Japanese Journal of Religious Studies* 20/4 (1993): 359-362.

Gregor Paul. *Philosophie in Japan. Von den Anfingen bis zur Heian Zeit. Eine kritische Untersuchung*. Munich: Judicium, 1993; *Monumenta Nipponica* 49 (1994): 508-511.

Richard Henry Drummond. "A Broader Vision: Perspectives on the Buddha and the Christ." *Japanese Journal of Religious Studies* 23/1-2 (1996): 204-208.

Nelly Naumann. "Die einheimische Religion Japans: Synkretistische Lehren und religiöse Entwicklungen von der Kamakura bis zum Beginn der Edo-Zeit." *Asian Folklore Studies* 55/1 (1996): 160-162.

Christophe Kleine. "Honens Buddhismus des Reines Landes: Reform, Reformation, oder Haresie." *Japanese Religions* 22 (1996).

Senchakushu English Translation Project, trans. and ed. "Hōnen's Senchakushu: Passages on the Selection of the Nembutsu in the Original Vow." *Japanese*

Journal of Religious Studies 27/1-2 (2000): 123-125.

Dennis Hirota, ed. "Toward a Contemporary Understanding of Pure Land Buddhism: Creating a Shin Buddhist Theology in a Religiously Plural World." *Japanese Journal of Religious Studies* 28/1-2 (2001): 188-192.

Martin Repp. "Hōnens religioses Denken. Eine Untersuchung zu Strukturen religioser Erneuerung." *Japanese Journal of Religious Studies* 33/1 (2006): 205-208.

번역서

Takeuchi Yoshinori. "Shinran and Contemporary Thought." *The Eastern Buddhist* 13/2 (1981): 26-45.

Mutō Kazuo. "Immanent Transcendence in Religion." *Japanese Religions* 12 (1981): 1-20. Reprinted: Mutō Kazuo. *Christianity and the Notion of Nothingness: Contributions to Buddhist-Christian Dialogue from the Kyoto School.* Ed. by Martin Repp in collaboration with Jan Van Bragt. Leiden: Brill. 2012.

Ariga Tetsutarō. "Being and Hayah." *Japanese Journal of Religious Studies* 11/2-3 (1984): 267-288.

Hase Shōtō. "Knowledge and Transcendence." *Japanese Journal of Religious Studies* 11/2-3 (1984): 169-194.

Heinrich Dumoulin. "The Person in Buddhism." *Japanese Journal of Religious Studies* 11/2-3 (1984): 143-167.

Soga Ryōjin. "The Core of Shinshū." *Japanese Journal of Religious Studies* 11/2-3 (1984): 221-242.

Tamura Yoshirō. "Critique of Original Awakening Thought in Shōshin and Dōgen." *Japanese Journal of Religious Studies* 11/2-3 (1984): 243-266.

E. Hoshino. "A Pillar of Japanese Buddhism: Founder Belief." *The Journal of Oriental Religions* 26 (1987): 78-89.

A. Kirigaya. "Self-Government of Religious Groups and Intervention by Judiciary Power." *The Journal of Oriental Religions* 26 (1987): 101-123.

K. Yanagawa. "Introductory Thesis: Beyond the Secularization." *The Journal of Oriental Religions* 26 (1987): 1-4.

Sasaki Shōten. "Shinshū and Folk Religion." *Bulletin of the Nanzan Institute for Religion and Culture* 12 (1988): 13-35.

François Macé. "The Funerals of Japanese Emperors." *Bulletin of the Nanzan Institute for Religion and Culture* 13 (1989): 26-37.

"The Second Conference Report of the Tōzai Shūkyō Kōryū Gakkai." *Buddhist Christian Studies* 9 (1990): 101-122.

Ueda Shizuteru. "Everyday Zen (1)." *Chanoyu Quarterly* 62 (1990): 38-50.

Hase Shōto. "The Structure of Faith: Nothingness-qua-Love." T. Unno and J. W. Heisig, eds. *The Religious Philosophy of Tanabe Hajime*. Berkeley: Asian Humanities Press, 1990.

Ueda Shizuteru. "Everyday Zen (2)." *Chanoyu Quarterly* 63 (1991): 34-47.

_____. "Pure Experience, Self-Awareness, 'Basho'." *Etudes Phéno- ménologiques* 18 (1993): 63-86.

_____. "Nishida's Thought." *The Eastern Buddhist* 28/1 (1995): 29-47.

_____. "Nishida, Nationalism and the War in Question." J. W. Heisig and J. C. Maraldo, eds. *Rude Awakenings: Zen, the Kyoto School, and the Question of Nationalism*. Honolulu: University of Hawai'i Press, 1995.

_____. "Sōseki and Buddhism." *The Eastern Buddhist* 29/2 (1996): 172-206.

Mutō Kazuo. "Christianity and the Notion of Nothingness." *Japanese Religions* 21/2 (1996): 199-227. Reprinted: Mutō Kazuo. *Christianity and the Notion of Nothingness*. loc. cit., 129-163.

Soga Ryōjin. "A Saviour on Earth: The Meaning of Dharmakara Bodhisattva's Vow." 「真宗総合研究所 研究紀要」16 (1997): 25-37.

_____. "Shinran's View of Buddhist History." 「真宗総合研究所研究紀要」16 (1997): 39-59.

_____. "Shinran's View of Buddhist History." *The Eastern Buddhist* 32 (2000): 106-129.

_____. "A Savior on Earth: The Meaning of Dharmakara Bodhisattva's Advent." *The Eastern Buddhist* 32 (2000): 157-169.

Mutō Kazuo. "Watch Your Step!." *Japanese Religions* 30 (2005): 99-111.

_____. "Nothingness-in-Love: The Philosophy of Tanabe Hajime and Christianity." *Christianity and the Notion of Nothingness*. loc. cit., 183-203.

_____. "The Nishida-Tanabe Philosophy and Christianity." *Christianity and the Notion of Nothingness*. loc. cit., 205-209.

편집자 및 역자 약력

제임스 W. 하이직(James W. Heisig)

미국 매사추세츠주(州) 케임브리지 출생. 신언회(神言会) 사제. 제임스 하이직은 난잔종교문화연구소의 창립 멤버였으며, 1991년부터 2000년까지 동 연구소 소장을 역임했다. 그는 거의 50년 동안 동서양 철학과 종교 간의 대화에 대해 광범위하게 저술하고 강연해 왔다. 2015년 에스토니아 탈린대학교에서 명예박사 학위를 수여하였으며, 2021년에는 스즈키 다이세츠(鈴木大拙)와 니시다 기타로(西田幾多郞)를 기리는 가나자와대학 국제상(金沢大学国際賞)을 수상했다. 2023년에는 일본 정부로부터 일본 최고 훈장인 "瑞宝中綬章"을 수여하였다. 그의 저서, 편집서, 번역서로는 16개 언어로 된 90여 권이 출간되었다.

테라오 카즈요시(寺尾寿芳)

일본 오사카부(府) 출생. 난잔대학 대학원 문학연구과 신학전공 박사후기 과정 수료, 문학박사. 신학, 종교학, 인간학 전공. 현재 조치대학(上智大学) 대학원 실천종교학연구과 사생학 전공 교수. '무'(無)를 근거로 한 기독교와 불교의 대화, 나아가 자기 개방적 융합 속에서 탄생할 수 있는 기도—'나무(南無) 임마누엘'—를 모색하고 있다. 주요 논문으로는 "치매와 안식일 — 안식하는 사람의 현실성"(「철학론집」 제53호, 2024년), "성토요일에 있는 인간 — 부재로부터의 고찰"(「종교철학연구」 제36호, 2019년) 등이 있다.

김승철(金承哲)

한국 서울 출생. 스위스 바젤대학 신학부에서 학위를 받은 후 부산신학교에서 가르치다가 2001년 일본으로 와 난잔종교문화소 객원연구원과 킨조학원 대학 교수를 지냈다. 2012년, 난잔종교문화연구소 연구원 및 난잔대학 인문학부 교수로 취임하였으며, 2016년부터 2021년까지 동 연구소 소장을 역임하였다. 기독교와 불교의 대화, 종교와 과학의 대화 및 기독교 문학에 대한 연구를 통해서 아시아 기독교 신학의 형성을 모색하고 있다.

연구서 『엔도 슈사쿠와 탐정소설』(遠藤周作と探偵小説)(南山大学学術叢書)로 2020년 제73회 일본추리작가협회상(평론, 연구 부문)과 일본가톨릭 학술장려금 연구장려상을 수상하였다.